Hans-Jürgen Fründt

Ostseeküste Schleswig-Holstein

007sh hj

„Sommerferien an der See!
Begriff wohl irgendjemand weit und breit,
was für ein Glück das bedeutete?“

Thomas Mann, „Die Buddenbrooks“

Impressum

Hans-Jürgen Fründt
Reise Know-How Ostseeküste Schleswig-Holstein

erschienen im
Reise Know-How Verlag Peter Rump GmbH
Osnabrücker Str. 79
33649 Bielefeld

11., neu bearbeitete und komplett aktualisierte Auflage 2017

Gestaltung
Umschlag: G. Pawlak, P. Rump (Layout);
Barbara Bossinger (Realisierung)
Inhalt: Günter Pawlak (Layout);
Barbara Bossinger (Realisierung)
Fotos: der Autor (hj), Susanne Muxfeldt (mux),
Caroline Tiemann (ct)
Titelfoto: Susanne Muxfeldt (Motiv: Küste bei Stohl, Gemeinde Schwedeneck)
Karten: Catherine Raisin, der Verlag

Lektorat (Aktualisierung): Katja Schmelzer

Druck und Bindung: D3 druckhaus, Hainburg

Anzeigenvertrieb
KV Kommunalverlag GmbH & Co. KG,
Alte Landstraße 23, 85521 Ottobrunn,
Tel. 089 928096-0, info@kommunal-verlag.de

ISBN 978-3-8317-2847-3
Printed in Germany

Dieses Buch ist erhältlich in jeder Buchhandlung Deutschlands, der Schweiz, Österreichs, Belgiens und der Niederlande.
Bitte informieren Sie Ihren Buchhändler über folgende Bezugsadressen:

Deutschland
Prolit GmbH, Postfach 9, D-35461 Fernwald (Annerod) sowie alle Barsortimente

Schweiz
AVA Verlagsauslieferung AG
Postfach 27, CH-8910 Affoltern

Österreich
Mohr Morawa Buchvertrieb GmbH
Sulzengasse 2, A-1230 Wien

Niederlande, Belgien
Willems Adventure, www.willemsadventure.nl

Wer im Buchhandel trotzdem kein Glück hat, bekommt unsere Bücher auch über unseren
Büchershop im Internet: www.reise-know-how.de

413sh hj

Wir freuen uns über Kritik, Kommentare und Verbesserungsvorschläge, gern auch per E-Mail an info@reise-know-how.de.

Alle Informationen in diesem Buch sind vom Autor mit größter Sorgfalt gesammelt und vom Lektorat des Verlages gewissenhaft bearbeitet und überprüft worden.

Da inhaltliche und sachliche Fehler nicht ausgeschlossen werden können, erklärt der Verlag, dass alle Angaben im Sinne der Produkthaftung ohne Garantie erfolgen und dass Verlag wie Autor keinerlei Verantwortung und Haftung für inhaltliche und sachliche Fehler übernehmen.

Die Nennung von Firmen und ihren Produkten und ihre Reihenfolge sind als Beispiel ohne Wertung gegenüber anderen anzusehen. Qualitäts- und Quantitätsangaben sind rein subjektive Einschätzungen des Autors und dienen keinesfalls der Bewerbung von Firmen oder Produkten.

Hans-Jürgen Fründt

OSTSEEKÜSTE SCHLESWIG-HOLSTEIN

Vorwort

„Schleswig-Holstein, meerumschlungen ...", so heißt es schon in der Landeshymne; aber stimmt das überhaupt? „Nein!", rufen die Puristen, die Nordsee, ja, die sei ein echtes Meer. Schon die Wikinger sprachen vom „Nordmeer", außerdem fließe die Nordsee in den Atlantik, einen echten Ozean also. Die Ostsee dagegen sei niemals ein Meer, das sagt ja schon der Name, Ost-s e e. Kein echtes Meer also? Die Fakten besagen, dass die Ostsee fast so groß ist wie die Fläche der gesamten Bundesrepublik. Da darf man doch wohl schon von einem Meer sprechen, oder? Zumal sogar der „Brockhaus" dem zustimmt. Unter dem Stichwort „Ostsee" findet sich nämlich noch der Zusatz: „Baltisches Meer, Nebenmeer des Atlantischen Ozeans". Na bitte.

Die Ostseeküste von Schleswig-Holstein nimmt nur einen kleinen Ausschnitt ein, 383 Kilometer der gesamten Ostseeküstenlinie. Dennoch zählt sie zu den beliebtesten Feriengebieten Deutschlands. Sie alle wissen, dass die Ostsee kein spektakuläres Gewässer ist, keine meterhohen Wellen hat, die sich unter Getöse am Ufer brechen, keine Gezeiten, die das Wasser bis zum Horizont zurückziehen, nichts dergleichen. Die Ostseeküste hat andere Qualitäten.

▷ Strandleben in Travemünde

Urige Steilküsten sind neben weitläufigen, kilometerlangen Stränden aus weichem, feinem Sand zu finden. Tiefe Einschnitte ins Land zeichnen die Buchten und Förden auf der Landkarte, sorgen für ruhiges Badewasser. Die Eltern danken es, können die lieben Kleinen doch sorglos planschen. Und wenn im Mai das Hinterland sich ein gelbes Kleid anzieht, wenn der Raps blüht, dann ist das ein Farbenspiel sondergleichen. Die Ostseeküste bietet alles: stille Fischerdörfer, mondäne Badeorte, historische Städte und eines der sonnenreichsten Gebiete Deutschlands überhaupt, die Insel Fehmarn nämlich. Und ganz im Norden liegt ein Kleinod, das Land links und rechts der Schlei. Liebliche Hügel wechseln sich ab mit malerischen Dörfern, und als Schmankerl liegt dort die kleinste Stadt Deutschlands, Arnis.

Und wem dies alles nicht reicht, der kann diverse Attraktionen besuchen, etwa den Freizeitpark „Hansa-Park“ oder verschiedene Tierparks, das Wikingermuseum Haithabu oder das Landesmuseum im Schloss Gottorf mit seinen Moorleichen und kunsthistorischen Schätzen, oder er kann mit einem historischen Dampfzug durch die Landschaft tuckern. Viel Abwechslung also an Schleswig-Holsteins Ostseeküste – wer vermisst da schon Wellen?

Hans-Jürgen Fründt

401sh mux

Inhalt

Besondere Tipps in diesem Buch

Der Schmetterling ...

... kennzeichnet Tipps mit einer ökologischen Ausrichtung: Naturgenuss, der besonders nachhaltig oder umweltverträglich ist.

MEIN TIPP: ...

... steht für spezielle Empfehlungen des Autors: abseits der Hauptpfade, persönlicher Geschmack.

Nicht verpassen!

Die Highlights der Region erkennt man an der **gelben Hinterlegung.**

Preiskategorien der Unterkünfte

Die Übernachtungstipps in diesem Buch sind in fünf Preiskategorien eingeteilt, die sich wie folgt gestalten:

Hotels, Pensionen, Privatvermieter
(Die Preise gelten jeweils für ein Doppelzimmer)

① bis 30 €
② 30–50 €
③ 50–70 €
④ 70–100 €
⑤ über 100 €

Ferienwohnungen

① bis 50 €
② 50–75 €
③ 75–100 €
④ 100–125 €
⑤ über 125 €

Karten

Exkurse

1 Lübecker Bucht | 12

Lübeck (S. 17) ist ein architektonisches Kleinod, unzählige historische Häuser stehen in der Altstadt. Die alte Hansestadt bietet aber auch ganz viel Kultur und hat drei Nobelpreisträger, jedem ist ein eigenes Museum gewidmet. Und das Lübecker Marzipan ist ja sowieso ein „Muss!", genau wie das obligatorische Foto vom Holstentor. In der sichelförmig geschwungenen Lübecker Bucht gibt es eine Vielzahl von Ferienorten, alle mit schönem Sandstrand und breitem Angebot. **Timmendorf (S. 53)** hat den Ruf eines „besseren" Seebades, auch in **Travemünde (S. 40)** trafen sich lange Jahre illustre Gäste im ehemaligen Spielcasino. Viele Orte wurden aufgehübscht, haben eine schicke Promenade **(Scharbeutz, S. 57)** oder man baute eine futuristische Seebrücke **(Kellenhusen, S. 101).** Die liebliche, hügelige Seenlandschaft **Holsteinische Schweiz (S. 69)** liegt etwas im Rücken der Ostsee. Reizende Orte wie **Plön (S. 70)** mit seinem Schloss oder **Eutin (S. 78)** mit seinem schmucken Altstadtkern und Schloss liegen dort.

2 Fehmarn | 108

Die zweitgrößte deutsche Insel wird durch Sandstrände und Kliffküste geprägt und durch ganz viel Natur. Vögel können im Wasservogelreservat **Wallnau (S. 127)** beobachtet werden, die Unterwasserwelt im Meereszentrum in **Burg (S. 113).** Aktivsportler klettern einen Silo hinauf, radeln über die flache Insel oder sausen auf Surfbrettern die Küsten rauf und runter. 40 Dörfer und eine Kleinstadt liegen verstreut über die Insel, in den meisten Orten kann man ruhige Ferien auf dem Bauerhof oder auf einem der vielen dortigen Top-Campingplätze machen.

3 Hohwachter Bucht | 134

Auch an der Hohwachter Bucht findet man schöne Sandstrände und einige wenige Orte. In **Heiligenhafen (S. 138)** gibt es noch einen „richtigen" Fischerhafen, wo stilecht Fisch vom Kutter verkauft wird. Im benachbarten **Oldenburg (S. 144)** wird der slawischen Vergangenheit gedacht und im Ort **Hohwacht (S. 147)** gibt es einige stilvolle Hotels, ideal für ruhige, entspannte Ferien. Noch weiter westlich liegen Orte mit neugierig machenden Namen wie „Kalifornien" oder „Brasilien".

4 Kieler Förde | 160

Die Landeshauptstadt hatte schwer unter den Kriegs-Bomben zu leiden. Viel wurde zerstört, aber der maritime Flair konnte sich erhalten. Man spürt ihn am Museumshafen oder auch bei einem Spaziergang an der kilometerlangen Kiellinie vor dem Hafen. Die benachbarten Orte am Ufer der Förde sind schnell erreicht, stilecht mit einer Fähre.

In **Laboe (S. 176)** kann man ein ausgemustertes U-Boot erkunden oder man besucht im Freilichtmuseum **Molfsee (S. 182)** historische Gebäude aus ganz Schleswig-Holstein.

5 Eckernförder Bucht | 186

Weit spreizt sich diese Bucht auf, an beiden Ufern liegen Dörfer, mal mit Sandstrand **(Weidenfeld, S. 212, Schönhagen, S. 211, Schwedeneck, S. 191),** mal eher etwas steinig und mit Steilküste **(Waabs, S. 207). Eckernförde (S. 193)** selbst hat einen reizenden Kern, einen gar nicht so kleinen Hafen und vor allem einen langen Sandstrand, gleich ums Eck vom Stadtkern.

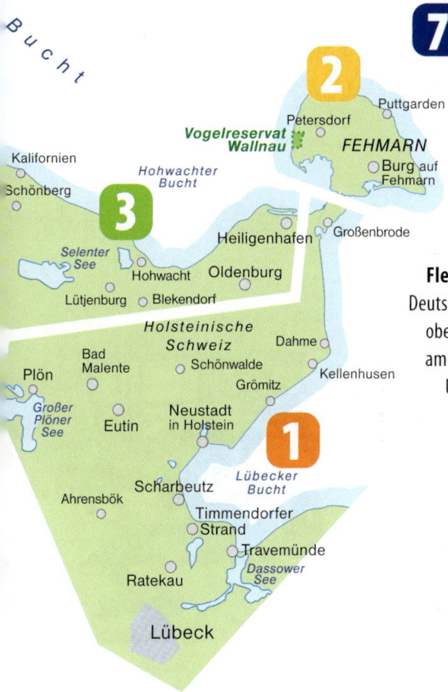

6 Die Schlei | 214

Der Ostseefjord Schlei ragt 40 km weit ins Land hinein, an seinen Ufern liegen Dörfer, eines idyllischer als das nächste. **Sieseby (S. 237)** ist so reizend, dass der ganze Ort komplett unter Schutz gestellt wurde. **Arnis (S. 240)** trägt den Titel „kleinste Stadt Deutschlands" und in **Kappeln (S. 243)** doktorte lange Jahre der TV-„Landarzt". In **Schleswig (S. 218)** wird Geschichte lebendig. Sowohl im großartigen **Schloss Gottorf (S. 225),** als auch im **Wikingermuseum Haithabu (S. 227).**

7 Flensburger Förde und Angeln | 254

Eine liebliche Landschaft ist dieses Angeln, sanft hügelig und sehr ländlich geprägt. Natur dominiert z.B. an der **Geltinger Birk (S. 261),** wo noch Wildpferde frei leben. Die bäuerliche Vergangenheit wird im **Freiluftmuseum Unewatt (S. 269)** gepflegt, die gräfliche im wunderschönen **Wasserschloss Glücksburg (S. 269). Flensburg (S. 272)** gilt als die „dänischste Stadt Deutschlands" mit einer gelassenen Stimmung und obendrein einer maritimen Atmosphäre. Spürbar am Museumshafen oder im Schifffahrtsmuseum. Und ein dänisches *Hot Dog* gibt's an jeder Ecke oder „drüben" in Dänemark, in *Annies Kiosk.*

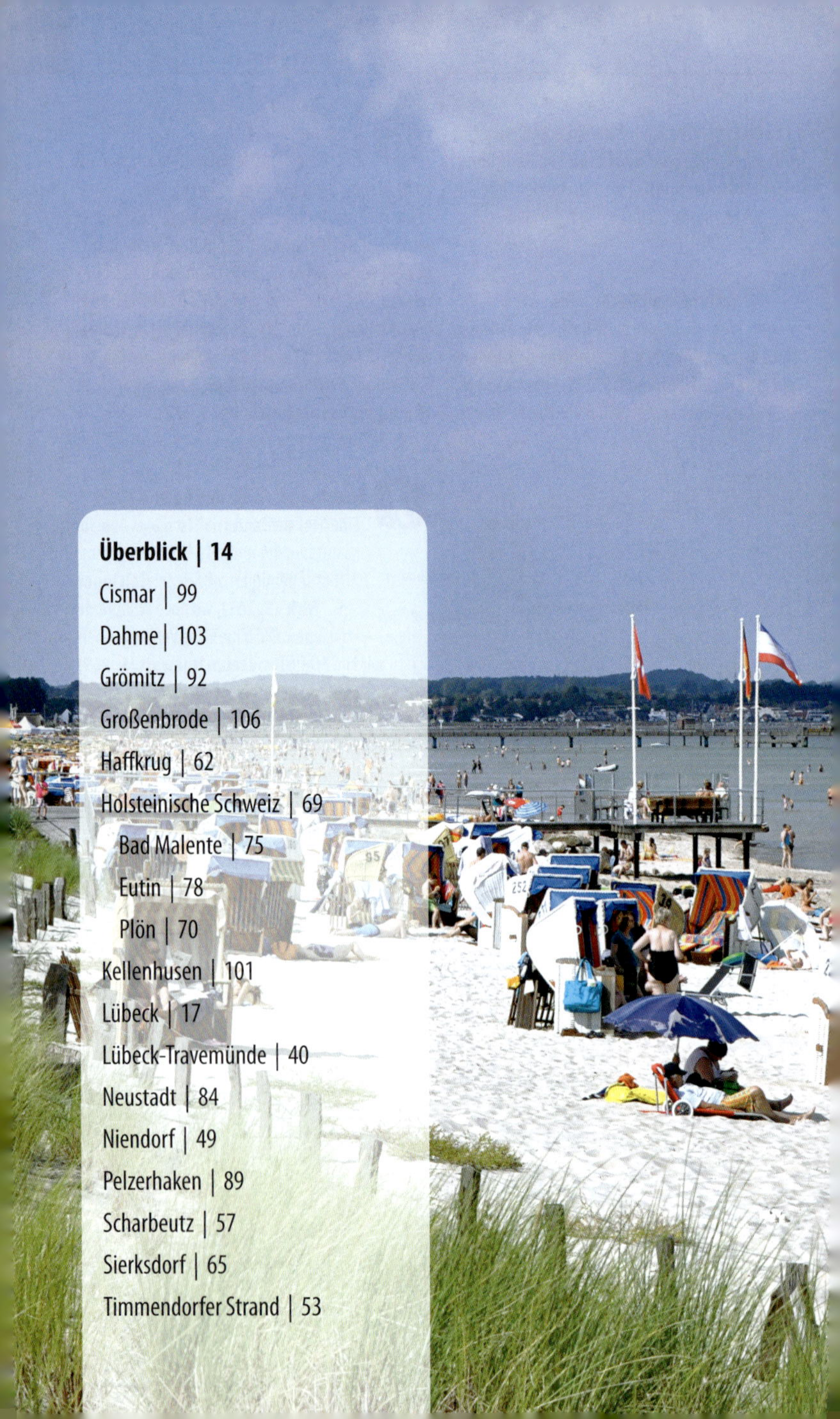

343sh mux

1 Lübecker Bucht

Wie aufgereiht liegen an der weit geschwungenen Lübecker Bucht die Badeorte. Mal etwas ruhiger, mal auch etwas mondäner, aber immer mit einem sehr schönen Sandstrand. Außerdem lockt die Hansestadt Lübeck mit ihrer historischen Altstadt und dem leckeren Marzipan.

< Einer der vielen Strände an der Lübecker Bucht

STRÄNDE WIE AUF EINER PERLENKETTE

An der Lübecker Bucht ist alles zu finden, vor allem **schöne Strände** und **Ferienorte** für jeden Geschmack von familiär bis ziemlich edel. Aufgereiht wie auf einer Perlenkette liegen die Orte dicht an dicht entlang der halbrunden Bucht. Nördlich von Neustadt dann mit etwas mehr Abstand. Alle mit einer schmucken Strandpromenade, an der es sich nett flanieren lässt und mit Lokalen, mal mit mal ohne Fischgerichte, aber zumeist mit einer stimmungsvollen Meerblick-Terrasse. Außerdem liegt mit **Lübeck** die schönste Stadt von ganz Schleswig-Holstein im Süden der Bucht, ein Tagesbesuch hierher ist beinahe Urlaubers Pflicht.

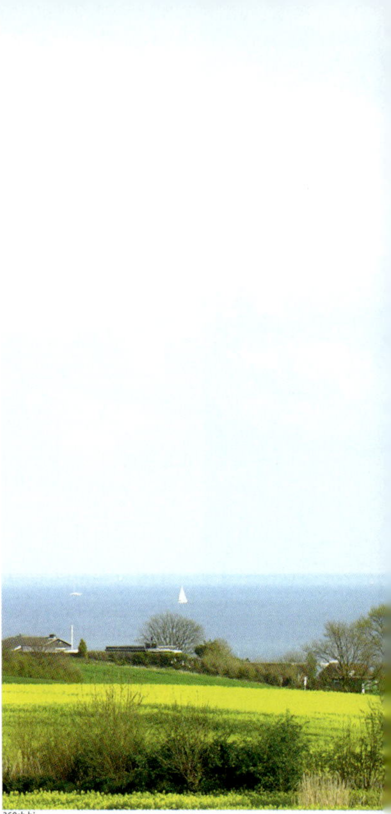

360sh hj

Überblick

„Badewanne von Hamburg" wird die Lübecker Bucht auch manchmal spöttisch genannt, ein Körnchen Wahrheit steckt schon dahinter. Ostsee und Lübecker Bucht, das ist für viele immer noch ein Synonym, kein Wunder, erreicht man doch, von Hamburg kommend, die Strände in einer knappen Stunde, egal ob per Auto oder Zug. Und die Strände um Lübeck sind die beliebtesten, je weiter man nach Norden fährt, desto weniger Tagesausflügler sind zu treffen.

Die meisten **Strände** sind schön, oft genug etliche Kilometer lang und von weichem, feinem Sand. Vereinzelt sind auch Steilküsten anzutreffen.

Aufgereiht wie die Perlen einer Kette liegen nacheinander **Lübeck-Travemünde** (der Strand der Marzipanstadt), **Niendorf** (klein und beschaulich), **Timmendorf** (das Ostsee-Gegenstück zu Sylt), **Scharbeutz** (familiär), **Haffkrug** (dörflich), **Sierksdorf** (Strand und Hansa-Park) und schließlich **Neustadt** (ohne nennenswerten Strand).

Hier findet eine kleine Zäsur statt, nördlich von Neustadt reihen sich verstärkt Urlaubsorte auf, die nicht so stark von Tagesgästen angesteuert werden, hier dominieren Campingplätze. In **Pelzerhaken,** dem Strand, der am nächsten zu Neustadt liegt, ist eine klassische Steilküste mit Strand zu finden; trotzdem haben sich fast ein halbes Dutzend Campingplätze angesiedelt.

Die Strandsituation ändert sich im weiteren Verlauf abermals. Schließlich

Das hügelige Ostholstein beginnt gleich hinter der Küste

NICHT VERPASSEN!

- **Lübeck** mit seiner historischen Altstadt | 17
- Prachtvolle Bäderarchitektur in **Travemünde** | 40
- Mondänes Flair in **Timmendorfer Strand** | 53
- Endlose Sandstrände, wie in **Scharbeutz** | 57
- Sierksdorf mit dem Freizeitpark **Hansa-Park** | 66
- Das strahlend weiße **Schloss Plön** am Großen Plöner See | 72
- **Eutin** mit seinem Schloss und den historischen Straßenzügen | 78

Diese Tipps erkennt man an der gelben Hinterlegung.

1

Lübecker Bucht

ist **Grömitz** erreicht, der größte Ferienort der ganzen Ostseeküste. Der Strand dort ist erstklassig, fast kein Haus im Ort, das nicht irgendein Zimmer vermietet. Hotels, Ferienwohnungen, Apartments, ein Dutzend Campingplätze, der weit und breit größte Segelhafen, dies alles in einem Ort, der nur 7100 Einwohner zählt. Wer einen schönen Ostseestrand mit reichlich Trubel sucht, der ist hier richtig.

Der Küstenverlauf strebt in großen Schritten der Insel Fehmarn zu, die Orte liegen nun weiter entfernt auseinander. **Kellenhusen** wäre der nächste (ruhiges Familienbad hinterm Deich), **Dahme** (ähnlich) und schließlich **Großenbrode,** ein ruhiger Ort, der auch seine Fans hat.

Eine Menge Orte stehen also zur Auswahl, aber ein Ziel wird wohl von allen angesteuert, ganz gleich, wo sie urlauben: **Lübeck.** Die alte Hansestadt bietet ein äußerst reizvolles Innenstadtbild mit an die 1000 historischen Gebäuden.

Lübeck

„Lübeck ist die an Baudenkmälern reichste Großstadt Deutschlands“, wird in einem Lübecker Prospekt für Touristen behauptet. Wenn man in dem Satz Deutschland durch Schleswig-Holstein ersetzt, stimmt es auf jeden Fall, denn hier dürfte Lübeck mit seiner wunderschönen Altstadt unangefochten die **touristische Nummer Eins** darstellen. Das hat schließlich auch die UNESCO erkannt; die Altstadt wurde 1987 in die **UNESCO-Liste** des „Kultur- und Naturerbes der Welt“ aufgenommen.

Wer sich der Stadt nähert, vielleicht gar durch das weltberühmte Holstentor schreitet, ahnt sofort warum. Die fünf großen Kirchen mit ihren insgesamt sieben Türmen geben der Stadt ihre **unverwechselbare Silhouette.** Und dann spaziert man über eine der zahlreichen **Brücken** – die Altstadt ist komplett von Flüssen umgeben – und folgt einer der leicht ansteigenden Straßen ins Zentrum.

Wohin soll man sich zuerst wenden? Es ist eigentlich egal, denn die Wege sind kurz, und es gibt in fast jeder Straße etwas zu entdecken. Also, einfach drauflosspazieren, die Lübecker **Altstadt** ist ein **Gesamtkunstwerk,** und allzu groß ist sie auch nicht. Vom Holstentor bis zur gegenüberliegenden Rehderbrücke, über die man die Altstadt wieder verlassen würde, sind es gerade mal 1000 Meter, etwa doppelt so lang wäre der Weg von der Burgtorbrücke bis zum Dom.

Auffällig sind die schlanken, hohen, alten **Kaufmannshäuser.** Meist sind sie drei, vier Stockwerke hoch und verjüngen sich im oberen Teil. Dominierend sind hier die Stufengiebel, sodass in der oberen Etage meist nur ein Fenster angebracht werden konnte. Die alten Kaufmannshäuser haben oben, knapp unter dem Dach, meist eine Winde oder einen handbetriebenen kleinen Kran. Damit wurden die gehandelten Waren hochgezogen und, sicher vor der Flut, im Speicher im zweiten Stock gelagert. Andere Waren kamen in den Keller. Die Luken, durch die diese Waren rutschten, sind noch heute auf Straßenniveau zu erkennen. Der Eingang zum Haus lag meist eine halbe Etage über dem Bürgersteig – auch dies eine Sicherung gegen mögliche Überschwemmungen.

Geschichte

819 wurde bereits eine **slawische Burganlage** am Zusammenfluss von Schwartau und Trave errichtet. 1072 wurde dann erstmals der **Name Liubice** in einer Chronik festgehalten, daraus entwickelte sich dann später der Name Lübeck. 1138 wurde diese Siedlung komplett zerstört und 1143 von Graf *Adolf II.* neu gegründet. 1157 **brannte** sie ab, und ein erneuter Versuch zur Besiedlung wurde von *Heinrich dem Löwen* 1159 gestartet. Auf der Halbinsel zwischen Trave und Wakenitz entstand Lübeck zum zweiten Mal.

Bereits 1160 wurde der **Bischofssitz** von Oldenburg in die junge Siedlung, die bald **Stadtrechte** erhielt, verlegt. Kurz danach entstand der erste Dom, weitere **Kirchenbauten** wurden noch im gleichen Jahrhundert begonnen (St. Marien, St. Petri).

1226 das nächste einschneidende Datum, Kaiser *Friedrich II.* erteilte Lübeck das Reichsfreiheitsprivileg. Damit wurde Lübeck eine **freie Reichsstadt** und unterstand auf ewig dem jeweiligen Reichsoberhaupt. Dieses Recht galt immerhin 711 Jahre, bis 1937.

Im 13. Jahrhundert begann man mit dem Bau von **Backsteingebäuden.** Vorher hatten Feuersbrünste mehrfach die bis dato existierenden Holzhäuser vernichtet.

Im 14. Jahrhundert festigte sich dann die politische und vor allem **wirtschaftliche Macht** der Stadt. Die Lübecker **Kaufleute** eröffneten Auslandskontore, bauten Frachtschiffe, trieben Handel mit verschiedenen Ostseehäfen und erhielten schließlich das Recht, als erste deutsche Stadt Golddukaten zu prägen. Bald errangen die Lübecker Kaufleute eine führende Stellung. Etwa zur Mitte des 14. Jahrhun-

154sh mux

derts entstand dann die später so bekannte **Hanse.** In Lübeck dominierten die mächtigen Kaufleute auch den Rat der Stadt. Das endete erst 1408, als die Zünfte der Handwerker mehr Rechte einforderten und sie auch bekamen.

In den folgenden Jahrhunderten blieb Lübeck eine Stadt, die stark vom **Handel** lebte, auch nach dem Untergang der Hanse. Das zeigte sich beispielsweise 1716, als ein Handelsvertrag mit Frankreich abgeschlossen wurde. Schon zu Tagen der Hanse war häufig **Rotwein** aus Frankreich nach Lübeck mitgebracht worden, ein Kaufmann kam schließlich auf die Idee, diesen nachreifen zu lassen. Durch den Handelsvertrag wurde dann Rotwein in größeren Mengen nach Lübeck geschafft und in den dortigen Kellern gelagert und veredelt. Der Lübecker **„Rotspon"** war alsbald ein Qualitätsbegriff.

Dies konstatierten auch französische Soldaten, die 1806 die Stadt eroberten. Angeblich soll ihnen der Lübecker Rotwein besser gemundet haben als der daheim. Die **französische Besetzung** war erst 1813 beendet, zwei Jahre später trat Lübeck dem deutschen Bund bei. 1871 schließlich wurde die „Freie und Hansestadt" Mitglied des **Deutschen Reiches.**

1933 kamen die **Nazis** an die Macht, der Senat wurde abgesetzt, die Bürgerschaft aufgelöst, die NSDAP regierte. Diese gliederte Lübeck 1937 in die preußische Provinz Schleswig-Holstein mit ein, nach 711 Jahren war die Reichsfrei-

< Fassadenschmuck mit „Windlöchern" und

∨ typische Häusergiebel in der Lübecker Altstadt

342sh mux

heit beendet. Am 28. März 1942 wurde etwa ein Fünftel der Altstadt durch **Bombenangriffe** vernichtet, aber von weiterer Zerstörung blieb die Stadt weitestgehend verschont.

Nach dem Krieg blieb Lübeck im neu gegründeten Land Schleswig-Holstein, und die Altstadt wurde wieder aufgebaut. 1987 wurde die letzte Kirche, St. Petri, restauriert, im gleichen Jahr erklärte die UNESCO die **Altstadt zum Weltkulturerbe.**

Sehenswertes

Noch einmal sei es wiederholt, die Altstadt ist ein Gesamtkunstwerk, zielloses Bummeln und zufälliges „Stoßen" auf eins der herausragenden Bauwerke ist hier wie wohl nirgends sonst anzuraten. Es gibt an die **1000 historische Bauwerke,** absolut unmöglich, sie an dieser Stelle auch nur halbwegs ausführlich zu beschreiben.

Die Bebauung erfolgte nach einheitlichem Muster, noch heute in jeder Straße wiederzuerkennen. Die **Häuser** sind relativ schmal, aber hoch aufragend, und meist aus rotem Backstein gebaut. Die Giebel verjüngen sich, allerdings auf unterschiedlichste Weise. Neben den Stufengiebeln finden sich Rund- oder auch Spitzgiebel. Hinter der Fassade versteckt sich aber oftmals ein viel kleineres Haus, der breite Giebel lässt es viel größer erscheinen, als es tatsächlich ist. Vereinzelt hat das Haus nicht mal so viele Stockwerke, wie die Fassade andeutet. Außerdem erstrecken sich noch heute oftmals langgestreckte Innenhöfe und Wohngänge, die teilweise auch noch bewohnt werden.

Das Wahrzeichen der Stadt ist natürlich das **Holstentor,** jahrzehntelang uns allen vom Fünfzigmarkschein, dem „Lübecker", bekannt. Gar nicht so wuchtig, wie man meinen könnte, steht dieses ehemalige Stadttor am Ende einer etwa 100 Meter langen Grünanlage. Fast schon obligatorisch, das Foto vom gegenüberliegenden Ende zu schießen. So selbstverständlich ist dies für wohl alle Touristen, dass einer der beiden Löwen, die hier „Wache" halten, sich bereits gelangweilt zum Schlafen gelegt hat. 1464–1478 wurde das Holstentor erbaut. Es ist von zwei dreistöckigen Türmen mit spitzem Dach eingerahmt, der Mittelbau begrüßt den Besucher mit goldenen Lettern und der Inschrift „Concordia Domi Foris Pax" (drinnen Eintracht, draußen Frieden). Die Mauern des Holstentores sind bis zu 3,50 Meter dick, und einst fanden 30 Geschütze hier Platz.

Das Holstentor beherbergt auch noch ein Museum, das **Holstentor-Museum** oder auch „Stadtgeschichtliches Museum" genannt. Hier sind vor allem Erinnerungsstücke aus der Zeit der Hanse zu besichtigen, wie historische Schiffs- und Stadtmodelle und Waffen. So wird durch verschiedene Modelltypen die Entwicklung Lübecks dokumentiert. Ausführlich wird auch das Thema Seefahrt und Lübecks Stellung im Ostseeraum behandelt.

■ **Holstentor-Museum,** Holstentorplatz, Tel. 12 24 129, http://museum-holstentor.de, geöffnet: Jan.–März Di–So 11–17 Uhr, April–Dez. täglich 10–18 Uhr. Eintritt: 7 €, ermäßigt 3,50 €.

[>] Vielleicht noch vom 50-DM-Schein bekannt: das berühmte Lübecker Holstentor

014sh hj

Gleich neben dem Holstentor ist der alte **Salzspeicher** zu finden, er liegt direkt an der Trave. Das in Lüneburg gewonnene Salz wurde hier gelagert, nachdem es über die noch heute so benannte „Salzstraße" in die Hansestadt gebracht worden war. Das Salz war in früheren Jahren eines der wertvollsten Handelsgüter und wurde von Lübeck hauptsächlich nach Skandinavien geliefert.

Nach dem Durchqueren des Holstentores passiert man die Trave und hält sich ein kurzes Stück nach links. Dort liegen die Schiffe der „Blauen Linie", der *Cityschiffahrt.* Die „Weiße Flotte" der *Quandt*-Linie ist übrigens gegenüber vom Salzspeicher zu finden, also nach dem Passieren des Holstentores nach rechts halten. Beide bieten etwa einstündige Stadtkanal- und **Hafenrundfahrten** an. So kann man die Schönheiten der Stadt von einer ganz neuen Seite erleben, zumal der Kapitän die Mitfahrer mit einer wahren Flut von Döntjes (halbwahre, halb übertriebene bis gelogene Erzählungen) und Fakten zuschüttet. Wer jetzt noch ein Stückchen am Ufer der Trave entlangspaziert, stößt nach ein paar hundert Metern auf den **Museumshafen,** auch Oldtimer-Hafen genannt. Dort liegen ein gutes Dutzend historische Segelschiffe, die meisten noch klassisch aus Holz gearbeitet. Von hier legen auch regelmäßig Schiffe nach Travemünde ab.

Von der Untertrave geht es durch irgendeine der leicht ansteigenden Straßen dann in Richtung **Zentrum.** Wenn vom Zentrum gesprochen wird, ist der

345sh mux

Kern der Altstadt mit Rathaus, dem dazugehörigen Platz und die sich direkt anschließende Marienkirche, das Buddenbrookhaus und das *Café Niederegger* gemeint. Doch der Reihe nach.

Das **Rathaus** stammt teilweise noch aus dem 13. Jahrhundert und erfuhr seitdem eine Reihe von Veränderungen. Unverändert ist die Außenfassade mit den schönen Wappenbildern und den Türmen mit den vergoldeten Spitzen und den „Windlöchern", diese sind vom Innenhof aus zu erkennen.

Hinter der Eingangstür wird ein großes Foyer betreten. Rechts liegt der **Audienzsaal,** der von 1754 bis 1761 im Rokokostil gebaut wurde. Er war früher ein Gerichtssaal, denn hier tagte das höchste Hansegericht, heute wird er für besondere feierliche Anlässe genutzt. Erst beim Verlassen dieses Saales fällt auf, dass das Portal zwei unterschiedlich hohe Türen hat. Wer vor Gericht schuldig gesprochen wurde, musste zwingend die rechte Tür nehmen. Diese ist niedriger, sodass der schuldig Gesprochene nur mit gebeugtem Haupt den Raum verlassen konnte. Freigesprochene konnten die linke – höhere – Tür nehmen und erhobenen Hauptes hinaus gehen.

Die **Freitreppe** führt in die obere Etage zum Bürgerschaftssaal. Der **Bürgerschaftssaal** entstand 1891 durch Abtren-

⌃ Der alte Salzspeicher im Winter

› Die Marienkirche in voller Pracht

nung vom Börsensaal. Hier tagen am letzten Donnerstag im Monat die 60 Mitglieder der Bürgerschaft, des Stadtparlamentes von Lübeck. Nebenan tagt im **Roten Saal** jeden Mittwoch der Senat der Stadt Lübeck. Der Name stammt von der roten Wandbespannung, die aus venezianischer Seide besteht.

Eine der ersten Anbauten entstand zwischen 1298 und 1308 mit dem sogenannten **„Langen Haus“.** Dieses stand auf Arkaden, da unten die Goldschmiede ihre Verkaufsbuden hatten und diesen Platz nicht aufgeben wollten. Das rechtwinklig angelegte Rathaus grenzt an seiner nördlichen Seite mit seinen Arkaden den **Marktplatz** ab zur Fußgängerstraße Breite Straße. Dieser Markt ist historisch belegt seit dem Mittealter als Treffpunkt der Marktbeschicker, die sich noch heute dort am Montag und Donnerstag treffen und ihre Waren anbieten. In der Vorweihnachtszeit findet hier ein zauberhafter Weihnachtsmarkt statt.

Rathaus, Breite Str. 62, Tel. 22 10 05, Besichtigungen sind nur im Rahmen einer Führung möglich: Mo–Fr 11, 12, 15 Uhr, Sa 13.30 Uhr, Eintritt: 4 €, ermäßigt 2 €.

Direkt neben dem Rathaus liegt die **Marienkirche,** erbaut zwischen 1250 und 1350 im gotischen Stil. Die Türme sind stolze 125 Meter hoch. Allein drei kleine, nette Geschichtchen oder Legenden ranken sich um diese Kirche, alle drei sind „überprüfbar“.

307sh mux

Kleine Sagen rund um St. Marien

Rund um St. Marien existieren **drei Sagen,** die durch kleine Figuren am oder im Gotteshaus dokumentiert werden. Draußen neben dem Eingang hockt ein kleiner, eigentlich wütender **Teufel** auf einem Steinblock, auch wenn er gar nicht so böse aussieht. Er wurde von den Lübeckern hintergangen, denn er hatte ihnen unwissentlich beim Bau der Kirche geholfen. Man hatte ihm vorgeschwindelt, dass ein Wirtshaus entstehen sollte, daraufhin half der Teufel tatkräftig mit. Kurz vor Fertigstellung erkannte er seinen Irrtum, wurde wütend, schnappte sich einen großen Stein und wollte die Kirche damit zertrümmern. Der Stein aber verfehlte das Gotteshaus und blieb vor dem Eingang liegen. Bis heute liegt er dort und obendrauf hockt er nun, der arme Teufel.

Links vom Eingang hockt in etwa fünf Metern Höhe ein **steinernes Männchen.** In grauer Vorzeit gelang es einem Lübecker Kaufmann, den Tod zu überreden, ihn noch nicht zu holen. Im Laufe der Zeit starben aber alle Freunde und Verwandten und auch der Tod vergaß irgendwann den Kaufmann. Also suchte der uralte, mittlerweile nur noch gebeugt gehende Mann selbst den Tod. Man sagte ihm, er sei in der Marienkirche. Da diese verschlossen war, kletterte er neben dem Eingang hoch, um hineinzuschauen. Er fand den Tod aber nicht und weigerte sich danach, wieder von der Mauer herunterzusteigen. So wurde er von allen vergessen, von den Menschen, vom Teufel und auch von der Zeit, und verwandelte sich schließlich in Stein. Und hockt noch heute dort oben.

Die kleine **Maus,** die man links im Bild des Abendmahls am Chorumgang sieht, wird von Besuchern gerne gestreichelt, denn das bringe angeblich Glück. Dabei brachte der Nager ursprünglich Unglück über die Stadt: Neben der Marienkirche wuchs ein Rosenstock und es hieß, dass die Stadt so lange frei von Fremdherrschaft bleiben würde, so lange die Rosen am Stock blühten. Dann aber knabberte jene Maus einfach die Wurzeln des Rosenstocks an – und tatsächlich geriet Lübeck kurze Zeit später unter Fremdherrschaft. Als die Stadt diese wieder abschütteln konnte, ließ der Rat die Maus in der Kirche als Glücksbringer in Stein meißeln.

017sh hj

[>] Der (gar nicht mal so) wütende Teufel vor der Marienkirche

Das **Innere der Marienkirche** zeigt sich ziemlich groß, mit 38,50 Metern Mittelschiffshöhe und hohen, schlanken Pfeilern. Die Decke und die Pfeiler sind hell und relativ schlicht gehalten, der Marienaltar dagegen ist reich verziert und kostbar. Die Marienkirche soll die drittgrößte Kirche Deutschlands sein und steht auf dem höchsten Punkt der Stadt, so rundet die Statistik das eindrucksvolle Bild ab.

Bemerkenswert ist noch, dass in der Bombennacht im Jahr 1942 Teile der Kirche **zerstört** wurden. So stürzten die Glocken auf den Boden, und unter dem zentnerschweren Gewicht zerbarsten Glocken und Fußboden. Immerhin wogen die Glocken 40 bzw. 144 Zentner! Die Reste sind noch heute zu besichtigen.

Interessant ist auch die **astronomische Uhr,** die in einem Seitenflügel untergebracht ist und mit einer verblüffenden Exaktheit das Datum und die Uhrzeit etwas verklausuliert angibt. Diese Uhr war ein absolutes Meisterwerk, ja, einige Fachleute sprechen sogar von einem Weltwunder. Fertig gestellt wurde sie 1566, nachdem ein Uhrmachermeister jahrelang daran gearbeitet hatte. 376 Jahre funktionierte sie tadellos, dann fiel sie den Bomben des Zweiten Weltkrieges zum Opfer.

Ein anderer Meister, der Lübecker Uhrmacher *Paul Behrend,* arbeitete ebenfalls jahrelang an der **Neugestaltung der Uhr,** ohne festen Auftrag, nur durch Spendengelder der Lübecker unterstützt. Die neue Uhr ist der alten komplett nachempfunden worden, die Kalenderscheibe kann bis ins Jahr 2080 zählen.

Das **Kalendersystem** der Uhr besteht aus zwei Kreisen. Der innere Kreis zählt die Jahreszahlen von 1911 bis 2080 mit den jeweiligen Ostersonntagen, weiterhin ist bei jeder Zahl ein roter Buchstabe zu finden, der sogenannte Sonntagsbuchstabe. Der äußere Kreis zeigt neben den 365 Tagen in roten Buchstaben die fortlaufenden Wochentage, A B C D E F G, die Buchstaben wiederholen sich ständig. Ein Sonntag ist durch die roten Buchstaben neben den Jahreszahlen ersichtlich. Neben 1964 ist z.B. ein rotes E zu finden, dies zeigt, dass im Jahr 1964 alle mit einem roten E bezeichneten Tage des äußeren Kreises Sonntage sind. Folglich ist F ein Montag, G ein Dienstag usw.

346sh hj

☐ Staunende Besucher vor der astronomischen Uhr

Thomas Mann – der Lübecker Bürgerschreck

Das Bürgertum war überhaupt nicht begeistert, im Gegenteil. Sogar hochkarätig **verärgert** sollen ehrbare Kaufmannsleute gewesen sein. So sehr, dass ein Onkel des Geschmähten eine Anzeige im örtlichen Blatt aufgab, um sich von seinem Neffen zu distanzieren. Was war bloß geschehen? Eigentlich nichts weiter, als dass ein Roman erschienen war, der Titel: „Buddenbrooks – Verfall einer Familie".

Autor war ein gewisser *Thomas Mann*. Der wurde 1875 als Spross einer alteingesessenen Kaufmannsfamilie in Lübeck geboren. Der Vater war Inhaber einer Getreidefirma und Senator, altehrwürdige hanseatische Distinguiertheit also. Nach dem Tod des Vaters 1893 zog die Mutter mit den Kindern nach München. Dort, sozusagen aus sicherer Entfernung, schrieb *Thomas Mann* seinen **ersten Roman,** der 1901 veröffentlicht wurde: „Die Buddenbrooks". 1929 erhielt er dafür den Nobelpreis und charakterisierte den Roman „als Seelengeschichte des deutschen Bürgertums, von der nicht nur dieses selbst, sondern auch das europäische Bürgertum überhaupt sich angesprochen fühlen konnte."

Zunächst einmal fühlten sich Lübecker **Bürger angesprochen,** immerhin waren Schauplatz und etliche Personen so klar erkennbar, dass sogar **Namenslisten** kursierten, welche Romanfigur wem im wirklichen Leben entsprach. So war schnell klar, dass die Firma Buddenbrook der eigenen Firma der Familie *Mann* nachgezeichnet war, der Konsul *Johann B.* dem Großvater von *Thomas* entsprach, der eigene Vater genauso vorkam wie ein Onkel, eine Tante, ja, sogar der Autor selbst *(Justus B.)*.

Was aber regte sie so auf? Im Untertitel wird vom **„Verfall einer Familie"** gesprochen, und diesen beschreibt *Mann* über vier Generationen. Die ehrbar-spießige Vorzeigefamilie des Bürgertums bemerkt nicht die Veränderungen der Zeit, hält an alten Ritualen fest, die Kinder in der letzten Generation verlassen den Kaufmannspfad, wenden sich künstlerisch-träumerischen Tätigkeiten zu. Parallel dazu steigt eine weniger traditionell eingestellte Familie auf, die Wertvorstellungen der Buddenbrooks und damit die des Bürgertums gehen unter.

Thomas Mann blieb in München in sicherer Entfernung, veröffentlichte **weitere bedeutende Werke,** u.a. „Tonio Kröger", „Der Tod in Venedig", „Der Zauberberg". 1933 emigrierte *Mann* in die Schweiz. Die **Nazis** sprachen ihm später die deutsche Staatsbürgerschaft ab, *Mann* nahm daraufhin die tschechische an. 1939 ging er schließlich in die USA und wurde 1944 dort US-Staatsbürger. Nach Kriegsende kam er zurück in die **Schweiz,** wo er auch am 12.8.1955 im Alter von 80 Jahren starb.

Kurz zuvor, am 20. Mai verlieh ihm die Stadt Lübeck die **Ehrenbürgerschaft,** allerdings nur mit einer einzigen Stimme Mehrheit, so ganz hatte man ihm wohl damals immer noch nicht verziehen. Das ist jetzt vorbei, heute hält die Hansestadt die Erinnerung an *Thomas Mann* und seinen Bruder *Heinrich Mann* in hohen Ehren. So wurde an der Stelle, wo sein Geburtshaus stand, in der Beckergrube 38, eine Gedenktafel anlässlich seines hundertsten Geburtstages enthüllt.

Wie **liest** man nun die Uhr? Wer z.B. wissen will, auf welchen Wochentag der 24.12.1966 fiel, schaut zunächst auf die Jahreszahl 1966. Dort stehen die roten Buchstaben, die den Sonntag markieren, B und C. (Wenn zwei rote Buchstaben zu finden sind, gilt der erste für die Monate Januar, Februar, der andere für die restlichen.) Für unsere Frage gilt also Buchstabe C. Neben dem 24. Dezember auf der Skala des äußeren Kreises steht ein rotes B. Da nun der Buchstabe C einen Sonntag anzeigt, muss B ein Samstag sein. Der 24.12.1966 war also ein Samstag.

Täglich um 12 Uhr kann man auch noch einen Figurenreigen auf dem Uhrensockel bewundern.

■ Schüsselbuden 13, Tel. 39 77 00, www.st-marien-luebeck.de, geöffnet: 1.4.–3.10. täglich 10–18 Uhr, 4.10.–10.1. 10–17 Uhr, 11.1.–31.3. 10–16 Uhr, Eintritt 2 €.

Das **Buddenbrookhaus** liegt in der Mengstr. 4 und ist den weltberühmten Schriftsteller-Brüdern *Thomas* und *Heinrich Mann* gewidmet. Im unteren Bereich findet sich eine sehr ausführliche biografische Darstellung zur Familie *Mann*, einschließlich der Nachkommen von *Thomas Mann* bis in die Gegenwart. Das obere Stockwerk ist überwiegend dem Roman „Buddenbrooks" gewidmet, u.a. werden Filmsequenzen gezeigt und historische Wohnbereiche nachgestellt.

■ Mengstr. 4, Tel. 122 41 90, http://buddenbrookhaus.de, geöffnet: 1.1.–31.3. tägl. 11–17 Uhr, April–Dez. 10–18 Uhr. Eintritt: 6 €, Schüler und Studenten 3,50 €, außerdem Familien- und Kombikartentarife.

In der Mengstraße (Nr. 48), also an der Untertrave gelegen, ist auch das **Schabbelhaus** zu finden, das ein typisches Beispiel für die Lübecker Kaufmannshäuser ist. Heute befindet sich hier ein sehr geschätztes Restaurant.

In der Altstadt findet sich noch eine Reihe von sehr schmalen **Gängen,** die von Straßen abzweigen und schnell zu übersehen sind. Sie entstanden im Mittelalter, als Wohnraum knapp war, aber die Menschen innerhalb der Stadtmauern untergebracht werden sollten. Die Lösung: Es wurden Gänge in die Vorderhäuser gebrochen, die zu Hinterhöfen führten und dort baute man winzige einstöckige „Buden", Häuser mit nur einem Zimmer. Etliche dieser Gänge und Wohnungen existieren noch. Mancher Gang ist durch eine Pforte verschlossen, andere können betreten werden. Zu finden

347sh hj

Unterwegs durch Lübecks enge Gassen

Die Hanse – Europas erste Wirtschaftsgemeinschaft

„Europe's first Common Market", so charakterisierte die Zeitschrift „National Geographic" die Hanse. Das ist nicht einmal übertrieben, gleichwohl bleibt fasziniertes Erstaunen, schaut man auf die Hintergründe. Immerhin war die Hanse nur ein loser Städteverbund, ohne gemeinsame Verwaltung, Kasse und militärische Macht im Hintergrund. Wie konnte sie also zur Wirtschaftsmacht aufsteigen?

Im 12. Jh. wurden im Ostseeraum viele **Städte gegründet,** zunächst Lübeck, später Rostock, Danzig, Reval und weitere. Schnell blühte der Handel zwischen diesen Orten. Die **Kaufleute schlossen sich zusammen,** fuhren gemeinsam von einem Ort zum nächsten, kauften fremde Waren ein und transportierten sie nach Hause. Sie bildeten eine „Schar" oder „Gemeinschaft", eine „Hanse" eben.

Damals war die schwedische Insel **Gotland Hauptumschlagplatz** für russische Waren, also mussten alle Kaufleute nach Visby, dem Hauptort, fahren und dort Waren einkaufen. Schnell kam der Gedanke, gleich ein Büro, ein **Kontor,** wie es damals hieß, vor Ort in Gotland einzurichten, um ständig präsent zu sein. So konnte man Ware zu jeder Zeit aufkaufen und per Schiff nach Lübeck transportieren.

Da das so gut funktionierte, wurden **weitere Kontore** in Nowgorod, in Schweden, später in Brügge und London errichtet, die Hanse in ihrer neuen Funktion war geboren. Es dauerte nicht lange, und Leute der Hanse saßen **in allen wichtigen Handelsplätzen.** Die „Hanseaten" machten sich breit, verdrängten alteingesessene Kaufleute und trotzten den Regenten **Sonderrechte** ab: Sicherheit für die Kaufleute und ihre Waren und vor allem ermäßigte Zölle. Gehandelt wurde mit den jeweiligen **Hauptprodukten der einzelnen Länder:** Pelze aus Russland, Kupfer und Eisen aus Schweden, Heringe

Koggensiegel

aus Dänemark, Stockfisch aus Norwegen, Stoffe und Tuche aus Flandern und England, Wein und Salz aus Südfrankreich.

Transportiert wurde dies alles mit speziellen Schiffen, den **Hanse-Koggen.** Das waren kleine, bauchige Schiffe von knapp 20 Metern Länge, zeitweise sollen an die 1000 Koggen die Ostsee durchpflügt haben. Eine Nachbildung liegt noch im Museumshafen in Kiel. Heutige Experten beurteilen diese Schiffe übrigens ziemlich kritisch. So zitierte der „Spiegel" einen Kieler Bootsbaumeister, der über eine vier Jahre getestete Nachbildung sagte: „Es waren lecke Kisten mit haarsträubenden Konstruktionsmängeln." Gleichwohl beherrschte die Hanse mit ihren Koggen die Ostsee und Teile der Nordsee. Eine fahrplanmäßige **Handelsroute** lag bereits im 13. Jh. fest: Nowgorod – Reval – Visby – Lübeck – Hamburg – Brügge – London und zurück.

Jahrzehntelang hielt dieser **lose Bund,** Probleme und Bündnisse wurden auf einem „Hansetag" beratschlagt. Dennoch erwies sich der lose Zusammenhang schließlich als **Schwäche.** Die Städte wurden politisch stärker, kontrollierten die Hansekontore genauer und beschnitten sogar die Privilegien der Hanseaten. Die eigenen Kaufleute gewannen langsam wieder Oberwasser. Letztlich fehlte auch ein politisches und militärisches Druckmittel, und somit begann ein **schleichender Niedergang.** Hinzu kam das Aufstreben süddeutscher Kaufleute, die massiv in den Handel eingriffen, hier sei nur der bekannteste Name erwähnt, die Familie Fugger. Der lose Bund zerbröselte langsam.

1669 fand in Lübeck der **letzte Hansetag** statt, nur noch neun Städte nahmen teil. Ohne besondere Beschlüsse ging man auseinander, die Hanse war erledigt. Drei Städte versuchten noch eine Fortsetzung, Lübeck, Hamburg und Bremen, das klappte aber auch nicht sonderlich gut.

In der **Gegenwart** ist nicht mehr viel von der Hanse geblieben. Im **Autokennzeichen** der drei Städte Lübeck, Hamburg und Bremen findet man heute als schmückenden Zusatz jeweils den Buchstaben **H für „Hansestadt".** Nach dem Fall der Mauer kamen weitere Städte hinzu: HRO steht beispielsweise für Hansestadt Rostock. Und die Rostocker gingen sogar noch einen Schritt weiter, der **Fußballclub** der Stadt erinnert an alte Zeiten im Namen und Wappen, denn die Spieler von Hansa(!) Rostock tragen eine Hanse-Kogge als Vereinssymbol auf dem Trikot.

Frühform der Kogge um 1250

Kogge des 15. Jahrhunderts

308sh mux

309sh mux

sind sie beispielsweise in den Straßen **Engelsgrube, Bäckergang** oder **Fischergrube.**

Eine weitere Besonderheit sind die **Höfe.** Einst von wohlhabenden Lübeckern gegründete Wohnungen, die um einen Hinterhof liegen und früher für weniger betuchte Mitbürger bestimmt waren. Einige sind sehr schön renoviert, wie der bekannte Füchtingshof, der von der Glockengießerstraße abzweigt.

Das **Haus der Schiffergesellschaft,** Breite Straße 2, ist wie das Schabbelhaus heute eine vielgepriesene Gaststätte, früher war es das Versammlungshaus der Schiffer und Bootsleute. 1535 wurde das Haus erbaut, das Portal 1768 neu gestaltet. Im Hauptraum, der Diele, wie sie auch heute noch heißt, stößt man auf die „Gelage", die rustikalen Sitzgelegenheiten. Aus dicken Eichenplanken sind die durchgehenden Tische und Bänke gezimmert. Dort saßen die Schiffer nach bestimmten Gruppen unterteilt. An der Rückwand befindet sich leicht erhöht ein besonderes „Gelag", hier saßen die „Älterleute", ältere und erfahrene Seemänner. Sie beobachteten das Treiben, und durch ihre Altersautorität konnten sie so manchen Streit schlichten, behauptet jedenfalls die Chronik. Alte Wappen der Seefahrer, unzählige Erinnerungsstücke und der 431 Pfund schwere Kronleuchter tragen zu dieser einmaligen Atmosphäre bei.

< Typischer Hinterhof

^ Traditionslokal Schiffergesellschaft

> Das Heiligen-Geist-Hospital

Die **Jakobikirche** in der Breiten Straße gilt auch als die Kirche der Seefahrer, sie stammt ebenso wie die Marienkirche aus dem 13. Jahrhundert. Der Turm ist 112 Meter hoch. Die Ausstattung konnte den Krieg unbeschädigt überstehen.

Wer sich nach dem Passieren des Haupteingangs nach rechts wendet, findet knapp vor dem Hochaltar auf der rechten Seite die Brömbse-Kapelle, benannt nach *Heinrich Brömbse,* einem ehemaligen Lübecker Bürgermeister. Hier steht eines der wertvollsten Kunstwerke der Kirche, **der Brömbse-Altar.** Es handelt sich um einen Sandsteinaltar, auf dem sehr detailgetreu die Kreuzigungsszene abgebildet ist. Den spätbarocken Hochaltar von St. Jacobi schuf 1717 *Hieronymus Hassenberg.* Die Kanzel aus Holz wurde 1698 vom Bildhauer *Jakob Budde* erschaffen. Das auffällige Taufbecken wurde bereits 1466 von *Klaus Grude* aus Bronze gegossen, drei kniende Engel tragen das Becken. Die Kirche hat zwei Orgeln. Die **Stellwagenorgel** schräg gegenüber vom Eingang stammt aus dem 15. Jh., sie gilt als eine der ältesten bespielbaren Kirchenorgeln weltweit. Die prächtige Große Orgel stammt ursprünglich auch aus dem 15. Jh., wurde aber in späteren Jahren mehrfach erweitert.

In einer Seitenkapelle liegt das Rettungsboot des 1957 gesunkenen Segelschulschiffes *Pamir* (s.a. Lübeck-Travemünde). Nur sechs Mann konnten sich damals retten. Eine Gedenktafel erinnert an alle gesunkenen Lübecker Schiffe.

■ Jakobikirchhof 3, Tel. 30 80 10, www.st.jakobi-luebeck.de, generell ab 10 Uhr geöffnet, je nach Jahreszeit zwischen 15 und 18 Uhr geschlossen, zwischen Januar und April am Montag geschlossen.

Das **Heiligen-Geist-Hospital,** Große Burgstraße, wurde bereits 1276–1286 erbaut. Es ist das älteste und am besten erhaltene deutsche Hospital. Der Komplex bestand aus Kirche und Langhaus. Sehr auffällig ist die Außenfassade mit ihren drei Giebeln und den vier schlanken Türmen.

Der Eingangsbereich besteht aus der ehemaligen **Kirche,** die dem Langhaus vorgelagert ist. Auffällig sind im Inneren **sehr schöne Glasmalereien** und auch der schmuckvolle Lettner über dem Eingang zum Hospitalbereich. Außerdem befinden sich im Kirchenraum 13 Holzfiguren von Heiligen aus dem 14. und 15. Jh., sowie zwei Altäre und eine Kanzel. Prägend für den Raum sind zwei sehr schöne, großformatige Wandgemälde, die auf etwa 1320 datiert werden.

Das **Langhaus** war die Wohnstätte für weit über 100 ältere Lübecker. Die Be-

700sh hj

wohner schliefen im Langhaus, zunächst standen die Betten in langen Reihen in der großen Halle angeordnet. So konnten sie auch dem Gottesdienst folgen. Die kleinen, erst 1820 errichteten Kojen sorgten dann für etwas Privatsphäre. Rechts im Gang schliefen die Männer, links die Frauen. Die typischen Wohnkojen, **„Kabäuschen“** genannt und 6 m^2 groß, sind noch erhalten, eine davon kann exemplarisch besichtigt werden.

■ Koberg 11, Tel. 799 56 10, geöffnet: April–Sept. 10–17 Uhr, Okt.–März 10–16 Uhr (Mo geschlossen).

Das **Café Niederegger** liegt gegenüber dem Rathaus, ist weit mehr als ein Kaffeehaus, es ist Synonym für Lübecker **Marzipan.** Unten im Erdgeschoss wird das *Niederegger*-Marzipan verkauft. Über 300 Spezialitäten sind im Angebot, vom kleinsten Marzipanbrot bis zum sehr aufwendigen Präsentkorb. Im hinteren Bereich der unteren Etage und vor allem auch in der ersten Etage befindet sich das große *Café Niederegger,* wo leckere Torten und kleinere Gerichte serviert werden. Noch eine Etage höher liegt der **Marzipan-Salon,** der durch eine Tür zum Treppenhaus etwa im mittleren Bereich des Cafés betreten werden kann. Dort erhält man einen **kulturgeschichtlichen Überblick zum Marzipan** und eine Zusammenfassung der Geschichte des Hauses *Niederegger.* Vor allem aber stehen dort zwei sehr **eindrucksvolle Modellgruppen:** zum einen die Silhouette der Lübecker Altstadt mit den sieben Türmen, zum anderen eine lebensgroße Personengruppe mit 12 Berühmtheiten, teils aktuelle, teils historische. Alles aus Marzipan modelliert!

■ Breite Straße 89, Tel. 530 11 27, www.niederegger.de, geöffnet: Mo–Fr 9–19 Uhr, Sa 9–18 Uhr, So 10–18 Uhr.

Das **Burgtor,** am Beginn der Großen Burgstraße, war das nördliche Stadttor; es schützte einst den einzigen Stadtzugang. Auf beiden Seiten sind Teile der Stadtbefestigung von 1230 zu finden.

Das neue bemerkenswerte **Europäische Hansemuseum** ist jetzt fertiggestellt und erinnert an die Glanzzeit der Hanse von den Anfängen bis zum Niedergang im 17. Jahrhundert. Die Ausstellung zeigt verschiedene exemplarisch für die Hansegeschichte stehende rekonstruierte Szenen, welche die Besucher hautnah erleben können. Zwischen den Rauminszenierungen liegen immer auch ruhige, helle Räume, in denen ganz klassisch Exponate der Hansezeit ausgestellt sind, teils Originale, teils sehr gut gemachte Reproduktionen. Der Rundgang endet im benachbarten **Burgkloster,** wo sich die Hanse sinnbildlich auflöst und mit einem neuzeitlichen Song verabschiedet wird. Das neue Hansemuseum ist baulich mit dem Burgkloster verbunden, und ergänzend kann man deshalb auch das renovierte Burgkloster mit seinen Wandmalereien, Schmuckfußböden und dem harmonisch gestalteten Gewölbe besichtigen.

■ An der Untertrave 1, Tel. 809 09 90, geöffnet: tägl. 10–17 Uhr, Eintritt: 12,50 €, ermäßigt 11 €, Kinder 6–16 Jahre 7,50 €, www.hansemuseum.eu.

Die **Katharinenkirche** wurde Ende des 13. Jahrhunderts errichtet. Die Kirche erlebte eine wechselvolle Geschichte. Das angeschlossene Langhaus war Kloster, Lateinschule, später Realschule, Lazarett und sogar Sammelstelle für Lübecker Kunstaltertümer. Heute dient die Kirche als Ausstellungsraum. Interessant ist noch die Westfassade, wo Terrakottafiguren von *Ernst Barlach* zu finden sind.

■ Geöffnet: Mai–September Fr/Sa 10–16 Uhr, Eintritt: 2 €.

Die **Glockengießerstraße** beherbergt bestens erhaltene mittelalterliche Innenhöfe und Gänge. Diese sind hervorragend restauriert worden und noch heute bewohnt. Ein besonders gelungenes Beispiel ist der **Füchtingshof** aus dem Jahr 1639. *Johann Füchting* stiftete einen Teil seines Vermögens für die Armen, und so entstand diese Wohnanlage. Weitere Innenhöfe sind noch in der Glockengießerstraße zu finden, meist erklärt eine Wandtafel die historischen Hintergründe.

In der Glockengießerstraße befindet sich das **Günter-Grass-Haus.** Im Eingangsbereich hängt eine ausführliche biografische Übersicht, während im Hinterhaus hauptsächlich Skulpturen und Zeichnungen des Nobelpreisträgers ausgestellt sind. Im Hauptraum stehen mehrere Touch-Screens, unter denen verschiedene Lebensthemen von *Grass* aufbereitet sind. Im oberen Stockwerk finden ergänzend Wechselausstellungen statt.

■ Glockengießerstr. 21, Tel. 122 42 30, http://grass-haus.de, geöffnet: Jan.–März Di–So 11–17 Uhr, April–Dez. täglich 10–17 Uhr. Eintritt: 7 €, Schüler und Studenten 3,50 €.

Interessant ist auch das **Willy-Brandt-Haus.** Dem dritten Nobelpreisträger aus Lübeck wird ein eigenes Dokumentationszentrum gewidmet. In sieben Räumen wird das Leben und Vermächtnis *Brandts* dokumentiert, von der Weimarer Republik bis zur Wiedervereinigung. Schwerpunkte der Ausstellung sind seine Jugendzeit, die Exilphase, die Berliner Jahre und schließlich die Regierungszeit bis zu seinem Rücktritt. Bei dieser interaktiven Ausstellung können Besucher an verschiedenen Stationen Text-, Film- und Tondokumente auswählen.

■ **Willy-Brandt-Haus,** Königstr. 21, www.willy-brandt-luebeck.de, geöffnet Jan.–März Di–So 11–17 Uhr, Apr.–Dez. täglich 11–18 Uhr, Eintritt frei.

Die **Aegidienkirche** in der gleichnamigen Straße dürfte zu Beginn des 14. Jahrhunderts gebaut worden sein, ganz genau festlegen kann sich nicht mal die Stadtchronik. Sie ist die kleinste der fünf Stadtkirchen und gilt als die Kirche der Handwerker. Im Innern zeigt sie sich reich geschmückt, weist einen barocken Hochaltar aus dem frühen 18. Jh. auf. Ebenso datiert die Kanzel aus dieser Zeit. Das Taufbecken entstand 1453, die mächtige Orgel wurde zwischen 1624 und 1626 gebaut. Der Turm hat eine Höhe von 86 Metern. In der Aegidienstraße Nummer 46 befindet sich noch ein gutes Beispiel für die damaligen engen Wohngänge.

■ Aegidienstr. 75, Tel. 70 56 22, geöffnet: Di–Sa 10–16 Uhr.

Die **Petrikirche** stammt aus dem 13. Jahrhundert, sie liegt nur wenige Schritte vom Holstentor entfernt in einer Seitengasse vom Kohlmarkt. Die Kirche wurde im Krieg schwer beschädigt, die Renovierungsarbeiten wurden erst 1987 abgeschlossen. Kirchliches Leben findet hier nicht mehr regelmäßig statt, ein Besuch lohnt sich dennoch: Es gibt ein nettes Café, man kann per Fahrstuhl auf die Turmplattform fahren und dort einen superben Ausblick genießen.

■ Petrikirchhof 1, Tel. 397 73 23, www.st-petri-luebeck.de, geöffnet: Di–So 11–16 Uhr, Turm Januar/Februar 10–18, März–Sept. 9–20, Okt.–Dez. 10–19 Uhr, Café ab März geöffnet 11–17 Uhr. Eintritt: 3 €.

Der **Dom zu Lübeck** wurde 1173 von *Heinrich dem Löwen* in Auftrag gegeben, 1247 wurde er dann geweiht. Der aus rotem Backstein gebaute Dom hat zwei wuchtige, 115 Meter hohe Türme, das Gebäude ist 132 Meter lang. Ursprünglich ein romanischer Bau, wurde das Gotteshaus im 13. Jahrhundert zu einer gotischen Hallenkirche umgestaltet. In der Bombennacht von 1942 wurde der Dom schwer beschädigt, der Wiederaufbau begann erst 1960.

Zentraler Blickfang im Langhaus ist das 17 m hohe **Triumphkreuz** von *Bernt Notke*, erschaffen zwischen 1470 und 1477, das mit reichhaltigem Schnitzwerk („Jesus am Lebensbaum") versehen ist. Hinter dem Kreuz befindet sich der steinerne **Lettner** mit seiner hölzernen Verkleidung aus der Mitte des 14. Jh. Der Lettner war ursprünglich eine Art Schranke in einer Kirche, die den Laienbereich vom priesterlichen Raum trennte. Später wurde diese Schranke stabiler gebaut, reicher verziert und diente teilweise auch als Kanzelersatz zur Verkündung der Predigt. Auffällig ist die große Uhr von 1628 an der rechten Seite des Lettners.

■ Mühlendamm 2–6, Tel. 747 04, www.domzuluebeck.de, geöffnet: April–Okt. 10–18 Uhr, Nov.–März 10–16 Uhr.

Direkt hinter dem Dom wird im **Museum für Natur und Umwelt** auf drei Etagen in Dioramen, Lebensraumgruppen, Aquarien und Terrarien die Tierwelt und Naturgeschichte Schleswig-Holsteins vorgestellt.

■ Musterbahn 8, Tel. 122 41 22, http://museum-fuer-natur-und-umwelt.de, geöffnet: Di–Fr 9–17 Uhr, Sa/So 10–17 Uhr, Eintritt: 6 €, ermäßigt 3 €, Kinder 2 €.

349sh mux

Die Petrikirche hinter historischen Häusern

Die **Herz-Jesu-Kirche** war die erste nach der Reformation neu gebaute katholische Kirche in Lübeck. Sie wurde 1891 geweiht. In der Krypta befindet sich eine Gedenkstätte für vier Lübecker Geistliche, die am 10.11.1943 hingerichtet wurden, nachdem sie sich offen gegen das NS-Regime positioniert hatten. Drei von ihnen waren katholisch, einer ein evangelischer Pastor. Anhand von Schautafeln wird das Leben der einzelnen Geistlichen dargestellt, ein zeitkritischer Bezug zur Nazizeit gegeben und auch das begleitende soziale Umfeld beschrieben.

Im Jahr 2011 wurden die drei katholischen Kapläne selig gesprochen.

■ Propstei Herz Jesu, Parade 4, Tel. 709 87 65, geöffnet: Mo–Sa 7–19, 9–20 Uhr, www.kath-kirche-luebeck.de.

Etwa 400 m weiter in Richtung Holstentor befindet sich rechts in einer Seitenstraße das **TheaterFigurenMuseum.** Etwa 1200 Theaterpuppen aus Europa, Afrika und Asien werden hier in fünf miteinander verbundenen Gebäuden gezeigt, damit gilt es als das größte seiner Art in Europa. Handpuppen, Marionetten, Stabpuppen, Schattenfiguren sind ebenso ausgestellt wie afrikanische Masken oder asiatische Musikinstrumente.

■ Kolk 14, Tel. 786 26, www.theaterfigurenmuseum.de, geöffnet: Nov.–Mitte März Di–So 11–17 Uhr, Mitte März–Okt. täglich 10–18 Uhr, Eintritt: 7 €, ermäßigt 5 €, Kinder 3,50 €.

Nebenan liegt das **Figurentheater Lübeck** (Kolk 20, Tel. 70 060, www.figurentheater-luebeck.de). Hier wird fast täglich eine Vorstellung gegeben. Eine Voranmeldung ist ratsam.

Unweit des TheaterFigurenMuseums verläuft auch die Straße **Große Petersgrube** hinunter zur Trave. An dieser Straße stehen Häuser aller wichtigen Baustile, die ursprünglichen Fassaden sind erhalten geblieben, so Häuser im Stil der Gotik (Nr. 7, 11, 15), der Renaissance (Nr. 4) und des Barock (Nr. 9, 21). Unten an der Obertrave liegen mehrere Restaurants mit teilweise recht großen, einladenden Terrassen direkt am Fluss.

Einen Besuch lohnt auch das **Museumsquartier St. Annen.** In dem ehemaligen Kloster aus dem 16. Jh. wird sakrale Kunst des Mittelalters und in einem Ergänzungsbau moderne Kunst nach 1945 gezeigt. Im Erdgeschoss befindet sich die einzigartige Sammlung mittelalterlicher Schnitzaltäre, die überwiegend aus Lübecker Kirchen stammen. Die meisten Altäre wurden von Kaufleuten der Zünfte gestiftet. Neben den Altären finden sich liturgische Gebrauchs- und Schmuckgegenstände.

Spartipps

Mit der **HappyDay Card** können Besucher viele Sehenswürdigkeiten **vergünstigt,** manche sogar kostenlos besuchen. Obendrein fährt man mit städtischen **Bussen** und nach Travemünde umsonst. Die *HappyDay Card* gibt's für 24 Stunden (11 €), 48 Std. (13 €) oder 72 Std. (16 €) und wird über das *Welcome Center* und in vielen Hotels verkauft.

Für alle, die mehrere (oder gar alle) **Museen** in Lübeck besuchen wollen, gibt es verschiedene **Kombi-Tickets.** Infos an der jeweiligen Museumskasse oder unter www.museen.luebeck.de.

In der oberen Etage ist in 25 Themen- und Epochenräumen die Lebenswelt von Lübecker Bewohnern dargestellt. Man erhält Einblicke in die Zeit vom späten Mittelalter bis zum frühen 19. Jh. Berücksichtigt werden dabei sowohl einfache Handwerker als auch reiche Kaufleute. Außerdem wird die Geschichte Lübecks anhand audiovisueller Medien und einer Zeitleiste anschaulich präsentiert.

Die angeschlossene **Kunsthalle** bietet auf vier Ebenen moderne Kunst nach 1945 und wechselnde Ausstellungen.

- St. Annen-Str. 15, Tel. 122 41 37 (Kasse), http://museumsquartier-st-annen.de, geöffnet: Di–So 10–17 Uhr, Eintritt: 12 €, Kinder bis 18 Jahre 6 €.

Cafés vor geschichtsträchtiger Kulisse findet man am Rathausmarkt

Praktische Tipps

Info

- **PLZ:** Lübeck hat elf Postleitzahlen, die **Innenstadt** hat die PLZ 23552.
- **Vorwahl:** 0451.
- **Touristeninformation:** *Welcome Center, Lübeck und Travemünde Marketing,* Holstentorplatz 1, 23552 Lübeck, Tel. 88 99 700. Öffnungszeiten: Jan.–April, Sept.–Nov. Mo–Fr 9–18 Uhr, Sa 10–15 Uhr, Mai–Aug. und Dez. Mo–Fr 9–19 Uhr, Sa 10–16 Uhr, So 10–15 Uhr.
- **Internet:** www.luebeck-tourismus.de

An- und Weiterreise

- **Infos:** www.sv-luebeck.de
- **Bahn:** Der Bahnhof ist keine zehn Minuten zu Fuß vom Holstentor entfernt.

701sh mux

■ **Busse:** Der ZOB liegt an der Hansestraße, nur durch eine Querstraße vom Bahnhof entfernt.

■ **Parken:** Parkplätze sind ausgeschildert, u.a. am Bahnhof oder in der Nähe der Trave, aber außerhalb der Innenstadt. Lübeck hat den Individualverkehr weitestgehend aus dem Zentrum verbannt, Anwohner erhalten einen Parkausweis.

Unterkunft

■ **Zimmerreservierungen** über *Lübeck und Travemünde Marketing* (s.o.).

Mein Tipp: **Hotel Anno 1216**③, Alfstr. 38, Tel. 400 82 10, www.hotelanno1216. de. Hier nächtigt man in einem der ältesten Häuser der Hansestadt aus dem Jahr 1216. Angeboten werden sechs DZ, zwei EZ und drei Suiten. Jedes Zimmer hat seinen individuellen Charme und eine eigene Geschichte, die auf kleinen Wandtafeln erzählt wird. Die Zimmer sind unter Erhaltung der historischen Bausubstanz topmodern eingerichtet.

Mein Tipp: **Atlantic Hotel Lübeck**④, Schmiedestr. 9–15, Tel. 38 47 90, www.atlantic-hotels.de. Mitten in der Altstadt liegt dieses große 4-Sterne-Hotel, das dank aufeinander abgestimmter Farben und Dekore eine sachlich-moderne Eleganz ausstrahlt. Es bietet 135 komfortabel eingerichtete Zimmer, Studios und Suiten, ein hauseigenes Restaurant, eine Bar, einen Sauna- und Fitnessbereich und eine Dachterrasse mit tollem Blick über die Dächer der Stadt. Außerdem findet sich es im dritten Stock eine *Smokers Lounge*. Mit WLAN-Internetzugang.

■ **Ibis Budget**②, Berliner Str. 1, Tel. 58 58 20, www.ibis.com. Im Preis-Leistungs-Verhältnis kaum zu schlagen. Korrekte Zimmer, minimalistische Einrichtung und Service, aber alles okay. Etwas außerhalb der City gelegen, Buslinie 7 ab ZOB bis Haltestelle „Etap-Hotel". Kostenloses WLAN.

■ **Hotel Jensen**④, An der Obertrave 4–5, Tel. 70 24 90, www.hotel-jensen.de. Es gehört zur Gruppe der Ringhotels, hat 42 Zimmer, und bietet neben einer stilvollen Einrichtung einen schönen Blick auf die Trave und das Holstentor. WLAN.

■ **Klassik-Altstadt-Hotel**⑤, Fischergrube 52, Tel. 70 29 80, www.klassik-altstadt-hotel.de. Charmantes Haus mit 28 Zimmern, die „klassisch-romantisch" eingerichtet sind (Zitat) und jeweils einem berühmten Lübecker Künstler gewidmet sind. Sehr zentrale Lage. WLAN.

■ **Hotel Alter Speicher**④, Beckergrube 91–93, Tel. 71 045, www.hotel-alter-speicher-luebeck.de. Sehr zentrale Lage in der Altstadt. Insgesamt 43 komfortable Zimmer, außerdem gibt es eine Sauna, eine Dachterrasse und einen ruhigen Garten.

■ **Hotel Zur Alten Stadtmauer**③, An der Mauer 57, Tel. 73 702, www.hotelstadtmauer.de. Kleines Hotel in ruhiger Lage am Rande der Altstadt. Funktionale und farblich abgestimmte Zimmer, auch für 3 bzw. 5 Personen. Nichtraucherhaus. Kostenloses WLAN.

■ **Hotel Rucksack**①, Kanalstr. 70/Ecke Glockengießerstr., Tel. 70 68 92, www.rucksackhotel-luebeck.de. Wohl mit die billigste Bleibe im Zentrum, im „Werkhof" (dort auch das legere *Café Affenbrot*): sechs Räume, 28 Betten, also auch Mehrbettzimmer. Kostenloses WLAN.

■ **Jugendherberge Lübeck-Altstadt**①, Mengstr. 33, Tel. 70 20 399. 73 Betten hat das Haus, das in der Altstadt liegt.

■ **Jugendherberge „Vor dem Burgtor"**①, Am Gertruden-Kirchhof 4, Tel. 33 433, vom ZOB per Buslinie 1, 3, 8, 11, 12 bis Gustav-Radbruch-Platz fahren und ein Stück die Travemünder Allee gehen bis zur ersten Straße links.

■ **Campingplatz Schönböcken,** Steinrader Damm 12, Tel. 89 30 90, www.camping-luebeck.de. Ganzjährig geöffnet. 70 Stellplätze, Lebensmittelladen, Imbiss, Spielplatz, einfache Ausstattung. Autobahnausfahrt „Lübeck-Moisling" von der Autobahn A 1 wählen, dann ist es ausgeschildert, der Platz liegt etwa drei Kilometer von der Stadt entfernt. Busverbindung mit Linie Nr. 7 in die Stadt.

■ **Wohnmobil Treff Lübeck,** An der Hülshorst 11, beim Sportpark Hülshorst, Bus Nr. 12 fährt in die Innenstadt, Tel. 32 111, www.sportpark-huelshorst.com/stellplatz, ganzjährig geöffnet, aber 1.–26.12. am Fr/Sa geschlossen. Der Platz liegt außerhalb der Altstadt in Richtung Travemünde in einer Seitenstraße neben einem Sportpark, wo es auch ein Lokal gibt. Stromanschluss und eine Ver- sowie Entsorgungsstation sind vorhanden. Insgesamt etwa 45 Stellplätze. WLAN.

Gastronomie

■ **Im Alten Zolln,** Mühlenstr. 93, Tel. 72 395, täglich ab 11 Uhr. Rustikaler Charme mit einem studentischen Touch in einer alten Lübecker Kneipe. Handfeste Gerichte, leicht verwinkeltes Gebäude, auf zwei Ebenen verteilte Gasträume mit mehreren großformatigen Wandgemälden. Separater Raucherbereich.

■ **Ratskeller,** Am Markt 13, Tel. 72 044, geöffnet täglich 12–22 Uhr, zentral gelegen, mit geschützter Terrasse, bürgerlich-holsteinische Küche in einem urigen Kellergewölbe.

■ **Café Calma,** Hüxstr. 67, Tel. 72 729, Di–So 9–16 Uhr. Sehr gemütliches Café mit Innenhof. Das vielfältige Frühstücksangebot (z.B. ein „Kutter-Frühstück" mit Fisch oder ein „Ranger-Frühstück" mit einer großen Portion Rührei) wird Mo–Fr bis 12 Uhr, Sa/So bis 13 Uhr angeboten, außerdem warme Gerichte wie Pasta, Quiche und holsteinische Speisen.

■ **Kartoffelkeller,** Koberg 6–8, Tel. 76 234, täglich ab 11.30 Uhr, liegt in einem Gewölberaum, im Sommer mit Terrasse. Hier dreht sich alles um die Kartoffel.

■ **Das kleine Restaurant,** An der Untertrave 39, Tel. 70 59 59, Di–Sa 17–23.30 Uhr. In einem 300 Jahre alten Haus speist man regionale Saison-Küche oder ein 10-Gänge-Überraschungsmenü.

■ **Lübecker Hanse,** Kolk 3–7, Tel. 30 40 65 11, Di–Sa 11.30–14.30 und ab 17 Uhr. Traditionslokal mit einer saisonalen und regionalen Karte mit französischem Einfluss.

157sh mux

- **Schiffergesellschaft,** Breite Str. 2, Tel. 76 776. Norddeutsche Küche und Fischgerichte in nostalgischem Ambiente, täglich ab 10 Uhr.
- **Brau Berger,** Alfstr. 36, Tel. 71 444, Traditionsbrauerei in urigem Kellergewölbe, Mo–Sa ab 17 Uhr.

Schiffstouren

- **Könemann Schifffahrtslinien,** Teerhofsinsel 14a, Tel. 28 01 635, www.koenemannschiffahrt.de, bietet Ostern bis Mitte Oktober zweimal am Tag (9.30 und 14 Uhr) Fahrten nach Travemünde an. Abfahrt vom Anleger Drehbrücke, unweit vom Oldtimer-Hafen. Dauer: 105 Min.
- **Cityschifffahrt Gabriel,** Wallstr. 17, Tel. 29 63 424, www.cityschifffahrt.de, etwa stündliche Abfahrten zur großen Stadt-, Kanal- und Hafenrundfahrt. Der Anleger ist keine 50 Meter vom Holstentor entfernt.
- **Die weiße Flotte der Quandt-Linie,** Büro: Willy-Brandt-Allee 13, Tel. 77 799, www.quandtlinie.de. Unternimmt ebenfalls Stadt- und Hafenrundfahrten, bietet aber auch eine Fahrt nach Travemünde. Abfahrten jeweils vom Anleger Holstentorterrassen, gegenüber vom alten Salzspeicher oder vom Anleger Wallhalbinsel vor der MuK.

☒ Die prächtige Wappenfassade des Lübecker Rathauses

Stadtführungen

- Stadtführungen finden meist um 11 Uhr statt, Dauer ca. 2 Stunden. Infos: Tel. 409 19 50, www.luebecker-stadtfuehrer.de.

Einkaufen

Direkt in der Lübecker Altstadt konzentriert sich eine ganze Reihe von bezaubernden, kleinen Geschäften auf relativ wenige Straßen. Kauflustige können so ganz entspannt von einem Shop zum nächsten schlendern und die ganze Bandbreite des Angebots auf sich wirken lassen. Hier einige herausragende **Shopping-Spots:**

- **Hüxstraße:** Gilt für viele als Lübecks schönste Einkaufsstraße mit einer Vielzahl von kleinen, interessanten Läden.
- **Fleischhauerstraße:** Ähnlich attraktiv wie die Hüxstraße, mit der einzigen Einschränkung, dass sich hier etwas weniger Läden befinden – diese sind aber genauso originell.
- **Breite Straße:** Diese Fußgängerstraße wird auch „Modemeile" genannt, aber dort findet sich viel mehr als nur Bekleidungsgeschäfte. Hier sind auch Filialen großer Ketten angesiedelt.
- **Königsstraße:** Ist keine reine Einkaufsstraße, aber es gibt dort dennoch einige spannende Läden zu entdecken.
- **Einkaufszentrum Königspassage,** Fleischhauerstraße, Ecke Königstraße, Mo–Sa 8–20 Uhr. Sehr zentral gelegene, nicht zu große Einkaufspassage, in der etliche kleinere Geschäfte und einige Lokale zu finden sind.
- **Marzipan-Speicher,** An der Untertrave 98, täglich 10–18 Uhr, Tel. 89 73 939, www.marzipanland.eu. In diesem historischen Haus wird Lübecker und Königsberger Marzipan verkauft, obendrein gibt es ein Café und eine tägliche Marzipanshow.

Lübeck-Travemünde

„An diesem Ort, in Travemünde, wo ich die unzweifelhaft glücklichsten Tage meines Lebens verbracht habe, Tage und Wochen, deren tiefe Befriedigung und Wunschlosigkeit durch nichts Späteres in meinem Leben (...) zu übertreffen und in Vergessenheit zu bringen war – an diesem Ort gingen das Meer und die Musik in meinem Herzen eine ideelle, eine Gefühlsverbindung für immer ein."

Kein Zweifel, *Thomas Mann* liebte Travemünde, dieses Geständnis machte er 1926. Heute dürfte dies für viele Lübecker, aber auch für eine nicht geringe Zahl von Hamburgern ebenfalls gelten. Für beide ist Travemünde problemlos zu erreichen, die Hamburger müssen nur länger fahren.

Und was macht den **Reiz dieses Seebades** aus? Es dürfte die Mischung sein. Natürlich lockt der **Strand** in erster Linie, immerhin gute vier bis fünf Kilometer lang und teilweise 100 Meter breit, das macht ihm kaum ein anderer Ostseestrand nach. Im weichen, hellen Sand können sich buchstäblich Tausende aalen, um die 2000 Strandkörbe stehen in der Hochsaison bereit. Aber das ist nicht alles.

Eine **Promenade** läuft parallel zum Strand und endet, genau wie dieser auch, an der Mündung der Trave. Hier steht das weithin sichtbare **Maritim-Hochhaus** mit 35 Stockwerken, in dem auch ein Hotel untergebracht ist. Nicht weit davon entfernt steht der **älteste Leuchtturm** (1539) des Landes. 142 Stufen führen hoch zur Plattform auf 31 Meter. Besichtigung inklusive eines kleinen Museums zur Leuchtfeuergeschichte, aber vor allem den tollen Fernblick genießen:

Das Maritim-Hochhaus in Travemünde

702sh mux

Alter Leuchtturm, Am Leuchtenfeld 1, geöffnet: April–Okt. Di–So 13–16 Uhr, Juli/August tägl. 11–16 Uhr, Nov.–März So 11.30–12.30 Uhr, Eintritt 2 €.

Beide Komplexe liegen am Mündungsbereich der Trave, und die schon erwähnte Promenade verläuft, nachdem sie einen „Knick" gemacht hat, über gut 1,5 Kilometer entlang der Trave weiter. Hier flanieren die Touristen in Richtung **Altstadt,** passieren dabei einige Lokale, einen Park, den Hafen, und später geht es in die Altstadt.

Travemünde bietet eine reizvolle **Mischung von Strandleben und Stadtflair** in einem eigenständigen Ort, der entgegen landläufiger Meinung nicht ausschließlich durch den Tourismus entstanden und geprägt ist.

Sehenswertes

Das **Segelschiff „Passat"**, eine Viermastbark der legendären Flying-P-Linie, liegt in der Mündung der Trave. Dieser stolze Segler wurde 1911 fertiggestellt. Etliche Reisen nach China und vor allem nach Chile, um Salpeter zu laden, wurden für eine Hamburger Reederei unternommen. Bis 1957 fuhr die Passat für verschiedene Reeder, später auch als Schulschiff. 1957 fand die letzte Reise statt, denn die Zeit der Großsegler war vorbei. Nach einigem Hin und Her liegt die Passat nun seit 1965 an ihrem Ankerplatz in Travemünde, sie ist mittlerweile zum Wahrzeichen des Ortes geworden. Ein gleichartiges Schwesterschiff, die Pamir, ging übrigens 1957 unter, in der Lübecker Jakobikirche wird mit einer Gedenktafel daran erinnert.

Großsegler – Stolz der Seefahrt

„Einmal noch nach Bombay oder nach Schanghai, einmal noch nach Rio oder nach Hawaii“, *Hans Albers* traf den Nerv der Zeit. Wenn ein Großsegler, ein Schiff mit drei oder gar vier Masten, im Hafen lag, dann drückten sich die Jungs die Nasen platt und bekamen gestandene Seeleute feuchte Augen. Kein Wunder, das war ein Anblick! Ein **Viermastschiff weckt Sehnsüchte,** lässt Abenteuervisionen aufkommen, ist der Stolz der Seefahrt. Und wenn es dann voll aufgetakelt ausläuft, dann schwört sich so mancher: „Nächstes Mal bin ich dabei, ganz sicher!“ Aber das ist Schnee von gestern – eine Epoche ist vergangen, die Zeit der Großsegler unwiederbringlich vorbei.

Um die Wende zum 20 Jahrhundert war das mal anders, und die heute in Travemünde liegende *Passat* gehörte dazu. Damals wurden beispielsweise von der Reederei *Laeisz* eine ganze **Flotte Großsegler** gebaut und betrieben, die sogenannten *Flying-P-Liner.* Insgesamt 65 Schiffe, darunter 17 Großsegler, wurden gebaut, und alle 65 **Namen** begannen mit dem Buchstaben P: *Padua, Pamir, Passat, Perkeo, Peking, Pola* usw. Diese Besonderheit hatte einen einfachen Hintergrund, soll doch die Ehefrau des Reeders auf den Kosenamen *Pudel* gehört haben, und so wurde dann auch 1856 das erste Schiff getauft. Das galt als gutes Omen, und Reeder *Laeisz* beließ es dabei, so einfach war das damals.

Bis zum Ersten Weltkrieg gab es insgesamt 210 Großsegler, die meist als **Frachtsegler auf allen Weltmeeren** im Einsatz waren. Teilweise lieferten sich die Kapitäne regelrechte **Wettfahrten** auf dem Weg um Kap Hoorn oder nach Australien, „Weizen-Regatta“ wurde das genannt, weil es darum ging, bei den Weizen-Auktionen als erster im Ziel einzulaufen. Den Kapitänen wurde dafür eine Prämie gezahlt, und so knüppelten sie ihre Schiffe und Mannschaft regelrecht über die Ozeane.

310sh mux

1911 wurde die **Passat** auf Jungfernfahrt nach Valparaiso in Chile geschickt, um Salpeter zu laden. Insgesamt 15 große Fahrten unternahm die *Passat* dann später, umrundete 39 Mal Kap Hoorn. Und 1949 wurde dann das **letzte große Weizen-Rennen** ausgetragen, die *Passat* gegen die *Pamir* auf der Strecke Australien – Europa. Die *Passat* siegte nach 109 Tagen, die *Pamir* lief 19 Tage später ein.

Dann änderten sich langsam die Zeiten, die schnelleren und wirtschaftlicheren **Motorschiffe** verdrängten nach und nach die Segler. Aber auch für die Mannschaften wurde bei aller Romantik die Arbeit durch die Motorschiffe angenehmer; das sollte man nicht vergessen. Dazu kam noch der Schock des **Untergangs der Pamir.** Am 21. September 1957 wurde das Schiff in Höhe der Azoren von einem fürchterlichen Sturm überrascht, kenterte und versank binnen kurzer Zeit. 80 Mann ertranken, nur sechs konnten gerettet werden. Damit war das **Ende der Großsegler** besiegelt, nur einige wenige Einzelkämpfer wollten das nicht wahrhaben und schickten Segler trotz ungünstiger Frachtraten auf Reisen. Vergebens, gegen die Containerschiffe kam kein Segler an.

Heute sind **vier Schiffe der Flying-P-Line** übriggeblieben: die *Padua* läuft als russisches Schulschiff *Kruzenstern,* die *Pommern* liegt auf den Aalandinseln als Museumsschiff, die *Peking* in New York und die *Passat* in Travemünde.

Großsegler sieht man heute nur noch **selten im Einsatz,** beispielsweise in Kiel, wenn das deutsche Segelschulschiff *Gorch Fock* mal im Hafen liegt oder bei Großereignissen wie der **„Sail",** einem **Segler-Treff,** der alle zwei Jahre stattfindet.

◁ Die „Passat" im Hafen von Travemünde

Ein Rundgang über das Schiff lässt staunen – staunen über die schiere Größe, über die Enge der Kojen, über das ausgeklügelte Konzept, nach dem Segel gesetzt und gerefft wurden. Man ahnt und spürt fast die körperliche Arbeit, die dahinter steckte. Besucher bewundern die Takelage, die gewaltigen Ruder, die enorme Höhe der Masten, die Dicke der Taue. Außerdem können der tiefe Frachtraum, die unterschiedlich großen Kojen und ein Funkraum besichtigt werden. Unter Deck befindet sich auch eine Dokumentation zur Passat mit vielen alten Fotos, Arbeitsgerätschaften und erklärenden Hinweistafeln.

■ **Zu besichtigen:** Ostern bis Mitte Mai täglich 11–16.30 Uhr, Mitte Mai bis Mitte Sept. täglich 10–17 Uhr, Mitte Sept. bis Okt. täglich 11–16.30 Uhr, Eintritt: Erw. 4 €.

Der **alte Ortskern** liegt rund um die **St.-Lorenz-Kirche.** Diese stammt aus dem Jahr 1522 und birgt in ihrem Inneren einen wertvollen Holzaltar. In der Nähe liegt auch das **Vogteigebäude** in der gleichnamigen Straße, ein Backsteingiebelhaus aus der Zeit um 1600. Besonders auffällig ist das Sandsteinwappen über der Tür.

Rings um die St.-Lorenz-Kirche finden sich auch etliche **Giebelhäuser** aus dem 18. und 19. Jahrhundert, so besonders in der **Straße Vorderreihe.** Diese Straße ist, genau wie die Kaiserallee, unter Denkmalschutz gestellt worden. Eine ganze Reihe erhaltenswürdiger Häuser, teilweise liebevoll restauriert, stehen hier und zeugen von alter Pracht. Das älteste Haus stammt aus der zweiten Hälfte des 16. Jh. und steht in der Jahrmarktstraße 13.

109sh mux

Das kleine **Seebadmuseum** am Marktplatz nahe der Lorenzkirche erinnert an die lange Geschichte Travemündes als Seebad, denn seit 1802 zieht es „Sommerfrischler" an die Ostsee. Die alte Zeit wird hier wieder lebendig durch Filme, Hörstationen und Exponate und speziell Kinder werden wohl über die „uncoole" frühere Bademode nur staunen.

■ Torstr. 1, Tel. 99 98 094, geöffnet: März–Dez. Di–So 11–17 Uhr, Eintritt: 5 €, ermäßigt 2,50 €.

Besonders schöne Villen finden sich in der Kaiserallee

Der **Fischereihafen** liegt am westlichen Ende der Promenade, gleich neben der Autofähre zum Priwall. In diesem kleinen, netten Abschnitt landen noch echte Fischerboote an, von denen der Fang teilweise noch direkt verkauft wird. Passend dazu befinden sich am Hafen eine Handvoll uriger Kneipen, die frisch gezapftes Bier und Fischbrötchen anbieten, mit vereinzelt aber doch etwas rauem Charme.

Die **Kaiserallee** führt in Höhe des luxuriöses *Columbia Hotels* parallel zum Strand, und hier liegen weitere schöne, alte Häuser im Stil der **Bäderarchitektur.** Diese beherbergen heute zum größten Teil kleine Hotels und Pensionen, die überwiegend sehr stil- und geschmackvoll gehalten sind. Die Straße wird gesäumt von kastenförmig geschnittenen Lindenbäumen.

Die winzige **Landzunge Priwall** war, als die DDR noch existierte, ein **deutsch-deutsches Kuriosum.** Gebietsmäßig gehörte diese Halbinsel zu Travemünde, also zur Bundesrepublik. Der einzige Landweg aber führte in die DDR, war damit also versperrt. Bis 1989 war Priwall deshalb nur mit einer Fähre zu erreichen, diese pendelt heute noch. Mittlerweile existiert eine zweite, von der Vorderreihe legt eine Personenfähre ab, von der Nordermole auch eine Pkw-Fähre. Der Priwall hat einen sehr **schönen Sandstrand,** der einst als FKK-Strand genutzt wurde (heute nur noch der östliche Teil). Die DDR-Grenzer hatten von ihrem Wachturm einen ungehinderten Blick darauf. In dieser erzwungenen Abgeschiedenheit konnten aber auch seltene Tiere und Pflanzen überleben, ein Teil des Gebiets ist heute **Vogelschutzgebiet.** Mittlerweile gibt es am Priwall einen Segelhafen, und nun wird eine große Ferienanlage gebaut.

„Warum ist die Scholle platt?" Fragen wie diese werden in der **Ostseestation Priwall** beantwortet. Erfahrene Meeresbiologen führen Besucher in keinen Gruppen zu etwa **20 Schau-Aquarien** und berichten informativ über die vielen Geheimnisse der Ostseebewohner.

■ **Ostseestation Priwall,** am Priwallhafen 10, Tel. 30 87 05, geöffnet: 1.4.–31.10. Di–So 10–17 Uhr, 1.11.–31.3. Do–So 10–17 Uhr. Eintritt: 6 €, Kinder (4–12 Jahre) 4 €.

Praktische Tipps

Info

■ **PLZ:** 23570.
■ **Vorwahl:** 04502.
■ **Welcome Center,** Strandbahnhof, Bertlingstraße 21, Tel. (0451) 88 99 700. Geöffnet: 2.1.–28.2. und 1.11.–31.12. Mo–Fr 9.30–18 Uhr, 1.3.–31.5. und 1.9.–31.10. Mo–Fr 9.30–18, Sa 10–15, So 11–15 Uhr, 1.6.–31.8. Mo–Fr 9.30–18, Sa/So 10–17 Uhr.
■ **Internet:** www.travemuende-tourismus.de

An- und Weiterreise

■ **Bahn:** Der Bahnhof liegt keine drei Minuten Fußweg vom Strand entfernt. **Achtung:** Travemünde hat drei Bahnhöfe: Travemünde Skandinavienkai, Hafenbahnhof und Bahnhof Travemünde-Strand. Letzterer ist die Endstation und liegt in Strandnähe. Es gibt etwa stündlich Verbindungen nach Lübeck.
■ **Busse:** Die Linienbusse haben ihren zentralen Platz vor dem Strand-Bahnhof. Linien 30 und 40 fahren nach Lübeck zum ZOB.
■ **Parken:** Es gibt vier gebührenfreie Zonen und elf gebührenpflichtige, die ausgeschildert sind. Außerdem existiert ein Parkhaus am Strand, in der Tiefgarage des Hotels Maritim, das rund um die Uhr geöffnet ist.
■ **Taxi:** *Trave-Taxi,* Tel. 40 11.

Unterkunft

Eine ganze Reihe von Unterkünften liegt in schönen, meist familiären Häusern entlang der **Kaiserallee,** also in unmittelbarer Strandnähe. Die Lage hat allerdings ihren Preis.

■ **Hotel Atlantic**④-⑤, Kaiserallee 2a, Tel. 75 057, www.hotel-atlantic-travemuende.de. Zimmer mit Terrasse und Seeblick in historischer Villa.
■ **Hotel Sonnenklause**③-④, Kaiserallee 21, Tel. 86 130, www.hotel-sonnenklause.de, geöffnet Ende Februar bis zum Spätherbst. Ein etwas größeres Haus mit Café. Seit 1925 in Familienbesitz, die Zimmer sind modern ausgestattet und haben teilweise Meerblick, zum Strand sind es kaum 100 Meter.
■ **Deutscher Kaiser**②-③, Vorderreihe 52, Tel. 84 20, www.deutscher-kaiser-travemuende.de. Das Hotel liegt direkt an der Travemünder Flaniermeile und bietet Zimmer und Apartments, teils mit Blick auf die Trave, außerdem Sauna- und Fitnessbereich.
■ **Ferienhäuser auf dem Priwall,** der Ferienhaus-Anbieter *Novasol* hat etliche schmucke und gemütliche Ferienhäuser nach skandinavischem Vorbild auf dem Priwall im Angebot. Sie liegen unweit der Passat am Dünenweg. Infos: Tel. (040) 23 88 59 82 oder www.novasol.de.
■ **Campingplatz Ivendorf,** Frankenkrogweg 2–4, etwa drei Kilometer außerhalb von Travemünde. Von der B 75 nach Ivendorf abzweigen, ausgeschildert. Ganzjährig geöffnet, Tel. 48 65, www.camping-travemuende.de. WLAN und ein Natur-Schwimmbecken.
■ **Wohnmobilstellplatz,** ganz in der Nähe vom Brodtener Ufer liegt der ganzjährig geöffnete Wo-

Mo-Stellplatz „Kowitzberg" mit Platz für 49 Fahrzeuge. Strom, Wasser und Entsorgungseinrichtungen sind vorhanden und gegen Gebühr nutzbar, Tel. 88 99 700.

■ **Wohnmobilstellplatz,** Auf dem Baggersand 15 am Fischereihafen. Gar nicht so kleiner Platz (90 Stellplätze), nicht sehr weit von der Priwall-Fähre entfernt, Infos unter Tel. 13 00, www.park-and-sail.de, ganzjährig geöffnet.

Gastronomie

Es gibt eine ganze Reihe von Lokalen in der Vorderreihe, die meisten haben auch eine Terrasse.

■ **Café Niederegger,** Vorderreihe 56, Tel. 20 31, täglich ab 9 Uhr, So ab 10 Uhr geöffnet, aber saisonal unterschiedlich. Ableger aus Lübeck.

■ **Luzifer,** Auf dem Baggersand 3, Pier 3, Tel. (04502) 30 78 11, tägl. ab 9 Uhr. Das relativ große Lokal mit schöner Terrasse liegt knapp vor dem Fischereihafen direkt an der Trave, daher bietet sich von hier ein toller Blick auf die Trave bis hinunter zur Passat. Das Lokal serviert gute Bistroküche in lockerer Atmosphäre.

■ **Marina,** Trelleborgallee 2a, Tel. 74 347, täglich 11–3 Uhr. Dieses Lokal liegt auf dem Gelände des Lübecker Jachtclubs. Geboten wird v.a. regionale Küche, aber es gibt auch Kaffee und Kuchen sowie Brunchangebote. Von der großen Terrasse prima Blick auf die Trave.

Schiffstouren

■ **Könemann Schifffahrt,** Tel. (0451) 28 01 635. Verbindet mehrmals tgl. Travemünde mit Lübeck.

■ Eine einstündige Bootstour auf der Ostsee mit Restauration bietet die **„MS Marittima"** von der Überseebrücke 2 an, Tel. (0163) 64 75 772, www.marittima-travemuende.de.

■ Mit der **TT-Linie** nach Schweden: Angeboten werden unterschiedliche Touren nach Trelleborg. Es sind sogenannte Mini-Kreuzfahrten, die Nacht wird an Bord verbracht, kurzer Landgang ist möglich. Abfahrt: Skandinavienkai, Infos unter Tel. 80 181, www.ttline.com.

■ **Nordoe-Link,** Tel. 80 54 43, www.finnlines.com, bietet Touren nach Malmö an, und zwar auf einer Fähre, die hauptsächlich Lkw und Fracht transportiert, aber eben auch Passagiere mitnimmt. Die Überfahrt dauert neun Stunden, wer über Nacht reist, muss eine Kabine buchen, es gibt aber auch Fahrten über Tag. Abfahrt am Skandinavienkai.

Wassersport

Segeln

■ **Segelschule Mövenstein,** Kaiserallee 40, Tel. 24 52, www.moevenstein.de. Katamaran- und Anfängerschulungen auf Jollen.

■ **Schött Segelschule,** Teutendorfer Weg 2, Tel. 45 04, www.wasserfahrschule.de. Bietet Segelkurse sowie Ausbildung für alle Wassersportscheine.

Weitere Aktivitäten

Fahrradverleih

■ **Firma Beitsch,** Kurgartenstr. 67, Tel. 66 22.

■ **Das Fahrrad,** Moorredder 15, Tel. 35 50.

■ **Mietrad.de,** Bertlingstr. 4, Tel. 78 61 515.

Minigolf

■ Anlage an der Außenallee 6 gegenüber dem *Kurhaushotel,* Tel. 71 459.

Reiten

■ **Natural Motion Strandreiter Priwall,** Fliegerweg 11, Tel. 30 96 98, www.ostseereiterhof.de, tägl. Reitunterricht oder auch Ausritte am Strand.

▷ Das Brodtener Steilufer

352sh mux

Einkaufen

- **Wochenmarkt:** Mo und Do 8–13 Uhr.

Post

- Filiale bei *Edeka Payk,* Nordmeerstr. 98 oder *Kiosk Zimmermann,* Bertlingstr. 4.

Ausflüge

Brodtener Steilufer

Dieses tolle Steilufer liegt nur wenige Kilometer nördlich von Travemünde (von der B 76 an ist es auch ausgeschildert). Der Weg dorthin führt über eine zwei bis drei Kilometer lange Piste. An schönen Sommertagen ist hier **kein Parkplatz** zu bekommen, dann staut sich die Blechlawine entlang des ganzen Weges. Sowohl von Travemünde als auch von Niendorf können Sie auf einem Wanderweg zu Fuß oder per Rad sehr schön immer an der Steilküste entlang jeweils zum anderen Ort gelangen.

Dort angelangt, steht man auf einem etwa 20 Meter hohen **Kliff,** tief unten sieht man das Steilufer. Das Kliff steigt sogar an manchen Stellen bis zu 30 Meter hoch und zieht sich über etliche Kilometer hin, ein beeindruckender Anblick. Geröllmassen brechen durch Herbststürme immer mal wieder ab und sammeln sich unten am Fuß des Kliffs. Problemlos kann man hier bis zum Nachbarort Niendorf wandern oder radeln und dabei traumhaft schöne Ausblicke genießen.

Auch ein bekanntes **Restaurant,** die *Hermannshöhe,* kann man hier aufsuchen und genießt eine wunderbare Aussicht vom gemütlichen Kaffeegarten aus.

023sh mux

■ **Hermannshöhe,** Tel. 88 85 425, geöffnet: Mo–Fr 11–19, Sa/So 8–19 Uhr, Sa/So Frühstücksbüffet 8–11 Uhr. Tolle Lage direkt am oberen Rand der Steilküste mit einer großen Außenterrasse. Geboten wird eine saisonale Holsteiner Küche, aber auch Snacks, Pizza, Flammkuchen sowie selbstgebackener Kuchen und Torten. Das Ganze allerdings bei Selbstbedienung. Ein Minimarkt mit regionalen Produkten ist angeschlossen.

⌃ Idyllisches Dörfchen an der Trave: Gothmund

Gothmund

Gothmund ist ein **winziges Dorf** an der Trave, das knapp vor Lübeck liegt, unweit der Herrenbrücke. Hier lebten seit altersher **Fischer,** urkundlich erwähnt wurden sie schon im frühen 16. Jh. Ursprünglich lagerten die Fischer hier nur kurzfristig auf ihren Weg von der Ostsee die Trave hoch nach Lübeck. Deshalb standen dort ursprünglich auch nur einfache Katen, heute jedoch befinden sich dort richtig schmucke **Reetdachhäuser,** die liebevoll gepflegt werden. Gothmund ist so ein richtig kleines Schmuckstück geworden, ein Ort, der übrigens **nur zu Fuß** erkundet werden kann. Das Dorf liegt an der Trave, an der ein **Treidelpfad** verläuft, an dem früher die Schiffe „getreidelt", also gezogen wurden. Heute kann man hier per Fahrrad entlangfahren.

Anfahrt: Von Travemünde führt ein Weg durch Felder und kleine Dörfer hierher, aber die Trave muss durch den Herrentunnel gequert werden, das geht für Radler und Fußgänger nur mit einem kostenlosen *Shuttle-Bus.* Per Auto geht es über die B 75 bis zur Dorfgrenze.

Niendorf

Böse Zungen behaupten, Niendorf sei nichts weiter als ein Vorort von Timmendorfer Strand. Wer einen Blick auf den Stadtplan wirft, könnte diese Meinung teilen. Könnte, sollte aber nicht, denn Niendorf ist anders und zeichnet sich besonders durch seine **Ruhe und Beschaulichkeit** aus.

Niendorf wurde bereits 1385 erstmalig als **kleines Dorf,** das von Bauern und Fischern bewohnt war, erwähnt. Landwirtschaft und Fischfang blieben auch über Jahrhunderte die einzigen Erwerbsquellen der Niendorfer und spielen teilweise auch heute noch eine Rolle. Dann kam der Tourismus, und vieles änderte sich, aber eben nicht alles.

MEIN TIPP: Ein **alter Kern um den kleinen Hafen** hat sich noch erhalten können, er liegt am Ortsende an der Strandstraße. Einige Fischerboote dümpelt hier im Hafenbecken. An einigen Buden wird **fangfrischer Fisch** verkauft. Zwei, drei Lokale sind dort auch zu finden und als originelles Fotomotiv die Figur eines alten „Sailors", der auf einer Bank sitzt und versonnen aufs Meer blinzelt. In der Saison findet an jedem ersten Sonntag ab

Die Karl-May-Spiele

Seit 1952 ein Hit, nicht nur bei Kindern, sind die Karl-May-Spiele im Freilichttheater in Bad Segeberg vor dem Kalkberg. Hier wurde seit 1645 **Kalk abgebaut,** und das ging auch über Jahrhunderte gut, aber 1931 wurde die Grube dann doch geschlossen.

Später wurde dann eine **Freilichtbühne** in der ehemaligen Grube angelegt, und am 16. August 1952 war **Premiere.** Das erste Karl-May-Abenteuer ging über die Bühne, zu Tausenden kamen die Kinder aus den Ostsee-Ferienlagern. Und so ging es weiter, Jahr für Jahr.

Die Themen drehten sich immer wieder um **Winnetou** – unvergessen hier *Pierre Brice* in seiner Paraderolle. Und so erzählen die Geschichten das hohe Lied vom wackeren Westmann, vom edlen Indianer, von hinterhältigen Ganoven. Das Ganze ist gemischt mit viel Action, einem Schuss Rührseligkeit und vor allem der **einmaligen Atmosphäre** vor dem Kalkberg. Davon sind sowohl Kinder als auch Erwachsene regelmäßig begeistert.

Infos und Kartenreservierung unter: *Karl-May-Spiele Bad Segeberg,* Karl-May-Platz, 23795 Bad Segeberg, Tel. (01805) 95 21 11, www.karl-may-spiele.de. Von Lübeck nach Bad Segeberg gelangt man problemlos über die Bundesstraße B 206, es sind etwa 30 Kilometer. Gespielt wird von Mitte/Ende Juni bis Anfang Sept. jeweils Do, Fr, Sa um 15 und 20 Uhr, So um 15 Uhr.

9 Uhr ein Fischmarkt direkt am Hafen statt. Insgesamt hat sich hier eine Art maritimes Zentrum gebildet, es gibt noch eine Töpferei, eine Galerie und 100 m entfernt in Richtung Timmendorf ein Eiscafé am Hafen, das oberleckeres italienisches Eis anbietet.

Der **Strand** ist sehr schön, weichsandig fast völlig frei von Steinen. Außerdem geht er flach ins Meer über. Er soll über acht Kilometer lang sein und führt, nur durch den Niendorfer Hafen unterbrochen, weiter bis nach Timmendorf.

Direkt hinter dem Strand verläuft eine **Promenade** zwischen Strand und Häuserzeile, unterbrochen von einigen Lokalen. Die Promenade wurde richtig nett aufgehübscht und zeigt sich ziemlich schmuck. Unmittelbar dahinter liegen Häuser, darunter auch einige Ferienwohnungen. Wer hier sein Zimmer zur richtigen Seite hat, schaut aufs Meer, ansonsten auf die Strandstraße, eine der zwei Straßen, die sich durch das Dorf schlängeln.

Außer dem Hafen findet man nur noch ein **Meerwasserschwimmbad,** das Abwechslung bietet, ansonsten dominiert ruhiges Strandleben.

Ein Muss sollte für jeden Ostsee-Urlauber ein Besuch im **Vogelpark Niendorf** sein. Er ist zu Fuß von Niendorf erreichbar und liegt am Nordufer des Hemmelsdorfer Sees. Einfach der Straße An der Aalbek, die in Höhe des Hafens abzweigt, folgen, eine überdimensionale Eule weist obendrein den Weg. 1000 Vögel in 250 Arten aus aller Welt, aber vor allem heimische, sind hier zu finden, so Kraniche, Störche, Reiher, aber auch Fasane, Adler oder Geier. Weiterhin findet man hier die weltgrößte Sammlung lebender Eulen (laut Eigenwerbung). Ein großer Teil der Vögel lebt frei auf dem Gelände, das durch Schilfbewuchs, kleine Teiche und ein natürliches Sumpfgebiet geprägt ist. Deswegen sprechen die Betreiber auch vom „natürlichsten Vogelpark Deutschlands“.

- **Vogelpark Niendorf,** An der Aalbek (ohne Hausnummer), geöffnet: täglich 9–20 Uhr, in der Nebensaison 10 Uhr bis Einbruch der Dunkelheit. Infos: Tel. (04503) 47 40, www.vogelpark-niendorf.de. Eintritt: Erwachsene 9 €, Kinder (3–15 Jahre) 4,50 €.

Wer dem Weg anschließend noch bis zum Hemmelsdorfer See folgt (ist aber doch schon recht weit, jedenfalls für Fußgänger), gelangt zum **Aussichtsturm Hermann-Löns-Blick.** Ein toller Ausblick auf den See und zur Küste belohnt für die Mühe.

Praktische Tipps

Info

- **PLZ:** 23669.
- **Vorwahl:** 04503.
- **Gästezentrale:** Strandstraße 121a, Tel. 35 77 60, geöffnet: 1.7.–31.8. Mo–Fr 9–18, Sa 10–17 Uhr, So 12–17, 1.9.–30.10. und 1.5.–30.6. Mo–Fr 9–17, Sa/So 13–17 Uhr, 1.11.–30.4. Mo–Fr 9–17 Uhr.
- **Internet:** www.niendorf-ostsee.de

⊳ Viel los im Hafen von Niendorf

353sh hj

An- und Weiterreise

- **Bahn:** in Timmendorfer Strand.
- **Busse:** Linienbusse nach Lübeck, Travemünde und Timmendorf passieren die Durchgangsstraße.
- **Taxi:** Tel. 88 12 12 oder Tel. 20 11.

Unterkunft

Häuser, die an der **Strandstraße** liegen, haben prinzipiell eine gute Lage. Besonders wenn das Zimmer dann noch zum Meer zeigt, kann es kaum besser sein, denn man blickt direkt auf den Strand. In den **abzweigenden Straßen,** die meist Sackgassen sind, liegen weitere Unterkünfte, zwar fast alle ziemlich ruhig, aber halt ohne Meerblick.

- **Hotel Mein Strandhaus** ④, Strandstr. 65/67, Tel. 89 50, www.hotel-mein-strandhaus.de. Familienunternehmen in fünfter Generation. Nach einer Renovierung strahlt das Haus in neuem Glanz, bestechende Lage direkt am Strand. Von etlichen der 33 Zimmer toller Meerblick, angeschlossen ist ein Restaurant, ein Schwimmbad und es gibt WLAN.
- **Strandhotel Miramar**④, Strandstr. 59, Tel. 80 11 69, www.strandhotel-miramar.de. Stilvolles Haus mit 36 Zimmern, Wellness-Bereich und Blick aufs Meer, ebenfalls direkt am Strand gelegen.
- **Hotel Atlantic**③, Strandstr. 119, Tel. 88 91 00, www.hotel-atlantic-niendorf.de. Ein familiäres Haus, freundliche Zimmer, teilweise mit Meerblick.
- **Hotel Yachtclub**⑤, Strandstr. 94, Tel. 80 60, www.hotel-yachtclub.de. Modernes 4-Sterne-Haus mit 48 komfortabel eingerichteten Zimmern. Ergänzend bietet das Hotel ein Hallenbad, finnische Sauna, Fitness-Studio sowie ein Feinschmecker- und ein Halbpensions-Restaurant.
- **Ferienhäuser oder Apartments** liegen überwiegend in den Nebenstraßen, die aber fast alle Sackgassen sind, also eine ruhige Lage aufweisen.

■ **Villa Hansa**④-⑤, Strandstr. 56. Tel. 25 92, www.villa-hansa.de. Wunderschöne Villa in historischer Bäder-Architektur. Apartments mit einem bis drei Räumen, die exklusiv und mit viel Liebe zum Detail eingerichtet sind und auch einen Balkon haben. Wunderbarer Ostseeblick, u.a. aus dem Wintergarten.

Gastronomie

■ **Hafenräucherei Klüver,** Tel. 68 80, direkt am Hafen gelegen mit Selbstbedienung. Geräucherter oder panierter Fisch mit Kartoffelsalat ist der Renner!

■ **Altes Zollhaus,** Tel. 10 83, direkt am Hafen, ab 11 Uhr geöffnet, mit schönem Blick aufs Wasser von der kleinen Terrasse. Geboten werden Fischgerichte, aber auch Steakfans werden fündig.

■ **Riff Strandbar,** direkt am Strand beim Hafen zu finden, am Ende vom Grüner Weg. Sehr entspanntes Beach-Feeling bei einem kühlen Drink und chilliger Lounge-Musik. Geöffnet: Mai–Okt. 12–22 Uhr.

■ **Fischkiste,** Strandstr. 56, Tel. 31 543, März–Okt. täglich 11–22 Uhr durchgehend, Nov.–März Fr–Di 12–21 Uhr. Direkt am Hafen zu finden und entsprechend werden wunderbare Fischgerichte gezaubert. Aber es gibt auch Fleischiges, falls jemand keinen Fisch mag. Besonderer Clou: eine verglaste Außenterrasse mit Blick aufs Meer.

■ **Café Wizzig,** Strandstr. 131, Tel. 66 66. Liegt sehr schön an der Promenade und hat eine langgezogene Meerblick-Terrasse. Durchgehend warme Küche, obendrein hausgebackene Torten und Kuchen. Mi Ruhetag.

■ **Café Strandvilla,** Grüner Weg 5, Tel. 31 404. Befindet sich am Hafen in einer schicken, alten Villa und hat ebenfalls eine Meerblick-Terrasse. Motto des Hauses: „Hier backt Oma selbst". Neben Kuchen und Torten gibt es auch Flammkuchen. Täglich 12–18 Uhr.

▷ Die Seebrücke von Timmendorf

Schiffstouren

■ **Reederei Möller,** Tel. 16 35, fährt nach Boltenhagen oder bietet eine Panoramafahrt zur mecklenburgischen Küste entlang der Steilküste bei Travemünde und in die andere Richtung nach Grömitz. Infos: www.ms-dana.de.

■ **Reederei Belis,** Tel. 52 72, fährt nach Grömitz, Scharbeutz, entlang des Steilufers bis Travemünde. Weiterhin werden im Sommer eine Lampionfahrt am Abend angeboten sowie eine kleine Ostsee-Rundfahrt. Infos: www.ostsee-rundfahrten.de.

Wassersport

■ **Schwimmbad:** Meerwasserhallen, Strandstraße 133, Tel. 54 56, www.meerwasserhallenbad-niendorf.de. Liegt am Strand und bietet bei 28 °C einen tollen Blick aufs Meer. Geöffnet: generell mit leichten Abweichungen 10–18 Uhr, Mi und Fr ab 7 Uhr. Zu bestimmten Terminen Unterwasser-Fotoshootings.

■ **Segelschule Skipper,** Am Hafen, Tel. 70 12 90, www.segelschule-skipper.de. Kurse für Einsteiger (auf Jollen), aber auch für Erfahrenere, sowie für Kinder.

Weitere Aktivitäten

■ **Fahrradverleih:** *M. Lemnitz,* Strandstr. 62, Tel. 26 65; *Mietrad Lübecker Bucht,* Strandstr. 164, Tel. (0157) 73 68 46 89.

■ **Karls Erlebnishof,** Fuchsbergstr. 4, 23626 Warnsdorf, Tel. (045029) 88 84 32, www.karls.de, geöffnet ab 8 Uhr. Etwa zwei Kilometer im Hinterland in Warnsdorf befindet sich dieser Bauernhof mit diversen Unterhaltungsmöglichkeiten wie z.B. Treckerfahren, Spielen, Klettern, GoKart und natürlich Einkaufen auf einem großen Bauernmarkt. Außerdem wird von 8 bis 11 Uhr ein Landfrühstück geboten. Anfahrt: Höhe Meerwasserschwimmbad von der Küstenstraße abbiegen und Niendorf über die Häver Allee verlassen.

Galerie

■ **Hafengalerie Niendorf,** Tel. 874 33, direkt am Hafen werden in einem kleinen Holzhaus Aquarelle und Zeichnungen ausgestellt. Geöffnet: Mai–Okt. täglich 11–17 Uhr, Nov.–April Sa/So 11–16 Uhr.
■ **Hafentöpferei,** Am Hafen 3, Tel. 70 39 35, täglich 11–17 Uhr, außer am Mittwoch.

Post

■ Filiale bei *Papier-Träume,* Strandstr. 120, Tel. 88 12 05, geöffnet: 8.30–13, 15–18 Uhr, Mi nur 8.30–13 Uhr, Sa 8.30–13 Uhr.

Timmendorfer Strand

Dieser Ort hat ein fast großstädtisches Flair, weist herrliche Villen auf, teure Hotels und elegante Restaurants – aber nicht nur. Es stimmt schon, Timmendorf hat eine bestimmte **mondäne Atmosphäre,** die ein wenig an Sylt erinnert. Einen Hauch von Exklusivität mag man verspüren und nicht zufällig wird ein sehr beliebtes und zentral gelegenes Lokal auch *Café Wichtig* genannt. Wenn die Sonne scheint, kommen schnell viele Tagesgäste, denn Hamburg ist (relativ) nah, und ein kurzer Abstecher hierher schnell gemacht. Aber warum auch

354sh mux

357sh mux

nicht, schließlich ist der Strand für alle da, und der ist glücklicherweise lang. Wer also Spaß am Bummeln, Flanieren und Teilnehmen am Sehen-und-Gesehen-werden hat, hält sich eben im Bereich der Fußgängerzone auf.

Wer es **ruhiger** wünscht, der braucht nur ein Stück dem Strand zu folgen und hat diese Welt hinter sich gelassen. Der **Strand** erscheint endlos lang, er ist feinsandig und gut 30 bis 40 Meter breit. Im oberen Strandbereich Richtung Niendorf verläuft ein Holzbohlenweg durch die Dünen direkt am Strand und dort finden sich auch einige pfiffig geformte Ruhebänke.

Etwa in Höhe des zentralen Punktes des touristischen Lebens, d.h. bei der Kurpromenade, liegen die beiden **Seebrücken.** Die Neuere führt weit ins Meer hinaus, und an ihrer Spitze steht ein Lokal im asiatischen Stil *(Wolkenlos)*.

Und dann steht da noch eine etwa zwei Meter hohe **Doppel-Skulptur** aus Eisen vom Panik-Rocker *Udo Lindenberg*. Zu finden hinter dem *Maritim Seehotel*, wo *Udo* einst den Song „Horizont" schrieb und weshalb die Skulptur auch dieses eine Wort trägt.

Sehenswertes

Timmendorf ist ein **gewachsener Ort,** kein künstlich aus dem Boden gestampftes touristisch geprägtes Ferienzentrum. Zwar dominieren an heißen Tagen die Urlauber ganz eindeutig, aber sobald man sich einmal von der „ersten Straße" entfernt, zeigt sich kleinstädtisches Leben.

Eine Art **Zentrum** bilden der **Kurpark** und die **Kurpromenade** mit einer Fußgängerzone, in der Boutiquen, Freiluftcafés und jede Menge Restaurants liegen. Eine typische Bummel- und Flaniermeile mit exklusiven Schmuckläden, Designermode, aber auch schicken Deko-Artikeln. Kleine Besonderheit am Rande: Quer durch die Fußgängerzone verläuft der **54. Breitengrad,** auffällig markiert auf dem Pflaster.

Dieses Ambiente ist an sich schon sehenswert, darüber hinaus jedoch lockt als eine der spektakulärsten Sehenswürdigkeiten der ganzen Küste das **Sea Life Center.** In insgesamt **40 verschiedenen Aquarien** stellen die Betreiber die heimischen Fische aus Nord- und Ostsee, aber auch aus Süßwasserseen in ihrer jeweiligen Lebensumwelt, ihrer ureigenen Gewässerzone, vor. Die Fische tummeln sich in Aquarien, die die Bedingungen der Ostsee, der Atlantiktiefen, aber auch eines rauschenden Wasserfalls nachahmen. Alles ist naturgetreu nachgebildet, selbst eine Fjordlandschaft und ein Hafen sind zu finden. Daneben ist sogar eine Seepferdchenausstellung zu bewundern.

Den Besuchern wird die Möglichkeit gegeben, sich den Tieren weitestgehend zu nähern, überall sind Vergrößerungsfenster und Panorama-Glaskuppeln eingebaut. Dort steckt man den Kopf hinein und schaut wie ein Taucher den Fischen direkt in die Augen. Die größte Attraktion ist zweifelsohne ein acht Meter langer **Unterwasser-Tunnel,** der die Menschen direkt durch ein Aquarium auf dem Meeresboden gehen lässt, über den Menschen schwimmen die Fische und glotzen genauso neugierig zurück. Sogar eine Möglichkeit zum Streicheln bestimmter Fische ist vorgesehen. Zu festen Uhrzeiten werden bestimmte Tiere gefüttert.

- **Sea Life Center,** Kurpromenade 5, geöffnet: täglich 10–18 Uhr, Juli/August bis 19 Uhr, Nov.–Febr. 10–17 Uhr; Eintritt: Erwachsene 15,95 €, Kinder (3–14 Jahre) 12,95 €. Wer online bucht, kann bis zu 30 % sparen, es gibt auch Spar- und Nachmittagstickets.

☒ Der Strand von Timmendorf mit der neuen Seebrücke und dem Restaurant „Wolkenlos“

Praktische Tipps

Info

- **PLZ:** 23669.
- **Vorwahl:** 04503.
- **Tourist-Service:** Timmendorfer Platz 10, Tel. 35 770; geöffnet: 1.7.–31.8. Mo–Sa 9–18, So 10–15 Uhr, 1.9.–31.10. und 1.5.–30.6. Mo–Fr 9–18, Sa/So 10–15 Uhr, 1.1.–30.4. und 1.11.–31.12. Mo–Fr 9–17, Sa/So 11–14 Uhr.
- **Internet:** www.timmendorfer-strand.de

An- und Weiterreise

- **Bahn:** Der Bahnhof liegt an der Straße Am Bahnhof, kaum 20 Minuten Fußweg vom Zentrum entfernt, regelmäßige Verbindungen bestehen nach Lübeck, Tel. 11 878.
- **Busse:** Der ZOB liegt am Höppnerweg, vielleicht 10 Min. Fußweg vom Zentrum entfernt. Linie 5951 nach Scharbeutz und nach Lübeck.
- **Parken:** Etliche größere Parkflächen sind ausgeschildert, am ZOB gebührenfrei. Das Parkleitsystem führt zu folgenden Parkplätzen: P1 (Eissporthalle), P2 (Zentrum), P3 (Wiesenweg), P4 und P5 liegen im benachbarten Niendorf.
- **Taxi:** *Müller,* Tel. 52 54, *Ostseetaxi,* Tel. 88 11 11; *Krukau,* Tel. 88 11 22.

Unterkunft

- **Zimmervermittlung** auch über das Online-Buchungsportal www.timmendorfer-strand.de oder über Tel. 35 770.

In Timmendorf stehen von etwa 200 Anbietern Unterkünfte zur Auswahl. Die preisliche Spanne reicht von etwa 250 € für das Doppelzimmer bis knapp 25 € für ein Privatzimmer, dazwischen ist alles möglich. Etliche Unterkünfte liegen an der Strandallee, das ist die Straße, die am nächsten zum Strand liegt. Viele sind auch in der Poststraße zu finden, dies ist eine Straße der zweiten Reihe, aber dennoch dicht am Geschehen und am Strand. Hier nur eine kleine Auswahl.

■ **Lindner Country & Strand Hotel**⑤, Strandallee 136–140, Tel. 80 85 09, www.lindner.de. Funktionales Haus mit 93 Zimmern im Stil eines Landhauses, nur 50 Meter vom Strand entfernt.
■ **Seestern**③-④, Strandallee 124, Tel. 26 51, www seestern-timmendorf.de. Zentrale Lage, zwölf Zimmer, Garni-Betrieb. Zum Strand sind es über einen nahen Zugang nur wenige Schritte. Sauna, Fitnessraum, WLAN, eigener Parkplatz vorhanden.
■ **Landhaus Carstens**④, Strandallee 73, Tel. 60 80, www.landhauscarstens.de. Kleines, feines Haus am Strand mit 31 Zimmern, davon 22 im alten Gebäude an der Seepromenade, die anderen in einem moderneren Haus gegenüber. Insgesamt sehr freundlich und hochwertig-modern eingerichtet. Eingangsbereich und Kamin-Lounge sind im englischen Stil gehalten. Neben einem Wellness-Bereich mit Sauna und chlorfreiem Pool gibt es ein gutes Restaurant mit Gartenterrasse.
■ **SeeHuus Lifestyle Hotel** ④-⑤, Strandstr. 69, Tel. 80 12 60, www.seehuus-hotel.de. Beste Lage direkt am Strand zeichnet dieses moderne Haus mit 74 Zimmern und Suiten aus. Es zeigt sich schick, aber auch lauschig-gemütlich, wofür überall zu entdeckende maritime Wohnaccessoires sorgen. Es gibt ein Á-la-Carte-Restaurant *(Kliff)* und ein Bistro *(Leev)*, ein großes Schwimmbad mit Spa-Bereich und Fitness-Raum. Wer möchte, kann auch in einem Schlafstrandkorb nächtigen. WLAN.
■ **Hotel Holsteiner Hof,** ab ③, Strandallee 92, Tel. 357 40, www.holsteiner-hof.de. Familienhotel mit Stil, nur 70 Meter von der Ostsee entfernt. 28 individuelle Zimmer, Sonnenterrasse, Sauna, Solarium und ein Kuriosum: Im hauseigenen Restaurant besteht die Einrichtung teilweise aus Antiquitäten Kostenloser Internetzugang.
■ **Ringhotel Fuchsbau**④, Dorfstr. 9–11, Tel. 80 20, www.fuchsbau.com. Kleines Privathotel mit einem guten Restaurant. Modern und schick eingerichtete Zimmer mit *Nespresso* Kaffee-Maschinen, Bäder in Naturstein, kostenloses WLAN.

Gastronomie

■ **Portobello,** Am Platz 4–5, Tel. 12 21, geöffnet: täglich mittags und ab 17.30 Uhr, Sa/So durchgehend ab 11.30 Uhr. Die Adresse sagt es treffend: direkt am zentralen Platz liegt dieses Lokal, in dem italienische Küche auf hohem Niveau zelebriert wird, außerdem gibt es ein gutes und passendes Wein-Angebot.
■ **Reethus,** Wohldstr. 25, Tel. 88 87 90, täglich außer Di 12–22 Uhr. Das Lokal trägt den Zusatz „Steakhaus“ und so werden in einem historischen Haus vor allem Steaks in allen Varianten und in bester Qualität geboten, u.a. vom Lava-Grill. Hochgelobt sind auch die hausgemachten (!) Pommes und Pasta.
■ **Filou,** Kurpromenade 2, Tel. 12 15, ab 11.30 Uhr geöffnet, Küche bis 22 Uhr. Angeboten werden Snacks, Salate, Pasta, aber auch Fisch- und Fleischgerichte, außerdem gibt es als Besonderheit den „heißen Stein“, auf den man sich Fleischgerichte zubereiten lassen kann.
■ **Schifferklause,** Strandallee 60, Tel. 80 90, maritimes Ambiente, breite Auswahl mit Schwerpunkt Fisch, tägl. 12–22 Uhr.
■ **Café Engel's Eck** und **Central Café Fitz,** beide in der Fußgängerzone mit riesiger Terrasse. Man sieht und wird gesehen. Eines dieser Cafés wird übrigens deshalb auch *Café Wichtig* genannt und wirbt mittlerweile auch selbst mit diesem Etikett.
■ **Gosch,** Kurpromenade 6, Tel. 89 83 475, täglich ab 11 Uhr. Der Sylter Groß-Gastronom *Gosch* hat einen Ableger im Kurpark eröffnet mit einer beachtlichen Außenterrasse. Bekannt gute *Gosch*-Qualität mit Selbst-Abhol-Service, wie bei *Gosch* halt üblich, natürlich mit viel Fischigem, aber auch mit mediterraner Küche.

Schiffstouren

■ **H. Böttcher,** Tel. 70 70 50, www.boettcher-schiffahrt.de, organisiert Schiffstouren, von der Seebrücke, Tagesfahrten nach Grömitz, Travemünde, Neustadt oder sogar nach Boltenhagen mit der „MS Holstentor" und der „MS Seelöwe".

■ Ähnliches bietet **G. Möller** mit dem Schiff „MS Dana" an, www.ms-dana.de, Tel. 16 35.

Wassersport

Tauchen

■ **Nice Dive,** Oeverdieker Weg 9, Tel. 89 82 48, www.nicedive4u.de. Schnorchelkurse, Schnuppertauchen .

Weitere Aktivitäten

Fahrradverleih

■ **Schütz,** Strandallee 135, Ecke Birkenallee, bei der Minigolfanlage, Tel. (0172) 64 20 080.

■ **Fahrradverleih** bei der Minigolfanlage, Kurparkstraße 2, Tel. 62 11.

Fitnesscenter

■ **Center Pro Vital,** An der Mühlenau 14, Tel. 88 15 88, www.pro-vital-fitness.de.

Minigolf

■ **Anlage am Kurpark,** Tel. 62 11, Kurparkstraße 2, hat 18 Bahnen.

■ **Anlage Schütz,** Strandallee, Ecke Birkenallee, Tel. (0172) 64 20 080.

Bücherei

■ Timmendorfer Platz 10, Tel. 35 77 33, Mo/Do 14.30–18, Di/Fr 10–14, Mi 9–14 Uhr.

KinderClub

■ Im Sommer (Ende Juni bis Ende August) kümmert sich der **Seepferdchen KinderClub** am Strand von 10–17 Uhr um die lieben Kleinen und bietet einen Programm-Mix aus Bewegung und Kreativität.

Kirchen

■ **Evangelische Waldkirche,** Zur Waldkirche 3, Gottesdienst So 10 Uhr.

■ **Katholische Kirche St. Paulus,** Poststr. 30 A, Gottesdienst So 9.15, Di 18.30 Uhr.

Internet

■ **WLAN:** „Surfen im Strandkorb" ist am Strandabschnitt 18–20 möglich, außerdem gibt es am Vorplatz der *Maritim*-Seebrücke einen kostenfreien Hotspot, weiterhin kann man dank WiFi im Bereich des Timmendorfer Platzes ins Internet gehen bzw. auch in der Bücherei, s.u.

■ **Internetcafés:** In der Bücherei, Timmendorfer Platz 10; *Haus des Kurgastes,* Strandstr. 121 a.

Post

■ Im *Edeka*-Markt, Kurpromenade 12, Tel. 88 14 33, geöffnet: Mo–Sa 8–18 Uhr.

Scharbeutz

Bereits vor 1000 Jahren wurde eine slawische Siedlung mit dem Namen Scorbuze erwähnt, urkundlich verbrieft ist Scharbeutz seit 1271, als dieser Flecken an eine Adelsfamilie übertragen wurde. Stolze **700 Jahre** zählt also Scharbeutz, gleichzeitig ist die Großgemeinde Scharbeutz eine der jüngsten in Schleswig-

355sh hj

Holstein. Wie das? 1974 wurden mehrere kleinere Verwaltungseinheiten zu einer Großgemeinde Scharbeutz zusammengelegt, ein junger Ort mit langer Historie also. Die Gemeindechronik erzählt, dass sich Badeleben bereits um 1837 entwickelte. Im größeren Stil setzte dann in den 1950er Jahren ein Tourismus ein, der bis heute anhält und den Ort entscheidend geprägt hat.

Hauptattraktion war schon immer der schöne **Strand,** etwa 6 Kilometer lang, gut 30 bis 40 Meter breit, feinsandig und sacht ins Wasser übergehend. Eine klassische **Seebrücke** ragt weit ins Meer hinein, Ausflugsdampfer legen noch heute hier an.

Der Strand wird in verschiedene **thematische Zonen** unterteilt. So gibt es einen Aktionsstrand für Unterhaltung (Abschnitt 19 bei der Seebrücke), einen eigenen Bereich für Kinder, für Sportler, für Hunde und auch einen Relaxstrand (Abschnitt 25, gegenüber der Strandkirche). Ganz toll wurde die **Strandpromenade** umgestaltet zu einer „Dünenmeile". Ein Bohlenweg führt am Strand ent-

Die Promenade von Scharbeutz

lang durch die Dünen mit angepflanztem Strandhafer, alles wirkt sehr ansprechend. Schön integriert und damit in bester Meerblick-Lage sind einige Holzhäuser im farbenfrohen skandinavischem Stil mit Dachbepflanzung, wo u.a. die Lokale von *Gosch* und das *Café Wichtig* zu finden sind. Etwas außerhalb an der Grenze zu Haffkrug gibt es ebenfalls an der Promenade eine **Dünengolf-Anlage,** das ist eine Mischung aus traditionellem Golf und Minigolf. Durch diese Umgestaltung und das Ansiedeln einiger lässiger Lokale direkt am Strand hat Scharbeutz seine Atmosphäre etwas verjüngt und wirkt trendiger.

Scharbeutz ist ein **kleiner und kompakter Ort,** seine wichtigsten Einrichtungen konzentrieren sich rund um den Kurpark, und auch die Unterkünfte liegen nicht weit entfernt vom Strand in den Seitenstraßen.

Die **Ostsee-Therme** hat mittlerweile einen über die Ortsgrenzen hinaus reichenden Ruf erlangt. Sie ist ein klassisches Erlebnisbad mit heißen Whirl Pools, Strömungskreiseln, einer Tropenlandschaft und insgesamt 310 Meter langen Rutschen. Natürlich fehlen auch Ruhezonen, Bars und Sauna nicht.

Praktische Tipps

Info

- **PLZ:** 23683
- **Vorwahl:** 04503
- **Tourismus-Service:** Strandallee 134, Tel. 77 94 160; geöffnet: Mo–Do 9–17, Fr 9–15, Sa/So 10–14 Uhr, außerhalb der Saison kann es zu Abweichungen kommen. Buchungshotline: Tel. 77 94 100.
- **Internet:** www.scharbeutz.de

An- und Weiterreise

- **Bahn:** Der Bahnhof Scharbeutz liegt ca. 15 Min. Fußweg vom Meer entfernt. Es gibt stündliche Verbindungen nach Lübeck.
- **Parken:** Parkplätze sind ausgeschildert, sie sind alle kostenpflichtig.
- **Taxi:** *Brede,* Tel. 89 89 56; *Ostsee Taxi,* Tel. 88 11 11.

Unterkunft

Gerade in Scharbeutz gibt es eine Reihe von Häusern, die alle nicht weit vom Strand liegen, darunter viele in der Strandallee. Die FeWos sind hier in Scharbeutz in der deutlichen Überzahl, da der Ort relativ klein ist, gibt es keine ausgesprochen schlechte Lage. Hier ein paar Tipps:

- **Bayside Hotel**⑤, Strandstraße 130a, Tel. 609 60, www.bayside-hotel.de. Topmodernes, Haus mit 132 liebevoll dekorierten Zimmern und Suiten sowie einem großen Spa-, Fitness- und Beautybereich. Außerdem gibt es mehrere Gastronomiebetriebe, darunter ein Dachrestaurant.
- **Petersens Landhaus**④, Seestr. 56a, Tel. 35 510, www.petersens-landhaus.de. Ein Garni-Hotel mit Schwimmbad im Landhausstil, im Ortskern gelegen.
- **Pension Haus am Hang**③, Am Hang 10, Tel. 72 334, www.haus-am-hang.de. Kleine Pension in toller Lage, leicht erhöht direkt am Strand. Sechs Zimmer mit Bad/WC.
- **JH Scharbeutz-Strandallee,** Strandallee 98, Tel. 72 090. Sehr schön mitten im Ort gelegene JH, nur durch eine Straße vom Strand getrennt. Dort hauseigener Strandabschnitt mit Beachvolleyballfeld. Insgesamt 142 Betten in 38 Zimmern.
- **Ostseestrand Ferienpark Scharbeutz,** Strandstr. 98b, Tel. 779 4755, www.ferienpark-scharbeutz.de. Ein Platz für Camper, bietet aber auch Ferienhäuser an, WLAN, ganzjährig geöffnet.

356sh hj

■ **WoMo-Stellplatz** für 58 WoMos mit Ver- und Entsorgungsstation auf dem Parkplatz Hamburger Ring, Ecke Trelleborgstraße. Nur wenige Meter vom Strand entfernt in einer Seitenstraße, Tel. (0172) 412 01 01.

Gastronomie

■ **Sol y Mar,** Strandallee 143, Tel. 35 26 24, geöffnet täglich ab 12 Uhr, in der Nebensaison Mo Ruhetag. Das Lokal liegt am Ortsrand neben der Ostsee-Therme, von der Terrasse genießt man einen fabelhaften Ostseeblick. Serviert werden u.a. Steaks vom Lavagrill, Fisch- und Meeresfrüchte und Vegetarisches, u.a. vom Salat-Büffet.

■ **Herzberg's Restaurant,** Strandallee 129, Tel. 74 159, täglich 11.30–15, 17–22 Uhr. Fisch dominiert die Karte, nettes Ambiente, gute regionale Küche.

■ **Gosch,** Strandallee 134, Tel. 89 80 986, täglich ab 11 Uhr. Eine Dependance des bewährten Sylter *Gosch*-Konzepts liegt hier sehr schön in den Dünen beim Strand. Die bewährte *Gosch*-Küche zum Selbstabholen und das ebenso bewährte lässige Ambiente locken *Gosch*-Gäste wie eh und je.

■ **Café Wichtig,** Strandallee 134 A, Tel. 89 81 000, täglich ab 9 Uhr. Liegt ebenfalls in der Dünenmeile und ist eine Filiale des bekannten *Café Engel* aus Timmendorf, das hier seinen Spitznamen als Namen für das Scharbeutzer Lokal gewählt hat. Tolle Meerblick-Lage und gute Küche, was zumeist ein volles Haus bedeutet.

■ **Brechtmanns Botschaft,** Strandallee 116, Tel. 73 331, tägl. 12–14.30 und ab 18 Uhr, Mo und Di Ruhetag. Regionale Feinschmeckerküche mit einem Hauch asiatischen Touch, auch vegetarische Gerichte.

■ **Beach Lounge,** Strandallee 139. Liegt am Strand und fällt auf. Schicke Sitzgruppen aus Lär-

⌃ Die Beach Lounge von Scharbeutz

› So spielt man Dünengolf

358sh mux

chenholz mit hellen Polstern, weiße Sonnensegel und eine sehr entspannte, chillige Atmosphäre. Speziell zum Sundowner sitzt man hier wirklich göttlich!

Wassersport

■ **Schwimmbad:** *Ostsee-Therme*, Strandallee 143, Tel. 35 26 11, www.ostsee-therme.de, geöffnet täglich 9–23 Uhr. Geboten wird einiges: eine Riesen-Rutsche, Whirlpools, Sauna-Paradies mit Strandzugang und eine eigene Kinderwelt.

Weitere Aktivitäten

■ **Fahrradverleih:** *Tobis Fahrradverleih*, Badeweg, Am Kurpark, Tel. 70 28 61; *Fahrradgeschäft Hesse*, Strandallee 130, Tel. 77 98 92.

■ **Parkgolf Scharbeutz im Kurpark,** Golfbahnen von 15 bis 40 m Länge und unterschiedlichen Schwierigkeitsgarden sind im Kurpark angelegt. Geöffnet: April–Okt. tägl. ab 10 Uhr, Nov.–Dez. Sa/So 12–17 Uhr, Tel. 0172 429 81 84.

■ **Gumdas Spielstrand,** Kinder-Spiel-Treff, Abschnitt 18 neben der Seebrücke. Hier können Kinder (4–10 Jahre) unter Anleitung und Aufsicht spielen, toben, basteln. April bis Ende Sept., Tel. 77 09 64.

■ **Dünengolf-Anlage,** Strandallee, Pönitzer Chaussee, Tel. 0172 429 81 82, geöffnet: April bis Oktober ab 10 Uhr. Mal was anderes. Eine Mischung aus Minigolf und „richtigem" Golf, gespielt wird auf Bahnen, die mit Kunstrasen ausgelegt sind, die aber auch betreten werden.

■ **Bollerwagenverleih:** *Tobis Fahrradverleih*, s.o.

Waldhochseilgarten

■ **Kammerwald,** Infos: Tel. 89 81 080, im Sommer tägl. ab 10 Uhr, Sept. bis Anf. Nov. Mi–Fr 12–18, Sa/So 10–18, März bis Juni Mi–So 13–18 Uhr. Ein Kletterpark mit vier verschiedenen Parcour-Höhen.

Internet

■ **Bücherei Scharbeutz,** Am Bürgerhaus 2, Tel. 77 09 420, geöffnet: Mo 14–18, Di/Mi 9–13, Do 15–20, Fr 12–16 Uhr.

Kirche

■ **Ev.-luth. Strandkirche,** Strandallee 111, Gottesdienst: So 9.30 bzw. 11 Uhr.

Post

■ **Postagentur:** Filiale *Papier-Träume,* Hamburger Ring 14, geöffnet: Mo–Fr 8.30–13, 15–18, Mi und Sa nur 8.30–13 Uhr.

Haffkrug

Haffkrug ist ein **kleines Dorf,** so klein, dass es 1974 mit dem kaum größeren Scharbeutz zusammengelegt wurde. Und kaum hat man Scharbeutz verlassen, stolpert man auch schon über das Ortsschild Haffkrug. Die Verbindungsstraße, die in unmittelbarer Nähe zum Strand verläuft, heißt zunächst Strandallee, später Sierksdorfer Weg. Das deutet schon die Richtung an, immer entlang des Strandes und dann weiter nach Sierksdorf, dem nächsten Ort.

Zu sehen oder besser zu besichtigen gibt es praktisch nichts. Der **Strand** ist immer noch schön feinsandig und flach ins Wasser übergehend. Begrenzt wird er von einer leichten Düne, dahinter verläuft die neu gestaltete Promenade samt Radweg, und dann folgt schon besagte

359sh mux

Am Strand von Haffkrug

Durchgangsstraße. Entlang der ziemlich langen Promenade wurde ein **Fisch-Lehrpfad** geschaffen. Kleine Infotafeln erklären die verschiedenen Fischarten und informieren über das harte Leben der Fischer mit historischen Fotos.

Haffkrug zählt sich zu den ältesten Seebädern an der Lübecker Bucht. Diese lange touristische Tradition hat den Ort aber nicht völlig in den Griff genommen, es geht hier nach wie vor recht beschaulich zu, der ursprüngliche Charme konnte erhalten bleiben. Besonders die alteingesessenen **Räuchereien** bieten teilweise seit Jahrzehnten erstklassige Fischspezialitäten an. Der Ort hat noch ein paar abzweigende Straßen, und überall liegen auch vereinzelt **Unterkünfte.**

Praktische Tipps

Info

- **PLZ:** 23683
- **Vorwahl:** 04563
- **Information:** über *Tourismus-Service Scharbeutz.*

An- und Weiterreise

- **Bahn:** stündliche Verbindung von/nach Lübeck.
- **Parkplätze:** am Waldweg und am Wiesenweg (gebührenpflichtig).
- **Taxi:** *Hering,* 43, Tel. 43 030.

Unterkunft

- **Zimmervermittlung** über Scharbeutz.
- **Hotel Meerzeit**④, Bahnhofstr. 9, Tel. 478 87 88, www.hotel-meerzeit.de. Etwa 200 m vom Meer entfernt beim Kurpark, 20-Zimmer-Haus mit komfortablen, zweckmäßig und hell eingerichteten Zimmern.
- **Hotel Landhaus Haffkrug**⑤, Karkstieg 26, Tel. 47 87 90, www.landhaus-haffkrug.de. Mediterraner Landhausstil, geschmackvolle Zimmer, schöner Garten, 500 Meter zum Strand, mit Wellness-Bereich und WLAN.
- **FeWo Haus Schäfersruh**②-③, Waldweg 10, Tel. 55 62, www.schaefersruh.de. 10 Wohnungen, teilweise mit Balkon. Nur 5 Minuten zum Strand.
- **Campingplatz Waldesruh,** Tel. 52 03, www.campingwaldesruh.de, von Ende März bis Ende Oktober geöffnet. Liegt an einem Wald, etwa 1500 m vom Strand.

Gastronomie

- **Aalkate,** Strandallee 30, Tel. 12 84, Traditionshaus, in dem Fisch noch selbst geräuchert wird.
- **Fischerhaus,** Strandallee 31, Tel. 51 38, gleich nebenan, ebenfalls reichhaltige Fischauswahl.

MEIN TIPP: **Bromunds Fischhaus,** Strandallee 91, Tel. 42 26 71. Liegt an der Ortsgrenze zu Scharbeutz und ist ein Traditionslokal seit 60 Jahren mit eigener Räucherei. Hier werden Aale über Buchenholz nach alter Art geräuchert.

- **De ole Fischschuppen,** Strandallee 0, Tel. 13 57, ein Fischlokal mit Terrasse am Ortsrand Richtung Sierksdorf, direkt am Strand bei der Seebrücke gelegen.
- **Restaurant Muschel,** Strandallee 10, Tel. 42 28 03. Geöffnet Di–So 17–22, Fr–So 11.30–14.30 Uhr. Geerdetes Lokal mit guter Fischküche, aber es gibt auch Fleischgerichte und eine Empfehlungskarte.

Aktivitäten

- **Fahrradverleih:** *Kai-Uwe Denker* (Grillkiste), Strandallee 47, Tel. 47 39 11; *Henner Hinz,* Strandallee 38 sowie Strandeingang Nr. 39, Tel. 52 01.
- **Minigolf:** Anlage im Kurpark.

703sh ct

■ **Surfen:** *Surf-Center Lübeck,* An der kleinen Mole, Strandzugang 27/28, Tel. (0451) 79 64 82. Schnupperkurse, sowie Kurse für Anfänger und Fortgeschrittene.

■ **Bollerwagenverleih:** *Swantje Marks,* Timmerhorst 12, Tel. 47 87 27.

■ **Hundestrand:** Strandabschnitt 31.

Einkaufen

■ **Zum Bunten Laden,** Strandallee 14, Tel. 15 62, geöffnet: Mitte März bis Oktober 10–18 Uhr. Der Name ist Programm: Alles, was ein Urlauber so benötigt, kann hier erworben werden.

Post

■ Filiale im *Edeka Frischemarkt,* Bahnhofstr. 2a, geöfffnet: Mo–Sa 8–18 Uhr.

Sierksdorf

Sierksdorf ist ein kleiner, aber **langgestreckter Ort,** der sich über einige Kilometer zwischen Bundesstraße und Strand entlang zieht. Im unteren Abschnitt führt eine Straße mit dem bezeichnenden Namen „Am Strand" parallel an eben diesem entlang. Das ändert sich aber schon bald, die Straße führt weg vom Strand, steigt etwas an und wechselt folgerichtig auch ihren Namen zu „Bergweg".

☐ Idylle bei Haffkrug

Die Wasserski-Anlage in Süsel

Ich kann Ihnen versichern, ein Heidenspaß! Glauben Sie mir, ich habe es selbst ausprobiert. Auf einem Baggersee ist eine Seilbahn installiert worden, die den Wasserskiläufer auf einem rechteckigen Kurs auf zwei Bahnen entweder 400 m oder 1000 m herumzieht.

Also kein Von-einem-Motorboot-gezogenwerden, sondern man wird mit 28 km/h (Anfänger) oder sogar mit 60 km/h (Profis) über das Wasser gezogen. Wer es noch nie gemacht hat, sollte an einem Anfängerkurs teilnehmen. Eine extra kleine Bahn von 400 Metern wird für Neulinge bereitgehalten. Wer schon etwas sicherer auf den Brettern steht, reiht sich auf der großen Bahn ein, dort sind aber wirkliche Könner unterwegs! Die Bahn ist auch gut 1000 Meter lang. Am meisten Spaß macht es, wenn eine ganze Anfängergruppe die kleine Bahn für sich mietet und sich von einem Trainer einweisen lässt, auch das ist möglich. Und wer es dann tatsächlich geschafft hat, eine gute Runde „unfallfrei" zu laufen, schielt auch nicht mehr neidisch zur großen Bahn rüber – garantiert!

■ Süselermoor 2 (an der alten B 207), ausgeschildert, Tel. an der Seilbahn (04524) 17 77, www.wasserski-suesel.de. Zwei-Stunden-Karte: 24,50 €, Jugendliche bis 15 Jahre 18 €, Tageskarte: 36 €, bis 15 Jahre 29 €. Anfängerkurse (mit persönlicher Betreuung, inklusive Neoprenanzug, Ski und Schwimmweste): 33 € bzw. 26 € für Jugendliche. Geöffnet: Anfang April bis Mitte Oktober in der Saison ab 12 Uhr, sonst ab 16 Uhr. Neoprenanzüge und Bretter können geliehen werden.

Hier liegen etliche einzeln stehende Häuser, vereinzelt regelrechte Villen mit üppigem Gartenbewuchs. Dieser Bereich umfasst den **älteren Ortskern,** in dem das touristische Geschehen jedenfalls nicht dominiert. Etwas außerhalb hiervon liegen die für den Feriengast errichteten Bauten. In erster Linie ist damit der **Hansa-Park** gemeint, ein Freizeit- und Familienpark mit breitem Angebot. Und hier liegen auch die **Apartment-Anlagen** Ferienpark und Panoramic. Beides sind Hochhäuser, teilweise mit beinahe 20 Stockwerken, wahre Betonklötze also. Neben dem Strand gibt es in Sierksdorf nur noch eine Sehenswürdigkeit, das **Bananenmuseum.** Vor über 50 Jahren weilte einer der bekanntesten Expressionisten während der Sommermonate in Sierksdorf, **Karl Schmidt-Rottluff.** In der Touristeninfo wurde eine Dokumentation aufgebaut, außerdem können Urlauber an einer Exkursion auf den Spuren dieses Malers teilnehmen.

Ein **Schulwald,** um den Wald mit allen Sinnen zu erleben, wurde im örtlichen Wald eingerichtet. Dazu wurden neben erklärenden Hinweistafeln etliche Stationen zum hautnahen Fühlen (beispielsweise auf einem speziellen Fühlpfad) und Erleben eingerichtet. Der Eingang liegt an der Prof.-Haas-Straße.

Der **Strand** ist hellsandig, kilometerlang, etwas schmaler als in den anderen Orten, aber immer noch mit genügend Platz. Ein maritimer Info-Pfad begleitet ihn mit mehreren Lese-Stationen.

Sehenswertes

Der **Hansa-Park** ist einer der besten Themenparks Deutschlands. Da gibt es Achterbahnen mit 360-Grad-Looping, eine Wasserrutsche, in die man mit viel Gekreische hineinrauscht, den fliegenden Hai, in dem es siebenmal kopfüber geht, den „Fliegenden Holländer", den „Fluch von Novgorod" („mit dem steilsten Absturz im Dunkeln weltweit" – Zitat) und und und ... Aber es gibt auch ruhigere Attraktionen: Ein Spielparadies „Kiddie-Camp", ein Spielschiff „Niña", der Kolumbus-Karavelle nachempfunden, 300 m² große Hüpfberge, eine Westernstadt und so weiter. Abgerundet wird das Programm durch verschiedene Show-Veranstaltungen. Das Angebot ist riesig und wird ständig erweitert. Der *Hansa-Park* ist leicht zu finden, da überall ausgeschildert. Wer über die A 1 kommt, wählt die Ausfahrt „Neustadt-Süd". Vom Bahnhof Sierksdorf sind es fünf Minuten Fußweg.

- **Hansa-Park,** Am Fahrenkrog 1, Tel. 47 40, www.hansapark.de; geöffnet: täglich ab 9 Uhr, etwa von Ende März/Anfang April bis Mitte Oktober, die genauen Öffnungszeiten wechseln jährlich; Eintritt: 4–14 Jahre und über 60 Jahre 29 €, ab 15 Jahre 36 €. Kinder unter 4 Jahre und Geburtstagskinder bis 14 Jahre haben freien Eintritt. Alle Fahranlagen, Shows, Ausstellungen und Sonderveranstaltungen sind im Eintrittspreis enthalten.

Praktische Tipps

Info

- **PLZ:** 23730
- **Vorwahl:** 04563
- **Tourist-Information,** Vogelsang 1, Tel. 70 23, geöffnet: 1.5.–14.9. Mo–Fr 10–16, Sa/So 10–12 Uhr, 15.9.–30.4. Mo–Do 10–15, Fr 10–13 Uhr.
- **Internet:** www.sierksdorf.de

An- und Weiterreise

■ **Bahn:** Stündliche Verbindung von und nach Lübeck.
■ **Taxi:** *Janssen,* Tel. (0800) 77 08 00 00 (kostenfrei).

Unterkunft

■ **Zimmervermittlung** in der Tourist-Information (s.o.).
■ **Ferienpark Sierksdorf**②, Am Fahrenkrog 13. Die Anlage liegt direkt am Strand, *Petersen Ferienvermietung* hat ein großes Angebot, www.ostseezeit.de, Tel. 88 56.
■ **Pension Schwabenland**②, Am Strand 46, Tel. 86 65, www.haus-schwabenland.de. Direkt am Strand gelegenes, kleines, familiäres Haus.
MEIN TIPP: **Hotel Seehof**④-⑤, Gartenweg 30, Tel. 477 70, www.seehof-sierksdorf.de. Sehr schön und ruhig inmitten eines großen Gartens direkt oberhalb der Steilküste gelegen. Angeboten werden Apartments sowie ein freistehendes Ferienhaus.
■ **Hof Sierksdorf,** Am Strande 32, Tel. 88 84, www.hofsierksdorf.de. Schöne Anlage mit 18 bestens eingerichteten FeWos. Ausgestattet mit Balkon oder Terrasse, teils mit Meerblick; unten gemütliches Lokal. Hotel④, FeWo④-⑤.
■ **Campingplatz Hof Sierksdorf,** Altonaer Straße 7, Tel. 47 80 26, www.camping-hofsierksdorf.de, geöffnet April–Okt. Ein strandnaher Platz ausschließlich für Reisemobile, auf der Homepage heißt es konkret: „Kein Zeltplatz!"

Gastronomie

■ **Hof Sierksdorf,** Am Strande 32, Tel. 88 84. Vom Strand nur durch eine Straße getrennt gelegenes Lokal mit Terrasse und Blick auf die Ostsee.

Museen

■ **Bananenmuseum,** Prof.-Haas-Str. 59, Tel. 83 35, www.bananenmuseum.de. Nur am Sa und So 11–13 Uhr geöffnet, da es sich um eine private Sammlung handelt. Eintritt frei. Die Exponate drehen sich ausschließlich um die Banane, z.B. als Plüschtiere oder *Trabbi,* beleuchten aber auch die Historie der Frucht.

Wassersport

■ **Surfen:** Surfschule *Axel Sommer,* Strandbereich gegenüber Hof Sierksdorf, Tel. (0173) 25 23 718, www.surfschule-timmendorf.de.
■ **Tauchen:** Schnuppertauchen im *Panoramic-Schwimmbad,* Pfingstberg 2–6, mit Tauchschule *nicedive4u.* Infos: Tel. (0173) 41 82 033, www.nicedive4u.de.
■ **Schwimmen:** *Panoramic Schwimmbad,* Pfingstberg 2–6, mit subtropischen Wassertemperaturen von 29 °C, Tel. 71 217.

Weitere Aktivitäten

■ **Fahrradverleih:** *Karin Stellmacher,* Prof.-Haas-Str. 59, Tel. 83 35.

Ausflüge

Gömnitzberg

Liebe Bayern, bitte lachen Sie jetzt nicht. Ich weiß, ich weiß, ich mute Ihnen eine Menge zu, wenn ich Sie zu einem Ausflug zu einem 94 Meter hohen Berg ermuntere. Tja, an Höhenzügen haben wir ja in Norddeutschland nicht viel zu bieten, und dies ist der **zweithöchste Berg**

in Ostholstein – toll was? (Der höchste Berg Schleswig-Holsteins, der Bungsberg, misst zwar nur 168 Meter, hat aber immerhin einen Ski-Lift (!) und liegt ganz in der Nähe.) Der Gömnitzberg lockt in die zauberhafte, sanft geschwungene **Landschaft** Ostholsteins, ideal für eine Fahrradtour! Und obendrein kann ein Rundturm besichtigt werden, der seit 1828 als Seezeichen fungierte. Wenn das nichts ist! Anfahrt: Richtung Roge fahren, dann nach Bujendorf, und schließlich dem Schild Gömnitz folgen.

Museumshof Lensahn

Das Motto lautet: **„Historische Landwirtschaft und altes Handwerk zum Anfassen"**. Vorgestellt werden Techniken und Gerätschaften, die vor gar nicht mal so langer Zeit noch Alltag in der Landwirtschaft waren. Die Geräte können angefasst, ja ausprobiert werden. Außerdem führt ein 2,4 km langer Naturlehrpfad an 150 Obstbaumsorten und über 200 Waldbaumarten vorbei; auf halbem Weg wartet ein Aussichtsturm. Außerdem gibt's viele Tiere, mehrere thematisch geordnete Gärten (u.a. ein Duft- und Färbergarten), ein Backhaus und das Lokal „Im alten Kuhstall".

■ **Museumshof Lensahn,** Prienfeldhof, Tel. 91 122, www.museumshof-lensahn.de. Von Sierksdorf auf die A 1 Richtung Puttgarden bis zur Abfahrt Nr. 12 „Lensahn" fahren. Der Hof liegt direkt in Lensahn. Ende März bis Ende Oktober tägl. ab 10 Uhr, Eintritt: 5 €, Jugendliche (13–17 Jahre) 3,50 €, Kinder (4–12 Jahre) 2,50 €.

Harmsdorf

Harmsdorf ist ein kleines Dorf an der Straße von Lensahn nach Lütjenburg. In der Hauptstraße 25 findet der Besucher hier eine weit in der Region bekannte Delikatesse: **Braasch's Schinkenräucherei.** Seit 1663 werden in einer historischen Räucherkate die leckeren Schinken verkauft. Hunderte hängen von der Decke, aber nur in der „Räuchersaison". Die geht traditionell vom 15. Oktober

☒ Am Großen Plöner See – Schiffstour nach Bosau

(Gallustag) bis Mai, wobei die einzelnen Schinken mindestens drei Monate geräuchert werden. Eine echte Holsteiner Spezialität, die sich jeder mal gönnen sollte und die besonders lecker im Frühjahr zu Spargel schmeckt. Aber nicht nur ...

■ **Braasch's Schinkenräucherei,** Hauptstr. 25, 23738 Harmsdorf, Tel. 16 12 oder 16 43, www.schinken-braasch.de.

Holsteinische Schweiz

Als Holsteinische Schweiz ist das nicht exakt begrenzte Hügelland bekannt, das im Hinterland der Ostsee etwa **zwischen Lübeck und Kiel** liegt. Diese ungemein reizvolle Region mit ihren vielen Seen ist für norddeutsche Verhältnisse ausge-

704sh hj

sprochen hügelig. Geformt wurden die Erhebungen durch das Abschmelzen der Gletscher in der letzten Eiszeit. Auch der **höchste Berg** von Schleswig-Holstein, der **Bungsberg,** ragt hier mit seinen stolzen 168 Metern in den Himmel. Das mag nicht sonderlich beeindrucken, ändert aber nichts an der Tatsache, dass sich am Gipfel sogar ein **Skilift** befindet! Der Begriff „Holsteinische Schweiz" wurde im 19. Jh. durch einen Hotelier geprägt, der sein Haus so nannte, später wurde dieser Name für die gesamte Region übernommen. Größere Städte sind **Plön, Eutin** und **Bad Malente-Gremsmühlen,** wobei Plön und Eutin als frühere Residenzstädte jeweils noch heute ein sehr schickes Schloss aufweisen. Tourismus spielt seit dem 19. Jahrhundert hier eine wichtige Rolle, wobei heute neben den ruhesuchenden Badegästen vermehrt **Sporturlauber** (Radfahrer, Wanderer, Kanuten) kommen.

Plön

Plön liegt am **Großen Plöner See,** an dessen Ufer sich auch das strahlend weiße **Schloss** erhebt. Davor verläuft ein idyllischer Spazierweg und nicht weit davon entfernt liegt die Stadt. Neben dem Großen Plöner See gibt es rund um den Ort noch weitere Seen. Zählt man alle Gewässer in und um Plön zusammen, kommt man auf 20.

Da in einem so wasserreichen Gebiet der Baugrund knapp war, dehnte sich die Stadt in drei Richtungen recht weitläufig aus. Der Ortskern liegt unterhalb des Schlosses. Schon seit Jahrhunderten wird hier ein **Markt** abgehalten. Einst lockte ein weiser Regent Handwerker an und überließ ihnen Raum in der sogenannten Neustadt etwas außerhalb des damaligen Stadtgebietes. Diese drei Fixpunkte (Schloss, Markt, Neustadt) markieren noch heute den historischen innerstädtischen Bereich. Verbindende Achse ist die Fußgängerzone Lange Straße. Plöns Sehenswürdigkeiten liegen mit wenigen Ausnahmen in dieser Zone.

Aber am reizvollsten dürfte wohl ein Spaziergang entlang des Seeufers sein, wenn der morgendliche Frühnebel sich langsam auflöst.

Im 12. Jh. ließ *Graf Adolf II.* hier eine erste Burg bauen und verlegte sie wenig später auf den heutigen Schlossberg, von wo er die nach Norden führende **Handelsstraße** nach Lübeck kontrollieren konnte. So entwickelte sich hier auch ein Marktplatz. Zwischen 1633 und 1636 entstand anstelle der Burg das Renaissance-Schloss (s.u.).

Sehenswertes

Lange Straße

Dominierendes Element des Städtchens ist die **Fußgängerzone,** die Lange Straße, deren Verlauf wurde seit dem Mittelalter kaum verändert. Die Straße führte einst vom Lübecker Tor zum Wentorfer

☒ Die Nikolaikirche in Plön

Tor; beide **Stadttore** begrenzten den damaligen Ort. Vom Wentorfer Tor, das am Anfang der heutigen Fußgängerzone schräg gegenüber des Kreismuseums lag, ist so gut wie nichts erhalten geblieben. Lediglich ein Scharnierstein ist vor dem Eingang der Johanniskirche zu finden. Das Lübecker Tor befand sich etwa beim Durchfluss der Schwentine an der Lübecker Straße.

Die Fußgängerzone mündet in den **Markt** bei der Nikolaikirche. Seit 1820 findet der große Wochenmarkt jeden Dienstag- und Freitagvormittag statt. Vom Markt steigt die Klosterstraße leicht an. Dort stehen etliche **historische Häuser,** allerdings nicht mehr das namensgebende Kloster, in dem von 1468 bis 1578 Augustiner lebten. Auch am parallel verlaufenden Schlossberg stehen historische Gebäude aus dem 18. und 19. Jahrhundert. Dort befindet sich auch das **Rathaus** mit seiner klassizistischen Fassade. Es wurde zwischen 1816 und 1818 erbaut. Architekt war kein Geringerer als der Däne *C. F. Hansen,* der auch in Hamburg bedeutende Häuser errichtete.

Nikolaikirche

Die Nikolaikirche wurde in den Jahren 1866 bis 1868 erbaut, als Ersatz für ein abgebranntes Gotteshaus, in das der Blitz eingeschlagen hatte. Drinnen empfängt den Besucher eine angenehme Stille in einem eher **minimalistischen Stil** und einem insgesamt sehr hellen Ensemble unter einem Tonnengewölbedach. Der schlichte Altar steht in der Mitte, in den Querschiffen finden sich ansteigende Emporen, was sehr selten im Norden ist. Die wunderbar gestalteten Fenster dominieren optisch, sie wir-

726sh hj

ken durch ihre Leuchtkraft sehr intensiv und zeigen die christlichen Feste Weihnachten, Ostern und Pfingsten. Altar und Taufe entstanden erst 1985, die mächtige Orgel 1967.

Nikolaikirche, geöffnet: tägl. ab 9 Uhr bis mindestens 17 Uhr.

Neustadt

Die Lange Straße mündet auf der Höhe des ehemaligen Wentorper Tors in die Hamburger Straße. Vor einigen Jahrhunderten endete hier das Plöner Stadtgebiet. Ab 1695 ließ Herzog *Hans Albrecht* jenseits des Stadttores gezielt Handwerker ansiedeln; die noch heute existierende **Johannisstraße** entstand. Hier steht auch die **Johanniskirche.** Es handelt sich um eine Fachwerksaalkirche aus dem Jahr 1658, die 1861 und 1910 jeweils umfassend renoviert wurde. Sie ist relativ schlicht. Bemerkenswert sind die sechs Wandleuchter, die Kaiserin *Auguste Viktoria* für jeden ihrer sechs Söhne spendete, die im Plöner Schloss unterrichtet wurden. Vor dem Eingang befindet sich als letztes Relikt des Wentorper Tores ein Torangelstein; das Tor selbst wurde bereits 1815 abgebrochen.

Johanniskirche, geöffnet: 15.5.–15.9. Di–So 14.30–17.30 Uhr.

Kreismuseum

Gegenüber der Kirche liegt das Kreismuseum. Es ist in einem der ältesten Gebäude der Stadt untergebracht. Von 1803 bis 1928 lebte und arbeitete in dem Gebäude eine Apothekerfamilie, deshalb befindet sich vor dem Gebäude auch ein **Apothekergarten,** wo über 350 Pflanzen gegen verschiedene Krankheiten und Leiden wachsen. Seit dem Jahr 1982 ist das Museum des Kreises Plön hier untergebracht.

Ausgestellt sind u.a. **Holsteinisches Glas,** weiterhin archäologische Exponate zur Vor- und Frühgeschichte des Kreises Plön, außerdem Zinn- und Silberwaren von Schützengilden und Handwerksämtern, es gibt eine historische Apotheke, Erinnerungen an die Plöner Kadettenanstalt, eine Schuster- und Uhrmacherwerkstatt, und altes Handwerksgerät ist auch ausgestellt.

Kreismuseum, Johannisstraße 1, Tel. 74 43 91, geöffnet ab 23.3., Di–So 10–12 Uhr und 14–17 Uhr; ab 1.12. Di–So 14–17 Uhr; Eintritt: 2,50 €, erm. 2 €, Kinder bis einschl. 14 Jahre frei.

Schloss Plön

Hoch oberhalb der Stadt thront das strahlend weiße Schloss. Schon von weitem fällt es auf, egal ob man per Auto oder Bahn anreist. Den prächtigsten Blick darauf hat aber derjenige, der sich Plön vom Wasser aus nähert. Zwischen 1633 und 1636 entstand das Renaissance-Schloss unter Herzog *Joachim Ernst.* Zuvor stand hier die 1173 erbaute

> Schloss Plön

Burg des Grafen von Schauenburg. Diese war im Laufe der Jahrhunderte mehrfach beschädigt und schließlich abgerissen worden. Das eigentliche Schloss wurde im 17. Jahrhundert gebaut, in späteren Jahren kamen weitere Gebäude und Gärten hinzu. Im Laufe der Jahrhunderte hat sich das Schloss stark verändert. Als die **Preußen** ab 1867 in Schleswig-Holstein das Sagen hatten, wurde eine **Kadettenanstalt** eingerichtet, mit entsprechenden Umbauten. 1896 ließ der deutsche Kaiser *Wilhelm II.* hier seine sechs Söhne unterrichten; die Anwesenheit dieser Prominenz zog erneute Um- und Neubauten nach sich. In der Nazi-Zeit drillte man hier Schüler einer **Nationalsozialistischen Erziehungsanstalt,** und auch da durften bauliche Veränderungen nicht fehlen. Nach Kriegsende übernahm das Land Schleswig-Holstein das Schloss und richtete ein Internat ein. 2001 kaufte der Optikerkonzern *Fielmann* die ganze Anlage, renovierte das Gebäude aufwendig und richtete eine **Akademie für das Optikerhandwerk** ein.

Erbaut als Repräsentationsschloss, liegen die langen Flure und Empfangsräume zur Sonnenseite nach Süden, die einzelnen Wohnzimmer dagegen nach Norden. Der dreigeschossige Bau hatte eine klare **Aufteilung:** Unten waren Administration, Küche und Speisesaal für Bedienstete eingerichtet, oben wohnten die Herzöge nebst Familie und unter dem Dach die Dienerschaft. Zu besichtigen sind heute noch der **Wohnbereich der Herzöge,** der Rittersaal, die Kapelle und der heutige Schulbetrieb.

Besichtigungen sind nur möglich im Rahmen einer kostenlosen Führung: Mi 19–21 Uhr, Do, Sa, So 16.30–18.30 Uhr, Anmeldung unter Tel. (04522) 80 10 erforderlich. Infos: www.fielmann-akademie.com.

705sh hj

Auf dem Schlossgelände entstanden im Laufe der Jahrhunderte noch etliche **Gebäude** und **Parks;** hier eine **Übersicht:**

Wer von der Hamburger Straße kommend die Straße zum Schlossgebiet hochsteigt, passiert zunächst das **Inspektorenhaus,** in dem seit 1896 der jeweilige Schlossverwalter lebte (Hausnummer 2). Nur ein kleines Stück weiter stand eine **Schwimmhalle,** 1908 eigens für die Kaisersöhne erbaut. Die blaublütigen Kadetten sollten auch im Winter die Möglichkeit zum Schwimmen haben. Heute ist hier ein Restaurant eingerichtet. Die große Rasenfläche, die sich vor dem Betrachter öffnet, war früher die herzogliche **Reitbahn.** Links davon entstand um 1745 ein **Marstall** für die Pferdezucht des Regenten. Über dem Hauptportal des langgestreckten Gebäudes ist noch eine Sandsteinfigurengruppe mit einem liegenden Pferd zu erkennen. Nebenan stand einst das **Lazarett** der Kadettenanstalt, heute befinden sich dort Eigentumswohnungen. An der Stirnseite der Reitbahn steht das **Uhrenhaus,** so genannt wegen seiner auffälligen Giebeluhr. Ursprünglich nutzte man das Gebäude aus dem Jahre 1746 als Reithalle, wenn es draußen mal zu ungemütlich war. Heute befindet sich hier das **Naturparkhaus** mit einer interessanten Mitmach-Ausstellung über den Naturpark Holsteinische Schweiz.

■ **Naturparkhaus,** geöffnet: März–Okt. Di–So 12–17 Uhr, Nov., Febr. Sa/So 12–17 Uhr, Eintritt: 1 €.

Etwas weiter nach hinten versetzt steht das **Prinzenhaus** (Schlossgebiet 10). Erbaut zwischen 1744 und 1751, diente das Gebäude zunächst dem Herzog als Gartenschloss. Später wurden die Flügelbauten ergänzt, als die Kaisersöhne eine standesgemäße Unterkunft benötigten. Das Haus war üppig ausgeschmückt und gilt als eines der **schönsten Beispiele für Rokoko-Architektur** im Land. Eine umfangreiche Ausstellung erklärt die Geschichte des Hauses mit vielen Gemälden und Originaldokumenten.

■ **Führungen:** 1.5.–30.9. Mi 11.30 Uhr, Sa/So 15 Uhr, 1.10.–30.4. So 11.30 Uhr, Eintritt: 3 €.

Schlossgarten

Hinter dem Prinzenhaus liegt der weitläufige Schlossgarten, der ab 1730 im französisch beeinflussten **Barock-Stil** errichtet wurde, mit symmetrisch angelegten Wegen und Hecken, geraden Lindenalleen, exakten Rasenornamenten und ausgeklügelten Blickachsen. In den Folgejahren wurde der Garten, entsprechend den sich verändernden Moden, zu einem Landschaftsgarten englischen Stils umgestaltet. Bemerkenswert sind nach wie vor die Lindenalleen, zu denen passend Bäume und Sträucher gepflanzt wurden.

Praktische Tipps

Gastronomie

■ **Altes Fährhaus,** Eutiner Straße 4, im Segelzentrum, Tel. 76 790, 11.30–14.30 und ab 17.30 Uhr, Montag Ruhetag. Ein Fachwerkhaus unter Reet mit vielen Fischspezialitäten, u.a. gibt es eine Plöner Fischplatte, aber auch regionale Fleischgerichte. Von der Terrasse des Hauses hat man einen sehr schönen Blick auf den Großen Plöner See.

■ **Alte Kate,** Eutiner Straße 8, Tel. 98 59, 11.30–14.30 und ab 17.30 Uhr, in der Nebensaison Di geschlossen. In dem kleinen reetgedeckten Lokal gibt es eine überschaubare Karte mit Holsteiner Gerichten mit Fisch und Fleisch. Von der Terrasse und dem Wintergarten schöner Seeblick.

■ **Schwimmhalle im Schloss,** Schlossgebiet 1a, Tel. 59 36 30, Mo–Fr 12–14.30 und ab 17.30 Uhr, Sa ab 17 Uhr, So ab 12 Uhr, ab Sommeranfang tägl. ab 12 Uhr. Schöne Lage unterhalb des Schlosses, es gibt täglich wechselnde Tagesgerichte, hausgemachte Kuchen und Torten, auch Gerichte für Vegetarier sowie 3- und 4-Gänge-Menüs. Vor dem Lokal liegt eine sehr gemütliche Terrasse. Regelmäßig finden auch kulturelle Veranstaltungen statt im angeschlossenen Kulturforum (www.kulturforum-ploen.de) und Live-Musik im Restaurant.

Aktivitäten

■ **Kanufahren:** Paddeln kann man auf der **Schwentine,** einem schmalen Flüsslein, das etliche Seen der Holsteinischen Schweiz verbindet. Je nach Lust, Laune und Ausdauer kann man bis Eutin gelangen; leichter hat man es in Richtung Kiel, da paddelt man mit der Strömung. *Kanuvermietung Plön,* Ascheberger Straße 6, Tel. 41 11, www.kanuvermietungploen.de.

■ **Schiffstouren:** *Große-Plöner-See-Rundfahrt;* Abfahrtszeiten von 10 Uhr ab Fegetasche zweistündlich bis 16 Uhr, in der Nebensaison 11, 13, 15 Uhr. Vier Abfahrtsstellen gibt es in Plön, hinter dem Ortsnamen wird die Abfahrtszeit genannt: Fegetasche (zur vollen Stunde), Segelzentrum Bahnhof (immer um „zehn nach"), Marktbrücke, Prinzeninsel (immer um „fünf vor halb"). Gefahren wird etwa ab Ende April bis Anfang Oktober. Tickets gibt es nur an Bord; die Tour dauert zwei Stunden. Infos: Tel. 67 66, www.grosseploenersee-rundfahrt.de.

Malente

Die Anfänge des Ortes werden auf den Zeitraum um 1150 datiert. Damals existierte eine erste Wendensiedlung, die **Malenta** genannt wurde, was „Klein" bedeutet. Dieser Name traf auch so lange zu, bis viele Jahrhunderte später die **Heilkraft des Klimas** und der lieblichen Landschaft erkannt wurde. 1867 entstand das erste Hotel, und bereits Ende des 19. Jahrhunderts schickte ein Berliner Professor Patienten zur Kur hierher. Dann folgten nach und nach der Bau einer Eisenbahnlinie, eines Sanatoriums, einer Badeanstalt und der Diekseepromenade; der Ort prosperierte touristisch. 1905 kam es zur Zusammenlegung von Malente und Gremsmühlen und diese fungieren seitdem als touristische Marke ziemlich erfolgreich.

Ein Spaziergang entlang der **Diekseepromenade** oder am Ufer des **Kellersees** lässt wohl kaum einen Besucher unberührt. Irgendwie entspannt sich jeder, atmet befreiter, lächelt versonnen. Ist ja auch kein Wunder, denn neben dem prima Klima zählt die Seenlandschaft zum Schönsten, was die Holsteinische Schweiz zu bieten hat.

Sehenswertes

Dieksee

Der Dieksee zählt mit nicht ganz vier Quadratkilometern zu den **größeren Seen** der Holsteinischen Schweiz. Die Uferlänge beträgt immerhin 11,5 Kilometer, und wer dem ausgeschilderten Wanderweg einmal um den See folgt, legt sogar knappe 14 Kilometer zurück, da der Weg bei Neversfeld einen Haken ins Hinterland schlägt. Aber auch wer sich mit einem Spaziergang über die 1906 angelegte **Promenade** begnügt, kann sich schwerlich dem Reiz der Landschaft entziehen. Weit wandert der Blick über den See in den angrenzenden Wald. Entlang der Promenade liegen ein halbes Dutzend guter Unterkünfte, etliche mit einem Terrassenlokal. Und die **kleine Meerjungfrau,** die im oberen Abschnitt zu finden ist, guckt genauso verträumt auf den See wie die meisten Spaziergänger. Die Promenade endet im **Waldgebiet Holm,** das von ausgeschilderten Wanderwegen durchzogen ist. Dort befinden sich auch eine Kneipp-Anlage und die Spiegelteiche, die so heißen, weil die umliegenden Bäume so reizvoll in ihrem Wasser reflektieren.

Kellersee

Der Kellersee ist Malentes zweites Gewässer. Er misst 5,52 Quadratkilometer und nimmt damit Platz vier in der Hierarchie der größten Seen des Landes ein. Bereits seit 1882 befahren ihn **Ausflugsschiffe** auf einem Rundkurs mit mehreren Stopps. Wer will, kann also **Wande-**

rungen um den See (Uferlänge: 15,5 Kilometer) auch in Teilstrecken unternehmen und dann bequem zurückschippern. Auch wer eine komplette Umrundung schafft, läuft nur einen knappen Kilometer mehr auf einem ausgeschilderten Wanderweg, man bewegt sich also überwiegend in Ufernähe.

Maria Magdalena-Kirche

Die Historie reicht weit zurück. Am 22. Juli 1227 kämpfte *Graf Adolf IV.* mit seinen Truppen bei Bornhöved gegen die Dänen. Da konnte er göttlichen Beistand gut gebrauchen, er erflehte Hilfe von *Maria Magdalena.* Es muss wohl geholfen haben, denn die Dänen steckten eine Niederlage ein, ausgerechnet am Namenstag der Heiligen. Graf *Adolf* stiftete aus Dankbarkeit mehrere Kirchen und Klöster. Und so kam vermutlich auch Malente zu seiner Kirche. Sie ist recht klein, aber gerade innen durchaus reizvoll. Vor allem die **Kanzel** mit ihren detailreichen Schnitzarbeiten sticht hervor. Bänke und Altarbereich sind eher schlicht gehalten, passen jedoch sehr gut zur insgesamt schnörkellosen Einrichtung. Außen erkennt man an einigen Stellen noch die ursprüngliche Wand aus Feldsteinen. Der **Turm** war bis 1983 aus Holz und wurde erst dann durch Backstein ersetzt.

■ **Maria Magdalena-Kirche,** Bahnhofstraße, Ecke Janusallee, geöffnet: Mo–Fr 9–16 Uhr.

Immenhof-Museum

Hier hat man in einem kleinen Museum Ausstellungsstücke wie Bilder, Plakate, Kostüme zu den in den 1950er Jahren sehr erfolgreichen **Immenhof-Filmen** zusammengestellt.

■ **Immenhof-Museum,** Kampstr. 1, www.immenhofmuseum.de, geöffnet: Mi, Fr–So 14–17 Uhr, Eintritt: 2 €.

706sh hj

◁ Kleine Marina am Dieksee

Wunderwelt Wasser

Ein **Naturerlebnisraum,** der unmittelbar am Kellersee liegt. Sehr nett gestalteter Bereich, durch den ein rustikaler Weg von etwa einem Kilometer Länge vorbei an zahlreichen Stationen zum Hören, Tasten und Sehen führt auf naturbelassenen Wegen und über Holzstege. Dabei finden Besucher Erklärungstafeln zu Pflanzen und Tieren, die im oder am Wasser wachsen und leben und man lernt so ein einzigartiges Biotop kennen.

Wunderwelt Wasser, Janusallee, ganz am Ende, fast am Kellersee, geöffnet: tägl. 8–16 Uhr, April–Oktober 8–20 Uhr, Eintritt ist frei.

Praktische Tipps

Gastronomie

- **Villa Colonial,** Hindenburgallee 2, Tel. 20 78 15, Küche: Mo–Fr 12–22, Sa/So 10–22 Uhr, Frühstück ab 10 Uhr. Liegt beim Bahnhof und zugleich auch am Dieksee, hat eine sehr angenehme Terrasse mit Seeblick. Bietet einen guten Küchenmix aus Fisch, Pasta, Burgern, Salaten und regionalen Gerichten.
- **Bootshaus am Dieksee,** Diekseepromenade 4, Tel. 31 04, geöffnet tägl. ab 11 Uhr. Unmittelbar am Dieksee liegt dieses Lokal, das eine Terrasse sogar direkt über dem See hat. Serviert wird klassische norddeutsche Küche in mehreren Räumen, beispielsweise in der Bootshalle oder in der Fischerhütte und natürlich auf der Terrasse.

Einkaufen

- **Petersens Schinkenräucherei,** Bahnhofstraße 23, Tel. 22 96, Di–Sa 7.30–18, So 11–18 Uhr. In einem Fachwerkhaus von 1788 hängen Dutzende von Holsteiner Katenrauchschinken von der Decke, außerdem werden geräucherte Schinken und Wurstwaren zum Verkauf angeboten. Kunden können diese Spezialitäten gleich vor Ort probieren.

Aktivitäten

- **Bootsverleih:** Bootshaus am Dieksee, Diekseepromenade, Tel. 31 04; Verleih von Ruder- und Tretbooten, aber auch von Kanus.

Schiffstouren

- **5-Seen-Fahrt:** Wohl der Klassiker in der Holsteinischen Schweiz. Eine knapp zweistündige Tour führt von Malente-Gremsmühlen nach Plön-Fegetasche und zurück. Es geht gemütlich über den **Dieksee, Langensee, Behlersee, Höftsee** und **Edebergsee.** Abgelegt wird zwischen 10 und 16 Uhr stündlich, aber der volle Fahrplan gilt nur in der Saison zwischen Ende April und Ende September, außerhalb dieser Zeit fährt das Schiff seltener. Zu bestimmten Zeiten fährt ein Schiff mit Restaurantbetrieb. Infos: Tel. 22 01, www.5-seen-fahrt.de.
- **Kellerseefahrt:** eine knapp zweistündige Rundfahrt über den zauberhaften Kellersee mit Anleger in Malente (Janusallee, Lindenallee und Fischerei). Außerhalb noch Stopps am Fährhaus Eutin-Fissau und in Sielbeck-Uklei. Die Rundfahrt kann einmal unterbrochen werden, etwa in Sielbeck-Uklei, wo man zum nahen Ukleisee spazieren kann. Abfahrtszeiten ab Janusallee: täglich 10, 12, 14, 16 Uhr von etwa Mitte April bis Anfang Oktober.

Eutin

Nett lässt es sich durch Eutin, das den Beinamen **„Rosenstadt“** trägt, bummeln, durch historische Straßenzüge, über den zentralen Marktplatz, durch den Eutiner Schlossgarten oder am Ufer der **Eutiner Seen.** Viele Häuser hier sind schon mehrere Jahrhunderte alt, und die Eutiner pflegen diese alte Bausubstanz mit eben so viel Engagement wie die zahllosen Rosenstöcke, die vor beinahe jedem Haus wachsen und im Sommer zauberhaft blühen. Und dann gibt es da natürlich noch das **Eutiner Schloss** und das kulturelle Erbe *Carl Maria von Webers.* Jedes Jahr gedenkt die Stadt der Schaffenskraft des Komponisten mit sommerlichen Freiluftkonzerten auf der malerischen Waldbühne.

Sehenswertes

Rund um den Markt

Der innerstädtische Bereich rund um den Marktplatz bietet ein hübsches Panorama. Viele historische Häuser lassen sich hier anschauen, in manchen Straßen liegen sie dicht an dicht. Am rechteckigen Marktplatz stehen mehrere historische Gebäude, so beispielsweise das **Rathaus** (Nr. 1), erbaut 1789–1791, ein dreistöckiger Fachwerkbau mit klassizistischer Putzfassade. Unter Hausnummer 9 befindet sich das **Witwenpalais,** 1786 wurde das Haus für die Witwe des Herzogs *Friedrich August* erbaut. Das vermutlich **älteste Haus Eutins** findet sich unter der Hausnummer 10, ein Fachwerkbau, der zwischen 1635 und 1638 errichtet wurde.

■ Markt 11 lautet die Adresse der **Privatbrauerei St. Michaelis-Bräu,** einer Eutiner Institution, in der es sehr süffiges, selbstgebrautes Bier gibt, in einem historischen Haus, das sich bis ins 17. Jh. zurückverfolgen lässt.

St. Michaeliskirche

Die St. Michaeliskirche erhebt sich im Herzen der Stadt, nur wenige Schritte vom Marktplatz entfernt. Sie zählt zu den **ältesten Gotteshäusern der Region.** Bischof *Gerold,* Nachfolger *Vicelins,* ließ sich Mitte des 12. Jh. im damals Utin genannten Ort nieder und hier ein erstes Gotteshaus erbauen. Die Errichtung der St. Michaeliskirche folgte etwas später; sie geht auf Bischof *Bertold* (Amtszeit 1210–20) zurück. Aus diesen Anfängen stammt noch ein Teil des Mittelbaus.

Die Namensgebung nach dem kämpferischen Erzengel *Michael* zeigte schon die symbolische Bedeutung der Kirche, nämlich als Standort für die Christianisierung des benachbarten slawischen Raums. Der Stellenwert wuchs aber noch weiter durch zwei Ereignisse: 1257 erhielt Eutin Stadtrechte und mehrfach suchte der Bischof von Lübeck hier Schutz im Streit mit der Lübecker Bürgerschaft. Während eines dieser nicht ganz freiwilligen Aufenthalte gründete der Bischof 1309 ein Kollegiatstift, womit eine Vergrößerung der St. Michaeliskirche einherging sowie eine Ernennung zur **Stiftskirche.**

In späteren Epochen erfuhr der Bau manche Veränderung, aber etliche Teile stammen noch aus den Anfängen, so der siebenarmige **Marienleuchter** mit der Madonnenfigur in der Südkapelle, der 1322 von der Schneiderinnung gespendet wurde. Auch Teile der Chorbemalung wurden in der ersten Hälfte des 14. Jh. geschaffen. Aus dem Jahr 1256 stammt das **Triumphkreuz,** das eine **Reliquie** enthält: unter einem Bergkristall soll sich ein Splitter vom Kreuz Christi befinden. Dieses hatte, so die Legende, einst Bischof *Burkhard von Sercken* von einer Italien-Reise mitgebracht.

Der Erzengel *Gabriel* ist auf dem 1444 erschaffenen siebenarmigen Bronzeleuchter abgebildet. Die Bronzetaufe datiert auf das Jahr 1511 und die holzgeschnitzte Kanzel ist ein Werk des späteren Bürgermeisters *Claus Lille;* sie wurde 1653 geweiht. Neueren Datums (1961) sind die Fenster im Chor mit ihren aus-

727sh hj

drucksstarken **Glasmalereien,** die allegorisch „Glaube, Liebe und Hoffnung" darstellen.

Prägend für die Stadtsilhouette ist der schlanke, spitz zulaufende **Kirchturm,** der 67 m in den Himmel ragt.

■ **St. Michaeliskirche,** geöffnet: Mo–Sa 10–16 Uhr, von Mitte Mai bis Mitte September Führungen um 14.30 Uhr. Der Treffpunkt ist vor der Touristeninformation.

⌃ Die St. Michaeliskirche in Eutin

Stolbergstraße

Einen Block hinter dem Marktplatz verläuft die Stolbergstraße, die als eine der **ältesten Straßen** Eutins gilt. Auch hier sind zahlreiche gut erhaltene historische Häuser zu finden. Einige dieser Gebäude an der östlichen Straßenseite weisen im Grundaufbau eine gewisse Ähnlichkeit mit ostholsteinischen **Gutsanlagen** auf – natürlich in deutlich kleineren Dimensionen: Das Wohnhaus liegt leicht zurückgesetzt, flankiert links und rechts von seitlich vorstehenden Gebäuden, fast so wie die Stallungen auf den Gutshöfen. Die hier lebenden Hofbeamten und kirchlichen Würdenträger stammten vielfach aus ostholsteinischen Gutsfamilien und übertrugen vermutlich ihre früheren „Wohngewohnheiten" in die neue städtische Heimat. Gut zu sehen ist dies bei Haus Nr. 18 (erbaut 1752) sowie bei den Gebäuden Nr. 16 (1775) und Nr. 12 (19. Jh.).

Das Haus Nr. 8/10 aus dem 18. Jh. bewohnten mehrere prominente Zeitgenossen. Der bekannteste war wohl der Maler **Johann Heinrich Wilhelm Tischbein,** ein Freund *Goethes,* der das berühmte Gemälde „Goethe in der Campagna" schuf. *Tischbein* lebte in diesem Haus 20 Jahre bis zu seinem Tod 1829.

Auch das Haus Nr. 6 aus dem 18. Jh. hat Ähnlichkeit mit einem Gutshof. Einst war hier ein Hotel untergebracht, in dem der Vater *Carl Maria von Webers* mit seiner Kapelle aufgetreten sein soll.

Schloss

Wer sich dem Schloss von der Innenstadt her nähert (ausgeschildert), gelangt zunächst zum **Schlossplatz.** Hier stehen drei anderthalbstöckige Putzbauten, die um eine größere Rasenfläche gruppiert sind. Links (Blickrichtung Schloss) liegt der ehemalige **Marstall,** heute Sitz des Ostholsteinmuseums. Rechts befindet sich die Eutiner Kreisbibliothek im Gebäude der ehemaligen **Wagenremise.** Im Gebäude der Stirnseite, dem ehemaligen **Kavaliershaus,** residiert die Landesbibliothek Eutin. Dieser Bereich wurde 1828 zu seiner heutigen Form umgestaltet. Das Schloss selbst liegt auf einer kleinen Landspitze, die von zwei Buchten eingerahmt wird, direkt am Großen Eutiner See. Man erreicht das Gebäude über eine **Steinbrücke,** die einen **Wassergraben** überquert.

Schon um 1150 ließ sich Bischof *Gerold* hier eine Unterkunft in geschützter Lage errichten, wie Chronist *Helmold von Bosau* in seiner Slawen-Chronik schreibt. Die Nachfolger bauten die damals noch so genannte **Bischofsburg** weiter aus und verstärkten das Gebäude durch Mauern und Gräben. 1689 zerstörte ein Feuer große Teile der Altstadt und auch der Burg, aber das Gebäude wurde schnellstmöglich wieder aufgebaut. Die heutige Form geht auf Baumeister *Rudolf Matthias Dallin* zurück, der von 1717 bis 1727 für Fürstbischof *Christian August* die Bauarbeiten durchführte. Heraus kam ein dreigeschossiger Vierflügelbau mit einem auffälligen, etwas vorstehenden Eingangsturm von vier Etagen hinter der Steinbrücke.

Heute vermittelt das Schloss in einer Dauerausstellung einen tiefen Einblick in die herrschaftliche **Wohn- und Lebenskultur.** Sehr sehenswert sind die kleine hauseigene **Kapelle,** die neben einer *Arp-Schnittger*-Orgel einen eigenen herzöglichen Stuhl über dem Altar hat, und die Audienzzimmer, der Rittersaal sowie die **Privatgemächer,** z.B. der Schlafraum. Alle Räume sind mit schönen **Stuckarbeiten** und wertvollen Möbeln ausgestattet.

■ Öffnungszeiten: tägl. 11–17 Uhr, im Sommer 10–18 Uhr, Eintritt: 8 €, ermäßigt 5 €, Tel. 70 950, www.schloss-eutin.de.

Schlossgarten

Der Garten erfuhr mehrfach grundlegende Veränderungen. Ursprünglich befand sich südlich der Burganlage ein recht sumpfiges Gelände. Dieses Gebiet ließ Fürstbischof *Johann Friedrich* (1607–34) planieren und einen ersten Garten anlegen. Spätere Herrscher setzten hier eigene Akzente. So entstand ab 1670 eine Gartenanlage nach holländischem Vorbild. Ab 1716 wurde der Garten wieder umgemodelt. *Johann Chris-*

tian Lewon schuf einen prächtigen **Barockgarten** nach dem Vorbild des französischen Schlosses Versailles mit Kaskaden, Fontänen und akkurat geschnittenen, symmetrisch angelegten Hecken. Schließlich erfolgte eine abermalige Umgestaltung unter *Herzog Peter Friedrich Ludwig* (1755–1829). Er ließ den Schlossgarten nun völlig neu konzipieren und außerdem auf 14 Hektar vergrößern. Das neue Konzept sah einen Park im Stil eines **Englischen Landschaftsgartens** vor, mit einer aufgelockerten Mischung aus Rasenflächen, Baumreihen und Teichen.

Aus der französischen Phase stammt noch die hinter dem Schloss verlaufende, 335 m lange **Lindenallee.** Diese führt auf einen unmittelbar am Großen Eutiner See stehenden **Seepavillon** zu, der um 1800 erbaut wurde. Von diesem Platz genießt man einen sehr schönen, romantischen Blick über den See. Wer möchte, kann auf einem Spazierweg am See entlang weitergehen und so das Schloss umrunden. Schlägt man die andere Richtung ein, erreicht man bald die **Freilichtbühne,** sie liegt unmittelbar am Ufer. Hier finden im Sommer alljährlich Opernaufführungen zu Ehren *Carl Maria von Webers* statt. Nicht allzu weit entfernt wird des Komponisten in einem 1794 erbauten Tuffsteinbau gedacht. Recht nahe an der außen vorbeiführenden Oldenburger Landstraße steht der fotogene **Rundtempel** (Monopteros) aus dem Jahr 1795.

Das Eutiner Schloss

025sh hj

Eutiner Festspiele

MEIN TIPP: Seit über 60 Jahren finden im Sommer auf der **Freilichtbühne im Schlossgarten** am Ufer des Eutiner Sees die Eutiner Festspiele statt. Zumeist werden Opern gespielt.

■ **Kartenzentrale,** Am Schlossgarten 7, Tel. 80 010, www.eutiner-festspiele.de.

Ostholsteinmuseum

Das Ostholsteinmuseum ist im ehemaligen **Marstall** des Eutiner Schlosses untergebracht. Auf zwei Etagen werden lokale Fundstücke zur **Kunst- und Kulturgeschichte** von Ostholstein gezeigt sowie pro Jahr bis zu zehn Sonderausstellungen zu unterschiedlichen Themen.

Schwerpunkt ist das Oberthema „Eutin zur Goethezeit" mit Exponaten zu bekannten Künstlern und Dichtern, die eine Verbindung zu Eutin hatten. Gezeigt wird auch die holsteinische Landschaft in der Malerei. Weitere Themen sind die historische Entwicklung der Region und bürgerliches Wohnen im 19. Jh. Daneben gibt es eine Sammlung von Fayencen aus Stockelsdorf und Gegenstände von Eutiner Zinngießereien.

■ **Ostholsteinmuseum,** geöffnet: Mitte März bis Ende April Di–Fr 11–17 Uhr, Sa/So 10–17.30 Uhr, Ende April bis Anf. Okt. Mo–Do 11–18, Fr–So 11–19, Oktober Di–Fr 11–17, Sa/So 10–17.30, Nov. bis Ende Jan. Mi–Fr 15–17, Sa/So 11–17 Uhr; im Februar geschlossen; Eintritt: 8 €, Infos: Tel. 78 85 20, www.oh-museum.de.

Praktische Tipps

Gastronomie

■ **Kunst und Kaffee,** Stolbergstr. 18, Tel. 71 319, Do–So 14–18 Uhr ganzjährig geöffnet. Das kleine nette Café liegt in einem historischen Garten im Ortskern, es gibt hausgemachten Kuchen und ein reichhaltiges Angebot an Kaffee und Tee.

MEIN TIPP: **Brauhaus Eutin,** Markt 11, Tel. 76 67 77. Tägl. ab 11.30 Uhr. Rustikal-gemütliches Ambiente auf zwei Ebenen. Neben kleinen und größeren Gerichten wird vor allem selbstgebrautes, sehr leckeres Bier kredenzt. Wenn's warm wird, trinkt man das „Flüssigbrot" entweder draußen auf der Terrasse zum Marktplatz oder hinten im Biergarten.

Schiffstouren

■ **Großer Eutiner See:** Rundfahrten auf dem See, eine einstündige Tour ab Anleger Stadtbucht, in der Saison von Mitte Mai bis Mitte September fünf Fahrten: 11, 12.15, 13.30, 14.45 und 16 Uhr, außerhalb der Saison seltener, in der kalten Jahreszeit keine Fahrten. Preise: Erwachsene 7 €, Kinder bis 15 Jahren 3,50 € für eine Rundfahrt. Infos: Tel. 33 44, www.eutiner-seerundfahrt.de.

Neustadt

Bereits 1244 wurde dem damaligen Flecken „Nygenstadt by der Cremper" das **Stadtrecht** zugesprochen, das können nicht viele Orte von sich behaupten. Neustadt liegt direkt an der Ostsee. Ein kleiner Binnensee war schon frühzeitig als **sicherer Hafen** bekannt. Dieser wird noch heute genutzt, und von hier bis zum alten Stadtkern mit dem rechteckigen Marktplatz sind es nur ein paar Schritte. Der alte Reiz ist teilweise noch spürbar, denn einige wenige jahrhundertealte Gebäude sind insbesondere am Hafen und beim Binnensee erhalten geblieben.

Der **Name „Neustadt"** bezieht sich auf die Neugründung eines Ortes unweit des alten Dorfes, nämlich von Altenkrempe (siehe Seite 91). Schon zur Zeit der Hanse war der Hafen dieses neuen Ortes ein wichtiger Umschlagplatz, obwohl Neustadt nie Mitglied der Hanse war. Dennoch flossen genügend Waren über diesen kleinen Hafen und ließen einige Händler zu Wohlstand kommen. Im Mittelalter zerstörten mehrere Brände große Teile der Stadt, so dass nicht mehr viele historische Gebäude erhalten sind. Von den ehemals drei Stadttoren existiert noch eines, dort befindet sich das stadtgeschichtliche **Museum zeiTTor.**

Sehenswertes

Der **Hafen** und die Hafenatmosphäre – na ja, allzuviel ist davon zwar nicht zu spüren, aber ein wenig wohl doch. Vereinzelt dümpelt ein Fischerboot und ständig liegen hier ein paar Museumsschiffe, schöne alte Segler aus Holz. Jede Menge Spanten, Tauwerk und Holzrollen lassen den Laien staunen und den Seebären neidische Blicke werfen. Am Hafenbecken steht ein fensterloser, weißer Turm – ein Silo von zehn Stockwerken. Dort übt die Marine den Ausstieg von U-Bootfahrern aus 30 Meter Tiefe. Das Gebäude ist von Grund auf bis zur oberen Etage mit Wasser gefüllt, über anderthalb Millionen Liter.

Ein historisches Bauwerk ist übrigens direkt an der Brücke am Hafen zu finden, etwas unscheinbar allerdings, nämlich das **Brückengeldeinnehmerhaus.** Hier wurde immerhin noch bis 1930 der Brückenzoll kassiert, für Personen, Vieh und Fahrzeuge. Wenn die Stadtväter das heute noch könnten, wäre Neustadt die reichste Gemeinde des Landes! Unmittelbar vor der Brücke liegt das **Hospital zum Heiligen Geist.** Es wurde 1344 von der Stadt gegründet, um kranke Pilger auf dem Weg zum Kloster Cismar aufzunehmen. Heute leben hier in zehn Wohnungen ältere Bürger der Stadt. Im Sommer kann durch eine gläserne Tür ein Blick in die historische **Kapelle** geworfen werden. Die kleine Saalkirche entstand 1408. An den Wänden sind noch Reste gotischer Quaderfugenmalereien aus dem 14. Jh. erkennbar, außerdem steht im Inneren noch ein Altar aus Kalksandstein (1670). Die Kanzel aus dem 16. Jh. ist geschmückt mit Evangelistenbilder.

Ist nun die Brücke passiert, läuft man auf einen alten Speicher zu, den **Pagodenspeicher,** der 1830 erbaut und in dem Korn gelagert wurde. Wissenswertes rund um den Tee kann man erfahren, und ausgeschenkt werden die verschiedensten Sorten auch noch.

Mit Gründung der Stadt 1244 begann auch der Bau der **Stadtkirche** in der typisch norddeutschen Backstein-Architektur. 1344 folgte der 56 m hohe Turmbau. Die Kirche wirkt ziemlich groß, so misst beispielsweise das Mittelschiff 17,30 m in der Höhe. Der Barockaltar entstand 1643 und zeigt die wichtigsten christlichen Geschehnisse wie Abendmahl, Kreuzigung, Auferstehung. Das Triumphkreuz aus dem 15. Jh. zählt mit zu den ältesten Kirchenschätzen. Die Kanzel stiftete 1571 ein Elternpaar als Dank für den Freispruch ihres Sohnes vor dem Reichskammergericht von der Anklage wegen Hinrichtung eines Gutarbeiters. An den Kirchenwänden hängen großformatige Portraits, zumeist von Pastoren.

Der Hafen von Neustadt

311sh hj

Der **Marktplatz** ist der zweitgrößte Schleswig-Holsteins nach dem sehr großen Platz in Heide. Hier findet am Dienstag- und Freitagvormittag ein Wochenmarkt statt. Der Marktplatz hat in der Mitte eine Fontainen-Installation und am Rande steht die Skulptur zweier Fischer, die von einem ortsansässigen Reeder gestiftet wurde.

Wer den Marktplatz überquert, erreicht eine Fußgängerzone, und diese führt zum **Kremper Tor.** Hier befand sich einst der städtische Einlass, der Unterbau des Tores stammt noch aus dem Jahr 1244, als Neustadt sein Stadtrecht bekam. Im Torgebäude wurde das **Museum der Stadt Neustadt** eingerichtet, es trägt den richtungsweisenden Namen **zeiTTor,** denn Besucher sollen „durch unser Tor in die Vergangenheit reisen" (Zitat), und zwar bis zur Steinzeit. An vielen Mitmach-Stationen wird die jeweilige Epoche deutlich gemacht, beispielsweise kann sich jeder Besucher einmal im steinzeitlichen Feuermachen per Holzkeil versuchen. So „reisen" Besucher durch die Bronze- und Steinzeit, durchs Mittelalter und gelangen schließlich in die jüngere Vergangenheit. In einem Nebenraum wird mit vielen Fotos, Erklärungstafeln und einem Schiffsmodell dem Untergang der Cap Arkona gedacht.

■ **zeiTTor,** Am Markt 1, Tel. 61 93 07, www.zeittor-neustadt.de, geöffnet: Ostern bis Oktober Di–Sa 10.30–17, So 14–17 Uhr, November bis Ostern Fr 15–17, Sa/So 14–16 Uhr, Eintritt: 3,50 €.

Vom Kremper Tor zweigt die Straße Haakengraben ab, in der teilweise noch **Kopfsteinpflaster** aus dem 16. Jahrhundert zu finden ist. Sie führt zum sogenannten **Binnenwasser,** das heute Naturschutzgebiet ist. Über die gleichnamige Straße gelangt man wieder zur Brücke.

Das **Strandbad** liegt am Stadtrand und ist ausgeschildert. Falls Zweifel bestehen, dem Schild „Umwelthaus" folgen, es liegt gleich nebenan. Der Strand

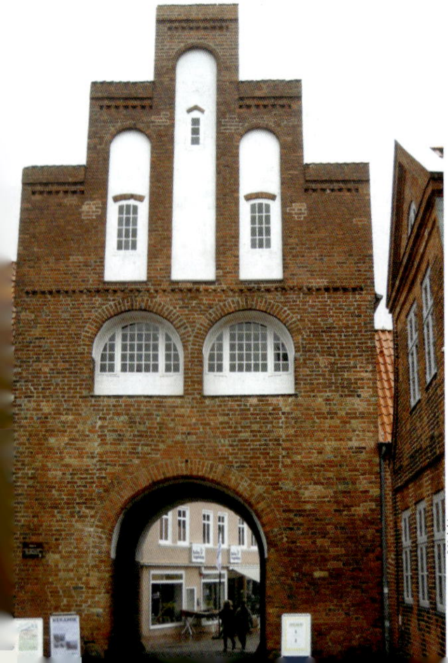

361sh hj

Das Kremper Tor mit dem Museum zeiTTor

ist relativ klein, und in Sichtweite sind Segelhafen und Schiffe der Marine. Es gibt einen Steg ins Meer und im Sommer auch eine Rutsche. Zum Entspannen ist es aber ganz schön, liegt es doch in einem größeren Waldgelände.

Praktische Tipps

Info

- **PLZ:** 23730
- **Vorwahl:** 04561
- **Tourismus-Service:** Dünenweg 7, 23730 Neustadt-Pelzerhaken, Tel. 70 11; geöffnet: 1.5.–30.9. Mo–Fr 9–17, Sa 10–14, So 10–12 Uhr, 1.10.–31.10. Mo–Do 9–16, Fr 9–12, 1.11.–29.2. Mo–Fr 9–12, 1.3.–30.4. Mo, Di, Do 9–16, Mi/Fr 9–12 Uhr.
- **Internet:** www.neustadt-holstein.de

An- und Weiterreise

- **Bahn:** stündliche Verbindung von und nach Lübeck.
- **Busse:** Der ZOB liegt direkt beim Bahnhof, vom Marktplatz gibt es nur noch wenige Verbindungen, beispielsweise nach Scharbeutz, Haffkrug oder nach Eutin.
- **Parken:** Schild „P2-Centrum" folgen, Parkplatz liegt unweit vom Hafen.
- **Taxi**: Taxen stehen am Bahnhof und am Marktplatz. *Martins Taxi,* Tel. 91 50.

Unterkunft

Neustadt ist kein primäres Übernachtungsziel, fast alle Urlauber zieht es in die umliegenden Orte. Das schlägt sich auch im städtischen Bettenangebot nieder.

- **Seehotel Eichenhain**④, Eichenhain 2, Tel. 53 730, www.eichenhain.de, kleines Hotel mit Garten bis zum Strand in Pelzerhaken, mit Ostseeblick. Modern-elegante Einrichtung in brau-beigen Farben, großer Wellness-Bereich mit breitem Angebot an Entspannungsmöglichkeiten.
- **Das Strandhaus**②-⑤, Haffkamp 98, 23730 Brodau/Rettin, Tel. (0452) 22 32 11, www.dasstrandhaus.de. Nur 15 Meter vom Strand entfernt stehen insgesamt 13 schlanke zweistöckige Häuser nach schwedischem Vorbild mit einer Wohnfläche von etwa 80 m^2. Durch die großen Fenster schaut der Gast direkt aufs Meer. Es gibt unterschiedliche Häusertypen, auf Wunsch werden einem sogar die Brötchen geliefert.
- **Hotel Wallburg**④-⑤, Am Heisterbusch 4, Tel. 51 220, www.wallburg.de. Historisches Haus von 1904 in bestechender Lage, leicht erhöht am Hafen zu finden, von der Terrasse genießt man einen tollen Hafenblick. 10 modern und zweckmäßig, aber auch mit Stil eingerichtete Zimmer, WLAN.

In der **Nähe von Neustadt** liegen etliche Campingplätze, die meisten am Strand von Pelzerhaken. Hier eine kleine Auswahl:

- **Campingplatz Seeblick,** Pelzerhakener Straße 55–59, Tel. 74 28, www.campingplatz-ostsee.de, geöffnet 1.4.–30.9. Direkte Ostseelage.
- **Campingplatz Südstrand,** an der Pelzerhakener Straße 65, Tel. 72 38, www.camping-ostsee.de, geöffnet 1.4.–31.10. Recht großer Platz direkt am Strand gelegen, mit separater Zeltwiese für junge Gäste, außerdem liegt gleich nebenan ein Swingolfplatz.
- **Campingplatz Am hohen Ufer,** Pelzerhakener Straße 47, Tel. 72 22, www.camping-neustadt.de, geöffnet Mitte März bis Mitte Okt. 300 Stellplätze, tolle Südlage, WLAN.
- **Campingplatz Am Strande,** Sandberger Weg 94, Tel. 41 88, www.amstrande.de, geöffnet 1.4.–30.9., relativ stadtnah, aber direkt an der Ostsee gelegen. WLAN.

Die Tragödie der „Cap Arcona“

Am 3. Mai 1945 war die Neustädter Bucht **Schauplatz einer Tragödie.** Fünf Tage vor Kriegsende bombardierten britische Jagdflugzeuge irrtümlich eine KZ-Häftlings-Flotte, die vor Neustadt vor Anker lag.

Kurz vor der Kapitulation versuchten die **Nazis** noch schnell, überall ihre grauenvollen Spuren zu verwischen, indem sie z.B. größtenteils die Konzentrationslager von den Häftlingen räumten. Die Gefangenen des Hamburger **KZ Neuengamme** wurden beispielsweise auf **zwei Schiffen** in der Neustädter Bucht zusammengepfercht, der „Cap Arcona“ und der „Thielbeck“. Auf der „Thielbeck“ waren 2800 Gefangene, auf der „Cap Arcona“ 4200 untergebracht. Bis heute ist nicht restlos geklärt, was die Nazis mit ihnen vorhatten. Einen Angriff der Briten provozieren? Das Schiff mit all den Menschen selbst versenken? Mehr Fragen als Antworten.

Am 3. Mai 1945 flog die *Royal Air Force* noch einmal einen **Bombenangriff,** während die britischen Panzer schon kurz vor der Stadt standen. Die Schiffe wurden mit Brandbomben beschossen. Die „Thielbeck“ sank innerhalb von 15 Minuten, es gab nur 50 Überlebende. Die „Cap Arcona“ erhielt ebenfalls etliche Treffer und brannte lichterloh. In der flachen Ostsee konnte das Schiff nicht untergehen, deshalb kippte es auf die Seite. Dieses Inferno überlebten gerade einmal 450 Menschen. Insgesamt **starben** an diesem Tag an die **7000 Menschen.**

Am Strand von Pelzerhaken steht heute ein **Ehrenmal** zur Erinnerung an 7000 KZ-Häftlinge, die fünf Tage vor Kriegsende in der Neustädter Bucht ihr Leben verloren.

- **WoMo-Stellplatz Ostsee,** Auf der Pelzerwiese 45, Tel. 74 28, www.wohnmobilstellplatz-ostsee.de. Etwa 50 Stellplätze mit Ver- und Entsorgungsmöglichkeiten. Liegt etwa 150 m vom Surfstrand von Pelzerhaken entfernt.

Gastronomie

- **Marienhof Restaurant,** Rosengarten 50, Tel. 16 00 10, Sa/So 11.30–14 Uhr und ab 17.30 Uhr. Rustikal-gemütliches Ambiente in einem ehemaligen Kuhstall, der zu einem schmucken Restaurant umgebaut wurde. Serviert wird gute regionale Küche mit saisonalen Angeboten, auch Mittagstisch. Das Lokal liegt nicht sehr weit hinter dem Museum zeiTTor.
- **Dolce Vita,** Am Hafen 2, Tel. 47 69. Pizzeria mit kleiner Terrasse, Mo Ruhetag, sonst 12–14, 17–23 Uhr.

Mein Tipp: **Klüver's Brauhaus,** Schiffbrücke 2–4, Tel. 71 48 11. Superbe Lage direkt am Hafen mit einer kleinen Terrasse. Drei hausgebraute Biere im Ausschank, außerdem werden maritime und rustikale Speisen serviert. Geöffnet ist täglich 10.30–23 Uhr.

Mein Tipp: **Miera Mare,** Schiffbrücke 15, Tel. 52 68 815, Di–So ab 11.30 Uhr. Rustikal-gemütliches Lokal am Hafen mit ambitionierter regionaler Fisch- und Fleischküche.

Wassersport

- **Surfen:** *Surf- und Kiteschule Pelzerhaken-Rettin,* Strandweg 66, Tel. (04561) 52 83 93, www.surfschule-pelzerhaken.de. Schnupperkurse, Einsteiger-, Aufbau- und Kinderkurse. *Sail and Surf Pelzerhaken,* Auf der Pelzerwiese 24, Pelzerhaken, Tel. 52 48 172, www.sailandsurfpelzerhaken.de. Kurse im Windsurfing, Kitesurfen und auch im Segeln.

Weitere Aktivitäten

- **Fahrradverleih:** *Egler,* Auf der Pelzerwiese 4, Pelzerhaken, Tel. 72 49.
- **Bücherei:** Waschgrabenallee 7, Tel. 61 96 10, geöffnet: Mo–Fr 9.30–12, 14–17.30 Uhr, Sa 9.30–12.30 Uhr.
- **Minigolf:** *Parkgolf Pelzerhaken,* Dünenweg 7, Tel. (0163) 17 10 499, April bis Okt. meist ab 11 Uhr geöffnet. 12 begehbare Bahnen in unterschiedlichen Schwierigkeitsgraden.

Einkaufen

- Buchladen **Buchstabe,** Am Markt 13, Tel. 44 11.
- **Wochenmarkt:** Di und Fr 8–13 Uhr

Kino

- **Kino-Center,** Vor dem Kremper Tor 5, Tel. 48 98, www.kinoneustadt.de.

Kirche

- Gottesdienst in der **Stadtkirche:** So 10.30 Uhr.

Post

- Waschgrabenallee 3, geöffnet: Mo–Fr 9–18, Sa 9–12.30 Uhr.

Pelzerhaken

Pelzerhaken gilt als der Strand von Neustadt, was im Prinzip stimmt, aber auch ein wenig ungerecht ist, denn Pelzerhaken ist durchaus ein selbstständiger Ort, wenn auch ein kleiner.

Auf der Fahrt, von Neustadt kommend, geht es über die **Pelzerhakener Landstraße.** Unübersehbar finden sich hier ein gutes halbes Dutzend **Campingplätze.** Das sollte auf einen tollen Strand hinweisen, der aber nur teilweise vorhanden ist. Die Camper, die es hierher zieht, genießen die Luft und den ständig wehenden Wind.

Den Wind nutzen auch **Surfer.** Es hat sich offenbar als eine Art Geheimtipp herumgesprochen, dass man hier ganz prima surfen kann. Wo genau? Am Hinweisschild zur Klinik abbiegen und dem Weg bis zum Ufer folgen. (Ein weiteres Schild weist zum Ehrenfriedhof Cap Arcona.) Die Surfer parken hier auf einem kleinen Platz, manche bleiben sogar mit ihrem Wohnmobil über Nacht.

Wer jetzt dem Weg entlang des Strandes in entgegengesetzter Richtung noch ein paar hundert Meter folgt, passiert ein kleines Restaurant (leckere Fischgerichte mit Blick auf die Ostsee) und erreicht dann den **Ehrenfriedhof Cap Arcona.** Hier wird an ein Drama erinnert, das sich kurz vor Kriegsende ereignete.

Zurück zur Hauptstraße. Der kleine **Ort** Pelzerhaken ist nach wenigen Kilometern erreicht. Hier ist insgesamt nicht viel los, aber der Strand erstreckt sich über insgesamt gut zehn Kilometer! Außerdem wurde die Promenade neu gestaltet, und man kann hier sehr nett fla-

115sh hj

nieren. Der Strand zeigt sich in diesem Abschnitt feinsandig und weitestgehend frei von Steinen. Ideal also zum entspannten Relaxen.

Praktische Tipps

Siehe Neustadt.

Ausflüge

Bungsberg

Jetzt wird es ein wenig heikel, denn wir kommen nun zur Vorstellung einer ganz besonderen Sehenswürdigkeit, dem **höchsten Berg Schleswig-Holsteins.** Bungsberg heißt er und erreicht eine Höhe von, nun ja, bitte jetzt nicht lachen, 168 Metern! Tusch!

Das an sich wäre ja bestenfalls nur eine statistische Randnotiz wert, aber der Clou kommt jetzt: Am Bungsberg befindet sich ein **Skilift!** Jawohl, das ist kein Witz, Schleswig-Holsteins einziger Skilift funktioniert tadellos. Sobald es, was ja selten genug vorkommt, in Ostholstein schneit, fahren begeisterte Abfahrtsläufer zum Bungsberg. Die Abfahrt ist zwar in weniger als 30 Sekunden zu Ende, aber das beeinträchtigt den Spaß überhaupt nicht. Rauf geht es in gemütlichen drei Minuten, und dann das Ganze noch mal. Ein Kiosk direkt beim Gipfelkreuz verkauft Glühwein, und jedermann ist sich des besonderen Reizes bewusst – Skilaufen in Schleswig-Holstein, es geht also doch!

Am „Gipfel" steht besagtes Gipfelkreuz, etwa 50 m entfernt, am Weg, der vom Parkplatz hierher führt, liegt ein Markierungsstein. Stolz gibt er die „Höhe" noch einmal ganz offiziell an: 168 m.

Auf der höchsten natürlichen Erhebung unseres Landes stehen noch **zwei Aussichtstürme.** Der ältere, Elisabethturm genannt, entstand 1864 und misst 22 Meter. Dieser Turm ist heute von den umstehenden Bäumen fast verschluckt und kann auch nicht mehr genutzt werden. Gegenüber steht ein Fernmeldeturm mit einer Aussichtsplattform in 45 Meter Höhe, knapp 200 Stufen führen hinauf. Von dort oben reicht der Blick bis zur Ostsee, die Hochhäuser von Travemünde sind erkennbar und zur anderen Richtung bei guter Sicht auch die Bucht bei Laboe.

■ **Fernmeldeturm,** geöffnet: 10–17 Uhr.
■ **Anfahrt zum Bungsberg:** Autobahnabfahrt „Neustadt-Nord", und dann in Richtung Schönwalde am Bungsberg, ausgeschildert ist später Bungsberg.

Gut Hasselburg

Dieser **Gutshof** hat eines der schönsten Torhäuser überhaupt. Schon die Zufahrt besticht, da man sich dem Gut durch eine lange Lindenallee nähert. 1763 wurde das stattliche **Torhaus** errichtet, heute befindet sich dort eine **Galerie.**

Nach dem Durchschreiten des Torhauses öffnet sich eine großzügige Hofanlage. Links und rechts stehen Stallgebäude mit einem hohen Dach und deutlich niedrigeren Mauern. Ein Graben und Ehrenhof trennt diese Zone vom im Hintergrund liegenden **Herrenhaus,** das nicht betreten werden kann und auf Privatgelände steht. Dort finden öfters **Konzerte** statt, wie übrigens auch in der großen Scheune. Führungen gibt's im Sommer am Sonntag um 14 Uhr, Treff ist beim *Café Cembalo* im Torhaus. Wer bleiben möchte: Es werden verschieden große FeWos für 2 bis 8 Personen vermietet.

■ **Anfahrt:** Hasselburg liegt ganz in der Nähe von Altenkrempe und wird über die B 501 angesteuert.

Altenkrempe

Dieser Ort liegt fast schon in Sichtweite zu Neustadt. Er ist **uralt,** wurde bereits **1197** als „Crempene" erstmals erwähnt. Seit 1316 trägt er den Zusatz „Alt" in dem man seinen Namen zu Oldhenkrempe änderte. Das war notwendig, um ihn von der Neugründung „de Nyge Crempe" (dem heutigen Neustadt an der Ostsee) zu unterscheiden.

363sh hj

☐ Einer rasanten Ski-Abfahrt steht nichts mehr im Wege ...

☐ Der Elisabethturm ist vom Wald schon halb verschluckt

1197 erbaute man auch die unübersehbare **Backsteinkirche.** Damals wollte der Herzog der aufstrebenden Handelsmetropole Lübeck Konkurrenz machen. Entsprechend entstand ein prächtiges Gotteshaus, dessen hoher Kirchturm auch von der nahen Autobahn sichtbar ist. Die Kirche entstand recht schnell, aber so richtig entwickelte sich der Ort dann doch nicht, Altenkrempe blieb ein Dorf. Aber mit einer eindrucksvollen Kirche!

Viel später ließ der Gutsherr vom nahen Hasselburg hier einige **Kätnerhäuser** bauen, die heute noch stehen. Dieses Gesamtensemble von gedrungenen Reetdachhäusern im Umfeld der Kirche gibt Altenkrempe noch heute eine unverwechselbare Note.

Gut Sierhagen

Dieses Gut liegt in der Gemeinde Altenkrempe und ist **eines der größten adeligen Güter in Ostholstein.** Der Ort Sierhagen wurde erstmals im 12. Jahrhundert erwähnt, und das Gut ist seit dem frühen Mittelalter nachgewiesen. Es wird heute in der achten Generation der Besitzerfamilie geführt und hat etwa 1500 Hektar Ackerfläche. Die rechtwinklige Gutsanlage ist von einem Wassergraben umgeben und wird durch zwei Torhäuser betreten.

Neben dem landwirtschaftlichen Betrieb finden auf dem Gut unterschiedliche **Veranstaltungen** statt. Und ebenfalls liegt dort das ausgezeichnete *Palmenhaus Café* (Tel. (04561) 55 84 12, bis Oktober tägl. 14–18 Uhr), wo es selbst kreierte Torten, Frühstück (9–12 Uhr) oder den „Klassiker am Donnerstag" gibt, z.B. ein Bratkartoffelbuffet ab 19 Uhr im Sommer. Ebenfalls kann auf dem Gut die Miniaturausstellung *field & fun* besichtigt werden, die einen landwirtschaftlichen Betrieb im Maßstab von 1:32 zeigt.

■ **Gut Sierhagen,** Tel. (04561) 43 12, www.gutsierhagen.de, geöffnet: März/April und Nov./Dez. Sa/So 11–18, Mai–Okt. Mi–So 11–18 Uhr, Eintritt: 4,50 €, Kinder unter 90 cm frei. Weiterhin gibt es eine Gärtnerei mit umfangreichem Angebot, u.a. zu historischen Rosen (geöffnet: ab 1. März Mo–Sa 10–18, So 14–18 Uhr).

Grömitz

Grömitz sei weit und breit der **größte Ferienort,** sagen viele, und das dürfte auch einer objektiven Betrachtung standhalten. Ob Travemünde oder Timmendorf zahlenmäßig größer ausfallen, soll dabei unberücksichtigt bleiben. Grömitz ist ein Ferienort, der sich weitestgehend dem Tourismus und seinen Wünschen geöffnet hat und erfolgreich sehr viele Besucher anlockt.

Allein die Fakten sind bereits beeindruckend: 7800 Einwohner, **acht Kilometer Sandstrand** mit 3,6 km Strandpromenade, 780 Jachtliegeplätze im Hafen. Klarer Fall also, hier dominiert der Tourist. Eine ganze Reihe von Gaststätten und Shops animieren den Bummler zur Einkehr. Eine klassische **Seebrücke** ragt 398 Meter in die Ostsee hinaus, Ausflugsdampfer legen hier tagtäglich an. Und nicht allzu weit entfernt befindet sich die Marina, also der große Segelhafen von Grömitz. Dort entstand

auch eine maritime **Promenade.** Breite, flache Stufen führen ins Meer, Holzstege durch die Dünen und für Kinder wurde ein maritimer Spielplatz geschaffen. Die zahlreichen Besucher schätzen vor allem den schönen Strand. Und auch dies ist möglich: Im Strandkorb lümmeln und gleichzeitig im Internet surfen.

Grömitz vereint eine ganze Menge: am Strand dösen, an der Promenade flanieren, shoppen, speisen, einen Drink nehmen, oder auch Sport treiben (Segeln, Golf): Alles ist möglich.

Geschichte

Die Anfänge der **touristischen Entwicklung** waren allerdings bescheidener. 1813 begann man, in der Ostsee zu Grömitz zu baden, und das führte schnell dazu, dass (wohlhabende) Leute nun hierher reisten. Die bis dato relativ bescheiden lebenden Handwerker witterten ein Geschäft. *Gerhard Eckert,* der eine Chronik über Grömitz geschrieben hat, zitiert die Anzeige eines Schuhmachers, der seine „gut eingerichteten Badekarren" anpreist.

Es dauerte allerdings noch etliche Jahre, bis ein **breites Publikum** regelmäßig nach Grömitz kam. Anfang des 20. Jahrhunderts entstanden die ersten **Hotels,** dann wurde eine **Schiffsverbindung** von Travemünde eingerichtet, und endlich kamen auch die Urlauber in größeren Mengen. 1912 waren es stolze 8000.

Die **Weltkriege** unterbrachen die touristische Entwicklung von Grömitz. Erst zu Beginn der 1950er Jahre änderte sich die Situation zum Vorteil. Nach dem Zweiten Weltkrieg waren fast drei Viertel aller bislang erreichbaren Ostseestrände verlorengegangen – nicht nur für Grömitz ein Glücksfall. Jetzt war der Aufstieg unaufhaltsam, gegenwärtig wird die Rekordmarke von 200.000 Übernachtungsgästen angepeilt, wobei Tagesgäste noch nicht mal eingerechnet sind.

364sh mux

Sehenswertes

Die **St.-Nicolai-Kirche** aus dem 13. Jh. liegt in der zentralen Fußgängerzone der Kirchenstraße und ist so etwas wie die örtliche historische Attraktion. Erbaut um 1230, wurde die Kirche urkundlich erstmals 1259 erwähnt. Teile des Gebäudes, konkret das rechteckige Langhaus, stammen noch aus der Gründungsphase. Der Altar entstand 1734 in einem hier in der Gegend eher ungewöhnlichen österreichischen Barockstil. Der Taufstein ist eine Kopie der ursprünglich 1703 erschaffenen hölzernen Taufe. Die verschnörkelte Taufkrone wurde um 1700 gefertigt. Auch die Rokoko-Kanzel stammt aus dem 18. Jh. Der Turm entstand vermutlich im 15. Jh. und bekam 1665 seine heutige Gestalt.

Unweit vom Zentrum an der Straße nach Cismar befindet sich der **Zoo Arche Noah.** Zu besichtigen sind rund 300 heimische Tiere, aber auch Schimpansen, Emus und Lamas. Unter anderem gibt es hier auch noch einen Streichelhof, an dem bestimmte Tiere angefasst und gestreichelt werden dürfen.

■ **Zoo Arche Noah,** Mühlenstr. 32, Tel. 56 60, www.zoo-arche-noah.de. Fütterungszeiten: ca. 11–12 Uhr und ca. 15.30–16 Uhr. Geöffnet: März–Okt. 9–18 Uhr, Nov.–Febr. bis 17 Uhr, Eintritt 9 €, Kinder (2–14 Jahre) 5 €.

Der **Strand** ist sehr lang und wird von einer netten **Promenade** begleitet, an der auch eine Reihe von Lokalen liegen. Direkt am Ende der Seebrücke kann man mit einer **Tauchgondel** zu einer 40-minütigen Unterwasserreise aufbrechen und lernt dabei noch einiges über den Lebensraum Ostsee.

■ **Tauchgondel,** geöffnet: April–Okt. ab 10 Uhr, sonst ab 11 Uhr, Mo/Di Ruhetag, allerdings nicht in den Ferien. Eintritt: Erwachsene 8 €, Kinder 5 €, www.tauchgondel.de.

Etwas drei Kilometer entfernt vom Zentrum liegt der **Lenster Strand** mit zehn Campingplätzen (s.a. „Unterkunft"), einem Hochseilgarten, einem 12 m hohen Aussichtsturm, und es gibt Minigolf, Lokale und eine Natur-Erlebnis-Station. Im Sommer pendelt ein Shuttle Bus zwischen Grömitz und Lenster Strand.

Praktische Tipps

Info

■ **PLZ:** 23743
■ **Vorwahl:** 04562
■ **Tourismus-Service Grömitz,** Kurpromenade 58, Tel. 25 60. Geöffnet: 14.3.–30.10. Mo–Fr 9.30–18 Uhr, Sa/So 10–16 Uhr, 31.10.–23.12. Mo–Sa 10–16 Uhr.
■ **Internet:** www.groemitz.de

An- und Weiterreise

■ **Bahn:** Der nächstgelegene Bahnhof ist Neustadt, von dort direkter Busanschluss nach Grömitz.
■ **Busse:** Linienverkehr nach Dahme, Neustadt, Oldenburg, Lübeck, Infos: www.autokraft.de, Abfahrt von verschiedenen Stellen, u.a. Marktplatz, also im Zentrum.
■ **Parken:** Der Tourismus-Service versucht einen Spagat. Feriengäste reisen in der überwiegenden Mehrzahl mit Pkw an; gleichzeitig, so weiß die Kur-

◁ Seebrücke mit Tauchgondel

116sh hj

verwaltung, sind eben diese Gäste sensibler geworden gegen hohes Verkehrsaufkommen am Ort. Was tun? Das Verkehrskonzept bietet eine Reihe von gebührenpflichtigen und kostenfreien Parkplätzen. Erstere liegen alle relativ dicht zum Strand, während man von den kostenfreien schon einige Schritte laufen muss. Alle Plätze sind ausgeschildert.

- **Taxi:** *Grömitz-Car,* Tel. 61 71.

Unterkunft

- **Zimmernachweis:** *Tourismus-Service,* Tel. 25 62 56.

Das **Angebot ist erschlagend,** das Unterkunftsverzeichnis von Grömitz ist ein mittelschwerer Katalog von über 300 Seiten, allerdings mit dem Angebot von Dahme und Kellenhusen zusammen. Wo also beginnen, zumal es noch zehn Campingplätze in unmittelbarer Nähe gibt? Unterkünfte werden über den ganzen Ort verteilt angeboten, aber auch in den Randgemeinden. Die erste Reihe sind hier Häuser in den Straßen Pappelallee, Am Seestern oder Uferstraße. Von hier sind es nur wenige Schritte zum Strand, und in diesen Straßen herrscht ein Nachtfahrverbot für Autos. Eine ganze Reihe von Ferienwohnungen sind in den Straßen Am Strande, Blankwasserweg, Wicheldorfstraße, Schützenstraße zu finden. Diese gelten als so etwas wie die zweite Reihe von Grömitz, d.h. man ist schnell im Zentrum und noch schneller am Strand.

- **Villa am Meer**⑤, Seeweg 6, Tel. 25 50, www.villa-am-meer.de. In einer sehr ruhigen Sackgasse unweit vom Strand gelegen, bietet das Haus 30 größere Zimmer mit Balkon und WLAN.

Mein Tipp: **Hotel Seemöwe**⑤, Fischerstr. 3, Tel. 25 53 90, www.seemoewe.de. Etwa 200 m vom Strand liegt dieses historische Haus (erbaut 1910), das vor einigen Jahren komplett renoviert wurde

⌃ Umkleidekabine anno dazumal

› Ruhiger Morgen am Strand von Grömitz

365sh mux

und nun den Charme der Tradition mit den Erfordernissen der Moderne (u.a. WLAN und Flachbild-TV) verbindet. Heute hat das Haus nur sieben DZ und vier Suiten, fast alle mit eigener Küche und hochwertiger Einrichtung. Kein Restaurant, aber das reichhaltige Frühstück wird bis 11 Uhr serviert.

■ **Hotel Strandidyll**③-④, Uferstr. 26, Tel. 18 90, www.strandidyll.de. Größeres, geschwungenes Gebäude in ruhiger Lage unmittelbar am Strand gelegen, Richtung Jachthafen. Es gibt ein hauseigenes Schwimmbad, eine Finnische Sauna und ein Solarium, außerdem WLAN in allen Zimmern.

■ **Strandhotel**⑤, Uferstr. 1, Tel. 22 55 00, www.strandhotel-groemitz-ostsee.de. Im Jahr 2008 neu erbautes Haus, direkt an der Strandpromenade zu finden, dementsprechend viele der 39 schick und modern eingerichteten Zimmer mit Meerblick.

■ **a-ja Resort**③, Am Strande 35, Tel. (0800) 25 27 37 678, www.ajaresorts.de. Großer, sechsstöckiger Neubau mit 222 Zimmern, der im Ortszentrum am Strand liegt und direkten Zugang zum Freizeitbad „Grömitzer Welle" hat. Das Haus hat zwei Bars, ein Restaurant mit Selbstbedienung in der oberen Etage und einen großzügigen Spa-Bereich. Die Zimmer sind funktional eingerichtet. WLAN.

■ **Apartmenthaus Zwei Linden**③, Wicheldorfstraße 3, Tel. 56 51, www.zweilinden-groemitz.de. 14 Wohnungen mit 2–3 Zimmern in einem ökologisch gebautem Haus in ruhiger, zentraler Lage, nur fünf Minuten vom Strand entfernt. WLAN.

■ Insgesamt **zehn Campingplätze** reihen sich ab Ortsrand von Grömitz auf, am Lenster Strand. Aus dem Ort raus über den Mittelweg fahren, und schon passiert man sie alle. Auch hier ist es schwierig, einen Platz hervorzuheben. Die Plätze *Lerchengrund, Camaro* und *Porta del Sol Mare* liegen am nächsten zur Stadt, das besagt aber nicht viel, die anderen schließen sich alsbald an. Eine Besonderheit noch: Der Campingplatz *Sonnenland* liegt am weitesten entfernt, weil er vor dem örtlichen FKK-Strand angesiedelt ist.

■ **Wohnmobilstellplatz:** Ein Großraumparkplatz mit Ver- und Entsorgungsstation. Er befindet sich in der Gildestraße 14. Ein weiterer liegt am Lenster

Strand gleich hinter dem Deich. Hier nur Versorgung mit Frischwasser, keine Entsorgung, kein Strom. Höchstparkdauer: jeweils nur 24 Stunden.

Gastronomie

■ **Eishörnchen,** Seestr. 3, Tel. 46 93. vorzügliches Eis in fantasievollen Kreationen.

■ **Steakhus,** Neustädter Str. 28, Tel. 25 58 51, geöffnet: täglich 17–22 Uhr. Ein Tipp für alle, die eine Alternative zur Fischplatte suchen. Ein klassisches Steakhaus, leicht außerhalb von Grömitz-City gelegen, aber noch in Lauf-Distanz. Serviert wird argentinisches Rinderfleisch.

An der **Strandpromenade** liegen mehrere Restaurants mit zum Teil recht großen Terrassen, beispielsweise:

■ **Strandhalle,** Kurpromenade 56, Tel. 22 25 70, geöffnet: Di–So ab 12 Uhr, durchgehend warme Küche, So Brunch. Ein sehr großes Lokal in zentraler Lage an der Promenade. Dazu gehört auch das *Proviantaurant Klabautermann,* das gleich nebenan liegt und holsteinische Küche bietet. Direkt am Strand dann noch die *Ostseelounge,* eine chillige Location, wo man sich bei einem Cocktail in weichen Sitzen schön aufs Meer wegträumt (April–Okt. tägl. ab 11 Uhr).

■ **Scampi,** Kurpromenade 48, Tel. 81 92. Der Gast wählt an der Theke sein Gericht und die Speisen werden ruckzuck zubereitet und rasch geliefert. Durchgehend warme Küche ab 12 Uhr, außer montags. WLAN.

■ **Falkenthal Seafood Bar,** Kurpromenade 6, Tel. 51 52, täglich ab 11 Uhr. Ein Bistro mit größerer Terrasse. Neben Fischgerichten werden auch Suppen, kleinere Gerichte, Pasta und spezielle Kinderteller geboten. Zwanglose Atmosphäre, flinker Service.

■ **Seaside,** Kurpromenade 54, Tel. 25 880, geöffnet: täglich außer Di 12–21 Uhr. Strategisch sehr gut gelegen am Hauptzugang zur Promenade und zum Strand mit großer Terrasse. Chillige Atmosphäre, Mischung aus Bar und Restaurant mit saisonaler, nordischer Küche.

Einkaufen

Hof Klostersee, Klostersee 1, Grömitz-Grönwohldshorst, Tel. 517, http://klostersee.org. Auf diesem *Demeter*-Biohof wird Klosterseekäse hergestellt, außerdem Joghurt, Quark und ein gutes Dutzend verschiedener Brote. Gemüse, Wurstwaren, Obst und weitere Bio-Lebensmittel im gut bestückten Hofladen (Mo–Sa 9–18 Uhr), dazu gibt es Kuchen und Torten im angeschlossenen Café.

■ **Falkenthal Seafood,** Körnickerfeld 1, Tel. 26 61 912, Mo–Sa 10–18 Uhr. Am Ortseingang von Grömitz (B 501) liegt das Ladengeschäft von *Falkenthal,* wo es Räucherfisch, Marinaden, Salate, eingelegte Heringe u.ä. gibt.

■ **Wochenmarkt:** Do am Markt-Rathaus.

Schiffsausflüge

■ Ab **Seebrücke Grömitz** u.a. nach Travemünde, Poel, Boltenhagen, sowie Ostseerundfahrten. Infos über die allgegenwärtigen Aushänge.

Wassersport

■ **Segeln:** Segelschule *Blauer Peter,* Jachthafen 6, Tel. 71 56, www.yachtservice-gutowsky.de. Fünftägige Kursprogramme gibt es von Juni bis September, außerdem immer am Samstag ab 10 Uhr die Möglichkeit zum Schnuppersegeln (Anmeldung bis Freitag 12 Uhr).

■ **Schwimmbad:** *Grömitzer Welle,* Kurpromenade 58, Tel. 25 62 47, ein Freizeitbad mit Wellenbad und 26 °C warmem Wasser. Darüber hinaus gibt es Wasserrutschen, Whirlpool, Sauna, Ruhezonen, eben alle Bestandteile eines Spaßbades, außerdem eine Wellnesslandschaft, Dampfbäder und auch einen Eisbrunnen. Geöffnet ab 7 Uhr bis 22 Uhr.

- **Surfen:** *Wassersportschule Grömitz,* Kurpromenade 100, Tel. 266 50 15, www.wassersport-groemitz.de. Segel-, Surf- und Kitekurse, aber auch Kajak- und Katamaran-Ausbildung werden angeboten.

Weitere Aktivitäten

- **Fahrradverleih:** *Behrens,* Blankwasserweg 25, Tel. 22 58 09; *Fahrräder für die ganze Familie*, Christian-Westphal-Str. 4, Tel. 16 71; *Fahrradverleih* Brandenburger Weg 2, Tel. (0178) 88 48 953, u.a. Vermietung von Bollerwagen; *Haus Kehrwieder,* Fischerstr. 1, Tel. 81 34, vermietet auch Bollerwagen.
- **Reiten:** *Pappelhof,* Pappelhof 15, Tel. 77 39, www.groemitz-pappelhof.de. Bietet Mietboxen sowie Reitunterricht für Einsteiger und Fortgeschrittene an.
- **Minigolf:** *El Dorado* bei den Tennisplätzen Pappelallee 9, Tel. 55 13.
- **Golf:** der Golfclub bietet einen 27-Loch-Platz oder einen Neun-Loch-Kurzplatz. Am Schnoor 46, Tel. 22 26 50, www.golfclub-groemitz.de.
- **Hochseilgarten:** *Kletterpark Grömitz,* Blankwasserweg 120, Tel. 26 62 940, www.kraxelmaxel.de, Erw. 21 €, Jugendliche (13–17 Jahre) 18 €, Kinder (6–12 Jahre) 16 €. In diesem Kletterpark kann man in Höhen zwischen 4 und 10 m zu über 60 Stationen klettern. Meist ab 13 Uhr geöffnet.
- **Strandhaus,** Kurpromenade 20, Tel. 22 38 32. Ein Treff für Kinder mit vielen Spielsachen, Tobeecken und Abenteuerlandschaften, wo die Kleinen unter Aufsicht in ihrer eigenen Welt leben können. Obendrein gibt es jede Menge Veranstaltungen. Geöffnet: ab April Mo–Fr ab 9.30 Uhr.
- **NaturErlebnis-Station Lenster Strand,** Blankwasserweg 118, Tel. (0171) 36 66 688. Hier wird kindgerecht die Pflanzen- und Tierwelt der Ostsee dargestellt.

Kino

- Kirchenstraße 27–29, Tel. 22 36 43, www.kino-groemitz.de.

Kirche

- Gottesdienst in der **St.-Nicolai-Kirche** So 10 Uhr.

Post und Internet

- **Post:** Filiale bei *Blumen-Thiel,* Kirchenstr. 2. Mo–Fr 8–13, 14–18 Uhr, Sa 8–13 Uhr.
- **Internet:** WLAN-Hotspots liegen bei der Touristeninformation, am Vorplatz der Seebrücke und beim Yachthafen.

Cismar

Dieser kleine Ort, etwa sechs Kilometer in nördlicher Richtung von Grömitz entfernt, gilt als **Künstlerdorf.** Mittelpunkt ist das **Kloster Cismar,** ein wuchtiger roter Backsteinbau mit schönem Garten, in dessen Zentrum eine riesige, Schatten spendende Kastanie wächst. Cismar ist die größte mittelalterliche Klosteranlage in Ostholstein. Etwa um 1245 entstand diese Anlage, von der ein Teil noch erhalten geblieben ist. Nach der Reformation 1561 wurde das Kloster aufgelöst und das Gebäude ging auf die Herzöge von Schleswig-Holstein-Gottorf über. Nach Umbauten in den Jahren 1982 bis 1987 gehört es heute zum Landesmuseum Schloss Gottorf.

Das im rechten Winkel erbaute Gebäude ist drei Etagen hoch und besitzt

313sh hj

ein tief heruntergezogenes großes Dach. Gut erhalten ist der mittelalterliche **Kreuzgang.** Im Brunnenkeller befindet sich eine **Dauerausstellung** zur Historie des Klosters. Die **Kirche** entstand zwischen 1245 und 1330, sie zeigt einen eindrucksvollen, lichtdurchfluteten Chorbereich. Seit dem 18. Jh. wird nur noch der Ostteil als Kirche genutzt, im westlichen Teil wurde eine **Amtmannswohnung** eingerichtet. Hier finden Ausstellungen von Ostern bis Oktober statt, geöffnet: Di–So 10–17 Uhr, ab Ende April täglich 11–18 Uhr. Bedeutendstes Stück ist der gotische **Flügelaltar,** der um 1315 erschaffen wurde und Szenen aus Christi Leben zeigt.

▲ Kloster Cismar

■ **Kloster Cismar,** Bäderstr. 42, Tel. (04366) 10 80, geöffnet: ab Ende April tägl. 11–18 Uhr, Eintritt: 5 €, März/April bis Oktober werden am Mittwoch und Samstag um 17 Uhr einstündige Führungen angeboten.

Ein kleiner Spaziergang von nur 150 Metern führt zum **Haus der Natur.** Dies ist ein nettes, kleines privates Naturmuseum mit einer Sammlung von über zehntausend Exponaten. Schwerpunkt ist eine unglaublich vielfältige Sammlung von Muscheln und Schnecken, man glaubt gar nicht, wie viele Arten es gibt. Insgesamt 4000 unterschiedliche sind ausgestellt, und sie gilt somit als die **größte Muschelsammlung Deutschlands.** Darüber hinaus findet sich aber noch eine breite Palette von präparierten heimatlichen Vögeln, an einer Schattenrisswand kann jeder seine ornithologischen Kenntnisse überprüfen.

- Bäderstr. 26, Tel. (04366) 12 88, geöffnet: täglich 10–19 Uhr, an der B 501 im Ortskern gelegen. Eintritt: 4 €, Kinder 1 €.

Das angenehme Ortsbild wird durch ein paar **Galerien** noch abgerundet. Außerdem findet sich noch eine echte handwerkliche Rarität. Das **Geschäft „Alte Schriftkunst"** bietet Texte und Spruchweisheiten in altdeutscher Schrift an, zu finden an der Bundesstraße unweit vom Kloster in der Bäderstr. 36, Tel. (0172) 90 70 012.

Alljährlich findet am zweiten Wochenende im August ein **Klosterfest** mit historischem Markt und Kunsthandwerkern statt, die hier ihre Produkte ausstellen.

Kellenhusen

Ein Ort, dem man das Etikett **Familienbad** geben kann. Damit ist gemeint, dass es ziemlich ruhig zugeht, der Tourismus zwar überall spürbar ist, er aber keine dominierende Stellung einnimmt. Kellenhusen ist eher ein Dorf, das seinen schönen Strand nutzt, um auch Gäste anzulocken, aber nicht, um sich vollständig der Ferienindustrie zu verschreiben. Das hat zur Folge, dass immer noch mehrheitlich **kleine, familiäre Unterkünfte** zu finden sind, und längst nicht jeder Hausbesitzer vermietet auch Zimmer. Sicher, es gibt auch ein paar modernere Bauten, Apartment-Anlagen mit sieben Stockwerken, aber die bleiben die Ausnahme.

Der Strand ist feinsandig, immerhin stolze vier Kilometer lang und flach ins Wasser übergehend. Eine einzigartige **Seebrücke** von gut 300 Metern verläuft ins Wasser über drei künstlich aufgeschüttete Inseln. Dort kann man von Rampen ins Wasser springen. Auch die **Promenade** wurde neu gestaltet, und sie bricht so manches Klischee auf. Ziemlich verspielt, mit Ruheecken und kleinen Kunstwerken versehen, verläuft sie parallel zum Strand. Hier liegen auch ein paar Lokale und Shops, aber auch kleinere Waldstücke. Es fällt auf, dass sich doch ein recht beachtlicher Baumbestand erhalten hat, der in weiten Teilen fast bis an den Strand grenzt. Das selbstgewählte Attribut „Wald und Wellen" trifft es somit ausgezeichnet. Ein Deich verläuft etwa 50 Meter hinter dem Strand, und erst danach findet man die Häuser des Ortes.

Kellenhusen ist über eine **Zufahrtsstraße** zu erreichen, die Bundesstraße B 501 verläuft weit außerhalb vorbei, dies ist ein weiterer Grund für die ruhige Atmosphäre. Gleich außerhalb von Kellenhusen liegt ein riesiges Waldgebiet, der **Eutiner Staatsforst.**

Praktische Tipps

Info

- **PLZ:** 23746.
- **Vorwahl:** 04364.
- **Tourismus-Service:** An der Strandpromenade 15, Tel. 497 50.
- **Internet:** www.kellenhusen.de

An- und Weiterreise

- **Bahn:** Die nächstgelegenen Bahnhöfe sind in Neustadt oder Oldenburg zu finden.

■ **Parken:** Am Süd- und Nordstrand, am ZOB und, etwas außerhalb, unweit vom Campingplatz sind ausgeschilderte Parkmöglichkeiten zu finden.
■ **Taxi:** *Taxi Hensen*, Gruberhagen, Tel. 264.

Unterkunft

Kellenhusen ist ein kleiner, ruhiger Ort, „gute" oder „schlechte" Lagen sind jedenfalls nicht zu erkennen. Der schöne Sandstrand ist von jedem Punkt spielend zu Fuß zu erreichen, und das Verkehrsaufkommen ist gering.

■ **Kurhotel Steenbock**③, Schützenweg 2, Tel. 218, www.kurhotel-steenbock.de, behagliche Zimmer, teilweise mit Balkon, mittelgroßes Gebäude mit nettem Garten, 50 Meter vom Strand entfernt. Geöffnet von Ostern bis Oktober. WLAN.
■ **Landhotel garni Haus Sophie**③, Am Ring 41, Tel. 336, www.ostsee-landhotel.de. Das Haus hat eine lange Tradition und liegt zentral, etwa 200 m vom Strand entfernt. Es bietet EZ, DZ und Familienzimmer, aber auch Apartments für 2 bis 4 Personen. Außerdem einen großen Naturgarten, Sitzecken am alten Backhaus und das Restaurant Kartoffelstube. Geöffnet: März bis Oktober.
■ **Hotel Erholung**③, Am Ring 31, Tel. 47 09 60, www.hotel-erholung.de. Ein Haus mit gut einhundertjähriger Tradition, das 20 DZ und auch einige Familienzimmer hat. Das Haus wurde 2016 umfassend renoviert. Zum Strand sind es nur 100 Meter.
■ **Am Walde**②-③, Fasanenweg 12, Tel. 94 49, www.amwalde.de. Ferienhäuser im nordischen Stil und Apartments in ruhiger Lage am Wald in einem 12.000 m² großen Park.WLAN.
■ **Campingparadies Kellenhusen,** Kirschenallee 16–18, Tel. 81 40, der Platz liegt etwas südlich des Hauptstrandes in ruhiger Lage vor dem Deich, geöffnet 1.4.–30.9., Tel. 81 40, www.campingparadies-kellenhusen.de.

Gastronomie

■ **Restaurant Vier Linden,** Lindenstr. 4–6, Tel. 49 50, Ende März bis Ende Oktober 17.30–20 Uhr. U.a. gibt es ostseefrische Fischspezialitäten.
■ **Georgsklause,** Strandpromenade 33, Tel. 84 50, geöffnet: täglich außer Di 9–22 Uhr. Recht großes Lokal mit Terrasse. Neben einer Mittags- und Abendkarte werden Frühstück und Bistrogerichte serviert, aber auch hausgemachte Kuchen und Torten, sowie verschiedene Kaffees aus einer Privatrösterei. Und am Freitag finden zweimal im Monat Jazz-Konzerte statt.
■ **Strand-Casino,** an der Promenade 31 bei der Seebrücke, Tel. 13 16. Fischgerichte dominieren das Angebot, es gibt aber auch Holsteiner Katenschinken. Tägl. ab 11 Uhr.
■ **Restaurant Vogelsang,** Vogelsang 7, etwas außerhalb gelegen. Tel. 94 61, täglich außer Di 10–22 Uhr. „Super Essen zu moderaten Preisen" (Leserzitat), bei abwechselnder Karte, neben deutschen Gerichten (Fisch, Fleisch) auch Vegetarisches.
■ **Landgang,** Strandpromenade 25, Tel. 47 00 70, geöffnet: Ende März bis Ende Oktober täglich 10–21 Uhr, in den Sommerferien ab 9 Uhr. Beste Lage, knapp neben der Seebrücke, mit einer Terrasse direkt am Strand. Breite Auswahl, u.a. Suppen, Fisch, Eis, Fischbrötchen.

Wassersport

■ **Schwimmbad:** Ein Meerwasser-Hallen-Freibad ist im Kurzentrum zu finden. Geöffnet: Ende März bis Ende Oktober 10–18, Sa/So ab 9 Uhr, mit einer Pause zwischen 13 und 15 Uhr, Freibad: im Sommer 10–18 Uhr.

Weitere Aktivitäten

■ **Fahrradverleih:** *Dat Radhus*, Strandpromenade 22, Tel. 18 76; *Hoepke*, Waldstr. 14, Tel. 94 25;

☐ Übersichtskarte Seite 16

Knauff, Strandpromenade 37, Tel. 92 65; *Moisel,* Ostlandstr. 18, Tel. 97 07.

■ **Minigolf:** Zwei Anlagen, die am Nordstrand bzw. Mitte Südstrand hinter der DLRG-Station zu finden sind.

■ **Kinder:** *Käpt'n Kelli Klub* ist ein Strandkindergarten für Kinder ab 3 Jahren, geöffnet: Ostern bis Oktober Mo–Fr 9.30–12.30 Uhr.

■ **Disc Golf:** Die, nach eigenen Angaben, größte Discgolf-Anlage Deutschlands liegt direkt am Meer. Ziel bei diesem Spiel ist es, eine Scheibe („Disc") in einen Korb zu werfen. Leihscheiben gibt es im *Kelli Korner* im Kurzentrum (Tel. 49 75 16), außerdem Anfängerkurse zwischen Mai und September am Mittwoch um 18.30 Uhr auf der Anlage.

Kirchen

■ **St.-Petri-Kirche,** Kirchweg 20, Evangelischer Gottesdienst alle 14 Tage, Sa 18 Uhr und So 10 Uhr.

■ Katholischer Gottesdienst So 10 Uhr im Nachbarort **Dahme** in der **St.-Stephanus-Kirche.** Außerdem Sa 17 Uhr in der **St.-Petri-Kirche.**

Post und Internet

■ **Postagentur „Zugehör",** Am Ring 10, Tel. 47 94 48, geöffnet: Mo/Di, Do/Fr 8–12.30, 15–18, Mi/Sa 8–12.30 Uhr.

Dahme

Wer sich dem Ort nähert, wird zunächst etwas überrascht feststellen, dass man sich an einer Weggabelung für „Dahme Nord" oder „Dahme Süd" entscheiden muss. Das deutet auf einen großen Ort hin, was aber bei näherem Hinsehen dann doch nicht zutrifft. Dahme **erstreckt sich über einige Kilometer,** allerdings mehr im Bereich des Strandes. Das ergibt sich vor allem daraus, dass Hochhäuser so gut wie unbekannt sind, der Ort sich entsprechend in der Fläche breit machen musste.

Schnell erkennt man auch, dass Dahme einen **gewachsenen Ortskern** hat. Die Bewohner vermieten zwar auch Ferienwohnungen, aber die neueren Apartment-Anlagen liegen am Ortsrand. Dort sind teilweise siebenstöckige Häuser jüngeren Datums zu finden, im Ortskern dagegen mehr Einfamilienhäuser. Da es keine Durchgangsstraße gibt, bleibt es überall ziemlich ruhig.

Der **Strand** zeigt sich auch hier von einer schönen Seite, feiner weißer Sand, 20 bis 25 Meter breit, 6,5 endlose Kilometer lang und sacht ins Meer übergehend. Dann folgt die 1,5 km lange **Promenade** mit einigen Gastronomiebetrieben, dem Meerwasserwellenbad etc., dahinter verläuft ein Deich mit breitem Deichvorland. Entlang der Promenade stehen relativ viele kleine reetgedeckte Häuschen, in denen man in halbwegs regelmäßigem Wechsel essen, trinken, Eis essen oder shoppen kann.

Allzuviel los ist hier wahrlich nicht, es ist **familiär und ruhig.**

Örtliche Sehenswürdigkeit ist der **Leuchtturm Dahmeshoved,** das Wahrzeichen von Dahme. Obwohl schon 1878 erbaut, ist er immer noch im Dienst, allerdings mittlerweile vollautomatisch, kein Leuchtturmwärter muss noch einsame Schichten schieben. Von oben (28,80 m, 108 Stufen!) hat man einen tadellosen Fernblick. Führungen von April bis Oktober So–Do, halbstündlich zwischen 15 und 16.30 Uhr, Tel. 49 200.

367sh mux

Die nahen **Waldgebiete** laden übrigens zu ausgedehnten Wanderungen ein, im Staatsforst Eutin sind entsprechende Wege angelegt worden.

Etwa drei Kilometer nördlich von Dahme liegt ein **FKK-Strand.**

Praktische Tipps

Info

- **PLZ:** 23747.
- **Vorwahl:** 04364.
- **Kurbetrieb Dahme,** Seestraße 50, Tel. 492 00, in der Saison Mo–Fr 9–17 Uhr, Sa/So 10–13 Uhr.
- **Internet:** www.dahme.com

⌃ An Dahmes Strandpromenade stehen reetgedeckte Häuschen

An- und Weiterreise

- **Busse:** Regelmäßige Verbindungen nach Kellenhusen, Grömitz und Neustadt.
- **Taxi:** *Taxi Hensen,* Gruberhagen, Tel. 264.

Unterkunft

- Ein größeres Angebot hat die **Zimmervermittlung Billiau,** Seestr. 48, Tel. 326, www.ostseeurlaub.de.
- Ebenfalls ein breites Angebot an FeWos hat das **Vermittlungsbüro Knauff,** Memelstraße 15, Tel. 92 65, www.uado.de.
- **Seehotel Lönö**④, Strandstr. 9, Tel. 10 85, www.seehotel-lönö.de. Komplett renoviertes 3-Sterne-Haus. Es liegt ruhig direkt hinterm Ostseedeich, hat einen Gastronomiebetrieb, WLAN und 33 helle Zimmer mit Balkon oder Terrasse.
- **Haus am Deich**②-③, Am Deich 15, Tel. 80 97, www.hausamdeich-dahme.de. Insgesamt 11 Woh-

nungen für 1–4 Personen mit Balkon in Deich- und somit auch Strandnähe.

■ **Haus Deichgraf**③, Tel. 96 67, www.deichgraf-dahme.de. Direkt an der Strandpromenade gelegenes Reetdachhaus mit traumhaftem Meerblick.

Stranddorf Augustenhof⑤, Rosenfelderstrand, im benachbarten Ort Grube, Tel. (04365) 97 91 94, www.stranddorf.de. Ein Lesertipp: Nur durch einen Deich getrennt liegen hier auf einem Naturgrundstück 30 ökologisch orientierte Ferienhäuser in drei Größen von 55 bis 72 m^2.

■ **Jugendherberge,** Dahmeshöved 1, Tel. 47 01 73. Top-Lage direkt am Meer, mit insgesamt 144 Betten in überwiegend Vierer- und Zweierzimmern, die eigene Dusche und WC haben.

■ **Campingplatz Zedano,** Tel. 366, www.zedano.de, ganzjährig geöffnet. 350 Stellplätze, diverse Einrichtungen, Grill, Restaurant, Bootssteg, auf naturbelassenem Gelände. Wer will, kann einen Wohnwagen mieten oder ein Mobilheim oder sogar eine sogenannte Komfort-Camping-Parzelle mit eigenem Privatbad! Auch Möglichkeit zum *Glamping* („glamorous camping") im exklusiven Safarizelt mit Loungemöbeln und Badewanne. Über Dahme Nord erreichbar. WLAN.

■ **Campingplatz Stieglitz,** Tel. 14 35, www.camping-stieglitz.de, geöffnet Mitte März bis Ende Okt. am Wasser, über Dahme Nord erreichbar. WLAN.

Gastronomie

■ Entlang der 1,5 Kilometer langen **Strandpromenade** liegen eine Reihe von Lokalen.

■ **Milchbar,** Strandpromenade 14, Tel. 47 12 50, täglich ab 9.30 Uhr. Durchgehend warme Küche mit Fisch- und Fleischgerichten sowie hausgemachten Torten, aber auch mit Gerichten gegen den kleinen Hunger, wie Kartoffelpuffer oder Waffeln. Eine Terrasse liegt direkt am Strand, wo das Hausmotto „Lecker essen, trinken, Schiffe gucken" umgesetzt wird.

■ **Restaurant-Café Blöser,** Strandpromenade 22, Tel. 48 020, geöffnet: 9–23 Uhr. Sehr schöner Blick auf den Strand vom eigenen Strandgarten unter einem Glasschiebedach. Neben vegetarischen Gerichten werden Fisch und Fleisch serviert, aber auch hausgemachte Torten. Außerdem gibt es noch direkt am Strand eine Terrasse.

■ **Zum Goldenen Anker,** Strandpromenade 10, Tel. 47 97 77, April bis Oktober ab 11 Uhr. Das gar nicht so kleine Lokal fällt auf, ist charmant dekoriert mit viel Holz und hat mehrere Bereiche, auch eine seitliche Terrasse. Auf der Speisekarte werden Fisch- und Fleischgerichte angeboten, aber auch eine einfache Currywurst.

Wassersport

■ **Schwimmen:** *StrandSpa,* Hallenbad, Wasser-Erlebnis-Bad mit Poolbar. Mit auf 28 Grad aufgeheiztem Meerwasser, außerdem Sauna, Massagen, Solarium, Salzgrotte, Wellness. Tel. 47 09 914, tägl. 10–18 Uhr.

■ **Surfen:** *Surfschule am Nordstrand,* Tel. (0176) 24 80 89 59, www.surfschule-dahme.de.

Weitere Aktivitäten

■ **Fahrradverleih:** *Dieter Schulz,* An der Strandpromenade 27, Tel. 18 96; *Avia-Tankstelle,* Seestr. 5, Tel. 96 90.

■ **Go-Kart-Verleih:** *Tramigo,* Strandpromenade 34 a, Tel. (0177) 83 58 042.

■ **Minigolf:** *Tramigo,* Tel. (0177) 83 58 043, an der Strandpromenade, neben dem Schwimmbad.

■ **Reiten:** *Reitschule Lütt Piergorn,* Gruberhagen 2, Tel. 525, http://ostseereitschule.de.

■ **Kinderhafen,** Strandpromenade. Großer Spiel-, Bastel- und Tobebereich mit Animation für kleine und etwas größere Kinder. Von Mitte März bis Oktober Mo–Fr 10–17 Uhr, der Eintritt ist frei.

■ **Sauna:** Ein großzügiger Saunabereich befindet sich im *StrandSpa,* s.o., Tel. 47 09 912.

Kirchen

■ **Evangelische Geroldkapelle,** Am Wittenwiewerbarg, Gottesdienst wechselnde Termine, So 11 Uhr, manchmal Mi um 20 Uhr eine Abendandacht.
■ **Katholische St.-Stephanus-Kirche,** An der Allee 21, Gottesdienst So 10 Uhr, Sa 18 Uhr.
■ **St. Petri-Kirche** in Kellenhusen.

Post und Internet

■ **Postagentur** bei Bäcker *Olandt,* Seestr. 30, Tel. 48 080, Mo–Fr 7–12, 14.30–17, Sa 7–12 Uhr.
■ **Internet:** WiFi-Zone und Internetzugang im *Haus des Gastes,* Strandpromenade 15, sowie in der Touristeninformation und am kompletten Strandbereich.

Großenbrode

Großenbrode liegt an der **äußersten Spitze** der Lübecker Bucht, unterhalb der Insel Fehmarn. Durch diese besondere Lage ist der Ort an drei Seiten von Wasser umgeben. Außerdem gibt es einen Binnensee mit Zugang zur Ostsee, der ursprünglich für Wasserflugzeuge gedacht war, und wo sich heute Yachthäfen befinden. Großenbrode kann mit einem **schönen Strand,** der 1,5 Kilometer lang und feinsandig ist, und ruhiger Beschaulichkeit dienen. Auch eine **Promenade** ist zu finden und eine Handvoll von drei- bis viergeschossigen Häusern. Die meisten haben einen Balkon zum Meer, das sind dann die Ferienwohnungen. Vor der Seebrücke öffnet sich ein größerer **Platz** mit einem Flanierbereich, an der auch einige Lokale liegen.

Außerdem finden sich hier beste Bedingungen zum Segeln und zum **Wassersport** allgemein. In Großenbrode stehen über 1000 Anlegerplätze in sechs **Marinas** den Seglern zur Verfügung. Segelkurse, auch für Einsteiger, werden am Binnensee angeboten. Auch **Surfer** und **Kiter** finden hier ihre Hotspots.

Der **alte Ortskern** mit der Bahnstation liegt ein, zwei Kilometer vom Strand entfernt. Dort steht die örtliche Sehenswürdigkeit, eine Backsteinkirche, die **St.-Katharinen-Kirche** mit einem seltenen hölzernen Glockenturm aus dem 17. Jahrhundert. Der Altar stammt von 1694, und die Kirche wurde erstmals schon um 1230 erwähnt. Das zeigt, wie lange dieses Gebiet schon besiedelt ist.

Praktische Tipps

Info

■ **PLZ:** 23775
■ **Vorwahl:** 04367
■ **Tourismus-Service,** Teichstr. 12, Tel. 99 71 13, geöffnet: 9–17 Uhr. Von Mai bis September gibt es ein Büro am Südstrand, auch am Wochenende, Tel. 97 88 30.
■ **Internet:** www.grossenbrode.de

An- und Weiterreise

■ **Bahn:** Züge nach Lübeck verkehren alle zwei Std.
■ **Taxi:** *Küsten-Taxi,* Tel. (04362) 78 72.

Unterkunft

Direkt am Südstrand liegen einige Häuserblocks mit **FeWo**②-③, mehrere Stockwerke hoch, mit Balkon, aber unschlagbarer Lage direkt am Strand. Verschiedene Größen werden angeboten. Infos über *Bodendieck GbR,* Am hohen Ufer, Tel. 97 257, www.suedstrand-feriendienst.de oder *Bünning GmbH,* Südstrandpassage, Tel. 50 66 180, www.buenning-immobilien.de. Die Preise richten sich nach verschiedenen Kategorien.

■ **Hotel Alter Krug**③-④, Schmiedestr. 13, Tel. 394, www.alter-krug-grossenbrode.de. Nur wenige Zimmer hat dieses gemütliche und historische Haus, das mitten im Ortskern liegt und einen netten Garten mit Liegewiese hat. Außerdem ist ein gutes Restaurant angeschlossen.

■ **Ostsee Hotel**④, Südstrand 8, Tel. 71 90, www.ostsee-hotel-grossenbrode.de. Liegt am Südstrand, modernes Haus, Balkone mit Meerblick, bietet 27 hochwertig ausgestattete Zimmer mit Balkon (Ostseeblick!), außerdem gibt es einen Wellness-Bereich mit unterschiedlichen Saunen.

■ **Campingplatz Strandparadies Großenbrode,** Südstrand 3, Tel. 86 97, www.camping-strandparadies-grossenbrode.de, geöffnet Anfang April bis Ende Oktober. 500 Stellplätze, Spielplatz, Tennis- und Volleyballanlage und ein Fitnessstudio, Laden, Restaurant. Im Ort ausgeschildert, nur 300 Meter vom Strand entfernt.

■ **WoMo-Stellplätze:**

Es gibt zwei Plätze. Einer liegt beim *Wassersportzentrum,* Am Kai 29, und bietet Ver- und Entsorgungsstation, Strom, WC, Duschen. Infos: Tel. (0172) 43 06 800, www.wassersportzentrum.net.

Der andere Platz: *Wohnmobilhafen Reise,* Südstrand 1, Tel. 347, www.wohnmobilhafen.info. Ver- und Entsorgestation, Strom, WC, Dusche, WLAN.

Gastronomie

■ **Alter Krug,** Schmiedestr. 13, Tel. 394, im alten Ortsteil gelegenes Restaurant mit rustikalem Ambiente und bodenständiger Küche.

■ **Café Meerkieker,** Am Kai 15, Tel. 71 79 72, Ostern bis Ende Oktober täglich 13–18 Uhr, So ab 9 Uhr, März, Nov., Dez. Sa/So 13–18 Uhr. Schöne Meerblick-Lage, geboten werden hausgemachte Torten aus „Omas Kochbuch", wie es so anheimelnd heißt, außerdem eine gute Bistroküche.

Wassersport

■ **Meerwasserbewegungsbad:** im *Kurmittelhaus* am Südstrand, Tel. 560.

■ **Surfen und Segeln:** *Wassersportschule Großenbrode,* Am Kai 21, Tel. (0173) 65 79 966, www.sailaway-watersport.de.

Weitere Aktivitäten

■ **Fahrradverleih:** *Das Köfferchen,* Teichstr. 13, Tel. 361; *Holiday Vital Resort,* Strandstr. 32, Tel. 99 66 180.

■ **Inlineskating:** Anlage an der Strandstraße.

■ **Minigolf:** im Freizeitpark, Südstrand, Tel. 97 88 90.

■ **Kinder:** Die *Kinderinsel* neben dem *MeerHuus* betreut Kinder mit Spielen oder Kursen in der Hauptsaison ganztägig, Nebensaison am Vormittag.

Kino

■ **Ferienkino im MeerHuus,** Juli bis Anf. Sept.

Kirche

■ Ev. St. Katharinenkirche, Teichstraße (hinter dem Rathaus), Gottesdienst am Sonntag um 10 Uhr.

Post

■ **Post:** Agentur im *Laden 87,* Strandstr. 32, Tel. 97 230, geöffnet: Mo–Fr 8–12, 14–17, Sa 8–17 Uhr.

341sh hj

2 Fehmarn

Die zweitgrößte Insel Deutschlands bietet eine ganze Menge: schöne Strände, Top-Campingplätze, Ferien auf dem Bauernhof für ruhigen Familienurlaub und beste Bedingungen für Surfer. Außerdem scheint die Sonne hier so oft, wie sonst kaum im ganzen Land.

[<] Typisch Fehmarn: Raps und Windräder

NICHT VERPASSEN!

- Silo Climbing in **Burgstaaken** | 118
- Große Auswahl an **Restaurants** in **Burg** | 120
- Feiner Sandstrand am **Südstrand** | 120
- Besuch beim **dänischen Nachbarn** ab Puttgarden | 125
- **Strandwaldlandschaft** mit **Vogelschutzgebiet Grüner Brink** in Gammendorf | 126
- Vögel beobachten in **Wallnau** | 127

Diese Tipps erkennt man an der gelben Hinterlegung.

Die Fehmarnsundbrücke – über diese Brücke führt der Weg auf die Sonneninsel

710sh hj

DIE SONNENINSEL

Die „Sonneninsel" wird Fehmarn genannt, denn sie zählt zu den sonnenreichsten Flecken im ganzen Land. Das Ambiente ist eher **ländlich-dörflich** geprägt, knapp 40 Dörfer und eine Kleinstadt verteilen sich auf Deutschlands drittgrößter Insel. Neben Sonne bietet sie eine ganze Menge: Familien schätzen den schönen Südstrand und die komfortablen Ferienwohnungen auf einem der zahlreichen Bauernhöfe, wo Kinder ungeahnte Entdeckungen machen können. Surfer loben den ständigen Wind, Radfahrer strampeln durch die brettflache Landschaft und Camper nutzen die bestens eingerichteten Campingplätze an den Naturstränden.

Überblick

Fehmarn ist mit 185 km² die **drittgrößte deutsche Insel** (nach Rügen und Usedom). Durch die Verbindung mit der **Fehmarnsundbrücke** ist der „sechste Kontinent", wie mancher Einheimische nicht ohne Stolz früher sagte, seit 1963 an das europäische Festland angeschlossen. Und so hieß es auch bei den alten Bauern „We fört no Europa" (Wir fahren nach Europa), wenn sie mal ihre Insel verlassen mussten. Die 963 Meter lange und 70 Meter hohe Brücke wurde 1963 fertiggestellt, seitdem wandelte sich die bäuerlich-dörfliche Insel zu einer stark besuchten Ferieninsel.

Nicht ohne Grund, denn Fehmarn zählt zu den **sonnenreichsten Gebieten Deutschlands!** Etwa 1830 Stunden scheint die Sonne hier durchschnittlich im Jahr, manche Experten listen gar 2200 auf (zum Vergleich: Hamburg rund 1550 Std., Freiburg rund 1750 Std.) Oder anders herum: Nur 510 Millimeter Regen fallen jährlich (im Bundesschnitt 800 Millimeter).

Das spricht sich rum, sogar bis nach **Berlin.** Und so kamen sie, die Bewohner der einst eingeschlossenen Stadt, zunächst über die Transitautobahn Rich-

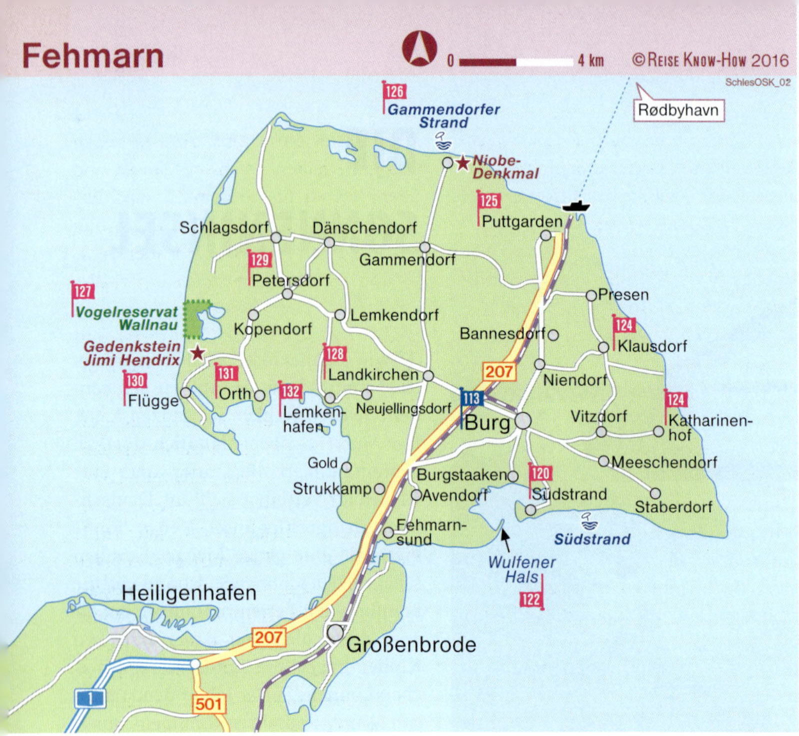

tung Hamburg, dann, kurz nach Erreichen von westdeutschem Gebiet, scharf nach rechts. Heute kommen Urlauber aus allen Regionen und aus den unterschiedlichsten Motiven: **Familien** schätzen den breiten Südstrand, in dem die Kleinen herumbuddeln können, **Surfer** den ständigen Wind, **Camper** freuen sich über die naturbelassenen Strände und die erstklassigen Campingplätze, und **Radfahrer** strampeln durch die absolut flache Gegend.

Neben dem *Ferienwohnungszentrum Südstrand* ist Fehmarn im weiteren übersät mit **Unterkünften.** In den meisten Fällen handelt es sich um Ferienwohnungen, ebenso werden Privatzimmer angeboten, und darüber hinaus existiert ein gutes Dutzend Campingplätze.

Aber vor allem gibt es eine Vielzahl von **Ferienwohnungen auf Bauernhöfen.** Manche Betriebe haben die Landwirtschaft eingestellt, aber bieten zumeist Kleintierhaltung („Streichelzoo"), auf anderen Höfen wird noch ganz normal landwirtschaftlich gearbeitet. Gerade dort bekommen Kinder und ihre vielleicht aus einer Stadt kommenden Eltern ungeahnte Einblicke. Überhaupt sind derartige Unterkünfte für Kinder ideal, denn zumeist stellen die Betreiber eine Menge Spielgerät, Spielescheunen, Hüpfburgen und ganz viel Auslauf auf einer Wiese zur Verfügung.

Der **Südstrand** stellt wohl so etwas wie die maritime Hauptattraktion dar, einen schöneren Strand gibt es auf der ganzen Insel nicht. Dennoch, die Insel birgt weitere **landschaftliche Reize,** sanfte Hügel, stille Dörfer und ein paar herausragende Sehenswürdigkeiten, die gleich vorgestellt werden sollen.

Außerhalb der Orte Burg und Südstrand lebt der Urlauber überall in **dörflich-ländlicher Umgebung.** Das bedeutet in aller Regel eine selten erlebte Ruhe mit neuen, stillen Eindrücken.

Fehmarn ist **nicht allzu groß.** Per Auto ist jeder Punkt spielend zu erreichen. Selbst eine Fahrradtour quer über die Insel sollte auch den untrainierten Radler abends wieder in sein Quartier zurückbringen.

Im Jahr 2003 fusionierten alle Orte zur **„Stadt Fehmarn“,** die alten Dorfnamen blieben jedoch erhalten.

Burg

Etwa 6300 Einwohner zählt Burg und ist damit der größte Ort der Insel. Die erstmalige Erwähnung datiert von 1231, und bereits seit dem **14. Jh.** hat Burg **Stadtrechte.** Die Siedlung entstand im Schutz einer Burg und entwickelte sich zu lokaler Bedeutung. Der ursprüngliche **Name** soll „To der Borch uppe Vemeren“ gewesen sein, wahrscheinlich slawischen Ursprungs. Etwas außerhalb entstand schon frühzeitig ein **Hafen,** der noch heute von Bedeutung ist.

Sehenswertes

Im Kern ist Burg immer noch eine nette Kleinstadt mit **Charme** geblieben. Die Hauptstraße ziert immer noch Kopfsteinpflaster, links und rechts erheben sich gut erhaltene Fachwerkhäuser, und über alles wacht seit dem 13. Jahrhundert die **St.-Nikolai-Kirche.** Dass Burg und seine Bewohner schon immer wohlhabend waren, zeigt auch das Innere dieser Kirche. Der Schnitzaltar aus dem 14. Jahrhundert sowie die Kanzel und die Orgel aus dem 18. bzw. 17. Jahrhundert zeugen von der Pracht.

Die **Breite Straße** verbindet den kleinen Kirchhügel, auf dem die St.-Nikolai-Kirche steht, mit dem offenen Marktplatz. Entlang dieser Straße steht das älteste Haus der Insel aus dem Jahr 1611, hier ist heute das **Heimatmuseum Peter Wiepert** untergebracht. Schräg gegenüber befindet sich an der Breite Straße 28 das helle **Senator Thomsen-Haus,** erbaut 1783 und heute Sitz einer Kultureinrichtung. Vor dem benachbarten Restaurant „Zur Doppeleiche“ (Breite Straße 32) steht eine **Doppeleiche,** die 1898 zur Erinnerung an die Vereinigung von Schleswig und Holstein gepflanzt wurde. Beim Marktplatz steht das 1901 gebaute **Rathaus,** der Marktplatz selbst wird von historischen Häusern und Ulmen gesäumt. Heute liegen hier einige Geschäfte und Restaurants, fast alle haben eine große Terrasse zum Marktplatz.

Direkt hinter der St.-Nikolai-Kirche verläuft als Verlängerung der Breite Straße Richtung Hafen die **Süderstraße.** Von dieser Straße zweigt die kurze Straße **Badstaven** (Badestuben) mit einem historischen Kopfsteinpflaster ab, an der noch ein paar schmucke und ältere Häuser stehen. Am oberen Bereich befindet sich auch die Station 2 des **Ernst-Ludwig-Kirchner-Wanderweges.** An dieser Stelle entstand das Bild „Bauernhäuser auf Fehmarn“ des Brücke-Malers

Burg, Fehmarn

0 400 m

Ernst Ludwig Kirchner, der mehrere Sommer auf Fehmarn verbrachte.

Ein Spaziergang über die Breite Straße führt auch zum **Heimatmuseum,** dem Peter-Wiepert-Museum; es zeigt viele unterschiedliche Exponate aus Fehmarns Historie. An der Außenwand des Museums hängt eine Gedenktafel zur Erinnerung an Baron *Strang of Stonesfield,* der nach Ende des 2. Weltkriegs standhaft eine britische Position vertrat, nach der Fehmarn nicht zur sowjetischen Besatzungszone zugeschlagen werden konnte.

Heimatmuseum, Breite Straße 49, Tel. 62 57, www.museum-fehmarn.de, geöffnet: Juni bis Okt. Di–Sa 11–16 Uhr, Eintritt: 3,50 €, Kinder 1,50 €.

Einige wenige Schritte abseits dieses alten Kerns liegt das **St.-Jürgen-Stift** am Kapellenweg. Es ist ein Backsteingebäude aus dem Jahr 1507 mit hübscher Bemalung. Die Kapelle entstand auf gräfliche Anordnung, nachdem die **Pest** 1349/1350 gewütet hatte und viele Opfer forderte. Damals wurde beschlossen, dass alle Städte außerhalb der Stadtgrenzen eine Aussätzigen- und Pestkapelle bauen sollten, sowie Siechenhäuser für die Kranken. Sie sollten weit genug außerhalb liegen, um die Ansteckungsgefahr zu bannen, aber doch nah genug, um die Kranken noch versorgen zu können. So geschah es auch in Burg. Neben der Kapelle entstanden ein Friedhof und zwei Häuser für die Kranken. Die beiden heutigen Backsteinhäuser wurden 1935 und 1950 als Ersatz für die verfallenen älteren Häuser gebaut. Benannt ist die Kapelle nach dem Ritter *St. Jürgen* (eine

St.-Nikolai-Kirche in Burg

368sh hj

Ableitung von *St. Georg*), dem Drachentöter und Beschützer der Kranken und Siechen. Die Kapelle liegt auf dem Pilgerweg zum spanischen Santiago de Compostela, dem **Via Scandinavica,** der zum Netz der Jakobswege gehört. Einen Pilgerstempel und auch den Schlüssel zur Besichtigung erhält man im Haus Nr. 13-D.

Insgesamt bemüht sich Burg, diesen durchaus **historischen Charakter** zu bewahren. Zumindest im Zentrum sind keine Hochhäuser entstanden, und etliche der Geschäfte oder Restaurants haben die alte Bausubstanz erhalten.

Urlauber wählen, so scheint es, seltener eine Unterkunft in Burg, kommen aber regelmäßig zum **Einkaufen und Bummeln** in die Stadt. Dadurch entsteht schnell ein geschäftiger Eindruck mit teilweise endlosen Autoschlangen. Davon sollte sich niemand abschrecken lassen, ein Fußmarsch lässt erst die ganze Vielfalt entdecken.

In der **Ernst-Ludwig-Kirchner-Dokumentation,** untergebracht im Hause der **Stadtbücherei,** wird die Zeit, die der berühmte Maler auf Fehmarn verbrachte, dokumentiert. Hier auf Fehmarn, das *Kirchner* sein „irdisches Paradies" nannte, entstand ein nicht geringer Teil der Werke dieses großen Expressionisten.

■ **Stadtbücherei,** Bahnhofstr. 47, Tel. 50 61 44, geöffnet: Mo–Fr 9.30–12 und 14.30–18.30 Uhr außer Mi Nachmittag, Eintritt frei.

Im **Meereszentrum Fehmarn** werden Tausende Meerestiere aus aller Welt in etlichen Aquarien, in denen der jeweilige Lebensraum nachempfunden wurde, gehalten. Sowohl exotische als auch heimische Fische sind zu bewundern, unbestrittener Höhepunkt ist sicher das

315sh hj

116sh hj

Haibecken. Die Besucher wandern gewissermaßen quer durch das Becken, ein Unterwasser-Glastunnel macht's möglich. Direkt über den Köpfen schwimmen die Haie beinahe hautnah vorbei.

■ **Meereszentrum Fehmarn,** Gertrudenthaler Str. 12, Tel. 44 16, www.meereszentrum.de. Anfahrt: Zufahrtsstraße nach Burg, Höhe *McDonald's* bzw. *Aldi* abbiegen. Geöffnet: Nov. bis Ende Feb. 10–16 Uhr, März bis Ende Okt. 10–18 Uhr, Eintritt: Erw. 11 €, Kinder (4–15 Jahre) 7 €, Senioren, Schüler, Studenten 9 €, außerdem gibt es verschiedene Familienkarten.

⌃ Lokale an der Breiten Straße in Burg

‹ Das Meereszentrum Fehmarn

Zwei Ausstellungen sind in der **Galileo Wissenswelt** vereint, eine naturkundliche Sammlung, die u.a. Dinosaurier zeigt, und ein Technik-Museum mit vielen interaktiven Stationen.

■ **Galileo Wissenswelt,** Mummendorfer Weg 11b, geöffnet: April–Okt. tägl. 10–18 Uhr, Nov.–März Sa/So 10–16 Uhr. Eintritt: Einzelpreis 10 €, Kinder 9,50 € oder Kombi-Ticket mit den Ausstellungen am Hafen 12 €/11 €.

Burgstaaken

Der **Hafen** von Burg im Ortsteil Burgstaaken ist leicht zu finden, immer der Ausschilderung über den Staakensweg folgen. Erreicht wird der Hafen über eine fast schon inselweit einmalige Kopfsteinpflasterstraße, die einen etwas durchschüttelt. Diese wurde übrigens erschaffen aus Ostseesteinen, die man aus der Ostsee gefischt hatte. Trotzdem lohnt das Durchhalten, denn hier erlebt man noch echtes Hafen-Feeling. Der Hafen hat sich gewandelt, wird heute als **„Erlebnishafen"** angepriesen, was durchaus nicht falsch ist. Obwohl Fischer durchaus noch hinausfahren und teilweise auch ihren Fang direkt vom Kutter verkaufen. Aber man kann als Gast auch in der **Hafenräucherei** beim Räuchern zuschauen und später den frischen Fisch dort erwerben.

Daneben gibt es noch einige touristische Attraktionen wie ein zu besichtigendes **U-Boot** und Interessierte können **Kurztrips auf die Ostsee** machen zum Angeln oder einfach, um mal eine Mini-Schiffstour zu unternehmen.

Im Hafen von Burgstaaken befinden sich zudem eine **Indoor-Minigolfanlage** (s. „Aktivitäten auf Fehmarn") und ein **Überseemuseum,** in dem ein Querschnitt zu verschiedenen Expeditionen nach Amerika, Afrika, Asien und Ozeanien gezeigt wird.

■ **Überseemuseum,** Hafenstr. 69, geöffnet: 1. April–30. Juni, 1. Sept.–30. Okt. tägl. 11–17, 1. Juli–31. Aug. tägl. 10–18 Uhr, Eintritt: Erw. 11 €, Kind 10 € oder als Kombiticket mit drei anderen Ausstellungen 18 €.

Dunkelexperiment

Ein besonderes Erlebnis, da man **nichts sehen kann.** Besucher erhalten einen Blindenstock, eine Augenbinde und erkunden so tastend ihre Umgebung durch einen Wald, einen Supermarkt oder durch eine Wohnung. Außerdem gibt es eine große Ausstellung zum Thema, u.a. wird die Blindenschrift erklärt und man kann auch einige Experimente ausprobieren.

■ Hafenstr. 69, Tel. 87 92 47, www.dunkelexperiment.de, geöffnet: tägl. 10.30–17.30, Juli/August tägl. 10–18 Uhr, 1.11.–1.4. geschl. Eintritt: 11 €, Kinder 10 € oder im Kombiticket mit drei anderen Ausstellungen 18 €.

Ein 560 Tonnen schweres **U-Boot** der Bundesmarine liegt im Hafen und kann besichtigt werden. Unübersehbar liegt es neben dem Hafenmeisterbüro hinter den Parkplätzen. Die U-11, so ihre Bezeichnung, war 35 Jahre lang im Dienst, bevor sie ausgemustert wurde. Neben der Möglichkeit, das Innere eines U-Bootes kennenzulernen, erfährt der Besucher viel Wissenswertes über die deutsche U-Boot-Flotte in einer angeschlossenen Ausstellungshalle.

■ Geöffnet: April–Okt. 10–18, Nov. 10–16 Uhr, Dez.–Febr. nur am Wochenende. Eintritt: 8,60 €, Kinder (4–14 Jahre) 4,50 €, Familien 19 €, www.ostsee-u-boot.de.

Direkt am Hafen von Burgstaaken erhebt sich ein bis zu 40 Meter hoher Silo. Dort können Wagemutige sich im **„Silo Climbing"** versuchen! Einzige Bedingung: Einer klettert, ein Partner sichert. Am Silo sind kleine künstliche Vorsprünge angebracht – sieht ziemlich schwierig aus.

■ Infos: Tel. 50 31 02, www.siloclimbing.de. April–Okt. 10–18 Uhr, 6 € pro Stunde, zusätzlich ist eine Gebühr für die Ausrüstung zu zahlen.

[>] Am Hafen in Burgstaaken

Praktische Tipps

Info

- **PLZ:** 23769
- **Vorwahl:** 04371
- **Tourismus-Service Fehmarn:** Burgtiefe, Südstrandpromenade 1, 23769 Fehmarn, Tel. 50 63 00. Zweigstelle in Burg, Mummendorfer Weg 7, Tel. 87 94 784; Mitte März bis 31. Oktober, Mo–Fr 9–18 Uhr, Sa/So 10–15 Uhr, 1.11.–30.12. Mo–Fr 10–16 Uhr.
- **Internet:** www.fehmarn.de

An- und Weiterreise

- **Bahn:** Fehmarn hat zwei Bahnhöfe. In Burg halten Züge, die nach Lübeck fahren, von wo man dann Anschluss nach Hamburg hat. Der zweite Bahnhof heißt Puttgarden, hier enden einige Intercity-Züge, einige wenige IC-Züge enden aber auch in Burg.
- **Busse:** Die Firma *Autokraft* betreibt Linienbusse aufs Festland, u.a. nach Heiligenhafen. Abfahrt: Niendorfer Platz. Infos: Tel. (04561) 51 110, www.autokraft.de.
- **Parken:** In der Breiten Straße mitten im Zentrum, gegen Gebühr am Straßenrand (allerdings etwas in Schräglage) oder kostenlos auf dem großen Parkplatz an der Osterstraße.

Unterkunft

- **Zimmervermittlung:** über *Tourismus-Service*, Tel. 50 63 33.
- **Wissers Hotel**④, Am Markt 21, Tel. 31 11, altehrwürdiges Haus mitten im Zentrum von Burg, das sehr angenehm modern gestaltet ist. Die großen Zimmer liegen nach hinten, wo sich auch ein eigener Parkplatz befindet. Einige haben eine Terrasse mit Strandkorb. Ein gutes Restaurant mit einer Terrasse zur zentralen Breiten Straße ist angeschlossen.

711sh hj

■ **Burgklause**③-④, Blieschendorfer Weg 1–5, Tel. 500 20, www.burg-klause.de, familiäres Haus, korrekte Zimmer und ein Restaurant. WLAN.
■ **Jugendherberge**①, Mathildenstraße 34, Tel. 21 50, 188 Betten, Dez. bis Ende Jan. geschlossen.
■ **Wohnmobile:** Ein Stellplatz mit Entsorgungsstation ist in Burg hinter dem Bahnhof auf dem Gelände der Fa. *Hintz Heizungsbau,* Tel. 86 160, Landkirchener Weg 1b, zu finden. Weitere befinden sich auf dem großen Parkplatz an der Osterstraße.

Gastronomie

■ **Frau Schmidt,** Bahnhofstr. 1, Tel. 88 98 414, 10–18 Uhr. Bistro mit Terrasse am Kopfende der zentralen Breite Straße, es gibt Frühstück, Eis und Cocktails in entspannter, chilliger Atmosphäre.
■ **Wissers Hotel,** Am Markt 21, Tel. 31 11. Das Hotel hat auch ein gutes Restaurant mit einer kleinen Terrasse zur Straße. Ausgewogene Karte mit Fisch- und Fleischgerichten, spezielle Auswahl für Kinder, nachmittags auch Kaffee und Kuchen.
■ **Café Jedermann,** Ohrtstr. 25, Tel. 14 11, geöffnet täglich ab 9 Uhr (in NS ab 10 Uhr) bis 20 Uhr. Kleines, gemütliches Café mit nettem Garten. Hausgemachte Kuchen und Torten.
■ **Zur Doppeleiche,** Breite Straße 32, Tel. 99 20. Ein langjährig bewährtes Lokal in einem historischen Haus, das innen sehr schön hell und modern gestaltet ist. Die Küche bietet regionale Gerichte mit italienischem und auch asiatischem Einfluss, es werden auch großen Pizzen serviert. Kleine Außenterrasse vorhanden. Hauptsaison ab 10.30 Uhr, Nebensaison ab 11.30 Uhr durchgehend.
■ **Café Liebevoll,** Bahnhofstr. 17, Tel. 88 95 898, 9–18 Uhr, Sa 9–24 Uhr. Kleines Café mit Mini-Terrasse. Gemütlich eingerichtet. Kaffee, Kuchen, Frühstück in zwölf landestypischen Variationen. Obendrein regelmäßig kulturelle Veranstaltungen.
■ **Burgklause,** Blieschendorfer Weg 1–5, Tel. 500 20. Hier werden u.a. Spätzle angeboten, aber auch regionale Gerichte.

Am Hafen Burgstaaken

■ **Fehmarner Fischlädchen,** Burgstaaken 81, Tel. 8 60 10, Mo–Sa 9–19, So 11–18 Uhr. Hier bietet die Fischereigenossenschaft Fehmarn Fischgerichte, Fischbrötchen oder auch Salate und Marinaden an im Selbstbedienungssystem.
■ **Lotsenhus,** Burgstaaken 65, Tel. 55 97, in der Saison 11.30–14.30 und ab 17.30 Uhr. Jede Menge Fisch-, aber auch einige Fleischgerichte stehen auf der Speisekarte. Das Lokal hat eine größere Terrasse und ein angeschlossenes Bistro.

Post

■ **Postfiliale** im *Kaufhaus Stolz,* Markt 2, Tel. 50 22 46, geöffnet: Mo–Sa 9–19 Uhr.

Südstrand

Dies darf mit einigem Recht als das **Strandparadies** von Fehmarn bezeichnet werden. Kilometerlanger, weicher, feiner Sandstrand, der etwa 20 bis 30 Meter breit ist und perfekt in südlicher Richtung liegt.

Schon von Weitem sichtbar sind drei siebzehnstöckige Wohnhäuser direkt vor dem Strand, das **IFA-Ferienzentrum.** Da mag mancher zurückschrecken vor so viel Beton. Aber eine Besonderheit hat der Architekt doch erfolgreich umgesetzt: Von allen Wohnungen blickt der Feriengast aufs Meer. Nach hinten hinaus, also Blickrichtung Binnenland, liegt kein einziges Fenster. Und speziell von den oberen Etagen hat man einen

☒ Am Südstrand

traumhaften Blick über die Ostsee. Kein Verkehrslärm stört die Urlaubsruhe. Der Südstrand liegt nämlich auf einer Landzunge, einer Nehrung, und die Straße, die, von Burg kommend hierher führt, endet als Sackgasse. Vor den Wohnblocks breiten sich riesige Parkplätze aus, und ein Schwimmbad ist auch vorhanden.

Da diese Strandzone sich ziemlich lang und mit **klassischem weißen, weichen Sand** zeigt, was auf Fehmarn gar nicht so selbstverständlich ist, kommen in den Sommermonaten auch viele Urlauber hierher. Und natürlich wegen des breiten Übernachtungsangebotes, das eben auch wegen des Strandes überhaupt hier entstanden ist. An einem Vorplatz, genau unterhalb der drei Hochhäuser liegen auch ein Supermarkt, eine Touristeninformation und ein paar kleine Kioske, die Eis, Crêpes, Quarkspeisen oder Pommes anbieten. Unterhalb der drei großen FeWo-Türme verläuft eine nette, leicht geschwungene Promenade unmittelbar am Strand entlang, der hier von einem kleinen Dünensaum gegrenzt wird.

Wem dieses Angebot nicht zusagt, der fährt noch ein Stückchen weiter entlang auf der Landzunge und erreicht schließlich weitere Häuser, die **Ferienwohnungen** beherbergen und zwei, drei Stockwerke hoch sind. Diese sind wie eine sich windende Schlange angereiht, was man erst aus der Distanz wahrnimmt. Dadurch wurde der Platz der sich an der Spitze etwas verbreiternden Nehrung optimal genutzt.

Ganz am Ende der Landzunge liegt dann noch der große **Yachthafen.** Geboten wird am Südstrand eine ganze Men-

711sh mux

ge, sowohl in der freien Natur als auch „unter Glas", wie es so schön heißt. Wer sich also mit dem Hochhausflair anfreunden kann, wird keine Langeweile haben.

Unterkunft

■ **IFA-Ferienzentrum Südstrand**②-④, Südstrandpromenade, Tel. (04371) 890, www.ifa-hotel-fehmarn.com. Die Preise schwanken stark, je nach Saison oder Zimmertyp, teilweise ab 35 €, in der Hochsaison aber deutlich mehr.

■ **Strandhotel Bene**⑤, Südstrandpromenade, Tel. 86 53, www.bene-fehmarn.de. Ein 4-Sterne-Hotel direkt am Strand gelegen. 44 großzügige Zimmer im modernen Design, von vielen Blick auf die Ostsee. Einige Zimmer haben sogar eine eigene Sauna. WLAN.

160sh hj

Gastronomie

■ **Café Sorgenfrei,** Südstrandpromenade, Westmole, Tel. (0157) 74 01 63 65. Das Café liegt sehr schön am westlichen Zipfel im alten Rettungshaus, wo man sehr nett auf den Hafen schauen kann.

■ **Haus am Strand,** Südstrandpromenade, Tel. 96 25, täglich außer Di durchgängig geöffnet. Liegt direkt vor dem Strand und hat eine mittelgroße Terrasse, außerdem eine breite Karte, u.a.mit Labskaus, das hier sehr geschätzt wird.

Wulfener Hals

Dieser Strandabschnitt ist einer der Treffpunkte der **Surfer.** Der „Hals", der dem Strand von Wulfen seinen Namen gab, ist eine **Landzunge,** die tief in den Burger Binnensee hineinragt. Von der gegenüberliegenden Seite erstreckt sich die Landzunge vom Südstrand ins Wasser, schließt den See weitestgehend vom Meer ab, nur eine schmale Durchfahrt bleibt frei. Somit ist der entstandene **Binnensee** ziemlich ruhig, hat aber dennoch Zugang zum offenen Meer. Ideales Gebiet also sowohl für Surf-Anfänger als auch für Könner.

An der Spitze dieser Landzunge liegt ein großer, sehr guter **Campingplatz** mit einem Sandstrand und einer eigenen Einstiegsecke für Surfer.

[<] Fehmarn ist ein gutes Revier für Surf-Einsteiger

[>] Nachbau einer steinzeitlichen Grabanlage

372sh hj

Direkt vor dem Campingplatz ist ein Gelände für **Wohnmobilfahrer und Surfer** eingerichtet worden. Sie finden hier einen Stellplatz für ihr Fahrzeug, müssen aber eine Art Parkgebühr zahlen. An dieser Stelle existiert auch kein Sandstrand, es geht über eine leicht abschüssige Wiege direkt ins Meer. Damit die Surfer ihre Boards leichter ins Wasser bekommen, wurde sogar eine kleine Slip-Anlage errichtet. Somit kommen sich Sonnenanbeter und Surfer gar nicht erst ins Gehege.

Knapp am Rande des kleinen Ortes befindet sich ein **18-Loch-Golfplatz.** Neben dem Golfplatz liegt die bereits im Ort ausgeschilderte neue Sehenswürdigkeit, der Nachbau eines **steinzeitlichen Langbettgrabes.** Hier befand sich bis zum 19. Jh. tatsächlich ein frühgeschichtliches Gräberfeld etwa aus der Zeit 3600–3200 v. Chr., das aber beim Deichbau zerstört wurde. Diese Langbett-Gräber waren bis zu 130 m lang und von einem Erdhügel bedeckt. Der Nachbau ist 60 m lang, sieben Meter breit und hat zwei Kammern, die aus sieben Träger- und zwei Decksteinen bestehen, die man klar unterscheiden kann. Etwas abgesetzt stehen noch zwei Wächtersteine. In der Mitte der Anlage wurde ein Opferstein platziert, auf dem die frühen Menschen ihren Göttern Opfer darboten.

Unterkunft

- **Campingplatz Wulfener Hals,** Tel. (04371) 862 80, www.wulfenerhals.de, ganzjährig geöffnet, 700 Stellplätze, ein sehr guter Platz! Spielplätze, Schwimmbad, Sauna, Restaurant, Surfschule, Fahrradverleih, Bogenschießen, Golfplatz, Kinderanimation, Live-Shows, Fitness-Einrichtungen, Massage-Praxis. Der Platz liegt direkt am Sandstrand und wurde schon mehrfach ausgezeichnet.

Katharinenhof

Katharinenhof ist ein **Dörflein** an der Südostseite der Insel, kaum mehr als eine Handvoll **Bauernhöfe** sind zu finden. Diese haben ein breites Angebot für Urlauber und deren Kinder, denn praktisch alle bieten schöne Unterkünfte an. Überdies finden sich entlang der Zufahrtsstraße zum Strand weitere Häuser mit Ferienwohnungen.

Der Strand besteht aus klassischer **Steilküste,** gut fünf Meter hoch, teilweise von Bäumen bewachsen und arg von Steinen durchsetzt. Hier liegt der **Campingplatz Ostsee** mit 350 Plätzen; man muss aber eine derart abseitige Lage zu schätzen wissen.

Interessant ist noch das **Museum am Katharinenhof** mit Exponaten, die Kinderspielzeug aus zwei Jahrhunderten zeigen. Zudem zu sehen: Musikspielgeräte, Antiquitäten und Haushaltswaren von der Zeit um 1920 (Waschtisch, Küchenherd, Nähmaschine).

Hinter dem Backhaus liegt ein Zeugnis aus ganz alten Tagen: ein **Hügelgrab.** Außerdem befindet sich dort eine **Kinderspielecke,** wo die Kleinen ihre Geschicklichkeit an historischen Spielgeräten versuchen können. In weiteren Gebäuden sind historische Handwerksgerätschaften und Kutschen ausgestellt.

- **Freilichtmuseum Katharinenhof,** Katharinenhof 15, Tel. 12 30, geöffnet: von Ostern bis Ende Oktober, Di–So 11–17 Uhr, im Sommer 11–17 Uhr, Eintritt: Erw. 5 €, Kinder 2,50 €.

Unterkunft

- **Ferienhaus Augustenhöhe**②-③, Haus Nr. 3b, Tel. 33 91, www.ferienhof-augustenhoehe.de. Insgesamt neun FeWos in drei verschiedenen Gebäuden. Modern und gut eingerichtet mit Terrasse oder Balkon und Garten, außerdem gibt es dort das nette Allee-Café.
- **Gut Katharinenhof**②-③, Haus Nr. 13, Tel. 86 99 45, www.ferien-katharinenhof-fehmarn.de. Ein ehemaliger Gutshof mit mehreren FeWos und Ferienhäusern. Fast klassisch ostholsteinisch gebaut mit breiter, gekiester Hofauffahrt, hohen Bäumen und nur 300 m vom Strand entfernt und bietet einen Brötchen-Service. WLAN.
- **Campingplatz Ostsee,** Tel. (04371) 90 32, www.camping-katharinenhof.de, geöffnet vom 1.4. bis 15.10., Spielplatz, Imbiss, Fahrradverleih, etwa 1 km vom Ort entfernt, Slip-Anlage für Boote, Multifunktionssportfeld, 250 Touristenplätze, WLAN.

Klausdorf

Klausdorf liegt an der Ostseite, etwa zwei Kilometer vom Meer entfernt. Eine durchaus ländlich geprägte Siedlung mit einigen **Bauernhöfen,** die noch bewirtschaftet werden. Die Dorfstraße schlängelt sich als „Hauptstraße“ hindurch, ein paar abzweigende Nebenstraßen ergänzen das Bild. Etwa im Zentrum liegt, von hohen Bäumen umgeben, der kleine **Dorfteich.** In Klausdorf findet schon etwas mehr Tourismus statt als in vielen Orten vergleichbarer Größe. Einige Anbieter von Ferienwohnungen haben richtig schicke Anlagen von beachtlicher Größe errichtet. Auch die Bauernhöfe können nicht gerade klein genannt werden, und der Campingplatz an der Küste zieht ebenfalls viele Gäste an. Ein kleiner **Hofladen** mit angeschlossenem Café und einem Mini-Streichelzoo liegt sehr schön zentral im Ort. Dort gibt es Lebensmittel, Brötchen, Zeitungen und im Café Frühstück, Kuchen und Eis. Auf den umliegenden Äckern drehen sich Windräder, ein regelrechter Windrad-Park ist so entstanden. Unmittelbar an der Küste führt ein **Radweg** entlang, sogar über das Gelände vom Campingplatz. Von hier genießt man herrliche Blicke auf die Ostsee. Allerdings zeigt sich der hiesige **Strand** von seiner rauen Seite – eine fünf bis acht Meter hohe **Steilküste** erhebt sich am Ufer. Der Strand ist entsprechend schmal und leicht steinig, an bestimmten Stellen bedecken angespülte Muscheln den Boden.

Unterkunft

- **Campingplatz Klausdorfer Strand,** Tel. (04371) 25 49, www.camping-klausdorferstrand.de. 25.3. bis 15.10. geöffnet, 450 komfortable Stellplätze, Spielplatz, Bolzplatz, Angeln, Restaurant. Kostenlose warme Duschen, vom Platz toller Fernblick über die Ostsee. WLAN.
- **Bauernhof Riessen**①-②, Dorfstr. 12, Tel. (04371) 32 95, www.bauernhof-riessen.de, bietet Urlaub auf dem Bauernhof in verschiedenen Häusern neueren Datums. Kinder haben einen Spielplatz mit Trampolin zur Verfügung, außerdem wird Ponyreiten angeboten, und es gibt eine Spielscheune und Kinderfahrzeuge.
- **Ferienhof Klausdorf**①-②, Dorfstr. 3, Tel. (04371) 861 40, www.ferienhof-klausdorf.de. Mehrere Wohneinheiten in einer komfortablen Anlage mit 25.000 m² Garten, auch eigene Ferienhäuser vorhanden. Außerdem werden Fahrräder verliehen und morgens die Brötchen gebracht. Für Kinder gibt's einen Spielplatz mit Trampolin.

Puttgarden

Puttgarden ist der **Fährhafen,** in dem die Eisenbahn- und Pkw-Fähren **nach Rødby in Dänemark** an- bzw. ablegen. Es ist eine große, weitläufige Hafenanlage, die hier entstanden ist. Neben dem großen Fährhafen liegt hier auch der **zweite Bahnhof von Fehmarn.** Für die meisten Züge ist hier Endstation, einige wenige fahren aber weiter bis nach Kopenhagen, und die werden dann routiniert in den Bauch einer Fähre rangiert. Seitdem aber eine feste Querung hinüber zum dänischen Nachbarn geplant ist, herrscht Unruhe. Ursprünglich sollte eine Brücke gebaut werden, nun wird es wohl ein Tunnel werden. Das dürfte zu Lasten des Fährbetriebes gehen und natürlich werden die Bauarbeiten auch das Leben in Puttgarden beeinträchtigen, aber das allerletzte Wort ist in dieser Sache ja noch nicht gesprochen. Noch pendeln die Fähren jede halbe Stunde und das tags wie nachts.

In einem schwimmenden Geschäft mit fünf Etagen namens **Portcenter** am Fährhafen decken sich hauptsächlich Skandinavier mit Alkoholika ein, aber es gibt dort z.B. auch eine umwerfende Auswahl an skandinavischem Lakritz. Ein paar **Kioske** bieten Fischbrötchen an. Man steht staunend auf dem Deich an der Hafenausfahrt und bewundert die Manöver der riesigen Schiffe. Die Fähren legen beinahe rund um die Uhr alle halbe Stunde ab und erreichen nach einer Stunde den dänischen Hafen Rødby. Wer einen **Ausflug** mit der Fähre nach **Dänemark** machen möchte, für den lohnt der Kauf eines Tagestickets.

■ **Preise für ein Tagesticket:** Pkw bis 6 m Länge 67–87 € (Nebensaison) oder 87 € (Hauptsaison). Motorrad inkl. 2 Personen: 49 € oder 56 €. Fahrrad inkl. Radler: 6 € oder 15 €. Erwachsener: 6 € oder 11 €. Kinder (4–11 Jahre): 4 €. Familie (2 Erw. und max. 3 Kinder): 16 € oder 26 €. Tickets gibt es am Automaten oder am Schalter mit „Manuellem Service", wobei aber eine „Handling Fee" (Benutzungsgebühr) von 7 € erhoben wird.

■ **Info:** Tel. (0381) 77 88 77 66, www.scandlines.de.

Unterkunft

■ **Hotel Dania**④, Fährhafenstr. 1, Tel. (04371) 86 60, www.hotel-dania.de, beim Hafen gelegen, unübersehbar durch die rechteckige Bauform und die bunte Bemalung. Die Zimmer bieten tollen Meerblick auf den Fährhafen, unten befindet sich ein Restaurant, wo das Frühstück ab 6 Uhr serviert wird.

■ **Campingplatz Puttgarden,** Tel. (04371) 34 92, vom 1.4. bis 3.10. geöffnet. Ein kleiner Platz mit 150 Stellplätzen hinterm Deich mit Blick auf den Schiffsverkehr vor Puttgarden.

Gammendorfer Strand

Am Gammendorfer Strand befindet sich das **Niobe-Denkmal,** das an den Untergang des Segelschulschiffes „Niobe" am 26. Juli 1932 erinnert, bei dem 69 Männer, zumeist junge, unerfahrene Kadetten, ertranken. Der Mast dieses Schiffes steht hier am Strand zum Gedenken an dieses Unglück.

Der **Strand** zeigt sich hier wieder lieblicher, zwar etwas von Steinen durchsetzt, aber immerhin 25 Meter breit. Direkt anschließend folgt eine **Dünenlandschaft,** die man sonst an Ostseestränden in dieser Dichte selten sieht. Abgerundet wird dieses landschaftlich schöne Bild durch ein kleines **Waldgebiet,** in dem auch ein **Campingplatz** liegt. Folgt man dem Strand in Richtung Puttgarden, gelangt man zum **Vogelschutzgebiet Grüner Brink,** einer Strandwaldlandschaft mit moorigen und brackigen Seen, im Spätsommer ein beliebter Rastplatz für Tausende von Vögeln. Zwischen Strand und Heide hat sich im Laufe vieler Jahre ein **Strandsee** gebildet, sodass auf engstem Raum Ostsee, Strand, Heide und Feuchtgebiet zu finden sind. Ein **Wanderweg** – auch für Radfahrer – führt auf dem Deich am Naturschutzgebiet entlang. Diesen bitte nicht verlassen. Er führt bis zum Strandabschnitt vom Niobe-Denkmal und von dort weiter bis zur Nordspitze Fehmarns.

Unterkunft

■ **Campingplatz Am Niobe,** Tel. (04371) 32 86, www.camping-am-niobe.de, geöffnet vom 1.4. bis 15.10. Der Platz liegt hinterm Deich ca. 200 m vom Strand entfernt und zählt 300 Stellplätze, bietet u.a. Läden, Imbiss, Restaurant und Angelmöglichkeiten, wurde ebenfalls schon ausgezeichnet. WLAN.

› Info-Zentrum des Wasservogelreservats Wallnau

Wallnau

Hier an der Westseite der Insel entstand 1977 aus einem ehemaligen Gutshof ein **Wasservogelreservat** und **Naturschutzgebiet.** Große Teile der Wallnauer Niederung sowie ein 300 Meter breiter Streifen der Ostsee stehen seitdem unter Naturschutz. Das Areal hat eine Gesamtgröße von 300 Hektar und besteht aus flachen Teichen, Feuchtwiesen und einem zwei Kilometer langen Strand nebst Stranddünen.

Der Naturschutzbund hat hier einen **Lehrpfad** angelegt und insgesamt vier **Beobachtungsstände** gebaut. Diese sind gut getarnt hauptsächlich an Wasserstellen zu finden, dort können die Vögel dann durch kleine Sehschlitze ungestört beobachtet werden. Der Lehrpfad führt an diesen Posten vorbei und bringt den Wanderer auch wieder zurück zum Ausgangspunkt.

Ein **Rundgang** beginnt in dem weißen Informationszentrum, wo jeder Besucher einen Überblick erhält. So kann man sich beispielsweise an einem Modell eine erste Orientierung verschaffen. Jede Führung beginnt mit einem kleinen Vortrag, dann geht's los in die Natur. Schon nach 500 m werden die **Beobachtungsstellen,** die „Verstecke", erreicht. Zum besseren Beobachten der Vögel wurden vier Sichtschutzwälle errichtet, wo kleine Hütten mit Beobachtungsschlitzen eingebaut wurden. Von dort schaut man auf die verschiedenen Teiche, die unterschiedlichen Lebensräume der Vögel. Die Menschen verbergen sich gewissermaßen vor den Tieren, beobachten diese aus sicherer Distanz. So kommen Mensch und Tier sich gar nicht

373sh hj

erst ins Gehege. Die Tiere können obendrein in ihrem ursprünglichen natürlichen Verhalten beobachtet werden. Insgesamt ist nur ein kleiner Teil des Reservats für Besucher freigegeben, einen guten Überblick über die ganze Anlage gewinnt der Besucher vom 12 m hohen **Beobachtungsturm.**

■ Geöffnet: täglich 10–17 Uhr, im Winter ist das Infozentrum zeitweise geschlossen. Eintritt: Erw. 7 €, Kinder (6–18 Jahre) 3 €, Kinder haben am Montag freien Eintritt, Führungen: 1.3.–31.10. tägl. 11, 13, 15 Uhr, www.nabu-wallnau.de.

Landkirchen

Landkirchen ist ein Ort, der schon so etwas wie ein **Verkehrsknotenpunkt** geworden ist, da hier mehrere Straßen zusammentreffen.

Bemerkenswert ist hier die **St.-Petri-Kirche,** ein frühgotischer Backsteinbau mit einem separat stehenden, hölzernen Turm. Auch im Inneren glänzt eher barocke Pracht, ergänzt um einige kostbare Details. So beispielsweise das **Votivschiff** aus dem Jahr 1617, eine naturgetreue Nachbildung eines Lübecker Kriegsschiffes. Von allen vor 1650 erstellten Votivschiffen gilt dieses als das schönste, es wurde 1617 von Fehmarner Schiffern gestiftet. Weiterhin sehenswert sind sowohl der spätbarocke **Altar** von 1715, als auch die spätbarocke **Kanzel**

033sh hj

In der Kirche St. Petri in Landkirchen

St.-Johannis-Kirche in Petersdorf

von 1727 und die achteckige **Barocktaufe** von 1735, die dem Abendmahlskelch nachempfunden wurde. Von historischem Wert ist außerdem der **Landesblock,** eine gewaltige Truhe mit starken Schlössern. Hier wurden Urkunden und Siegel verwahrt, als die Fehmarner Landesversammlung noch ihre Sonderrechte genoss.

■ Die Kirche ist von Ostern bis Oktober Mo–Fr 8–16 Uhr, Sa/So 12–16 Uhr geöffnet.

Gastronomie

■ Genau gegenüber der Kirche liegt das Restaurant **Dat oole Aalhus,** die Speisekarte weist aber neben Aal durchaus noch weitere Gerichte auf. Hauptstraße 39a, Tel. (04371) 91 99. Di–So ab 17 Uhr, Juli–Okt. täglich geöffnet.

Petersdorf

Im Vergleich zu anderen Orten auf Fehmarn kann man Petersdorf durchaus als größeren Ort bezeichnen, immerhin liegt er mit seiner Einwohnerzahl auf Platz 2. Die recht **zentrale Lage** im Westen der Insel hat Petersdorf zu einerArt Anlaufpunkt und Verkehrsknoten werden lassen. Der Ort liegt ca. 5 km von der Küste entfernt. Gegründet um das Jahr 1230, siedelten sich hier im Laufe der Zeit einige Kleinhandwerker und Gewerbetreibende an. So entstand auch die 1893 erbaute **Südermühle.**

Der **Ortskern** rund um die Kirche zeigt sich idyllisch, dazu tragen auch die Straßen mit Kopfsteinpflaster bei, an denen etliche ältere Häuser stehen. In Petersdorf findet alljährlich das große **Rapsblütenfest** statt, zumeist im Mai, aber der genaue Termin kann schwanken und sollte über die Tourismusinformation bestätigt werden.

St.-Johannis-Kirche

Weithin sichtbar ist der **Turm** der St.-Johannis-Kirche, mit 62 m der höchste der Insel. Angeblich diente er in früheren Zeiten den Seeleuten als eine Art Markierung. Er wurde nach einem Brand im 16. Jh. neu erbaut. Die Kirche selbst wurde aus rotem Backstein im 13. Jh. errichtet. Die Kirche wirkt recht dominierend, aber zugleich äußerst schlicht.

Im Inneren setzt sich der Eindruck der stilvollen Schlichtheit fort, wuchtige Stützpfeiler und Spitzbögen tragen das

713sh mux

dreischiffige Gotteshaus, aber sie integrieren sich geschickt ins Gesamtbild. Der gotische dreiflügelige **Altar** wurde schon 1390 erschaffen. Noch ein paar Jährchen mehr zählt die gotländische **Kalksteintaufe** (1280). An den Seitenwänden hängen diverse gestiftete Gemälde und etliche kunstvoll geschnitzte **Holzepitaphe** reicher Fehmarner. Ein äußeres Detail kann vom Boden nur teilweise gesehen werden, perfekt wäre ein Blick von oben: Um die Kirche wurde kreisförmig ein Ring aus Bäumen gepflanzt.

■ Geöffnet: von Ostern bis Ende Okt. 8–18 Uhr, **Gottesdienst:** So 10 Uhr. Während der Sommersaison finden am Abend Konzerte statt.

Unterkunft

■ **Pension Lange**②, Mittelstr. 10, Tel. 60 130, www.erlebnis-fehmarn.de. Sechs Zimmer in einem neuen Haus beim Dorfteich.

Gastronomie

■ **Kleine Kaffeestube,** Hauptstraße 15, Tel. 0170 29 63 198, geöffnet: tägl. 9.30–18 Uhr, Mi geschlossen. Dieses kleine Café liegt im Ortskern von Petersdorf, nicht sehr weit entfernt von der Kirche, und es bietet Torten, Waffeln, Quarkspeisen, Brötchen und Eiskaffee. Es wird auch Frühstück serviert, u.a. mit frischem Obstsalat. Mini-Terrasse vorhanden.

Flügge

Am südwestlichen Inselzipfel ist der **Strand** von Flügge zu finden. Auch dieser ist recht langgezogen und etwa 10 bis 20 Meter breit, aber leicht kieselig. Eine breite Landschaft mit Strandgrasbewuchs begrenzt den Strand, dann folgt ein kleines Wäldchen. Zwischen Wald und Strandgras liegt der **Campingplatz Flügger Strand.**

Dort findet sich beim Flügger Strand ein ganz besonderes Erinnerungsstück, ein **Gedenkstein zu Ehren von Jimi Hendrix.** Der gab nämlich hier auf Fehmarn sein **letztes Konzert,** zwölf Tage vor seinem Tod am 18. September 1970 in London. Damals fand ein dreitägiges *Love-and-Peace*-Konzert auf diesem Acker bei dem winzigen Ort Flügge statt. Kaum zu glauben, es versammelten sich hier 30.000 Leute bei strömendem Regen, drei Tage lang! Das Konzert endete im Chaos, aber *Hendrix* trat wirklich auf.

Zu finden ist der Stein wie folgt: Richtung Flügge bis zum Campingplatz Flügger Strand fahren. Direkt vor dem Parkplatz führt nach rechts ein Deich, auf diesem bis zum Ende des Campingplatzes laufen. Vor einem kleinen Wäldchen liegt der Stein, auf dem eine Gitarre eingemeißelt wurde und folgende Inschrift: „Jimi Hendrix, Fehmarn, Love and Peace Festival 4.–6.9.1970".

Unterkunft

■ **Campingplatz Flügger Strand,** Tel. (04372) 714, www.fluegger-strand.de, geöffnet Anfang April bis Mitte Okt., ca. sechs Kilometer sind es bis zum nächsten Ort. Der Platz liegt sehr schön am Meer und es werden auch Ferienhäuser vermietet. Etwa 500 Stellplätze; Spielplätze, Animationsprogramm und Restaurationsbetriebe sind vorhanden.

Orth

Einer der ganz wenigen Orte auf Fehmarn, die überhaupt **direkt am Wasser** liegen. Dies gibt ihm gleich eine besondere Note, auch wenn Orth aus kaum mehr als zwei Straßen besteht. Orth weist einen kleinen **Hafen** auf mit Liegeplätzen für kleine und mittlere Segelboote. Heute wird der Hafen ausschließlich für Sportboote genutzt, aber im 19. Jh. wurde hier Getreide in Frachtschiffe umgeschlagen. Zeugen dieser Phase sind die hohen alten **Speicher,** die immer noch in Orth stehen. Selbst wer nicht in See stechen möchte, kann hier eine nette Prise **Hafenromantik** schnuppern bei einem Spaziergang über das Kopfsteinpflaster und beim Bewundern der vielen Schiffe, die hier im Hafenbecken dümpeln. Nach knapp 200 m hört die Hafenpromenade auf, endet am Hafenbecken bzw. auf der anderen Seite am Deich. Einzige Sehenswürdigkeit ist der geschnitzte **Wegweiser,** der nach Orth an der Donau, nach Hawaii und nach Danzig zeigt. Den hat *Kuddel,* der Schnitzer, geschaffen, der auch ähnliche Holztafeln u.a. in Lemkenhafen schnitzte.

Gastronomie

- **Restaurant Piratennest,** Am Hafen 1, Tel. 80 65 90. Witzig gestaltete Karte, beste Lage direkt am Wasser, ab 12 Uhr geöffnet.
- **Café am Hafen,** Am Hafen 2, Tel. 80 65 37, geöffnet ab 6.30 Uhr. Schön gelegenes kleines Café mit Terrasse, Selbstbedienung und natürlich Hafenblick.

714sh mux

■ **Kap Orth,** Am Hafenstieg. Etwas versteckt liegt dieser bunte Hafen-Imbiss. Hier gibt es kleine Gerichte und leckere Fischbrötchen. Obendrein einen tadellosen Blick auf den Orther Hafen. Draußen gemütliche Terrasse teilweise mit Strandkörben und Fässern als Tischersatz.

Lemkenhafen

Lemkenhafen ist eine **Tochtersiedlung** des knapp 5 km weiter im Hinterland gelegenen Dorfes Lemkendorf. Heute befindet sich hier ein **Yachthafen** mit etwa 140 Liegeplätzen.

Am Mühlenweg liegt eine gut besuchte Sehenswürdigkeit, die **Museumsmühle.** Die europaweit einzig erhaltene Segelwindmühle „Jachen Flünck" sieht man schon von Weitem. Ihr Bau im Jahr 1787 durch den Händler *Joachim Rahlff* fiel in die Zeit, als in Lemkenhafen die meisten Waren der ganzen Insel umgeschlagen wurden. Betrieben wurde sie bis 1954, seit 1961 wird sie als Mühlenmuseum betrieben. Das harte Leben der Landbevölkerung wird anschaulich gemacht durch diverse Arbeitsgeräte und Fotos von der Jahrhundertwende, welche die damaligen Arbeitsmethoden zeigen. Aber nicht nur die Welt der Müller ist zu bestaunen, sondern das ganze Spektrum Fehmarner Kultur, dargestellt anhand des Modells seines Bauernhofes, historischer Aufnahmen und Porträts von bekannten Fehmarnern.

■ **Mühlen- und Landwirtschaftsmuseum,** Mühlenweg 45, geöffnet: Juni bis Okt. täglich außer Mi 10–17 Uhr, Eintritt: 4,50 €, Schüler und Studenten 2 €, Kinder (4–12 Jahre) 1 €.

Gastronomie

■ **Restaurant Aalkate,** Tel. (04372) 532. Serviert beste Fischgerichte, auch Außer-Haus-Verkauf.

Aktivitäten auf Fehmarn

Aktivitäten in Burg

Angeln

■ **Hochseeangelfahrten** werden mit verschiedenen Schiffen ab Hafen Burgstaaken angeboten, Infos: www.hochseeangeln-fehmarn.de.

Radfahren

■ **Fahrradverleih Werner Marquardt,** Süderstraße 24, Tel. (04371) 33 26.

■ **Conny's Fahrradverleih,** Breite Straße 46, Tel. (04371) 13 03.

■ **Fahrrad Shop,** Landkirchener Weg 23, Tel. (04371) 60 88 69.

Kino

■ **Burg Filmtheater,** Breite Straße 13, Tel. (04371) 67 28, Programmansage: 95 55.

Reiten

■ **Fehmarnscher Ringreiterverein,** Fehmarn Reithalle, Staakenweg, Tel. (04371) 38 07.

Segeln

■ **Segel- und Wassersportschule Dübe,** Am Yachthafen 5–7 in Burgtiefe, Tel. (04371) 64 26, www.yachtschule-duebe.de.

Minigolf

■ **Funtasia,** ein Indoor-Minigolfplatz im Hafen von Burgstaaken, der abends sehr schön illuminiert wird. Hafenstr. 69, Tel. 314, www.funtasia-golf.de, geöffnet: Mitte Mai bis Ende Sept. ab 11 Uhr bzw. 12 Uhr, in der Saison bis 20 oder gar 22 Uhr. Preise: Kinder bis 14 Jahre 5,50 €, Erwachsene 7,50 €.

Aktivitäten in weiteren Orten

Neben den unter Burg genannten Adressen gibt es noch eine Reihe weiterer Angebote, verstreut über die ganze Insel.

Angeln

- Mit der **„MS Antares"** ab Hafen Orth. Infos: www.hochseeangeln-antares.de, Tel. (04371) 50 18 76.

Radfahren

- **Wilhelm Becker,** Middeldorf 1, 23769 Dänschendorf, Tel. (04372) 331.
- **Nico Hinz,** Meisterstr. 17, 23769 Landkirchen, Tel. (04371) 33 34.
- **Bikespot,** Königstraße 9, 23769 Lemkenhafen, Tel. (0157) 57 99 01 55, www.bikespot-lemkenhafen.de.

Minigolf

- **Campingplatz Wallnau** und **Campingplatz Miramar** in Fehmarnsund, sowie die Indoor-Minigolfanlage **Funtasia** am Hafen von Burgstaaken.
- **Adventure Golf,** am Ortsausgang von Meeschendorf Richtung Staberhuk, Tel. 88 88 574, www.adventure-golf-fehmarn.de. geöffnet 15.6.–31.8. tägl. ab 10 Uhr, in der Nebensaison Mo geschlossen. Mal was anderes: eine Mischung aus Minigolf und klassischem Golfspiel. Man schlägt die Bälle nicht so weit wie beim Golf, muss aber doch Hindernisse überwinden, wie beim Minigolf.

Ponyreiten

- **Ferienhof Ogriseck,** Rosenstr. 14, Bannesdorf, Tel. (04371) 87 92 69, www.ogriseck-fehmarn.de.
- **Ponyhof Wallnau,** Wallnau 2, Tel. (01525) 39 85 11, www.reiten-auf-fehmarn.eu.
- **Ferienhof Rauert,** Dorfstr. 20, Klausdorf, Tel. 42 66, www.mein-fehmarn-urlaub.de.
- **Ferienhof Wiepert,** Dorfstr. 31, Lemkendorf, Tel. (04372) 248, www.wiepert-ferienhof.de.

Rundflüge

- **Flugplatz Neujellingsdorf,** Tel. (0171) 99 10 931 oder über www.fehmarn-air.de. Preis: 10 Flugminuten für bis zu drei Personen ab 17 € pro Person.

Schach

- Freiluftschach mit Großfiguren beim **Haus des Gastes** am Südstrand.

Segeln/Surfen

- **Wassersportcenter Windsurfing Fehmarn,** Am Hafen 2, Orth, Tel. (04372) 10 52, www.windsurfing-fehmarn.de.
- **Windsurfing Wulfen,** Tel. (04371) 59 88, www.windsurfing-wulfen.de.
- **Windgeister Fehmarn,** Am Hafen 1, Orth, Tel. (04371) 18 06, www.windgeister.de.
- **Windsurfingschule Charchulla,** die Surf-Zwillinge *Jürgen* und *Manfred Charchulla* betreiben Surfschulen auf Fehmarn. *Jürgen* in Strukkamphuk, Tel. (0160) 178 90 55, www.surfschule-charchulla.de, bzw. *Manfred* am Südstrand, Tel. (04371) 34 00, www.surf-charchulla-kite.de.
- **Surfen und Segeln** in Gold, Haus Nr. 4, Tel. (04371) 69 59, www.surfenundsegeln.de.

Tauchen

- **Tauch-Basis Katharinenhof,** Dorfstr. 27, Tel. (04371) 54 93, www.tauchen-fehmarn.de.
- **Tauchschule Fehmarn,** auf dem *Strandcamping Wallnau*-Gelände, Tel. (0172) 98 95 419, www.tauchschule-fehmarn.de.

222

316sh hj

3 Hohwachter Bucht

Wenig bekannt und das trotz sehr schöner, langer Sandstrände ist die Hohwachter Bucht. Die meisten Orte sind klein, Heiligenhafen mit seinem Fischerhafen ist schon der größte. Hohwacht selbst glänzt mit sehr schicken Hotels und unweit von Laboe kann man kilometerweit am Meer radeln.

< Segeln vor Heiligenhafen

„GEHEIMTIPP" AN DER OSTSEE

Leicht am Rande liegend, aber doch nicht aus der Welt gefallen, zeigt sich die Hohwachter Bucht. Sehr **schöne Sandstrände** warten auf Gäste, mit Namen, die Sehnsüchte wecken („Kalifornien", „Brasilien"), **schmucke Orte,** die sich nicht völlig dem Tourismus ergeben haben und ein Ferienzentrum am Weißenhäuser Strand, bei dem die Jahreszeiten keine Rolle mehr spielen. Wer **ruhige Tage** am Strand verbringen will und auf ein rauschendes Nachtleben verzichten kann, der ist hier richtig.

376sh mux

Überblick

Wenn es noch so etwas wie einen **Geheimtipp** an der Ostseeküste gibt, dann könnte es die Hohwachter Bucht sein. Sicher werden dies etliche Urlauber dementieren, die schon seit Jahr und Tag hierher kommen. Aber es gibt ja auch noch andere. Selbst wer schon viele Ostseestrände gesehen hat, kennt diesen Abschnitt vielleicht noch nicht. Die Orte veranstalten eben keinen so großen Rummel um sich selbst. So mancher hochgelobte Strand der Lübecker Bucht würde hier vor Neid erblassen, wenn das denn ginge.

Ein Blick auf die Landkarte zeigt, dass die Hohwachter Bucht strenggenommen den **Abschnitt von Heiligenhafen** (also dem letzten Ort vor Fehmarn) bis etwa zum Ort Hohwacht meint. Hier soll er etwas weiter gefasst werden, verlängert bis nach **Schönberger Strand,** was, wieder strenggenommen, zum Gebiet der Kieler Bucht zählt.

Was macht den Reiz dieser Gegend aus? Zunächst einmal wären da eine Reihe von ganz **vorzüglichen Stränden,** sei es in Heiligenhafen (auf einer Nehrung), am Weissenhäuser Strand (mit 365-Tage-Feriensiedlung unter Glas), dem Ort Hohwacht (Sandstrand und Steilküste mit einigen schicken Hotels) oder in Schönberg, wo die Strände so kuriose Namen wie „Kalifornien" und „Brasilien" tragen. Der **Tourismus** hat hier überall Einzug gehalten, natürlich, aber

mit der Ausnahme von Weissenhäuser Strand dominiert er nicht völlig. Ein alter Ortskern ist überall erhalten. Die Urlauber, die kommen, wissen das zu schätzen und die Einheimischen offenbar auch. Die Strände sind durchweg sehr schön, feinsandig, langgezogen und obendrein auch einigermaßen breit.

Wer sich einmal aufmacht, das Hinterland zu erkunden, findet so reizvolle Orte wie Lütjenburg (schickes altes Stadtbild), Oldenburg (mit einer geschichtlichen Einmaligkeit, dem Wallmuseum) oder die historische Museumseisenbahn von Schönberg.

Entspannen auf der Seebrücke von Heiligenhafen

NICHT VERPASSEN!

- **Heiligenhafen,** ein Ort mit „richtigem" Hafen-Feeling | 138
- Ruhige, charmante Orte wie **Hohwacht** | 147
- Endloser Strand am **Schönberger Strand** | 155
- **Museumseisenbahn** in Schönberg | 156

Diese Tipps erkennt man an der gelben Hinterlegung.

Heiligenhafen

1259 wurde erstmals eine Siedlung an der Stelle des heutigen Ortes erwähnt; ein halbes Jahrhundert später bekam Heiligenhafen bereits **Stadtrechte.** Das war rasant, aber dann ging es nicht ganz so flott weiter. Um wieder in den Blickpunkt des Geschehens zu gelangen, dauerte es noch bis 1803, als eine **Fährverbindung mit Dänemark** eröffnet wurde. Das war dann auch ausschlaggebend für den Bau eines größeren **Hafens.** Der dominiert das Stadtbild noch heute, wenn auch zu nicht geringem Teil durch Freizeitkapitäne mit ihren Segeljachten. Eine riesige **Marina** ist so entstanden, etwas vom eigentlichen Hafen entfernt, aber doch im Stadtbereich.

Heiligenhafen trägt seit 1974 den Beinamen **„Ostseeheilbad"**, liegt aber strenggenommen gar nicht an der Ostsee – oder zumindest nur zur Hälfte. Wie das? Heiligenhafen lag nämlich einst an einer Bucht. Deren Außenkante schob sich aber immer weiter ins Meer, bis eines Tages die Bucht geschlossen und ein **Binnensee** entstanden war. Die Landzunge, Nehrung genannt, schob sich weiter und verläuft heute unweit des Hafens im Meer. Hier auf der Landzunge ist der schöne, 4,8 Kilometer lange **Strand** zu finden, immer der Nehrung folgend.

Der Hafen liegt in der Nähe des Zentrums. Fischerboote dümpeln, Läden und Buden mit Fischbrötchen laden zum Verweilen ein. Insgesamt kann man hier schon eine gute Hafen-Atmosphäre erleben und wenn die Kutter einlaufen, wird zumeist auch Fisch direkt von Bord verkauft. Die benachbarte Marina ist sehr groß, an mehreren Stegen machen kleine und auch etliche nicht so kleine Segelschiffe fest. Im Sommer schaukelt so ein einzigartiger Mastenwald auf der Ostsee, was nett anzuschauen ist.

Heiligenhafen wurde aufgehübscht. Die Promenade ist sehr schmuck, hat zehn Spielflächen eingerichtet und vor allem entstand eine einzigartige, 400 m lange, **Seebrücke.** Ihre Form besteht aus drei sich am Ende überlagernden Streben, im Mittelteil wird sie deshalb sogar zweistöckig mit einem Kinderspielbereich. Am Ende dieser Holzbrücke können Badefreudige in die Ostsee steigen.

Am südlichen Binnensee wacht derweil der nordische Meeresgott *Njörd* über allem. Erschaffen wurde die **Skulptur** aus **Altmetall,** und nicht wenige wollen in seinem Gesicht die Züge von *Thomas Gottschalk* erkennen.

Die Ausläufer der Nehrung sind zum **Vogelschutzgebiet** erklärt worden. Führungen finden von April bis Oktober täglich um 10.30 und 15 Uhr ab dem 15 Meter hohen hölzernen Beobachtungsturm statt, der am Ende des Weges auf dem Graswarder steht und an einen Vogel erinnert. Er wurde von einem Star-Architekten entworfen, der hier ein Ferienhaus besitzt.

Ein **Ferienpark** mit mehreren **Hochhäusern** entstand schon vor Jahrzehnten. Diese liegen etwas außerhalb vom Ort, dort, wo die Nehrung einst begann. Dort steht auch das neue **Aktiv-Hus Wellness und Gesundheit** mit einer großen Saunalandschaft, Meerwasser-Hallenbad, Sportarena und einer 1000-m²-Kinderspielwelt mit dem Namen „Schatzinsel".

Der **Ortskern** von Heiligenhafen versprüht einen netten, teilweise altertümlichen Charme, im Zentrum rund um den Markt sind etliche schöne, alte Häuser in Gassen mit Kopfsteinpflaster zu finden.

Der **Strand** ist, wie gesagt, auf der Nehrung zu finden, etwa 50 Meter an der breitesten Stelle, später ist er allerdings schmaler. Er ist weitestgehend frei von Steinen und wird von einem leichten Dünenbewuchs begrenzt.

Heiligenhafen

Sehenswertes

Der **Stadtkern** ist adrett und nostalgisch schön, viele Häuser sind schick renoviert. An klassischen Sehenswürdigkeiten gibt es nicht viel zu bestaunen, es ist mehr das Gesamtbild, das beeindruckt.

Die Grundmauern der **evangelischen Kirche** stammen noch aus dem 13. Jahrhundert, die Stufenhalle wurde im 15. Jahrhundert erbaut, auch das Chorgestühl und die Standfiguren Adam und Eva stammen aus dem 16. Jahrhundert. Führungen: Di, Do, Sa um 11 Uhr. Unterhalb der Kirche befindet sich ein alter **Salzspeicher,** welcher auf 1587 datiert wird. Und schließlich kann noch ein kleines **Heimatmuseum** besichtigt werden, in dem die Stadtgeschichte erläutert wird und Exponate zur Seefahrt und Fischerei gezeigt werden. Das Haus steht übrigens unter Denkmalschutz.

■ Thulboden 11a, Tel. 38 76, geöffnet: April bis Oktober Di–Fr und So 15–17 Uhr. Eintritt Erw. 2 €, Familien 4 €.

Ein **Glockenspiel** steht am Marktplatz vor dem Rathaus und spielt fünfmal am Tag (immer um 9, 12, 15, 18 und 21 Uhr) eine Melodie, immer ein anderes Lied. Eine Übersicht hängt an der Rathauswand.

An der kleinen **Hafenmeile** kommt schon ziemlich maritime Stimmung auf. Zumeist dümpeln dort Schiffe, ein paar urige **Kneipen** locken zum Bierchen zwischendurch, und auch mehrere **Geschäfte** bieten allerlei Nautisches an. Nett kann man dort flanieren und mal in die Fischhalle schauen, dort gibt's frischen Fisch auf den Teller oder zum Außer-Haus-Verkauf.

Bei der alljährlichen **Lichtmesswette** entscheidet sich übrigens, ob der Winter noch mal zuschlägt. Scheint die Sonne am Mittag des 2. Februar so lange, wie ein Reiter benötigt, ein Pferd zu satteln, friert der Sund erneut zu.

Etwas außerhalb stand in Klaustorf viele Jahre ein Horchposten der Bundeswehr, heute befindet sich hier im Keller die **Ostsee-Erlebniswelt.** In über 20

Aquarien wird die Pflanzen- und Tierwelt der Ostsee gezeigt, außerdem gibt es ein Fischerei- und ein Meeresmuseum.

■ **Ostsee-Erlebniswelt,** Bäderstraße 6a, Klaustorf, Tel. (04371) 44 16, www.ostseeerlebniswelt.de, geöffnet: März bis Okt. täglich 10–18 Uhr, Nov. bis Februar Winterpause, Eintritt. Erw. 10 €, Kinder (4–15 Jahre) 7 €, Senioren und Schüler 8 €, Kombiticket mit *Meereszentrum Fehmarn* 18/12 €.

Praktische Tipps

Info

■ **PLZ:** 23774
■ **Vorwahl:** 04362
■ **Tourismus-Service,** Bergstr. 43, Tel. 907 20, geöffnet: Mo–Fr 9–17 Uhr, Mai–Okt. auch Sa 10–15 und So 12–15 Uhr, sonst eingeschränkte Zeiten.
■ **Internet:** www.heiligenhafen-touristik.de

An- und Weiterreise

■ **Busse:** Busverbindungen nach Oldenburg bzw. Puttgarden, Abfahrt von der Hauptstraße Am Strande.
■ **Parken:** Plätze sind ausgeschildert; ein riesiger, kostenfreier liegt am Hafen.
■ **Wohnmobile** finden auf Steinwarder (ausgeschildert) einen Stellplatz mit Servicestation, geringe Gebühr.
■ **Taxi:** *Küstentaxi*, Tel. 78 72.

Unterkunft

■ Die Apartmentanlage **Ferienpark Heiligenhafen**②-④ ist eine kleine Welt für sich mit allen Versorgungs- und Unterhaltungseinrichtungen, die der Gast so braucht. Wer sich nicht daran stört, dass er in teilweise 15-stöckigen Hochhäusern seine Unterkunft bezieht, hat hier wirklich eine breite Auswahl. Wie viele FeWo hier angeboten werden, ist kaum zu sagen, ein paar hundert dürften es aber sein. Es gibt mehrere Dutzend Vermieter, vom kleinen Anbieter bis hin zu großen Agenturen, über die man an die 100 FeWo zur Auswahl hat. Hier können nur die Adressen der Großen angegeben werden:

Fa. *Borsum Immobilien, Ferienpark Ladenzeile,* Tel. 26 23, www.borsum-vermietung.de.

Bünning Ferienpark (Aktiv-Hus), Tel. 50 35 96, www.vermietung-buenning.de.

■ **Hotel Stadt Hamburg**④, Hafenstr. 17, Tel. 503 88 22, www.hotelstadthamburg.net. Sehr zentral gelegen, gleich beim Hafen um die Ecke und auch zum Markt ist es nicht sehr weit. Das historische Haus steht unter Denkmalschutz, hat nur 11 sehr funktional eingerichtete Zimmer, die unterschiedlich groß sind. Es gibt WiFi und ein Restaurant.

■ **Hotel Seestern**③, Am Strande 3, Tel. 22 86, www.seestern-heiligenhafen.de. Schöner Blick auf das Wasser und den Hafen, neun helle und freundlich eingerichtete Zimmer in sehr zentraler Lage, unten befindet sich ein Fischrestaurant. WLAN.

■ **Hotel Mira Mare**③, Bergstr. 20, Tel. 22 78, www.hotel-mira-mare.de. Familiäres Hotel mit 16 korrekten Zimmern, von einigen hat man Weitblick über die Dächer bis zur Ostsee. Unten befindet sich ein griechisches Restaurant.

■ **Hotel Meereszeiten**④, Am Yachthafen 2–4, Tel. 50 05 00, www.hafenhotel-meereszeiten.de. Ein neues und modern gestaltetes Hotel direkt am Hafen gelegen, als Gast genießt man von fast allen Zimmern einen Blick aufs Wasser. Neben den Hotelzimmern werden fünf Apartments vermietet. Die Einrichtung ist in hellen Farben und mit viel Holz gestaltet, es gibt eine Tagesbar, aber kein Restaurant.

[>] Die sehr große Marina von Heiligenhafen

377sh mux

Das Gebiet der Nehrung trägt den Namen **Steinwarder,** hier liegen noch weitere Häuser:

■ **Haus Brandung**②-③, Gisela Lüttgens, Graswarder 4, Tel. 17 77, www.haus-brandung.de. Reetdachhaus in exponierter, einsamer Lage direkt am Meer auf der Naturschutzinsel Graswarder.

■ **WoMo-Stellplatz:** Ein kleiner Platz (20 Stellplätze) liegt am Binnensee am Eichholzweg, momentan allerdings ohne Stromversorgung.

Gastronomie

Unmittelbar am Hafen liegt ein touristisches Zentrum mit einer Reihe von Lokalen und Geschäften.

MEIN TIPP: **Treffpunkt Fischhalle,** Am Hafen, Tel. 50 67 23, geöffnet: täglich 9–19 Uhr. Liegt am Ende der rechten Hafenmole. Bietet Frühstück, eine gute Fisch-Küche, Fischbrötchen und hat auch ein Ladengeschäft für frischen oder geräucherten Fisch.

■ **Lütt Hus,** Brückstr. 8, Tel. 23 81. Kleines, gemütliches Lokal in Uralt-Kate, mit einer überschaubaren Anzahl an deutschen Gerichten. Zubereitet wird in einer offenen Küche, die Gäste können dem Koch bei der Zubereitung zuschauen. Geöffnet: 17–21 Uhr, So auch 11.30–13.30 Uhr. Di geschlossen.

■ **Käppen Plambeck,** Am Strande 1, Tel. 18 86. Direkt am Hafen, Fisch satt und superber Hafenblick, geöffnet: tägl. 11–21 Uhr.

■ **Weinigels Fährhaus,** Hafenstr. 4, Tel. 76 36. Schöne Lage im Hafen, serviert vor allem Fischgerichte. Geöffnet ab 11 Uhr.

■ **Zum alten Salzspeicher,** Hafenstr. 2, Tel. 28 28, geöffnet ab 31.3. täglich 12–15, 17–22 Uhr, außerhalb der Saison ab 17 Uhr. In einem historischen Gebäude unweit des Hafens, Fisch- und Fleischgerichte sowie jahreszeitliche Spezialitäten und Pfannkuchen.

Wassersport

- **Segeln:** Segelschule *R. Bennewitz,* Infos in der Kapitän-Nissen-Straße 3, Tel. 22 44, www.bennewitz.de; *Wassersportcenter Heiligenhafen,* Eichenholzweg 1, Tel. 14 41, www.wassersportcenterheiligenhafen.de.

Weitere Aktivitäten

- **Aktiv Hus:** Eichholzweg 100, Tel. 50 29 011, www.aktiv-hus.de. Eine Multifunktionsanlage mit Raum für diverse Sportarten, einem Kinderspielbereich, einer Ostsee-Lounge, einem Spa-Bereich mit Sauna und auch einigen Geschäften zum Bummeln.
- **Fahrradverleih:** *Bennewitz Zweiradladen,* Markt 12, Tel. 60 50; *Pit's Fahrradverleih,* Ferienpark, Tel. (0151) 23 07 69 99.
- **Inline-Skaten:** Anlage am Großparkplatz Gill-Hus und am Hauptstrand.
- **Minigolf:** Anlage im Seepark.
- **Sauna:** *Salveo* im *Aktiv-Hus,* Ferienpark, Tel. 50 29 050.

Kirche

- **Ev.-luth. Stadtkirche,** Hafenstr. 5, Gottesdienst: So 10 Uhr.

Post und Internet

- **Post,** Thilboden 9, Mo–Fr 9–13, 14–18, Sa 9–12 Uhr.
- **Internet** in der Stadtbücherei, Lauritz-Maßmann-Straße am Stadtpark, Tel. 50 86 65. Geöffnet: 1.7.–31.8. Mo 16–19, Di/Fr 9–11, 16–19, Do 16–19 Uhr, 1.9.–30.6. Di/Fr 9–11, 15–19, Do 15–19 Uhr.
- **Internet** im *Aktiv-Hus,* Ladenpassage, Ferienpark, Tel. 50 29 00.

Einkaufen

- **Wochenmarkt:** Mittwoch- und Samstagvormittag auf dem Marktplatz.

Oldenburg

Auch diese Kleinstadt, die unweit von Heiligenhafen und Weissenhäuser Strand gelegen ist, weist eine gut **tausendjährige Geschichte** auf. Und genau daraus resultiert auch eine beinahe einmalige Sehenswürdigkeit. Hier liegt das neben dem Wikingermuseum Haithabu bedeutendste archäologische Bodendenkmal des Landes, eine **slawische Ringwallanlage.** Die Wallanlage ist mitten im Ort zu finden, keine hundert Meter vom Marktplatz entfernt.

Gegen Ende des 7. Jahrhunderts wurde ein erster **Schutzwall** von den damaligen slawischen Herrschern errichtet, später wurde er zu einer großen Burg erweitert. Die Anlage erhielt schließlich einen halbkreisförmigen, vorgelagerten **zweiten Wall.** Der war nicht ganz so gut befestigt wie der eigentliche, schützte aber zunächst vor überraschenden Angriffen. Wenn es dann doch mal böse kam, gab man einfach den ersten Wall auf und zog sich hinter den zweiten, den

⊡ Ein Händler aus der Slawenzeit im Wallmuseum

eigentlichen Schutzwall, zurück. Den konnten die Angreifer meist dann nicht mehr einnehmen, vielfach waren sie nämlich schon vom Sturm auf den ersten dezimiert und erschöpft. Aus beiden Wällen entstand schließlich ein großer, dessen etwas elliptische Form noch heute erhalten ist. 1227 stand hier im Inneren die mächtige **Burg** des Grafen von Holstein, allerdings wurde diese bereits 1261 wieder zerstört. Im Laufe der Jahrhunderte sank dann die Bedeutung der Festung immer mehr, bis sie regelrecht in Vergessenheit geriet.

Wer um die Anlage herum schlendert, erhält einen tiefen Eindruck, kann sich gut vorstellen, dass diese bis zu 18 Meter hohen Erdwälle schwer zu überwinden waren. Im **Inneren** ist heute nur eine kleine Schautafel zu finden, neben ein paar Häusern. Diese wurden wohl vor etlichen Jahren in den Wall gebaut, als man dessen Bedeutung noch nicht gebührend zu würdigen wusste.

Die entsprechende Würdigung findet ein paar hundert Meter weiter im **Wallmuseum** statt. Hier wurden zwei Reetdachhäuser im Stil der ostholsteinischen Bauernhöfe restauriert und zum Museum umgebaut, in einem wird die Wallgeschichte dokumentiert. Der Besucher erhält einen Eindruck vom bäuerlichen Leben, aber auch eine Übersicht über die slawische Besiedlungszeit und die Entstehungsgeschichte des Walls. Anhand von Modellen wird der schrittweise Ausbau der Wallanlage erklärt. Eine zweite Ausstellung zeigt das Leben und die Arbeitsbedingungen in einer slawischen Siedlung. Im Inneren eines der Häuser

379sh hj

sind durch menschengroße Puppen realistische Lebens- und Arbeitsszenen nachgestellt, der Besucher blickt den „Händlern" oder „Handwerkern" direkt in die Stube. Am Wallsee ist außerdem ein Hafen mit Booten und eine kleine Siedlung nachgebildet, darunter die weltweit einzige originalgetreue Nachbildung eines slawischen Handelsschiffes. Obendrein steht ein historisches Backhaus auf dem Gelände, das 1750 bis 1954 in Betrieb war. Zu bestimmten Terminen, die im Internet genannt sind, wird der Ofen angeheizt, Brot gebacken und hinterher verkauft.

■ **Wallmuseum,** Professor-Struve-Weg 1, Tel. (04361) 62 31 42, www.oldenburger-wallmuseum.de. Geöffnet: 24.3.–31.10. Di–So 10–17 Uhr, Juli/Aug. täglich 10–18 Uhr; Eintritt: 6 €, bis 18 Jahre 3 €, Familien 15 €.

Weissenhäuser Strand

„Das Ostseebad der vier Jahreszeiten – 365 Tage geöffnet", so heißt es im Hausprospekt. Das deutet schon die Richtung an. Weissenhäuser Strand ist ein **riesiger Ferienpark** mit Apartments, Bungalows und einem Strandhotel, aber ohne Hochhäuser. Es ist eine künstliche Ferienanlage, die am Ostseestrand liegt, aber zusätzlich eine ganze Palette an Freizeitangeboten bereithält. Das Besondere daran ist, dass viele dieser Aktivitäten **unter Glas,** also „drinnen" stattfinden. Dadurch wird der Ferienpark mehr als jeder andere zum Urlaubsziel für alle Jahreszeiten.

Das 7500 m² große subtropische **Badeparadies** mit einer 150 Meter langen Rutsche ist natürlich der Clou, aber damit nicht genug. In einem **Sport- und Spielcenter** werden Bowling, Kegeln, Pool-Billard, Tischtennis, Tennis, Squash, Badminton und sogar Minigolf angeboten. Weiterhin: eine Wellness-Oase, das Dünenbad, eine ruhigere Badelandschaft, der 120.000 m² große Columbus Park, eine einmalige Wasserlandschaft mit vielen Freizeitattraktionen, eine Wasserski-Anlage, ein Streichelzoo, eine Pony-Ranch und eine südländische Galeria zum Bummeln. Das Angebot ist vielfältig und wird ständig erweitert.

Weitläufig verteilt über das ganze Gelände liegen die **Ferienwohnungen,** einige näher zum Strand, andere mehr zum Wald hin. Der **Strand** (ja, ja, den gibt es auch noch!) ist drei Kilometer lang und teilweise 30 bis 40 Meter breit, er geht sacht ins Meer über und ist von Dünen begrenzt.

Die Ferienanlage ist gut durchdacht und bietet eine ganze Menge. Wer hier urlaubt, dem wird es an wenig bis nichts mangeln. Man muss sich nur darüber im Klaren sein, dass dies eine **künstliche Anlage** ist, ein alter Dorfkern oder ähnliches existiert nicht. Wer also ein sorgloses **Rundum-Angebot** zu schätzen weiß, wird sich hier bestimmt wohl fühlen, zumal es besonders zur Nebensaison ganz erstaunlich gute Pauschalangebote gibt.

Ein junger Internet-Millionär kaufte sich das **Schloss Weißenhaus** mitsamt dazugehörendem Dorf. Er investiert dem Vernehmen nach 70 Mio. Euro und baut das gesamte Areal grundsaniert um zu einem Luxus-Resort mit Gourmet-

Restaurant. Direkt am Strand liegen die Lokale *Bootshaus* (Infos: www.weissenhaus.net) und *Strandbistro*.

Info

■ **Ferienpark,** Seestraße 1, 23758 Weissenhäuser Strand, Tel. (04361) 5540, www.weissenhaeuserstrand.de.

Die Hotelmeile an der Strandstraße in Hohwacht

Hohwacht

Bereits die Zufahrtsstraße zeigt es an, hier dominiert die Farbe Grün. Links und rechts der Straße erstrecken sich kleine Wäldchen, Wiesen und – zur richtigen Jahreszeit – Rapsfelder, dann bekommt das Grün gelbe Farbtupfer.

Und dann ist auf einmal der Ort erreicht. Die Straße schlängelt sich gewissermaßen am Rande des Ortes weiter, auf der rechten Seite ziehen sich noch immer **kleine Wäldchen** hin. Nach links zweigen einige Straßen ab, die zum Strand führen. Die Zufahrtsstraße endet schließlich an einem Parkplatz.

Von hier bis zum Strand sind es vielleicht 300 Meter, und wer dann die

381sh mux

380sh mux

Strandstraße entlanggeht, erlebt eine kleine Überraschung. Eine richtig nette, kleine Ecke ist zu finden mit drei, vier stilvollen, aber kleinen Hotels und einigen Ferienwohnungen in der zweiten Reihe.

Dann steht man am **Strand.** Dieser ist hier nicht allzu breit, nach wenigen Metern erhebt sich eine Steilküste. Dort steht auch ein **Aussichtsturm,** eine moderne Pylon-Konstruktion, die übrigens einer Flunder nachempfunden wurde.

Im **Zentrum** des Ortes stehen viele Einzelhäuser, wie in einer gewachsenen Dorfgemeinschaft, mit durchgehenden Grünanlagen und hohem Baumbestand. Am kleinen Berliner Platz finden sich Touristeninformation, Kirche, Polizei und ein paar Lokale. Von dort sind es vielleicht zehn Minuten Fußweg bis zum Strand.

Der Ort strahlt **Ruhe** aus, man muss die grüne Umgebung genießen können, bereit sein zu langen Spaziergängen und auf eine schicke Strandpromenade verzichten können, dann wird man Hohwachts Slogan „Unter einem Dach von Bäumen" zu würdigen wissen. Ein klares Pfund, mit dem Hohwacht wuchern kann, sind mehrere schmucke Hotels, die man so gebündelt und in dieser Qualitätsstufe woanders schon etwas länger suchen muss.

⌃ Naturstrand von Hohwacht

Praktische Tipps

Info

- **PLZ:** 24321.
- **Vorwahl:** 04381.
- **Hohwachter Bucht Touristik,** Berliner Platz 1, Tel. 90 550, geöffnet: Juni–Aug. Mo–Fr 9–18, Sa/So 10–14 Uhr, Sept.–Mai Mo–Fr 9–16 Uhr.
- **Internet:** www.hohwachterbucht.de

Taxi

- **Nüser,** Tel. 80 01.
- **Wohlert,** Tel. 14 00.

Unterkunft

MEIN TIPP: **Hotel Genueser Schiff**④-⑤, Seestr. 18, Tel. 75 33, www.genueser-schiff.de. In unmittelbarer Meernähe liegt dieses stilvolle, gemütliche Haus, in dem Zimmer und Apartments vermietet werden. Von fast allen Zimmern hat der Gast Meerblick. Das Hotel nennt sich „Ausschlaf-Hotel", denn es gibt bis 12 Uhr Frühstück.

- **Seeschlösschen**④-⑤, Dünenweg 4, Tel. 407 60, www.seeschloesschen-hohwacht.de. Kleines, schmuckes Haus, etwa in der Ortsmitte am Strand gelegen mit einem ausgezeichneten Restaurant. Schön eingerichtete Zimmer, toller Ostsee-Blick vom Balkon. Im Haus ein Schwimmbad und eine Wellness-Grotte.
- **Haus am Meer**⑤, Dünenweg 1, Tel. 407 40, www.hotel-hausammeer.de, direkt am Strand liegt dieses Haus mit kleinem Restaurant sowie Schwimmbad und Sauna. Die hellen, freundlich gehaltenen Zimmer haben überwiegend Balkon oder Terrasse, viele mit Ostseeblick.
- **Hotel und Apartments Hohe Wacht,** Ostseering 5 – Kurpark, Tel. 900 80, www.hohe-wacht.de. Moderne Häuser, bestens eingerichtet, zentral und in Strandnähe gelegen. Hell und freundlich eingerichtete Zimmer, Suiten und Apartments, die Hotelzimmer mit getrenntem Bad und WC. Die Apartments sind zwischen 33 und 60 m² groß. Außerdem im Haus vorhanden: Sauna, Solarium, Massage, Fitnessraum, Schwimmbad und zur Abrundung auch ein gutes Restaurant mit regionaler Küche, sowie eine Raucherlounge. Hotel④, FeWo③-⑤.
- **Strandhotel**④, Strandstr. 10, Tel. 60 91, www.strandhotel-hohwacht.de. Familiengeführtes Traditionshaus, ganz in der Nähe vom Strand gelegen. Komfortabel eingerichtete Zimmer, drei DZ sind speziell für rollstuhlfahrende Gäste gestaltet. Im Haus gibt es Sauna und Solarium sowie einen Fitnessraum.
- **Eats**③-④, Nixenweg 1, Tel. 20 84 437, www.eats-hohwacht.de. Ein kleines, sehr angenehmes Haus mit sechs funktional eingerichteten Zimmern in hellen Farben. Ein gutes Restaurant mit überschaubarer, regelmäßig wechselnder Karte ist angeschlossen, dort wird auch das Frühstück klassisch am Platz serviert.
- **Das Bunte Kamel**③, An den Tannen 14, Tel. 916 00 63, www.das-bunte-kamel.de. Ein kleines, privat betriebenes Inklusionshotel für Menschen mit und ohne Behinderungen, teilweise barrierefrei eingerichtet. Angeboten werden 60 Betten (EZ, DZ, Vierbettzimmer, zwei Familienzimmer), außerdem gibt es ein Betreuungsangebot für Kinder.
- **WoMo-Stellplatz:** Insgesamt 19 Stellplätze mit Entsorgungsstation befinden sich an der Straße Am Buchholtz in Alt-Hohwacht, nur 250 m vom Meer entfernt, Tel. 98 90.

Gastronomie

- Die **Hotels an der Strandpromenade** haben alle ein gutes Restaurant.
- **Genueser Schiff,** Seestr. 18, Tel. 75 33, Di geschlossen. Ein reetgedecktes Haus hinterm Deich mit Ostseeterrasse, regionale Küche mit mediterranem Einschlag, der Patron erhielt schon mehrere

Auszeichnungen. Ein kleiner Clou ist das Strandkorb-Café, man bekommt seinen Kaffee direkt zum Strandkorb serviert.

- **Bodega Olé,** Pommernstr. 2, Tel. 40 48 22. Mo Ruhetag, ab 15 Uhr, So ab 14 Uhr. Spanische Tapas und italienische Pizza.
- **Seaside,** Seestr. 14, Tel. 41 48 60, täglich ab 10 Uhr, 1.11.–31.3. Fr–So ab 10 Uhr. Dieses urige Holzlokal steht ganz nahe beim Strand und bietet kreative Pasta, Fisch- und Fleischgerichte, hat zwei Sonnenterrassen und eine Kinderspielecke.
- **Fischräucherei Kruse,** Am Brackstock 1a in Alt-Hohwacht, Tel. 81 39. Traditionell wird hier Fisch auf Buchenholz geräuchert. Geöffnet: Mai–Sept. tägl. 15–19 Uhr, April und Okt. Fr–Sa 15–18 Uhr.

Wassersport

- **Bootsvermietung, Segeln, Surfen:** *Ostwind,* Am Brackstock, Tel. 90 510, www.ostwind.com.

Weitere Aktivitäten

- **Boule:** im Kurpark im *Boulodrome,* jeden Dienstag zwischen Mai und Oktober gegen 18 Uhr Spiele unter Anleitung, Tel. 41 94 33.
- **Fahrradverleih:** *Tretfix,* Am Brackstock 1, Tel. 41 53 79.
- **Minigolf:** *Kessals Gartengolf*, Am Brackstock 2 in Alt-Hohwacht, Tel. 86 20.

Einkaufen

MEIN TIPP: **Wunschsteine:** In der Touristeninformation kann man einen kleinen, flachen Wunschstein mit Motiven aus der Region erwerben, den die Künstlerin *Hendrike Weber* in Handarbeit fertigt (Preis: 3,30 €). Den Wunsch auf die Rückseite schreiben und ab damit ins Wasser. Hoffentlich geht Ihr Wunsch in Erfüllung!

Post und Internet

- **Internet:** im *Gästezentrum,* Seestraße 11a, Tel. 68 55.
- **Post:** Verkaufspunkt von Briefmarken: Berliner Platz 6, geöffnet: Mo–Sa 8–13 Uhr, oder beim *Edeka*-Markt, Seestr. 12, Mo–Sa 7.30–16 Uhr.

Ausflüge

Esel- und Landspielhof Nessendorf

Im südöstlich von Hohwacht gelegenen Nessendorf befindet sich eine Art **Erlebnispark** mit 100 Eseln und 20 Eselkutschen. Die Betreiber befassen sich seit bald 40 Jahren mit der Eselzucht. Dieses Wissen wird nun an die Besucher weitergegeben. Natürlich können die Kinder die Tiere streicheln und auch reiten oder eine kleine Kutschfahrt unternehmen. Außerdem gibt es einen großen Kinderspielplatz, eine Spielscheune und es werden Veranstaltungen angeboten. So kann man etwa eine Schnell-Ausbildung zum „Hobby-Eselpfleger“ machen.

- **Esel- und Landspielhof Nessendorf,** Wiesengrund 3, 24327 Blekendorf, Tel. (04382) 748, www.eselpark.de, Mitte März bis Ende Oktober. Täglich 10–18 Uhr, Eintritt Erw. 9 €, Kinder 2–16 Jahre 8 €, Hunde 1 €. Anfahrt: von Lütjenburg auf der B 202 Richtung Oldenburg, bei Kaköhl biegt man rechts ab und erreicht nach 3 km den Eselpark.

Lütjenburg

Selbst die Polizei ist hier in einem historischen Gebäude untergebracht, zumindest in einem nachempfundenen. Das zeigt den Trend. Lütjenburg ist eine kleine Stadt, hat gerade mal 5600 Einwohner, genießt aber schon seit 1275 Stadtrechte. Von der langen Geschichte zeugen noch etliche **historische Bauten** im Stadtkern. Das macht den Reiz dieser Kleinstadt aus, ein Bummel durch die ruhigen Straßen mit den schick renovierten Häusern.

Sehenswertes

Nahe der aus dem 13. Jh. stammenden **St.-Michaelis-Kirche** ist eine Art **Marktplatz** zu finden, dort steht auf einem Brunnen die Figur des **Hein Lüth,** des Stadtausrufers. Schwungvoll hebt er die Glocke, fordert die Vorbeihastenden zur Einkehr auf und verkündet wichtige Nachrichten mit der ganzen Überzeugungskraft seines Amtes. Gegenüber der Kirche liegen die **Vier Bürgerhäuser,** das sind vier Häuser aus vier Jahrhunderten (Markt 1: 1680, Markt 2: 1820, Markt 3: 1900, Markt 4: 1780).

Besonders eindrucksvoll ist auch das winzige **Rathaus,** erbaut 1790, gleich hinter Hein Lüth zu finden. Ein schmuckes, aber für ein Rathaus relativ kleines Gebäude mit schönen Verzierungen. Außerdem steht hier das älteste Wohnhaus der Stadt, das **Färberhaus,** das schon 1576 erbaut wurde, ein sogenanntes Fachwerk-Giebelhaus von fünf Achsen mit Backsteinfüllungen im Zierverbund.

119sh hj

Wer genau hinschaut, wird dieses Detail auch erkennen.

Wenn man Richtung Oberstraße geht, sich also von der Kirche entfernt, trifft man auf die alte **Kornbrennerei D. H. Boll** von 1831. Hier werden so exotische Drinks wie Kieler Tropfen, Lütjenburger oder Hohwachter Plumstak angeboten.

Schließlich sind noch zwei Gebäude auf dem Programm, das **Bäckerhaus** von 1790 (Oberstraße, Ecke Amaker Markt) und der **Alte Posthof** von 1777 (Amaker Markt, Ecke Neuwerkstraße).

Der Marktschreier Hein Lüth

Hier war einst die Station der Postkutschenlinien nach Plön, Kiel und Oldenburg, wo erschöpfte Pferde gewechselt und dem Kutscher ein Schnaps eingeschenkt wurde, bevor es weiterging.

Zu guter Letzt ist noch das Wahrzeichen der Stadt Lütjenburg zu entdecken, der **Bismarckturm,** erbaut 1898. Er liegt nur wenige Schritte außerhalb des historischen Kerns, einfach der Teichtorstraße, die vom Markt wegführt, zum Park folgen. Von oben (18,50 Meter) genießt man einen schönen Blick auf die Stadt.

Interessanterweise bemühte man sich, die restlichen Häuser im innerstädtischen Bereich an die **historische Bauweise** anzupassen. Und so residieren hier neben der schon erwähnten Polizei Anwälte, Ärzte, aber auch kleinere Geschäfte und Banken in restaurierten Häusern. Ein durchaus gelungenes, einheitliches Innenstadtbild.

Im **Eiszeitmuseum** wird die erdgeschichtliche Entstehung von Schleswig-Holstein gezeigt, damals, als mächtige Gletscher, von Skandinavien kommend, unser Land bedeckten. Und welche Folgen dies und vor allem das spätere Abschmelzen hatte. Viele Fossilien sind ausgestellt, aber auch Exponate zum Anfassen. Das Museum liegt etwas außerhalb an der L 165 Richtung Schönberg.

■ **Eiszeitmuseum,** Nienthal 7, Tel. (04381) 41 52 10, www.eiszeitmuseum.de, geöffnet: Mai–Sept. täglich 10–18, Okt.–April Di–So 11–17 Uhr, Eintritt: 4 €, Kinder 2 €.

Gastronomie

■ **PUR,** Neuwerkstr. 9, Tel. (04381) 40 41 47, Bistro geöffnet: Di–Do 11–23, Fr–So 9–23 Uhr. PUR steht für „Produkte aus der Region". Geboten werden saisonale Gerichte, Kaffee und Kuchen, Salate, Flammkuchen, Fisch, Fleisch und saisonale Gerichte, aber auch Ladenverkauf.

Ausflüge

Turmhügelburg

Etwas außerhalb des Ortes findet sich eine rekonstruierte Turmhügelburg. Die nachgebaute **Burganlage** aus dem frühen Mittelalter vermittelt einen Eindruck davon, wie frühere Wehranlagen häufig ausgesehen haben. Einige Hütten stehen an einem Wassergraben, ein hölzerner Turm überragt die kleine Siedlung. Zu sehen sind Wohnhäuser, eine kleine Kapelle, das Haus eines Ritters, eine Schmiede, ein Backhaus, eine Brücke und das Burgtor.

■ **Turmhügelburg,** Bunendorp, nahe der L 165 Richtung Darry, www.turmhuegelburg.de, April bis 11. Oktober Di–So 11–17 Uhr. Die Anlage ist auch außerhalb dieser Öffnungszeiten eingeschränkt zu besichtigen. Eintritt frei, bei Veranstaltungen 5 €.

Panker

In Ostholstein gab es schon seit Beginn der sogenannten Gutswirtschaft um 1550 einige hochherrschaftliche Gutshöfe und Schlösser. Damals wurden verschiedenen Grafen weite Ländereien zugesagt, entsprechende Residenzen entstanden. Die möglicherweise **schönste Gutsresidenz** ist in Panker zu besichtigen. Bei einem Blick auf die Landkarte wird man feststellen, dass Panker als winziger Ort eingezeichnet ist. Das

121sh mux

stimmt, gleichzeitig verbirgt sich hinter dem Namen ein über 500 Jahre altes, ziemlich großes Gut. Es wird noch bewirtschaftet, das Herrenhaus noch bewohnt, das heißt, es kann nur von außen besichtigt werden, was aber schon beeindruckend genug ist!

Nachdem Panker erreicht ist, fällt zunächst die riesige Reitkoppel auf, ringsherum erhebt sich ein wahrlich jahrhundertealter Baumbestand. Man erkennt im Rechteck darum angesiedelt die Post, Reitställe, eine Galerie, eine Gastwirtschaft *Ole Liese* und ein Gemeindehaus. Dahinter liegen zwei riesige **Gärten,** die man aber, genau wie das Herrenhaus, nur von außen betrachten kann. Das **Gutshaus** ist um 1650 erbaut worden, Erweiterung und Anbau der beiden Seitentürme erfolgten im 18. Jahrhundert. Die Gärten wurden in den 50er Jahren des 20. Jahrhunderts nach erneuter Renovierung im französischen Stil gehalten. Die ganze Anlage besticht durch augenfällige Pflege.

Auf dem Gelände des Guts existiert seit gut 200 Jahren eine kleine **Gastwirtschaft,** die einst als Gnadenbrot einem verdienten Knecht vom Gutsherren ge-

Gut Panker im Spätsommerlicht

122sh mux

geben worden war. Die *Ole Liese* (alte Liese) war das Lieblingspferd des Grafen, daher der Name. Heute ist es ein Restaurant auf hohem Niveau. Außerdem finden sich hier ein paar interessante Geschäfte, beispielsweise zu Design und Einrichtungen, eine Galerie und ein Geschäft für Duftrosen.

Gastronomie

■ **Restaurant Ole Liese „1797"**, Gut Panker, 24321 Panker, Tel. (04381) 90 690, www.ole-liese.de. Rustikal-gemütliches Lokal, in dem regionale Gerichte in Top-Qualität geboten werden. Geöffnet: Mitte April bis Ende Oktober Mi–Sa ab 18.30 Uhr. Außerdem gibt es die *Ole Liese Wirtschaft*, ein Restaurant im Landhausstil, das regionale Spezialitäten serviert. Geöffnet: Juli/August tägl. ab 12 Uhr, April–Juni und Sept.–Okt. Montag Ruhetag, sonstige Monate Mo/Di Ruhetag und ab 15 Uhr geöffnet, Sa/So ab 12 Uhr.

Hessenstein

Graf *Friedrich von Hessenstein* ließ in den Jahren 1839 bis 1841 auf dem 128 m hohen Pilsberg einen **Aussichtsturm** bauen, einen Backsteinturm von 17 Metern Höhe mit einigen gezackten Türmchenspitzen oben, der heute noch steht. Der Weitblick von der Plattform zählt mit zum Schönsten, was Ostholstein zu bieten hat. Also rein in den Turm, die 111 Stufen der engen Wendeltreppe hochgestiegen und auf halber Höhe einen Euro in den Automaten geworfen, damit eine Drehtür den weiteren Weg freigibt. Der Turm liegt etwa zwei Kilometer westlich von Panker.

Gastronomie

Mein Tipp: Unten kann man sich von diesen Mühen gleich prima erholen im genau vor dem Turm liegenden Restaurant **Forsthaus Hessenstein.** Hier wird seit vielen Jahren gute regionale und saisonale Küche serviert. Tel. (04381) 94 16. Geöffnet: Juni bis Sept. Mi–Fr ab 18, So ab 12 Uhr, Nov. bis März Fr/Sa ab 18, So ab 12 Uhr.

⌃ Turm Hessenstein

› Der schier endlose Strand von Schönberg

Gut Kletkamp

Ein idyllisch in einem Wald gelegenes Gut, von Wasserläufen umzogen. Das **Torhaus** aus rotem Backstein stammt aus dem späten 18. Jahrhundert und trägt über dem Torbogen ein Wappen und auf der Spitze ein Türmchen. Im Hintergrund blitzt die Fassade des weißen **Herrenhauses** hervor, einem vierstöckigen Bau aus dem 17. Jahrhundert. Fährt man auf der Straße am Gut vorbei, wird deutlich, dass nur die Fassade weiß gehalten ist, das Gebäude selbst auch aus rotem Backstein besteht. Die sonst üblichen Seitenscheunen liegen hier etwas am Rande, sodass der **Innenhof** optisch ziemlich großzügig ausfällt.

Anfahrt: acht Kilometer südlich von Lütjenburg von der Straße nach Schönwalde abbiegen.

Gemeinde Schönberg

Schönberger Strand

Schönberger Strand ist ein kleiner **Strandabschnitt,** eine Art Vorstadt-Strand, etwa vier Kilometer vom Ort Schönberg entfernt. Da Schönberger Strand nur über eine Zufahrtsstraße zu erreichen ist, herrscht eine **grandiose Ruhe.** Dies wird noch dadurch verstärkt, dass sich die paar Autos, die es wagen, die Straße vor dem Deich zu befahren, durch einen Slalom-Parcours hindurchwinden müssen. Das nennt man dann zu Recht Verkehrsberuhigung.

Der **Strand** zieht sich endlos flach hin, ist etwa 20 Meter breit und durch ei-

134sh mux

382sh hj

nen Deich gegen den Ort abgeschirmt. Wer will, kann auf dem Deich und vor allem vor dem Deich bis nach Laboe radeln. Immerhin verläuft hier ein asphaltierter Streifen von 8 bis 10 Meter Breite, auf dem keine Autos fahren, für Inliner und auch für Radler ein Traum! Praktisch überall kann das Rad mal schnell abgestellt werden und – schwupps! – durch die Dünen zum Strand gelaufen werden. Inklusive eines erfrischenden Bades in der Ostsee. Viel los ist hier nicht. Es gibt einige Campingplätze, vereinzelte Lokalitäten, und bis an das Ende der 260 Meter langen Seebrücke wird wohl jeder einmal spazieren.

Ausrangierte Straßenbahn im Eisenbahnmuseum

Kalifornien liegt an der Ostsee

Abwechslung bietet nur ein Spaziergang auf dem Deich oder die **Museumseisenbahn,** die an bestimmten Tagen zwischen Schönberg und Schönberger Strand hin- und herpendelt (zu ausgesuchten Terminen fährt sie sogar bis nach Kiel).

Die Museumsbahn fährt mit historischen Zügen und Dampfloks, aber auch mit **Straßenbahnwaggons.** Etwa 30 historische Bahnwaggons und einige Straßenbahnen sind hier am **Museumsbahnhof** zu besichtigen, so beispielsweise Wagen, die ein gutes Jahrhundert alt sind. Jünger als 50 Jahre ist kaum eines der Fahrzeuge. Das ist schon spannend zu sehen, was für ein Kraftpaket eine alte Dampflok ist und wie es in der Holzklasse (tatsächlich!) – der 3. Klasse eines Personenwagens – aussah. Der Museumsbahnhof kann jederzeit betreten werden,

383sh hj

eine Spende ist erwünscht. Er wird von einer Privatinitiative betrieben, die die unterschiedlichsten Wagen unterhält und somit eine Dokumentation des Eisenbahnwesens betreut.

■ **Museumsbahnhof,** Am Schierbek 1, 24217 Schönberg.

■ **Fahrplan:** Die Bahn verkehrt an unterschiedlichen Wochentagen von April bis Oktober zwischen Schönberger Strand und Schönberg. Weiterhin finden Sonderfahrten zu Pfingsten, Ostern und Himmelfahrt statt, an ausgewählten Terminen fahren Züge sogar bis/von Kiel. Genaue Infos im Fahrplan unter www.vvm-museumsbahn.de. Die historischen Straßenbahnen drehen auf einer eigenen Strecke ihre Runden in Schönberger Strand. Infos am Bahnhof (Tel. (04344) 23 23, nur an Betriebstagen) und beim *Tourist-Service Schönberg,* Tel. (04344) 414 10.

Kalifornien

Kurioser Name, nicht wahr? Wir befinden uns aber immer noch an der Ostsee, und Kalifornien gehört zur Gemeinde Schönberg. Woher der **Name** stammt? Die Kurverwaltung gab folgende Antwort: „Nun, die Umstände, die zur Gründung dieser Orte führte (Plural, weil hier auch auf Brasilien eingegangen wird), sind ebenso ungewöhnlich wie die Namen selbst. Im Jahre 1735 strandete an der hiesigen Ostseeküste die Segelbark „Kalifornia“ und wurde durch einen heftigen Sturm schwer zerstört. Unter den Trümmern und Wrackteilen, die an das Ufer getrieben wurden, war auch eine Planke mit der Inschrift „Kalifornia“, dem Namen des Schiffes. Diese Trümmer fand ein Fischer, der aus den Wrackteilen eine Hütte zimmerte, an deren Vorderfront er die Planke anbrachte. Zu dieser ersten Fischerhütte gesellten sich im Laufe der Zeit noch weitere – der Ort Kalifornien war geboren. Als in der Nähe Kaliforniens dann bald ein weiterer Ort entstand, beschlossen dessen Gründer, ebenfalls einen nicht alltäglichen Namen für ihre Neugründung zu wählen: Brasilien."

Die Bezeichnung „Ort" für Brasilien ist heute etwas gewagt, besteht es doch nur aus drei Straßen und liegt gleich neben Kalifornien – ist somit eigentlich ein „Vorort".

Kalifornien selbst ist auch nur ein **winziger Ort** an dem langen Strand, der sich vom Schönberger Strand bis hierher erstreckt und auch noch weiter in Richtung Kieler Bucht verläuft. Etwas schmaler ist der **Strand** in diesem Bereich, aber immer noch gut zehn Meter breit, und er wird von einer Dünenbepflanzung begrenzt. Dahinter verläuft ein fünf bis acht Meter breiter geteerter Weg, auf dem stets zahllose Skater und Radler unterwegs sind. Es folgen das Deichvorland, der Deich sowie eine Straße, und dann erst kommen die wenigen Häuser, die es hier gibt. Entsprechende **Ruhe** herrscht vor. Zahlreiche Ferienwohnungen sind hier entstanden, von einigen genießt man sogar einen Blick über den Deich aufs Meer.

Schönberg

Ein Abstecher nach Schönberg kann sogar zu Fuß vom Schönberger Strand gemacht werden, nämlich entlang eines **Naturlehrpfades** quer durch die Salzwiesenlandschaft. Hier werden Informationen u.a. zu Bienenvölkern, über Eulenschutz, Nistkästen von Vögeln, Findlinge, aber auch über die Ostsee im Allgemeinen gegeben.

Endlich in Schönberg angekommen, lohnt ein Besuch des **Kindheitsmuseums** im Ortszentrum unweit der Kirche. Die Sammlung steht unter dem Motto „Ein Jahrhundert Kindheit". Schwerpunkt der Ausstellung sind Spielsachen, darauf wird man schon im Vorraum eingestimmt. Dort liegen Straßenspiele, auch älteren Datums, die sogar ausprobiert werden dürfen. Weiterhin ist ein altes Schulzimmer mit klassischen Bänken zu finden, eine Ausstellung über Jungen- und Mädchenspielzeug und ein zeitgeschichtlicher Gang durch „100 Jahre Kindheit".

■ **Kindheitsmuseum,** Knüllgasse 16, Tel. (04344) 68 65, www.kindheitsmuseum.de, geöffnet Juni bis Mitte Oktober Di–So 14–17 Uhr, Do 10–12 Uhr, Mai: So 14–17 Uhr, Eintritt: 2 €, Kinder 1 €.

Sehenswert ist noch das **Probsteier Heimatmuseum,** eine auf einem ehemaligen Hof untergebrachte Freilichtanlage mit Scheune, Speicher und Backhaus. Dort sind Exponate zur Geschichte und bäuerliches Werkzeug ausgestellt, aber es finden auch Aktionstage zum Mitmachen statt.

■ **Probsteier Heimatmuseum,** Ostseestr. 8, Tel. (04344) 31 74, www.probstei-museum.de, geöffnet 1.5.–31.10. Di–So 14–17 Uhr, zusätzlich Do 10–12 Uhr, 1.–30.11. So 14–17 Uhr, 5.3.–30.4. nur Sa/So 14–17 Uhr, Tel. 31 74, Eintritt 2 €, Kinder 1 €.

Praktische Tipps

Info

- **PLZ:** 24217
- **Vorwahl:** 04344
- **Tourist Service,** Käptn's Gang 1, 24217 Schönberg, Tel. 414 10, geöffnet: tägl. 9–17, Nebensaison: Mo–Fr 9–12, 13–16 Uhr.
- **Internet:** www.schoenberg.de

Taxi

- **Taxi Peter,** Tel. 28 29.

Unterkunft

- **Naturfreundehaus,** Deichweg 1, Kalifornien, Tel. 13 42, www.naturfreundehaus-kalifornien.de. Das Haus gehört zur Organisation „Die Naturfreunde" und bietet Familien preiswerten Aufenthalt an. Die Zimmer sind zweckmäßig, teils mit Etagenduschen. Das Haus liegt ca. 100 m vom Strand entfernt.
- **Pension Seemöwe**③, Deichweg 4 (Kalifornien), Tel. 4 16 90, www.ostsee-pension-seemoewe.de, ebenfalls am Deich gelegenes Haus, Apartments gibt es mit See- oder Gartenblick.
- **Apart Hotel Seeblick**②-④, Promenade 18, Schönberger Strand, www.seeblick-schoenberg.de, Tel. 302 20. Mehrere gut eingerichtete Apartments mit Balkon, größtenteils mit Seeblick. Im Haus Sauna, Solarium, Fitnessraum.
- **JH Schönberg**①, Stakendorfer Weg 1, Tel. 29 74, www.jugendherberge.de/jh/schoenberg. Knapp über 200 Betten in Zwei- bis Sechs-Bett-Zimmern.
- **Campingplatz Ferienpark California,** Große Heide 26, Tel. 95 91, www.camping-california.de, geöffnet 1.4.–30.9. 400 Stellplätze, etliche Angebote wie Minigolf, Fahrradverleih, eigene Reitanlage, Imbiss, Restaurant; WLAN auf dem gesamten Platz. Im Juli und August keine Hunde erlaubt.

Gastronomie

- **Fisch von Ehlers,** Promenade 20, kleine Fischbude am Deich von Schönberger Strand ab 11 Uhr, im Sommer ab 9 Uhr, wo ausgezeichnete Fischgerichte serviert werden.
- **Omas Kaffeestuv,** Promenade 15, Tel. 41 51 02, geöffnet täglich 11–18 Uhr. Kleines, historisch-gemütliches Café aus dem 17. Jh. mit Garten und Deichterrasse. Serviert werden Torten, hausgemachter Kuchen, Pfannkuchen sowie kleine Speisen. Früher, so erzählt man sich hier jedenfalls, wurde der Köm in Fünf-Liter-Krügen gereicht; aus dieser Tradition gibt es hier auch heute noch Bier und Korn (Köm), aber nur aus kleinen Gläsern ...

Wassersport

- **Segeln und Surfen:** *Wassersport Brasilien,* Buhne 33/34 in Brasilien, Tel. 41 45 44, www.brasilsports.de; *Wetwind Wassersportschule,* Promenade 17 am Schönberger Strand, Tel. 30 11 04, www.wetwind.net.

Weitere Aktivitäten

- **Bücherei:** *Alte Apotheke,* Knüllgasse 8 (in Schönberg), Tel. 64 19, geöffnet Mo, Di, Fr 15–18 Uhr, Do 10–12 und 15–19 Uhr (mit *Ostseecard* kostenfreie Ausleihe möglich).
- **Fahrradverleih:** *Fahrrad-Schmidt,* Georg Thornstraße 4 (Schönberg), Tel. 28 10; *Bargholz,* Promenade 19, Schönberger Strand, Tel. 16 20.

Post

- Agentur im *Sky-Markt,* Bahnhofstraße, Ecke Kuhlenkamp 1c, Tel. 33 02, geöffnet: Mo–Fr 8–19.30, Sa 8–18 Uhr.

Pedro Doncker

386sh hj

4 Kieler Förde

Die größte Stadt Schleswig-Holsteins und die nördlichste Großstadt Deutschlands punktet vor allem mit ganz viel maritimem Flair. Diese Atmospäre findet man auch in den beachbarten Orten entlang der Kieler Förde.

< Kiel ist eine Segler-Stadt

LANDESHAUPTSTADT DER SEGLER

Kilometertief schiebt sich diese Förde ins Land, an deren Spitze die **Landeshauptstadt Kiel** liegt. Keine Stadt mit architektonischen Reizen, dafür wurde im Krieg zuviel zerstört, aber mit ganz viel maritimem Flair. **Schöne Küstenorte** liegen links und rechts der Förde wie z.B. Laboe, Friedrichsort oder Strande. Feine Strände gibt es dort, geerdete Fischlokale, Flanierpromenaden und vor allem eine ganz entspannte Atmosphäre. Die Kieler flüchten gern hierher, nutzen dabei eine kleine Fähre, die aus dem Herzen der Stadt direkt bis an diese Strände schippert.

321sh hj

NICHT VERPASSEN!

- **Kiel,** eine Landeshauptstadt mit maritimem Flair | 162
- **Schleusen des Nord-Ostsee-Kanals** bei Holtenau | 169
- **Laboe,** einer dieser reizenden Orte an der Förde mit langem Strand | 176
- Museum für historische Häuser – **Freilichtmuseum Molfsee** | 182

Diese Tipps erkennt man an der gelben Hinterlegung.

Kiel

Kiel ist **Landeshauptstadt** und mit rund 245.000 Einwohnern gleichzeitig **größte Stadt Schleswig-Holsteins.**

Wie immer fing es auch mit der Fördestadt klein an. Bis ins Jahr 1233 reicht die **Geschichte** Kiels zurück, als Graf *Adolf IV.* eine „Holstenstadt tom Kyle“ auf der Halbinsel eines Fördearms anlegte. 1242 erhielt dieser winzige Ort bereits Stadtrechte. Recht schnell wurde die unschätzbar günstige Lage als sturmfreier Hafen erkannt, Kiel liegt nämlich am Endpunkt einer sich verjüngenden Förde. Jahrhundertelang wurde dies von Fi-

schern und Händlern genutzt, bis 1871 die große Politik einzog. Kiel wurde zum Reichskriegshafen befördert, die Kaiserliche Marine wurde hier stationiert und Kriegsschiffe gebaut. Der Schiffsbau nahm riesige Dimensionen an, leider auch zum Nachteil der Stadt. Im Zweiten Weltkrieg war Kiel wegen seiner Marinegeschwader ein bevorzugtes Bombenziel, fast 80 Prozent der Stadt lagen in Schutt und Asche. Kiel wurde nach dem Krieg wieder aufgebaut, weist allerdings heute kaum historische Sehenswürdigkeiten auf.

Die Kieler Innenstadt zeigt eine lebhafte **moderne Großstadtatmosphäre,** der Hafen und ein paar maritime Sehenswürdigkeiten ergänzen dieses Bild.

Sehenswertes

Unmittelbar beim Hauptbahnhof liegt die Spitze der Kieler Förde, die **Hörn** genannt wird. Eine **Klappbrücke** führt über das Wasser auf die andere Seite, wo mehrere Traditionssegler im Hafenbecken dümpeln.

Auf der anderen Seite vom Hauptbahnhof beginnt schon die City mit dem **Sophienhof,** einem riesigen, überdachten Einkaufszentrum. Auch wer keine Shopping-Tour starten möchte, sollte einen Spaziergang durch die Passagen ma-

Blick auf Kiel vom Marine-Ehrenmal in Laboe

chen. Neben einer Vielzahl an Geschäften sind hier kleine Kioske zu finden, wo es beispielsweise original dänische Hot-Dogs gibt – die leckeren mit der rein roten Wurst!

Zudem erspart man sich einen Fußweg entlang einer stark befahrenen Straße, denn vom Sophienhof geht es über eine zweite Passage, den Holstentörn, hinunter zur **Fußgängerzone Holstenstraße.** Diese ist nicht mehr überdacht, bringt den Spaziergänger aber zu allen wichtigen Punkten, wieder an einer Vielzahl von Geschäften vorbei.

Zunächst wird der **Europaplatz** passiert, hinter dessen leicht „hügeliger" Topografie die **Sparkassen-Arena Kiel** (vormals: Ostseehalle) liegt. Dort finden die Handballspiele der Bundesliga-Mannschaft von *THW Kiel* statt, ständig vor ausverkauftem Haus übrigens.

Kleiner Schwenk nach rechts zur Andreas-Gayk-Straße: Bei Hausnummer 31 befinden sich die **Tourist-Information** und die **Stadtgalerie,** in der wechselnde Ausstellungen gezeigt und eine Menge Veranstaltungen geboten werden.

■ **Stadtgalerie,** Andreas-Gayk-Str. 31, Tel. 90 13 400, geöffnet: Di, Mi, Fr 10–17, Do 10–19, Sa/So 11–17 Uhr, Eintritt: 3 €.

Zurück zur Holstenstraße und einige Schritte weiter erreicht man den **Asmus-Bremer-Platz.** Herr *Bremer* war 1702–1720 Kieler Bürgermeister, jetzt schaut er sich als Bronzefigur, entspannt auf einer Bank sitzend, das Treiben an.

Ein kleiner Schwenk nach links führt zum **Rathaus.** Dieses wurde 1907 bis 1911 im Jugendstil errichtet, vom 67 Meter hohen Aussichtspunkt genießt man einen Weitblick über die ganze Stadt. Jedes Jahr wird auf einem Balkon des Rathauses feierlich von der Politprominenz die Kieler Woche eröffnet, Startschuss zu einer einwöchigen Mega-Freiluft-Party.

■ **Rathausturm,** Mai–Sept. Mi und Sa 11, 11.45, 12.30 Uhr, Eintritt: 4 €.

Zurück zur Fußgängerzone. Diese endet schließlich am Alten Markt, wo die **St.-Nikolai-Kirche** steht. Ein auffallend schlicht gehaltener Backsteinbau, der

Der Flügelaltar in der Kirche St. Nikolai

715sh hj

Kiel

0 — 200 m ©Reise Know-How 2016

Essen und Trinken

3 Schiffercafé
4 Louf und Café Schöne Aussicht
5 Lüneburg Haus
6 Café Fiedler
7 Kieler Brauerei, weitere Lokale
8 Ratskeller
9 Block House

Übernachtung

1 Bekpek Kiel
2 Campingplatz Falckenstein
10 Nordic Hotel Astor
13 Atlantic Hotel
14 InterCity Hotel
15 B&B Hotel Kiel
16 Jugendherberge

Einkaufen/ Sonstiges

11 Holstentörn
12 Sophienhof

schon um 1242 entstand, die heutige Form wurde etwa gegen Ende des 14. Jahrhunderts fertiggestellt. Im Krieg fiel die Kirche auch den Bomben zum Opfer, wurde aber 1950 wieder aufgebaut. Der **Flügelaltar** steht seit 1541 in der St.-Nikolai-Kirche, der Erschaffer ist unbekannt geblieben. Gezeigt werden auf den bemalten und geschnitzten Seiten Szenen aus der Oster- und Passionsgeschichte, der geschlossene Altar zeigt dann 16 Bilder aus dem Alten Testament. Die Bronzetaufe stammt aus dem Jahr 1344, die Messingschale aus dem 16. Jh. Die Kanzel schuf *Theodor Allers* 1705, wichtigstes Element ist hier Moses mit den Zehn Geboten. Besonders schön sind die **Fenstermalereien** im Inneren, deren verbindendes Element das Blau des Wassers ist.

Hinter der Kirche führt die Dänische Straße zum **Schlossgarten.** Dieser fällt längst nicht so imposant aus, wie der Name vermuten lässt, das ehemalige **Schloss** aus dem 13. Jh. wurde ebenfalls durch Bomben völlig zerstört. In den 1960er Jahren wurde es wieder aufgebaut, und heute beherbergt es ein Veranstaltungszentrum.

Die Dänische Straße hat einige historische Häuser und mehrere kleine, charmante Geschäfte. Ebenfalls in der Dänischen Straße ist unter der Hausnummer 19 das kleine **Kieler Stadtmuseum** zu finden. Es ist im **Warleberger Hof** untergebracht und zeigt die Kieler Geschichte und darüber hinaus wechselnde Ausstellungen mit Kiel-Bezug.

■ **Stadtmuseum Warleberger Hof,** Dänische Str. 19, Tel. 90 13 425, geöffnet: täglich 10–18 Uhr, 15.10.–14.4. Di–Sa 10–17 Uhr, Eintritt: 3 €.

Das **Kieler Kloster** wurde um 1240 gegründet. Hierher zog es *Graf Adolf von Schauenburg* in seinen letzten Jahren, ein Denkmal im Garten erinnert daran. Das Kloster hatte nicht sehr lange Bestand. Es wurde 1530 im Zuge der Reformation aufgehoben, erlebte danach verschiedene Nutzungen, bevor es im Krieg fast komplett zerstört wurde. Im Turm befindet sich heute ein **Carillon** (Glockenspiel) von 50 Glocken, das täglich um 12, 15 und 18 Uhr eine Melodie spielt, die je nach Jahreszeit wechselt.

■ **Kieler Kloster,** Falckstraße 9, www.kielerkloster.de.

Der weitere Weg führt an den Gebäuden der Landesministerien vorbei zum Tirpitzhafen. Dort liegt das **Segelschulschiff „Gorch Fock“,** wenn es nicht gerade wieder einmal auf Weltreise ist.

Hier oben liegt am Düsternbrooker Weg 1 auch die **Kunsthalle,** in der wechselnde Ausstellungen zur zeitgenössischen Kunst gezeigt werden.

■ **Kunsthalle zu Kiel,** Düsternbrooker Weg 1, Tel. 88 05 756, geöffnet: Di–So 10–18, Mi 10–20 Uhr, Eintritt: 7 €, ermäßigt 4 €.

Ungewöhnlich ist, dass die riesigen Fährschiffe aus Skandinavien mitten in der Stadt anlegen können. Wer noch nie ein Fährschiff dieser Größe gesehen hat, wird erst einmal staunend davor stehen, eine Sehenswürdigkeit ganz besonderer Art.

Etwas weiter am Wasser entlang erreicht man nach 200 Metern den **Museumshafen.** Hier liegen allerdings nur wenige nostalgische alte Schiffe, so der Seenotrettungskreuzer „Hindenburg“

(1944 erbaut), das Feuerlöschboot „Kiel“ (1941 erbaut) und der Tonnenleger „Bussard“, der bereits 1905 entstand. Unbedingt sehenswert ist das **Schifffahrtsmuseum,** das direkt am Museumshafen in einer ehemaligen Fischhalle untergebracht ist. Die Ausstellung ist nicht nur für Freunde des Maritimen beeindruckend, hier wird der seemännische Alltag vor dem Hintergrund der Historie des Kieler Hafens dargestellt. So sind Gemälde aus den Anfängen des Hafens zu finden, detailgetreue Modelle, in denen die Mühen des Schiffbaus in jeder Figur erkennbar sind, aber auch ein Blick auf die Kriegsmarine und den Bau des Nord-Ostsee-Kanals wird geworfen. In einer hinteren Ecke werden Schiffsmodelle sowie Werke von Marinemalern ausgestellt. So kann man sich historische Bilder des Hafens in überdimensionierter Größe anschauen, gewinnt dadurch eine beinahe plastische Nähe.

■ **Schifffahrtsmuseum,** Wall 65, Tel. 901 34 28, geöffnet: 15.4.–14.10. tägl. 10–18 Uhr, 15.10.–14.4. Di–So 10–17 Uhr, Eintritt: 3 €.

Ein abschließender Spaziergang sollte noch entlang der **Kiellinie** unternommen werden. Dazu muss man nur entlang der Förde zurückgehen, wieder am Ostseekai vorbei zu einer Fußgängerpromenade, die über etwa drei Kilometer direkt entlang der Förde verläuft. Hier tobt zur **Kieler Woche** das Leben! Eine

Alt und Neu im Kieler Hafen

385sh hj

387sh hj

Bude steht neben der anderen, und das kulinarische Angebot ist überwältigend. Auch Kleinkünstler treten hier auf. Außerhalb dieser verrückten Woche geht es eher ruhig zu. Nach einigen hundert Metern ist schließlich eine besondere Attraktion erreicht, das **Seehundbecken.** Hier, in einem kleinen Außenbecken des **Meerwasser-Aquariums** tummeln sich Seehunde, schwimmend, tauchend, spielend. Das Aquarium wird vom Institut für Meereskunde der Universität Kiel betreut, in mehreren Becken und Aquarien sind etwa 150 Fischarten zu bewundern.

■ **Aquarium des Leibnitz-Instituts für Meereswissenschaften,** Düsternbrooker Weg 20, Tel. 60 01 637, geöffnet: April–Sept. 9–18 Uhr, Okt.–März 9–17 Uhr, Eintritt: 3 €.

Ein ganz interessanter Ort soll noch erwähnt werden, obwohl er außerhalb des Zentrums liegt, die **Schleusen des Nord-Ostsee-Kanals.** Der Kanal, der bei Kiel-Holtenau in die Ostsee mündet, ist mit der Buslinie 11 in Richtung Wik (bis zur Endstation fahren) ganz leicht zu erreichen, Abfahrt vom ZOB. Von der Endstation sind es nur noch 50 Meter bis zum Kanal, dort 500 Meter nach rechts gehen, und die Südschleuse ist recht bald erreicht. Von der Aussichtsplattform kann man dann dem Schiffsverkehr zuschauen. Es lohnt sich auch ein Besuch der anderen Kanalseite. Dazu mit der kostenlosen Personenfähre übersetzen und etwa 1000 Meter nach rechts gehen.

⌃ Knopfauge im Aquarium an der Kiellinie

319sh hj

Der Nord-Ostsee-Kanal

Wenn Sie eines schönen Tages etwas verträumt durch die schleswig-holsteinische Landschaft fahren sollten, sich gerade an dem gelb-grünen Farbenspiel von Raps und Wiesen freuen und urplötzlich ein Schiff durchs Bild schwimmen sehen, dann brauchen Sie nicht zum Arzt zu gehen. Das ist keine Halluzination, sondern der Nord-Ostsee-Kanal, und der wurde 1995 immerhin **100 Jahre alt.** Einhundert Jahre – ein ehrwürdiges Alter, Zeit zur Besinnung und zur Rückschau.

Es wird vielleicht heute nicht jedem sofort klar, mit welcher Konsequenz der Bau geplant und später dann umgesetzt wurde. Vor seiner Existenz mussten Schiffe auf dem Weg von der Nord- in die Ostsee einen weiten **Umweg um Norddänemark** machen, vorbei am Kap Skagen. Alle Schiffe, die Handelsgüter in den Ostseeraum brachten, mussten Skagen passieren. Das war nicht nur ein weiter Weg, sondern auch ein nicht ganz ungefährlicher, drohten dort doch regelmäßig Stürme und Untiefen. Und natürlich waren auch **militärische Überlegungen** im Spiel. In den vergangenen Jahrhunderten beherrschten ständige Streitereien und Kriege die Nachbarschaft zu Dänemark. Ein Teil der damals neuen Kaiserlichen Hochseeflotte lag in Kiel, ein anderer Teil in Wilhelmshaven (Nordsee), da wollte man nicht von den Dänen abhängig sein und lange um Durchfahrtsrechte nachfragen müssen.

Ein Kanal musste also her. Lange wurde diskutiert, aber erst Reichskanzler *Bismarcks* Machtspruch brachte die Entscheidung, 1886 wurde ein **Gesetz zum Bau des Kanals** erlassen. Am

3. Juni 1887 wurde der **Grundstein** von Kaiser *Wilhelm I.* in Holtenau gelegt. Acht Jahre buddelte man sich quer durchs Land, 156 Millionen Goldmark wurden ausgegeben, teilweise waren 8900 Arbeiter beschäftigt. Nach acht Jahren war es so weit, Kaiser *Wilhelm II.* (Enkel *Wilhelms I.*) **eröffnete** feierlich das damals noch **„Kaiser-Wilhelm-Kanal"** genannte Bauwerk. Schnell wurde er von den Reedereien angenommen, und bald erwies er sich als zu klein, deshalb musste der Kanal erweitert werden, und zwar etliche Male.

Auch heute noch wird der Kanal **intensiv genutzt,** und das nicht nur von Containerschiffen und anderen „Riesen", die übrigens lotsenpflichtig sind. Auch Sportboote und Segelschiffe nutzen den Kanal, Letztere aber dürfen nur per Motor durchfahren.

Die nackten **Fakten:** Länge: 99 km, Breite: 162 m, Tiefe: 11,20 m, geeignet für Schiffe bis zu 235 m Länge. Alljährlich passieren ihn ca. 30.000 Schiffe. Aber das reicht nun nicht mehr. Da die Schiffe immer größer werden, muss die mittlerweile **am stärksten befahrene künstliche Wasserstraße der Welt** an sechs Stellen ausgebaut werden. Eines Tages sollen hier dann auch Schiffe mit einer Länge von 280 Metern fahren können, um so dem rasant gestiegenen Containerverkehr gerecht zu werden. Es gibt 10 Kanalbrücken, 14 Fähren (kostenfrei) und zwei Tunnel (bei Rendsburg im Zuge der B 77 und einen Fußgängertunnel, auch bei Rendsburg).

Und auch dies war überfällig: In Brunsbüttel auf der Nordseeseite werden die Schleusentore erneuert. Die mittlerweile über 100 Jahre alten Tore waren derart baufällig, dass nach langem Zögern nun auch der Bundesverkehrsminister Gelder bewilligte. Jetzt werden die Schleusentore saniert und eine neue, dritte große Schleusenkammer wird auch gebaut. In Kiel wurde dies bereits vor 20 Jahren getan, nun muss es unbedingt auch auf der anderen Seite erfolgen, sonst könnte es eines Tages zu einer Vollsperrung kommen, wenn sich die Kanaltore nicht mehr öffnen ließen.

Villa Hoheneck liegt direkt am Kanal

Der Kanal bei Brunbüttel

389sh hj

Die Kieler Woche

Eigentlich ein bescheidener Name, Kieler Woche, wenig aussagekräftig an sich. Mehr braucht es aber auch nicht, nicht mehr als zwei Worte, aneinandergekoppelt sagen sie dem Kenner alles! Was denn? fragt da der Laie. Nun, **eine Woche Remmidemmi,** Volksfest, Karneval, Dauerfete auf den Straßen von Kiel, oder besser gesagt, auf einigen wenigen, dafür dort um so heftiger.

Anderen sagt sie außerdem eine Woche anspruchsvoller Regatta-Törns, bei der ein paar Tausend Segler in über 1000 Booten um Punkte und Pokale kämpften. Mittlerweile gilt sie als **größte Segelregatta der Welt,** als größte Segelparty gilt sie sowieso schon, jedenfalls unter Landratten. Und die Segler, die feiern mit, sowieso, aber erst hinterher, und manchmal auch schon vorher, aber mittendrin nie, soviel Ernst muss sein! Alle denkbaren Bootsklassen sind vertreten, kämpfen in olympischen und nichtolympischen Abschnitten um Ruhm und Ehre.

Und **an Land** geht es um Bier und Fischbrötchen, wird unterdessen eine **Dauerparty** gefeiert. Die Fußgängerzonen sind übersät mit Buden, Kiosken und Zapfstellen, hier bleibt wahrlich keine Kehle trocken. Nicht nur Landratten, Touristen und Segler sind unterwegs, sondern auch Marinesoldaten aus aller Herren Länder. Selbst aus den ehemaligen Ostblockstaaten kommen Flotten, das war noch vor ein paar Jahren undenkbar. Aber heute wird an so manchem Tresen der Kalte Krieg beerdigt und getauscht werden nicht nur Matrosenkäppis ...

320sh hj

389sh hj

Eine schöne Besonderheit sind die **Kinderattraktionen** im Park Krusenkoppel, oberhalb der Kiellinie. Hier regieren die Kinder. Hier sind viele Spielgeräte, Tobeflächen, Budenzauberer, Jongleure, Schminktische, Rutschen und so weiter aufgebaut und laden zum Mitmachen ein. Die Kids freuen sich darauf genauso wie die Großen auf den Bierstand. Und draußen auf der Förde segeln die Könner ihre Regatten aus, nur schade, dass man von Land so gut wie nichts davon sehen kann. Aber zum Glück gibt's ja noch die andere Kieler Woche.

Für Kinder wird viel angeboten auf der Kieler Woche

Gesegelt wird bei der Kieler Woche aber auch

Die Kanalschleusen liegen im Kieler Stadtteil **Holtenau.** Entlang der letzten Meter des Nord-Ostsee-Kanals hat sich eine ganz eigene, sehr charmante Welt entwickelt. Direkt am Kanal stehen einige schicke Häuser mit herrlichem Kanalblick. Außerdem befinden sich dort das historische Gebäude des Kanal-Packhauses und der Tiessenkai sowie der historische **Leuchtturm Holtenau.** Der Backstein-Leuchtturm steht seit 1895 unmittelbar am Nordufer des Kanals und weist seitdem den Schiffen den Weg in die Kanalschleuse. Das **Kanal-Packhaus** entstand in den Jahren 1780 bis 1783 und war eines von mehreren Packhäusern (andere standen in Tönning und Rendsburg), die entlang des Eiderkanals, des Vorgänger-Kanals vom Nord-Ostsee-Kanal, gebaut wurden. Durch die Luken wurde die Ware auf die Böden per Winden hochgezogen, heute befinden sich hier Wohnungen und ein Lokal. Unmittelbar davor liegt der **Tiessenkai** mit seinem maritimen Charme. Benannt ist dieser Kai nach dem Schiffsausrüster *Hermann Tiessen,* der hier sein Büro und Lager hatte. Heute befindet sich in den Räumen eine sehr urige Gastwirtschaft.

Mein Tipp: **Schiffercafé,** Tiessenkai 9, Tel. 90 89 676, 1.4.–14.10. täglich ab 10 Uhr, Mitte Oktober bis Ende März Mo Ruhetag. Uriges Lokal in den Räumen des ehemaligen Schiffsausrüsters *Tiessen,* innen erkennt man noch teilweise die alten Lager. Und hier treffen sich auch Kiels Tango-Tänzer! Jeden Sonntagnachmittag (16–19 Uhr) erklingt in einem Nebenraum argentinische Tangomusik und Paare drehen sich in feierlichem Ernst auf relativ engem Raum zu dieser leicht schwermütigen Musik.

Busverbindung: Die Linie 91 fährt direkt vom/zum Hauptbahnhof in der Kieler Innenstadt bis/von Haltestelle Kanalschleuse, Kastanienallee.

Praktische Tipps

Info

- **PLZ:** Kiel hat mehrere Postleitzahlen.
- **Vorwahl:** 0431
- **Tourist-Information,** Andreas-Gayk-Str. 31, 24103 Kiel, Tel. 67 91 00, geöffnet: Mo–Fr 9.30–18, Sa 10–14 Uhr.
- **Internet:** www.kiel-sailing-city.de

An- und Weiterreise

- **Bahn:** Der Bahnhof liegt mitten im Zentrum, unweit des Sophienhofs. Stündliche Verbindungen Richtung Hamburg und Flensburg, weitere Richtung Lübeck.
- **Busse:** Der ZOB grenzt an den Bahnhof, Linie 100/102 nach Laboe, Linien 33 und 501/502 nach Schilksee und Strande, Linie 200/201 nach Schöneberger Strand.

Unterkunft

- **Zimmervermittlung:** Tel. 67 91 00.
- **InterCity Hotel**⑤, Kaistr. 54–56, Tel. 66 430, www.intercityhotel.com. Liegt direkt am Bahnhof, Blick auf die Förde. Bester Komfort, zentrale Lage und nur wenige Schritte bis zur Fußgängerzone.
- **B&B Hotel Kiel**①-②, Kaistr. 70, Tel. 55 72 70, www.hotelbb.de. Ein preiswertes Haus, dessen Einrichtung sich auf das Notwendigste beschränkt, das aber 101 tadellose und moderne Zimmer bietet, darunter Familienzimmer für bis zu vier Personen.
- **Nordic Hotel Astor**③-④, Holstenplatz 1–2, Tel. 99 790, www.nordic-hotels.com. Recht großes Haus in klaren Linien mit 85 guten, funktional eingerichteten Zimmern in sehr zentraler Lage; einmal ums Eck führt die Fußgängerzone vorbei. Oben befindet sich die Astor Bar mit tollem Blick über die Stadt.

MEIN TIPP: **Atlantic Hotel**⑤, Raiffeisenstr. 2, Tel. 37 49 90, www.atlantic-hotels.de. Wunderbar zentrale Lage, direkt gegenüber vom Bahnhof. 187 sehr gut und modern-stylish eingerichtete Zimmer, tolles Frühstücksbüffet. Großer Sauna- und Fitness-Bereich und als besonderer Clou im 8. Stock eine Bar mit Außenlounge und fantastischem Blick über Kiel und die Förde. WLAN.

- **Jugendherberge**①, liegt in Kiel-Gaarden, also auf dem Ostufer der Förde, in der Johannesstr. 1, Tel. 73 14 88. Insgesamt 78 Ein- bis Vierbettzimmer mit Platz für 263 Besucher. Mit Bus 11 oder 12 ab Bahnhof bis Haltestelle Kieler Straße.
- **Bekpek Kiel**②, Kronshagener Weg 130 a, Tel. 88 88 009, www.bekpek-kiel.de. Rucksackhotel für den schmalen Geldbeutel, u.a. mit Fahrradkeller, Internet, Trockenraum. Etwa 20 Fußminuten von der City entfernt. Vom Bahnhof per Bus mit der Linie 34, 100, 101 Richtung Mettenhof/Kronshagen bis Dehnkestraße. WLAN.
- **Wohnmobilstellplatz** „Förde und Kanalblick" trägt seine Lage im Namen, liegt in der Mecklenburgerstr. 58 (Tel. 38 90 85 15, www.wohnmobilstellplatz-kiel.de), direkt bei der Kanalschleuse.
- **Campingplatz Falckenstein,** Palisadenweg 171, Kiel-Friedrichsort, Tel. 39 20 78, www.campingkiel.de, geöffnet 1.4.–31.10. Liegt sehr weit außerhalb vom Zentrum, aber auch sehr schön am Falckensteiner Ufer, unweit vom Strand an der Förde.

Gastronomie

Es ist keine Schwierigkeit, in Kiel eine gemütliche Kneipe oder ein angenehmes Restaurant zu finden. Neben den Seglern sorgen die Studenten für entsprechende Auswahl. Hier nur ein paar Tipps:

MEIN TIPP: **Kieler Brauerei,** Alter Markt 9, Tel. 90 62 90. Deftig-uriges Ambiente, täglich ab 10 Uhr herzhafte Mahlzeiten und vor allem selbstgebrautes Bier.

■ **Block House,** Willestr. 6, Tel. 58 78 431. In einer Seitenstraße der Holstenstraße gelegenes, gutes Steak-House, ab 11.30 Uhr durchgehend bis 24 Uhr.

Mein Tipp: **Café Fiedler,** Dänische Straße 3–5, Tel. 26 09 44 55, geöffnet: Mo–Fr 8–18.30, Sa 9–18.30, So 10–18 Uhr. Traditionsreiches Kaffeehaus und Konditorei mit erlesenen Torten, Kuchen und Pralinen.

■ **Lüneburg Haus,** Dänische Straße 22, Tel. 98 26 00 00, geöffnet Mo–Sa 12–22 Uhr. Draußen steht's: „Seit 1881", das spricht für sich. Regionale Küche, die der „Feinschmecker" einmal als „grundsolide" lobte, aber auch „ein Händchen für leichte mediterrane Kombinationen" attestierte. Da schließt sich der Autor kommentarlos an.

■ **Café Schöne Aussicht,** Düsternbrooker Weg 16, direkt an der Kiellinie im „Ersten Kieler Ruderclub von 1862". Tel. 21 08 585, generell ab 12 Uhr geöffnet, So Brunch ab 10.30 Uhr und im Winter Mo Ruhetag. Von der Terrasse formidabler Blick aufs Wasser der Kieler Förde.

Mein Tipp: An der Kiellinie, ganz korrekt Reventlouallee 2, hat sich das **Louf** etabliert, Tel. 55 11 78. Von seiner schönen Terrasse blickt man versonnen auf die Förde. April bis Anf. Okt. ab 10 Uhr, Okt. bis März ab 11.30 Uhr, So ab 9 Uhr, dann auch Frühstücksbuffet zum Festpreis.

■ **Ratskeller,** Fleethörn 9, Tel. 97 10 005, täglich ab 11 Uhr durchgehend. Nettes Ambiente am Kieler Rathaus, klassische norddeutsche Küche.

Ein breites Kneipenangebot ist weiterhin an der Bergstraße zu finden, am Knooper Weg und entlang der Holtenauer Straße.

Schiffstouren

■ Neben den Fährverbindungen nach Oslo und Göteborg sind vielleicht noch weitere Linien für den Ostseeurlauber interessant. Nach **Oslo** fährt die *Color Line* (Dauer 20 Std.), Infos: www.colorline.de, nach **Göteborg** die *Stena Line* (Dauer: 14 Std.), Infos: Tel. 90 90, www.stenaline.de.

■ Die **SFK (Schlepp- und Fährgesellschaft Kiel)** bietet einen Fährdienst durch die Kieler Bucht nach Fahrplan an. Man kann vom zentralen Anleger am Bahnhofskai bis nach Strande fahren, aber auch zum gegenüberliegenden Ufer nach Laboe. Die Zeiten variieren stark, je nach Jahreszeit und Wochentag (grobe Faustregel: einmal stündlich bis kurz vor 18 Uhr). Abfahrt: Bahnhofskai. Infos: Kaistr. 51, Tel. 59 41 260, www.sfk-kiel.de.

■ Der **historische Raddampfer „Freya"** bietet verschiedene Touren an, so beispielsweise eine Fahrt in den Nord-Ostsee-Kanal. Tickets und Infos direkt an Bord oder über Tel. (04651) 98 700, www.adler-schiffe.de.

■ **Kanaltour:** Zu bestimmten Terminen fährt ein Ausflugsschiff der Adler-Schiffe ab Kiel ein Stück den Nord-Ostsee-Kanal hoch bis Rendsburg und zurück. Man kann ein Teilstück fahren und per Bahn zurück oder die komplette Tour per Schiff gestalten. Infos: Tel. (04651) 98 700, www.adler-schiffe.de.

■ **Hafenrundfahrten,** von Mai bis September wird täglich außer Fr um 11, 13 und 15 Uhr eine jeweils zweistündige Tour durch den Kieler Hafen angeboten. Die Boote starten ab Bahnhofsbrücke, Zustieg auch möglich an der Seegartenbrücke, knapp oberhalb vom Museumshafen. Der Preis beträgt 13 € für Erwachsene, 7 € für Kinder.

■ **Infos:** www.sfk-kiel.de

Laboe

Dieser kleine Ort, an den Ausläufern der Kieler Förde gelegen, wurde bereits 1240 als ehemaliges **slawisches Fischerdorf** Lubodne urkundlich erwähnt. Nennenswerte Bedeutung erlangte Laboe allerdings erst im 20. Jahrhundert durch Stationierung der **Marine** und den Ausbau zum **Ostseebad.**

Schon zu Kaisers Zeiten war die Marine in Kiel präsent, heute erinnern zwei geschichtsträchtige Denkmäler daran. Das bekannteste ist das weithin sichtbare **Marine-Ehrenmal,** eine „Gedenkstätte für die auf See Gebliebenen aller Nationen und Mahnmal für eine friedliche Seefahrt auf allen Meeren". So heißt es jetzt in einer Erinnerungsschrift am Fuß des Denkmals. 1927 wurde der Grundstein zum Bau gelegt, 1936 war er fertiggestellt. Zunächst fällt die gigantische Größe auf: 72 Meter misst der Turm, der obendrein 85 Meter über Ostseeniveau hoch ist, 341 Treppenstufen führen auf die Spitze. Die muss man aber nicht hochlaufen, es existieren auch noch zwei Fahrstühle. Weiterhin gehören zum Denkmal eine Weihehalle zum Gedenken an die Toten, ein weitläufiger Ehrenhof mit Flaggen der deutschen Seestreitkräfte und eine Gedenkwand mit Schattenrissen der gesunkenen Schiffe der Kriegsjahre 1939 bis 1945. Außerdem wird der Skagerrakschlacht gedacht und die Entwicklung der Schifffahrt an Modellen nachgezeichnet.

■ Strandstraße 92, geöffnet: 1.6.–30.9. tägl. 9–19 Uhr, 1.4.–31.5. tägl. 9–18 Uhr, restliche Jahreszeit 9.30–17 Uhr. Eintritt: Erw. 5,50 €, Jugendliche (6–17 Jahre) 4 €, Kombikarte mit U-Boot: 9,50 € bzw. 6,50 €.

Sicherlich kennen Sie den Film „Das Boot", in dem die Geschichte eines deutschen U-Bootes im Zweiten Weltkrieg gezeigt wird. Deutlich wurden in dem Film die Enge, das Gedrängel, die nervöse Spannung. In Laboe können Sie diesen Eindruck hautnah nachempfinden. Am Strand gegenüber vom Marine-Ehrenmal liegt ein **U-Boot aus dem Zweiten Weltkrieg** zur Begehung bereit. Die U 995 wurde 1943 fertiggestellt und war noch für die deutsche Marine im Einsatz. Später wurde es an die norwegische Marine verkauft, wo es als Schulungsboot genutzt wurde, seit 1972 ist es

392sh hj

◁ ▷ Marine-Ehrenmal und U-Boot in Laboe

393sh hj

schließlich in Laboe als Museum aufgestellt. Ausnahmsweise möchte ich zur Beschreibung die Stichworte aus meinem Block wiedergeben, die ich mir bei der Besichtigung notiert habe: „Beklemmende Realität! Enge, Kopf stoßen, winzige Schotten, wie konnten hier 52 Mann hausen? So viele Hebel und Kurbeln, da muss jeder Handgriff sitzen, wie klappt das bei Stress? Offiziere, Unteroffiziere, Mannschaft, wo waren die Unterschiede? Kaum in den Unterkünften. Selbst die Kapitänskajüte, jeder VW-Bus ist heute besser ausgestattet – und dann die Kombüse! Hier wurde für 52 Mann gekocht?“ Wer durch das Boot geht, oder besser gesagt klettert, denn man muss mehrfach durch die Schotten steigen, erfährt beklemmende Eindrücke bei der Vorstellung, dass hier so viele Menschen gehaust und Todesängste ausgestanden haben.

■ Geöffnet: 1.6.–30.9. tägl. 9–19 Uhr, 1.4.–31.5. tägl. 9–18 Uhr, restl. Jahreszeit 9.30–17 Uhr. Erwachsene 4,50 €, Jugendliche (6–17 Jahre) 3,30 €, Kombikarte mit Marine-Ehrenmal: 9,50 € bzw. 6,50 €.

Die **Meeresbiologische Station Laboe** liegt unweit vom Marine-Ehrenmal an der Strandstraße 1. Hier wird die Unterwasserwelt der Ostsee in **30 Aquarien** dargestellt und erklärt, etwa 100 Tierarten sind zu bestaunen: u.a. Krabben, Muscheln und Fische. Bei den stündlichen Führungen darf so manches Meeresgetier auch angefasst werden.

■ Strandstraße 1, Tel. (04343) 42 93 21, geöffnet: April–Okt. Di–So 11–18 Uhr, Nov.–März Do–So 11–18 Uhr. Eintritt: 6 €, Kinder bis 12 Jahre 4 € für eine einstündige Führung.

Auch der Ort Laboe lohnt auf jeden Fall einen Besuch. Er war nämlich schon zu

Radio Schleswig-Holstein – die „Bombe“, die die Radiolandschaft veränderte

„Es ist fünf vor Zwölf!“ Wahrlich, kein Satz, mit dem man gemeinhin frohe Botschaften zu verbreiten pflegt, in diesem Fall aber doch. Am 1. Juli 1986 sprach ihn ein Radiomoderator und ließ damit die Sektkorken knallen. Warum? Radio Schleswig-Holstein ging als **erster privater Rundfunksender mit einem 24-stündigen Vollprogramm** auf Sendung. Das war mutig damals, etwas Vergleichbares gab es noch nicht. Der bis dahin allein regierende, o pardon, sendende **NDR** gab sich gelassen – zunächst. Aber nicht lange. Nach einem Jahr hatte der Newcomer dem NDR einen gehörigen Schrecken ein- und Zehntausende von Hörern abgejagt. Zum ersten RSH-Geburtstag wurden Zahlen veröffentlicht, die beweisen, wie sehr RSH den Norden aufgemischt hatte. Etwa eine Million Hörer schalteten damals RSH ein, damit erzielte der Sender einen **Marktanteil** von 47% – aus dem Stand! NDR 2, der Sender, der in etwa die gleiche Zielgruppe anpeilte, kam auf nur 32% Anteil. Scharenweise flüchteten NDR-Hörer rüber zum Newcomer, interne Zahlen sprachen von bis zu 80% Hörerverlusten. Im NDR kam es zu Krisensitzungen.

Wie sah nun das **Erfolgsrezept** des neuen Senders aus? Eigentlich ganz einfach, RSH kam frisch, fröhlich, optimistisch daher, schraubte die Wortbeiträge auf ein Minimum herunter und spielte Musik, Musik, Musik. Aber nicht irgendwelche, aktuelle Hits wechselten sich ab mit wiedererkennbaren Songs. Nachrichten gab es immer „fünf vor“ der vollen Stunde, das war absolut neu und gilt heute noch. Aber selbst die Nachrichten kommen kurz und knapp daher, Kritiker bemängeln, dass man diese Kurzmeldungen kaum als Nachrichtenbeiträge bezeichnen könne. Sei's drum, Wortbeiträge fallen denkbar kurz aus, regionale Meldungen haben Vorrang und werden poppig-flockig rübergebracht und nicht bedeutungsschwer.

Das kam an und schlug wie eine Bombe ein. Ich erinnere mich noch an jene **ersten Wochen,** kein Autoradio, keine Fabrikhalle, Boutique, Kneipe, die nicht auf RSH geschaltet war, keine WG, aus der nicht die unverwechselbaren RSH-Jingles dudelten. „Neue Töne aus dem Norden“ (Eigenwerbung) war Wirklichkeit. Später kamen **ungewöhnliche Aktionen** dazu, die das Image prägten. So zum Beispiel die unvergessene Live-Übertragung des Werner-Rennens in Hartenholm oder die Sendung „Airport-Report“. Die Idee war so simpel wie genial. Ein RSH-Reporter platzierte sich unter der Anzeigetafel am Hamburger Flughafen und las die Verspätungsmeldungen vor, live über Telefon. Aber auch die täglichen **Staumeldungen,** live aus der Verkehrsleitzentrale, sorgten für regelmäßige Einschaltquoten.

Das führte natürlich zu einer beträchtlichen **Fangemeinde,** allerdings nicht unbedingt in den Feuilletons. Die „ZEIT“ beispielsweise kam knapp fünf Wochen nach Sendestart zu folgendem Urteil: „Die Nord-Hörer führen sich auf wie Leute, die jahrzehntelang ausschließlich Telefonbücher lesen durften und nun die Bild-Zeitung in die Hände gekriegt haben“. Na, na, du liebe Zeit ...

Aber aufzuhalten war die neue Welle nicht mehr. **Weitere private Radiosender** gingen auf Sendung, allein im Norden folgten aus Hannover Radio FFN, aus Hamburg Radio Hamburg, und dann verlor man ganz schnell den Überblick. Heute senden im ganzen Bundesgebiet über 200 Privatsender, allein in Schleswig-Holstein gibt es jetzt drei. Kurios auch dies, der dritte Sender, NordOstseeRadio (NORA), gehört zu gut einem Drittel RSH und Delta Radio, dem zweiten Holsteiner Privatsender. Angestrebte Zielgruppe: die über 35-Jährigen, also die, die sich vielleicht am ehesten vom RSH-Gedudel abwenden. Doch nachdem der NDR acht Jahre geschlafen oder sich in den Schmollwinkel zurückgezogen hatte, schlug er 1994 zurück. Seitdem sendet N-Joy Radio, ein Versuch, das Blatt zu wenden und den kommerziellen Sendern Hörer wieder abzujagen. Die ZEIT mäkelte auch diesmal herum: „Der NDR passt sich mit seinem N-Joy Radio nach unten an". Bitte etwas mehr Gelassenheit! Eins hat der Erstling aber bis heute durchgehalten: RSH sendet immer noch Punkt Mitternacht unsere Landeshymne, das Schleswig-Holstein-Lied. Hier sind sie wahrlich unverwechselbar.

Beginn des 20. Jahrhunderts ein **Seebad,** und das kann bei einem Spaziergang entlang der Promenade bestätigt werden. Der kurtaxenpflichtige **Strand** ist nämlich recht schön, feinsandig und wenigstens 15 Meter breit. Auf der anderen Seite liegt, sozusagen in bester Lage, eine Reihe von gut erhaltenen Häusern, teilweise leicht erhöht, und bietet damit einen phänomenalen Blick auf die Förde.

Erreicht man schließlich den kleinen **Hafen,** wird man überrascht feststellen, dass es hier tatsächlich noch Fischerboote gibt. Auch ein paar Kneipen und **Restaurants** sind zu finden, insgesamt eine durchaus angenehme Atmosphäre. Und auch ein kleiner **Museumssteg** existiert, an dem ein paar sehr schöne, historische Schiffe liegen.

Praktische Tipps

Info

- **PLZ:** 24235
- **Vorwahl:** 04343
- **Tourist-Information,** Börn 2, 24235 Laboe, Tel. (04343) 42 75 53.
- **Internet:** www.laboe.de

An- und Weiterreise

- Die **Schiffe** der Förde-Fährlinie pendeln zwischen Laboe-Hafen und dem Zentrum von Kiel. Dauer der Überfahrt etwa eine Stunde. Die Abfahrt erfolgt zwischen 6.20 Uhr und 20.40 Uhr beinahe stündlich von Montag bis Freitag, am Wochenende etwas seltener, und dies wird im Herbst eingeschränkt, im Winter kein Verkehr. Infos: www.sfk-kiel.de, Tel. (0431) 594 12 60.

391sh hj

■ **Buslinien** 100 und 102 (Schnellbus) fahren ebenfalls in die Kieler Innenstadt.

Unterkunft

■ **Strandhotel Laboe**②-④, Strandstr. 5, Tel. (04343) 60 90, www.strandhotel-laboe.de. 40 Komfort-Apartments für bis zu 6 Personen in unterschiedlicher Größe von einem Raum bis zu 3-Raum-Apartments. Beste Lage direkt am Strand, vom Balkon ein tadelloser Blick aufs Wasser. Unten befindet sich das Restaurant „La Dolce Vita". Die Vermietung erfolgt wochenweise.

■ **Hotel Seeterrassen**③-④, Strandstr. 84–88, Tel. (04343) 60 70, www.seeterrassen-laboe.de. Insgesamt 30 DZ und 10 EZ hat dieses Haus, die Hälfte etwa mit Meeresblick. Moderne und zweckmäßige Ausstattung, ein Restaurant mit regionaler Küche ist angeschlossen. WLAN gegen Gebühr.

■ **WoMo-Stellplatz,** Steiner Weg 15. Direkt beim Marine-Ehrenmal liegt ein Platz mit Ver- und Entsorgungsstation für bis zu 18 Fahrzeuge.

Gastronomie

■ **Fischküche Laboe,** Am Hafen, Tel. (04343) 42 97 99, geöffnet: täglich 11.30–20.30 Uhr. Beste Lage direkt am Hafen zwischen Bus- und Fähranleger. Fisch in allen Variationen, kleine Terrasse und Blick auf den Hafen. Es gibt auch leckere Fischbrötchen.

■ **Ocean Eleven,** Hafenplatz 11, Tel. (04343) 494 64 64, täglich ab 12 Uhr. Top-Lage am Strand, eine Mischung aus Café, Restaurant und Lounge mit entspannter Atmosphäre. Hinten mit kleiner Strandbar und einem unschlagbaren Blick aufs Wasser von der lässigen Terrasse mit Sitzsäcken, Sitzbänken und viel Holzdekor. Internationale Küche, gepaart mit norddeutscher Tradition.

■ **Buena Vista,** Strandstr. 9a, Tel. 42 13 21, tägl. 11–23 Uhr. Tolle Lage am Stand mit schöner Sonnenterrasse. Hier gibt es spanische Tapas und andere spanische Gerichte.

^ Am Strand von Laboe

Stein

Ein kleiner Ort mit knapp 1000 Einwohnern, der etwa 20 Kilometer von Kiel entfernt an der Förde liegt. So klein die Gemeinde auch ist, sie existiert immerhin schon **seit 1240!** Wohl die meiste Zeit lebten die Menschen von Landwirtschaft und Fischfang, in den letzten Jahrzehnten hat sich diese Situation aber verändert. Die nahe Landeshauptstadt bietet genügend Arbeitsplätze, außerdem hat sich der **Tourismus** in Stein ziemlich gut entwickelt.

Der **Strand** ist nicht sonderlich breit (10–15 Meter), aber stolze 3,5 Kilometer lang. Es geht hier beschaulich zu, was die Gäste auch sehr schätzen.

Wendtorf

In diesem Ort, der unter Seglern bekannt ist für seine große **Marina,** erstreckt sich ein Kinderspielplatz der Extraklasse auf 2,5 Hektar, genannt **Kinderabenteuerland!** Hier können Kids klettern, toben, spielen, aber auch ruhige Ecken nutzen. Der Park wächst beständig, es kommen noch weitere Angebote hinzu. Jetzt schon gibt es ein Indianer-

☐ Der kleine historische Hafen von Wendtorf

394sh hj

land, einen Kletterturm, eine Seilfähre und einen Matsch-Sand-Pool.

■ **Infos:** www.wendtorf-ostsee.de, Tel. (04343) 49 99 50, Eintritt frei.

Am oberen Bereich Richtung Laboe befindet sich auch noch ein kleiner **Museumshafen** mit einigen sehr schicken historischen Holzseglern.

Historische Windmühle im Freilichtmuseum

395sh mux

Freilichtmuseum Molfsee

Dieses Museum wird ein „lebendes Museum" genannt, weil hier auf einem 60 Hektar großen Gelände seit 1961 insgesamt **70 historische Häuser** aufgebaut wurden. So finden sich hier Bauernhäuser, Scheunen, Mühlen oder Handwerkerkaten originalgetreu wieder aufgebaut. Die Objekte stammen aus ganz Schleswig-Holstein, wurden vor dem Verfall gerettet, nach Molfsee transportiert und wieder aufgebaut. Auch ein Hof aus meiner unmittelbaren Nachbarschaft wurde in Molfsee renoviert wieder errichtet und beherbergt heute ein Restaurant am Eingang.

Das Museum lebt aber auch aus einem anderen Grund, werden hier doch **Haustiere** gehalten, arbeiten **Handwerker** wie Korbmacher, Drechsler oder Töpfer nach uralter Tradition, es wird sogar stilecht im Windfang Mettwurst geräuchert. Die Katen sind fast alle begehbar, man gewinnt einen Eindruck von der Lebenssituation der ländlichen Bevölkerung aus Zeiten, die noch gar nicht so lange vorbei sind, auch dies teilweise beklemmend. Eine alte Schule wurde ebenso wieder aufgebaut wie eine Apotheke mit Kräutergarten und es gibt sogar einen kleinen historischen Jahrmarkt mit Schiffsschaukeln. Das Gelände ist sehr weitläufig, deshalb fährt auch eine kleine Museumsbahn vom Eingang durch das Freiluftmuseum. Im Herbst findet hier alljährlich ein **Herbstmarkt** statt, dann kommen jede Menge Künstler zusammen, die eine breite Palette an Kunsthandwerk anbieten.

■ **Schleswig-Holsteinisches Freilichtmuseum,** Hamburger Landstraße 97, Tel. (0431) 65 96 60, www.schloss-gottorf.de/molfsee, geöffnet: 1.4.–31.10. täglich 9–18 Uhr, Anfang November bis Mitte März nur So 11–16 Uhr; Eintritt: 8 €, Schüler 2 €, Familien 17 €, eine „Oma-Opa-Enkel-Karte" kostet ebenfalls 17 €. Per Bus der Gesellschaft *Autokraft* vom Busbahnhof (ZOB) in Kiel mit der Linie 501 der *Kieler Verkehrsgesellschaft* ab Hauptbahnhof bis zur Haltestelle „Freilichtmuseum".

Am Strand von Strande

716sh hj

Strande

Strande ist ein weiteres **Ostseebad** im Bereich der Kieler Förde, diesmal am Westufer gelegen.

Die Ursprünge waren auch hier äußerst bescheiden, ursprünglich standen nur ein paar Häuser „uppe dem Strande".

Das änderte sich dann doch ziemlich stark, heute wohnen hier nicht wenige Kieler, die die Nähe sowohl zur Ostsee als auch zur Landeshauptstadt schätzen. Und in den Sommermonaten findet man an der Kieler Universität nur diejenigen Studenten, die sich auf eine Prüfung vorbereiten – der Rest ist hier! Dabei gibt es schönere Strände im Nahbereich von Kiel, aber dieser ist ziemlich schnell erreicht, im Sommer verkehren sogar die Schiffe der Fördelinie bis Strande.

Der **Strand** schlängelt sich einige Kilometer weit an der Küste entlang, ein Spazierweg folgt ihm parallel, und dahinter stehen einige Häuser mit traumhaftem Blick. Folgt man dem Weg in Richtung Bülker Leuchtturm, wird's einsamer, aber an manchen Stellen tummeln sich dann die **Surfer,** die ihr Revier hier entdeckt haben.

Ganz in der Nähe vom Hafen Strande liegt **Schilksee.** Ein Schild „Olympiazentrum" weist den Weg und erklärt auch den Hintergrund: Hier fanden 1972 die olympischen Segelwettbewerbe statt. Noch heute dümpeln in den Sommermonaten regelmäßig Hunderte von Segelbooten, besonders zur Zeit der Kieler Woche.

Anfahrt: Bus Nr. 501 und 502 fahren von der Kieler Innenstadt nach Strande.

Friedrichsort

Ein kleiner Ort, der an der schmalsten Stelle der Kieler Förde liegt, ein paar Kilometer nördlich der Landeshauptstadt. Genau hier ließ der dänische König *Christian IV.* 1632 eine **Festung** bauen. Sein Sohn *Friedrich III.* erweiterte dieses Bollwerk, das dann schließlich auch seinen Namen trug: Friedrichsort. Diese Anlage stand noch bis zum Ersten Welt-

Der Strand von Friedrichsort

krieg, die letzten Gebäude wurden erst 1945 zerstört. Heute dient der weitläufige Strand als Naherholungsgebiet für die Kieler Bewohner.

■ **Anfahrt:** Im Sommer mit den Schiffen der FSK ab Kiel-Zentrum (Bahnhofskai) oder mit der Buslinie 91 ab Hauptbahnhof.

Gastronomie

■ **Deichperle,** Deichweg 24, Tel. 775 47 54, geöffnet: ab 12 Uhr, am Wochenende ab 10 Uhr, im Sommer (Juni–August) generell ab 10 Uhr, im Winter nur Sa/So ab 12 Uhr. Das Lokal befindet sich unweit des Leuchtturms und hat eine Terrasse auf dem Deich, von der man einen Panoramablick über die ganze Förde genießt. Serviert werden geerdete Speisen und Getränke.

Tierpark Arche Warder

Dies ist ein spezieller Tierpark, ein sogenannter **Themen-Zoo.** Er will ein Schutzpark für seltene und gefährdete Haustiere sein. Auf einem immerhin 40 Hektar großen Gelände leben etwa 1200 meist europäische Haus- und Nutztiere, die 70 Rassen angehören. Für die Tiere, die im Winter nicht draußen bleiben können, gibt es ein etwa 1000 m² großes **Tierschauhaus.** Besonders spannend dürfte für Kinder der **Streichelhof** sein, bei dem sie zu tatsächlich hautnahen Kontakten mit den Tieren kommen. Durch den Park führt ein etwa fünf Kilometer langer, **ausgeschilderter Weg,** der den Besucher zu allen Tieren lotst.

Was gibt's zu sehen? Um nur die hauptsächlichen **Tierarten** aufzuzählen: Ponys, Schweine, Schafe, Rinder, Esel, Geflügel. Aber das ist zu knapp bemessen, denn neben den Tieren aus unserer unmittelbaren Umgebung sind auch Fjällrinder oder Gotlandschafe aus Skandinavien, Belted Galloways aus Schottland oder Steppenrinder aus Ungarn zu finden.

Das wahllose **Füttern** der Tiere ist übrigens nicht erlaubt, aber man kann spezielles Fertigfutter an der Kasse erwerben und dies den Tieren geben, allerdings nicht allen.

■ **Tierpark Arche Warder,** Langwedeler Weg 11, 24646 Warder, Anfahrt: über die A 7 erreichbar, Ausfahrt „Warder", dann beschildert. Geöffnet: täglich 10–20 Uhr, im Herbst und Winter bis 16 Uhr. Eintritt: 8 €, Kinder (4–14 Jahre) 4 €, Familie 20 €. Infos: Tel. (04329) 91 340, www.arche-warder.de.

717sh hj

5 Eckernförder Bucht

Links und rechts der Eckernförder Bucht liegen etliche idyllische Dörfer, zumeist mit einem Strand. Eckernförde selbst ist ein kleines Städtchen mit einer netten Hafenmeile und einem Sandstrand, der nur wenige Schritte vom Zentrum entfernt ist.

‹ Küste bei Schwedeneck

NICHT VERPASSEN!

- **Schwedeneck,** eine kaum bekannte Ecke mit feinem Sandstrand | 191
- **Eckernförde,** ein reizvolles Hafenstädtchen | 193
- **Damp,** ein Ferienort mit großer Reha-Klinik | 209

Diese Tipps erkennt man an der gelben Hinterlegung.

Im Mai leuchtet der Raps in dieser Gegend

165sh hj

STRÄNDE UND STEILKÜSTE

Ein weiterer tiefer Einschnitt ins Land, an dessen Ende die **Hafenstadt Eckernförde** liegt. Unspektakulärreizvoll mit schmucken, leicht gedrungenen Häusern, einem belebten Hafen und einem sehr langen Strand mitten in der Stadt. Außerhalb zeigt sich die Landschaft ausgesprochen reizvoll. Kleine und kleinste Dörfer verstreuen sich an der Küste. Meist mit einem Strand, der mal steinig, mal weichsandig ausfallen kann.

Überblick

Als ein tiefer Einschnitt in das Land im nördlichen Schleswig-Holstein zeigt sich diese Bucht, an deren westlicher Spitze der Ort liegt, der ihr den Namen gab, Eckernförde. Diese Kleinstadt hat einen charmanten Kern mit historischen Häusern und Gassen, einer netten Hafenmeile und einer durchaus etwas quirligen Fußgängerzone. Und außerdem hat Eckernförde einen **Strand,** der unmittelbar an die Stadt grenzt, und den man in wenigen Schritten von dort aus erreicht.

Der rechte Arm der Eckernförder Bucht mit seinen Stränden und Dörfern ist selbst in Schleswig-Holstein kaum bekannt, **Schwedeneck** wird diese Gegend genannt. Hier zieht sich beispielsweise ein Strand über etliche Kilometer entlang der Küste, mal besteht er aus felsiger Steilküste, mal aus feinem, weichem Sand. Nennenswerte touristische Ziele fehlen, Gottlob, wie manch einer wohl hinzufügen möchte. In der Tat zieht es hierher nur Eingeweihte, die Strände sind alles andere als überlaufen. Und wer Unterhaltung sucht, fährt ins nahe Kiel.

Der linke Arm der Eckernförder Bucht hat seinen eigenen Reiz. Hier ist

Eckernförder Bucht
0 2 km
©Reise Know-How 2016
SchlesOSK_05
Übernachtung
1 Damp Ostseecamping
2 Camping Gut Ludwigsburg
Klappbrücke
Rabel
199
Maasholm
Wittkiel
Scheggerott
Mohrkirch
Kappeln
Mehlby
201
213
Olpenitzdorf
212
Weidenfelder Strand
203
211
Rabenkirchen-
-Faulück
Brodersby
Schönhagen
Süderbrarup
Arnis
Fähre
Karby
201
Nottfeld
Boren
Schlei
Schwansener See
Ketelsby
Halbinsel
Lindaunis
Sieseby
209
209
Kius
Lindau
Klappbrücke
Thumby
Damp
Ostseebad-Damp
Ulsnis
Stubbe
Vogelsang
Seeholz
Söby
Holzdorf
Großwaabs
Norby
Schwansen
206
207
Brodersby
Rieseby
Gut Ludwigsburg
Waabs
Fähre
Missunde
Ludwigsburg
206
Loose
Langholz
Schlei
203
Aas See
Kosel
Barkelsby
206
2
205
Bültsee
Hemmelmarker See
Karlsminde
Fleckeby
76
Eckernförder Bucht
Surendorf
Schleswig
Windebyer Noor
193
Krusendorf
Eckernförde
Noer
Friedland
Schwedeneck
191
Gut Marienthal/ Antaris Metallkunst
Marienthal
201
Schnellmark
Altenhof
Neudorf-Bornstein
Goosefeld
Hütten
7
Owschlag
203
Osdorf
Gettorf
Groß-Wittensee
Holtsee
Revensdorf
76
Tierpark Gettorf
202
Haby
Wittensee
Sehestedt
Nord-Ostsee-Kanal
7
Fähre
Gr.-Königsförde
K.-Suchsdorf
KIEL
Fähre

die **Halbinsel Schwansen** zu finden, „Halbinsel" deshalb, weil das Gebiet links von der Schlei und rechts von der Ostsee begrenzt wird. Eine landschaftlich ungemein reizvolle Gegend mit einer Handvoll hübscher Orte. Auch hier wechselt das Bild der Ostseeküste konstant, mal zeigt sie sich als raue Steilküste, dann wieder mit schier endlosen Sandstränden. Das lockt Touristen, folgerichtig hat auch vereinzelt eine stärkere touristische Entwicklung stattgefunden. Speziell in **Damp** liegt ein riesiger Ferienkomplex, der seinesgleichen sucht. Gleichwohl, die Landschaft ist ausgesprochen schön, lädt förmlich zu Spazierfahrten ein – warum nicht gleich einmal mit dem Fahrrad?

Schwedeneck

Während die Ostseestrände links und rechts von Kiel schon um die Wende zum 20. Jahrhundert als Seebad entdeckt wurden, blieb die Gegend weiter in Richtung Eckernförde lange Zeit im **touristischen Dunkel.** „Schwedeneck" wird dieses Gebiet genannt, das später von wohlhabenden Kielern als Refugium genutzt wurde. Diese erkannten schon früh die **Vorteile der Gegend:** unweit der Ostsee, dabei aber nah genug an Kiel, also im Grünen leben und in der Großstadt arbeiten.

Dann kamen die Touristen, vor allem in die **Großgemeinde Schwedeneck.** Etwa auf halbem Weg zwischen Kiel und Eckernförde ist sie zu finden. Man könnte sagen, dass hier die Eckernförder Bucht beginnt, wobei die Grenzen zur offenen Ostsee sicherlich fließend sind. Die Großgemeinde Schwedeneck umfasst die Dörfer Krusendorf, Surendorf, Hohenhain, Dänisch-Nienhof, Stohl, Sprenge und Birkenmoor. **Surendorf** kann wohl als Hauptort bezeichnet werden. Hier gibt es einen relativ breiten Strand mit einer Promenade sowie ein Wassersportcenter mit Strandsauna und einen Campingplatz.

Entlang der Küste zieht sich ein 16 km langer **Strand,** der durchgängig schön, feinsandig und flach ins Wasser abfallend ist. Die Steilküste, die ihn an einigen Stellen begrenzt, steigt teilweise bis zu 30 Meter auf (bei Dänisch-Nienhof).

Die **Landschaft** ist zweifellos schön – im Mai wechseln sich gelbe Rapsfelder mit grünen Wiesen ab, unterbrochen immer wieder von kleinen Wäldchen. Sowohl entlang der gesamten Küste als auch durch das Hinterland führen Wanderwege, die alle Ortsteile verbinden.

Bei diesen Wanderungen können auch einige **Hügelgräber** entdeckt werden, eigentlich die einzigen herausragenden Besonderheiten. Diese sind vor allem bei **Mariannenhof, Eckernholm** und **Birkenmoor** zu finden. Achten Sie auf einen Hügel von ca. einem Meter Höhe, der sich in Form eines Rechtecks mit leicht abgerundeten Kanten urplötzlich auf der Wiese erhebt. Meist wachsen auf einem Hügelgrab heute Bäume.

In Surendorf befindet sich in wirklich exponierter Lage der **Campingplatz Ostseebad Schwedeneck,** denn er liegt direkt am Strand.

In **Krusendorf** steht die 1737 eingeweihte schöne **Heilige Dreifaltigkeitskirche** mit einem achtseitigen Turmhelm. Innen wirkt der Backsteinbau schlicht, in einer Turm-Abseite liegt die

Gruft der Familie *Brockdorff*, die geschützt wird von einem filigranen Gitterwerk. Der Kanzelaltar aus Eichenholz stammt von 1735 und zeigt ein marmornes Kreuzigungsbildnis. Die Holztaufe stammt von 1736, die romanische *Marcussen*-Orgel wurde im Jahr 1868 gebaut.

Praktische Tipps

Info

- **PLZ:** 24229
- **Vorwahl:** 04308
- **Kurverwaltung Schwedeneck,** Zum Kurstrand 5, Schwedeneck, Tel. 331. Geöffnet: Mai täglich 9–17 Uhr, Juni bis Sept. täglich 8–17 Uhr, Okt. bis April Mo–Fr 9–12 Uhr.
- **Internet:** www.schwedeneck.de

An- und Weiterreise

- **Busse:** stündliche Verbindung nach Kiel entlang der Hauptstraße, der B 503, mit Bus 900, 901, 902 von/bis Kiel, Hauptbahnhof.

Unterkunft

- **Zimmernachweis** über die Kurverwaltung.
- **Hotel Tannenhof**②, Sprenger Weg 2, Surendorf, Tel. 666, www.hotel-tannenhof-schwedeneck.com. Am Ortseingang, 800 m vom Strand, zehn Zimmer. Restaurant mit regionaler Küche.
- **Binges Gasthof**②, Alte Dorfstraße 5, Surendorf, Tel. 204, www.binges-gasthof.de. Kleines Haus mit wenigen, aber charmanten Zimmern und Apartments. Restaurant mit Holsteiner Küche.
- **Gut Hohenhain**①-②, Schwedeneck, Tel. 325, www.guthohenhain.de. Auf dem idyllisch gelegenen Gut werden drei rustikal eingerichtete FeWos im „Kuhhaus" vermietet, zwei weitere FeWos im „Waldhäuschen", und im „Blockhaus" kann ebenfalls eine FeWo gemietet werden. Obendrein gibt es noch das Ferienhaus „Seeblick" mit selbigem.
- **Campingplatz Grönwohld,** Kronshörn, Schwedeneck, Tel. 18 99 72, www.groenwohld-camping.de, geöffnet Anf. April bis Ende Okt. Tolle Lage am breiten Sandstrand von Surendorf, etwas erhöht. Wer einen Platz in der vorderen Reihe erhält, genießt einen schönen Panoramablick auf die Ostsee.
- **Campingplatz Surendorf,** Zum Kurstrand, Surendorf, Tel. 331, www.campingplatz-surendorf.de. Auch dieser Platz liegt traumhaft oberhalb der Steilküste. Ganzjährig geöffnet, WLAN.

Gastronomie

- **Strandhaus,** Strandstraße 24, Dänisch-Nienhof, Tel. 212, täglich 10–23 Uhr. Sehr schöne Lage am Strand mit Blick durch große Fenster aufs Meer, ebenso bei gutem Wetter von der großen Terrasse. Fischspezialitäten mit mediterranem Einschlag gibt es, aber auch selbstgebackenen Kuchen und spanische Tapas. So 10–13 Uhr Brunch. Vermietet werden zudem zwei hochwertige FeWos⑤ mit privater Sauna und einem atemraubenden Ostseeblick.
- **Strandoase,** Am Kurstrand in Surendorf, Tel. 18 99 05, geöffnet Do/Fr ab 15, Sa ab 12, So ab 10 Uhr. Kleines, uriges Lokal, direkt am Strand gelegen. Man hockt drinnen wie draußen im Sand unter Palmen. Kleine Gerichte wie Pizza, Pasta und Paella, sonntags wird gebruncht, Cocktails, hin und wieder Veranstaltungen wie z.B. „Vollmond-Parties".

Wassersport

- **Surfen:** *Nordwind-Wassersport-Center,* am Strand von Surendorf, Tel. 18 31 11, www.nordwind-wassersport.de.

› Der Hafen von Eckernförde

Andere Aktivitäten

- **Fahrradverleih:** *Fliegenpilz,* Raiffeisenweg 8, Krusendorf, Tel. (0172) 92 55 271.
- **Strandsauna:** Surendorf an der Strandpromenade, Infos über *Nordwind* (s.o.). Tel. 18 31 11.

Eckernförde

Etwa 23.000 Einwohner zählt die Stadt an der Eckernförder Bucht. Sie hat einen entspannten, maritimen Charme mit engen Gassen, einem schmucken Hafen und einem langen Stadtstrand.

Geschichte

Die Anfänge dieser Kleinstadt liegen weit zurück, so weit, dass heute kein festes Gründungsdatum bekannt ist. Gleichwohl sind erste Erwähnungen aus dem Jahr **1197** überliefert. Eine kleine Fischersiedlung wurde im Zusammenhang mit einem *Nikolaus de Ekerenvorde* und einem *Godescalcus de Ekerenvorde* genannt. Besagte kleine Siedlung lag allerdings an einer strategisch günstigen Stelle, nämlich zwischen Meer und dem Windebyer Noor, einem großen Binnensee. Und genau hier, durch diesen schmalen Flecken, verlief eine wichtige **Handelsroute.**

Kein Wunder, dass der dänische König schon Ende des 12. Jahrhunderts zum Schutz dieses Handelsweges eine **Burg** errichten ließ. Der Name ist auch noch überliefert: Ykernaeburgh, die Stadtchronik erklärt diesen Namen mit der Ableitung von „Ykern" (Eichen). Damals soll es noch die Eichenwälder rund um die Eckernförder Bucht gegeben haben, und in diesen tummelten sich et-

718sh hj

Eckernförde

0 200 m ©Reise Know-How 2016

SchlesOSK_12 (Osküste)
Borby
Feldsteinkirche
Waabs
Schleswig, Kappeln, B76, B203
J.-Hinrich-Fehrs-Weg
Schleswiger Str.
Riesebyer Str.
Bergstraße
Petersberg
Vogelsang
Mühlenberg
Pferdemarkt
Hafen
Holzklappbrücke
Leuchtturm
Ostsee Info-Center
Binnenhafen
Gaehtjestr.
Fr.-Clara-Str.
Kattsund
Fischerstr.
Noorstraße
Langebrückstr.
Roseng.
Gudewerdtstr.
Jungfernstieg
Speicher
St.-Nikolai-Kirche
Marktplatz
Rathaus und Museum Eckernförde
Schulweg
Windebyer Noor
Norderhake
Flensburger Straße
Reeperbahn
Kieler Straße
Mühlenstr.
Bahnhof
Gerichtsstr.
Bahnhofstr.
Eckernförder Bucht
ZOB (Busbahnhof)
Am Exer
WoMo-Stellplatz
Preußerstraße
Meerwasserwellenbad
Süderhake
Lorenz-von-Stein-Ring
Bornbrook
Windebyer Weg
Rendsburger Strsße
Berliner Str.
Minigolf
Owschlag, A7, B77
Preußerstraße
162
Kiel, B76
Sehestedter Straße
Brennofenweg
Gut Marienthal
Übernachtung
1 Campingplatz Hemmelmark
9 Hotel Zum Seepferdchen
17 Stadthotel
18 Pension am Kurpark
19 Jugendherberge, Mango's Strandhotel
Essen und Trinken
2 Siegfried Werft
4 Römer & Wein
5 Luzifer
6 Fischhuus
8 Fischdeel
11 Methmanns Mittagstisch
14 Dom Krug
15 Kaffeehaus Heldt, Ratskeller
19 Restaurant Mango's, Treib-gut
Einkaufen/Sonstiges
3 Fahrradverleih Leiß
4 Römer & Wein
7 Bonbonkocherei, Die Feinschmeckerei
12 Fischmarkt
13 Speicherpassage mit Bio-Markt
16 Rehbehn und Kruse
Wassersport
10 Tauchen und Meer

liche **Eichhörnchen.** Und so kam dieses kleine, possierliche Tier auf's städtische **Wappen:** Es zeigt einen Burgturm mit darüber springendem Eichhörnchen.

Seit 1302 war Eckernförde als **Stadt** urkundlich festgehalten, durfte amtliche Schriften mit „de Stad to Ekerenvorde" siegeln. Im 15. und 16. Jahrhundert wurde die **Lage am Meer** immer wichtiger, da sich die Handelsströme von Ost nach West verlagert hatten – Eckernförde als Hafenstadt wurde wichtiger **Umschlagplatz.** Leider folgten durch Kriege auch Rückschläge, und, wie die Stadtchronik ausführt, teilweise bitterste Not.

In der zweiten Hälfte des 18. Jahrhunderts erlebte Eckernförde dann eine erste **wirtschaftliche Blütezeit,** es wurden Handelshäuser gegründet, Schiffe gebaut und mit Waren in die Ostsee geschickt. Eine wohlhabende Kaufmannsfamilie gründete sogar erste Fabriken, eine Ziegelei, eine Wollfabrik und Fayencenmanufakturen. Daneben spielt die Fischindustrie eine immer größere Rolle, etwa 30 Prozent der damals 6000 Einwohner lebten von der Fischerei.

Dann kamen die Anfänge des **Tourismus.** 1831 wurde das erste Bad gegründet, in Borby, heute ein Stadtteil von Eckernförde. Die Chronik vermeldet, dass 1832 bzw. 1833 ein Herren- bzw. Damenbadefloß für das Baden in der Ostsee hinzukam.

Nach der Wende zum 20. Jahrhundert zog die **Marine** ein, vor allem die Einrichtung der Torpedoversuchsanstalt sollte das Leben der Stadt deutlich bestimmen, immerhin 7000 Leute waren hier beschäftigt.

Nach Kriegsende blieb die Marine in Eckernförde, aber die Stadt lebt heute nicht nur vom Tourismus, sondern auch von einer Reihe von Klein- und Mittelbetrieben und von der fischverarbeitenden Industrie.

Sehenswertes

Das Zentrum mit dem historischen Stadtkern „ergeht" man sich am besten bei einem Spaziergang durch die Fußgängerzone. Ausgangspunkt ist die Kieler Straße, über die man in Richtung Hafen schlendert. Zwischen der Kieler Straße und der St. Nikolai-Straße sind einige typische **Giebelhäuser** zu finden, in der Parallelstraße Gudewerdtstraße stehen noch sehr schöne, alte Bürgerhäuser.

Die **St.-Nikolai-Kirche** in der gleichnamigen Straße stammt aus dem 13. Jh. Es ist eine kleine Kirche, die dem Bischof *Nikolaus* geweiht wurde, dem Schutzheiligen der Seefahrer. Um 1500 erweiterte man die Kirche um die Seitenschiffe. Der barocke **Altaraufsatz** wurde vom Eckernförder *Hans Gudewerdt* im Jahr 1640 geschnitzt. Die **Kanzel** entstand 1605 durch den Vater des Altarschnitzers, der ebenfalls mit Vornamen *Hans* hieß und „der Ältere" genannt wurde. Bemerkenswert ist auch die **Taufe,** deren Kessel aus Bronze vom Flensburger Glockengießer *Michael Dibler* 1588 erschaffen wurde. Die **Gewölbemalereien** im Chor stammen von 1578 und stellen Szenen aus dem Evangelium dar. Die **Orgel** wurde 1762 erbaut und knapp zwei Jahrhunderte später erweitert. Unterhalb der Orgelempore befinden sich **Grabstellen** von Adelsfamilien, zwischen beiden Räumen liegt der **Turmraum,** der noch zur Ur-Kirche aus dem 13. Jh. gehörte. Im linken Raum hängt das Großbild von der Sintflut (1632).

324sh mux

Der **Marktplatz** ist von mehreren historischen Gebäuden umgeben, wobei das **Rathaus** von 1450 heraussticht. Dieses Gebäude wurde später mehrfach umgebaut. Das moderne Gebäude schräg gegenüber fällt ebenfalls sofort auf. Nach der Spende eines Privatmannes wurde oberhalb des Eingangs ein **Glockenspiel** angebracht, das nun dreimal täglich – um 10.10, 12.10 und 17.10 Uhr – ertönt. Am Gebäude der Eckernförder Zeitung sind in Höhe des zweiten Stocks an der Fassade zwei Porträts zu sehen: *Johannes Gutenberg,* Erfinder des Buchdrucks, und *Ottmar Mergenthaler,* Erfinder moderner Setzmaschinen.

Der ehemalige Bürgersaal des alten Rathauses beherbergt heute das kleine, gut gemachte **Heimatmuseum.** Ausgestellt sind Modelle und Dokumente, welche die Veränderungen der Stadt im

⌃ Historische Gasse in Eckernförde

Laufe der Jahrhunderte illustrieren. So wird die Arbeitswelt einer **Fischräucherei** dargestellt und das 160-jährige Badeleben des Ostseebades gezeigt. Ein originalgetreuer kleiner Kaufmannsladen wird gezeigt, Einblicke in das Gildewesen gewährt, die Zeit der Nazis und der anschließenden Flüchtlingszustrom ist ein Thema, wie auch eine Abteilung die sich mit Eckernförder Malern beschäftigt. Außerdem gibt es eine historische **Modellbahnanlage,** die den Bahnhof aus den 1950er Jahren nachbildet, mitsamt weiterer historischer Häuser der Stadt. Fahrbetrieb: erster Sonntag im Monat 13–16.30 Uhr.

■ **Museum Eckernförde,** Rathausmarkt 8, Tel. 71 25 47, Nov.–April Di–Sa 14.30–17 Uhr, So 11–17 Uhr, Mai–Okt. Di–Sa 10–12.30 und 14.30–17 Uhr, So 11–17 Uhr. Eintritt 3 €, Kinder ab 6 Jahren 1 €, Familien 6 €.

Vom Marktplatz sind es nur noch wenige Schritte über die Frau-Clara-Straße bis zum Hafen. Dort dominiert die **Holzklappbrücke** von 1872, die in den benachbarten Stadtteil Borby führt. An der Brücke steht ein kleiner **Pegel-Anzeiger,** der den Wasserstand der Ostsee angibt. Zum korrekten Ablesen: Normal Null liegt bei fünf Metern. Auf der anderen Seite befand sich einst die Siegfried-Werft, die vor allem Fischkutter baute. Heute liegt dort ein Lokal gleichen Namens.

Stadtteil Borby

Über die Brücke gelangt man zum Stadtteil Borby, in dem eine **spätromanische Feldsteinkirche** aus dem Jahr 1200 zu finden ist, deren Spitze die schönen Häuser am Ufer überragt. Besonders hervorgehoben wird die **gotländische Taufe** aus dem 13. Jh. Die Kirche ist an der Bergstraße zu finden, nur eine Parallelstraße von der Förde entfernt.

Entlang der Hafenbucht verläuft auf der Seite von Borby eine nette, kleine **Promenade,** die mit bunten Blumen und Pflanzen kunstvoll bestückt ist, obendrein findet man dort einige Kunstwerke, u.a. aus Stein gehauene, maritime Skulpturen oder das Kunstobjekt „Wasser im Fluss" eines Eckernförder Künstlers.

Dort zweigt ein Wasserarm der Eckernförder Bucht ab, der sogenannte **Binnenhafen.** Viele Segelboote dümpeln hier, darunter auch einige sehr fotogene historische Schiffe. Von dort kann man nett am Außenhafen in Richtung des in den Stadtfarben blau-gelb gestrichenen **Leuchtturms** spazieren. Hier beendete 1986 der letzte Leuchtturmwärter Westdeutschlands seinen Dienst, das Leuchtfeuer wurde gelöscht. Auch an dieser Meile liegen mehrere äußerst sehenswerte Segler, bieten ein paar Kioske Fischbrötchen und Getränke an, warten Ruhebänke in geschwungener Wellenform auf müde Spaziergänger. In den beiden Straßen Kattsund und Fischerstraße lebten schon immer die Fischer in zumeist kleinen, etwas gedrungen wirkenden Häusern. Viele sind noch heute sehr nett anzusehen.

MEIN TIPP: Allzu viele Fischkutter gibt es im Hafen nicht mehr, aber jeden ersten Sonntag im Monat findet zwischen 9 und 18 Uhr ein **Fischmarkt** statt. Die Fischer verkaufen ihren Fang dann direkt von Bord.

Im **Ostsee Info-Center,** das unmittelbar am Strand liegt und auch ein Terras-

042sh hj

sen-Lokal mit formidablem Meerblick hat, wird ein buntes und äußerst informatives Programm rund um das Thema „Meer" geboten. Beispielsweise in einem 12 m² großen Fühlbecken, einer virtuellen Kutterfahrt und dem hautnahen Kennenlernen der Küstenlandschaften.

Ostsee Info-Center, Jungfernstieg 110, Tel. 72 62 66, www.ostseeinfocenter.de, geöffnet April–Okt. täglich 10–18 Uhr, Nov.–März Di–So 11–17 Uhr, Eintritt 4 €, Kinder 2 €.

Um zurückzukehren, bietet sich ein Spaziergang durch die Fischerstraße und später die Gudewerdtstraße an. Hier können noch einmal nette **alte Bürgerhäuser,** die teilweise liebevoll restauriert wurden, bewundert werden. Wo die Fischer- in die Gudewerdtstraße übergeht, zweigt die Ottestraße ab, die der Kaufmanns- und Reedereifamilie *Otte* gewidmet wurde. In der Verlängerung derselben, der Langebrückstraße, ist unter der Hausnr. 3 ein Speicher zu finden, den die Familie *Otte* schon 1723 bauen ließ.

Mein Tipp: Nach soviel Herumlaufen tut eine Pause ganz gut, also ab zum **Strand** und erstmal ein wenig ausruhen. Wo der ist? Einfach eine der Straßen Richtung Meer gehen, der Strand verläuft parallel zu Kieler Straße bzw. zum Jungfernstieg. Eine ungewöhnliche Möglichkeit zum Verschnaufen, denn die Eckernförder Bevölkerung kann hier bequem die Mittagspause verbringen oder den Feierabend einläuten. Keine fünf Gehminuten vom Zentrum entfernt, erstreckt sich ein netter Strand mit

Die Holzklappbrücke am Hafen von Eckernförde

zwei Kilometer langer Promenade – und das mitten in der Stadt!

Praktische Tipps

Info

- **PLZ:** 24340
- **Vorwahl:** 04351
- **Touristeninformation,** Am Exer 1 (Stadthalle), Tel. 71 790. Geöffnet: Anfang Juni bis Ende Oktober tägl. 9–17 Uhr, Mitte April bis Anfang Juni und Anfang bis Mitte September Mo–Fr 9–17, Sa/So 10–15 Uhr, Mitte September bis Mitte April Mo–Do 9–17, Fr 9–15 Uhr.
- **Internet:** www.ostseebad-eckernfoerde.de

An- und Weiterreise

- **Bahn:** Eckernförde liegt an der Bahnstrecke Flensburg – Kiel.
- **Busse:** Linie 4810 verbindet Kiel mit Schleswig und Flensburg, die Linie 3010 fährt über Damp nach Kappeln. Abfahrt vom ZOB, direkt neben dem Bahnhof gelegen.
- **Parken:** Parkmöglichkeiten sind ausgeschildert, mehrere kostenpflichtige, wenige kostenfreie. Nahe zur Fußgängerzone liegt der Parkplatz beim ZOB, von dem sogar eine Unterführung für Fußgänger ins Zentrum führt.

Unterkunft

- **Stadthotel**⑤, Am Exer 3, Tel. 727 80, www.stadthotel-eckernfoerde.de, strandnah und doch im Zentrum gelegen. Insgesamt 65 Zimmer in fünf unterschiedlichen Kategorien, alle haben Granitbäder. Eine Sauna und auch eine nette Bar sind ebenfalls vorhanden. WLAN.
- **Hotel Zum Seepferdchen**④, Fischerstr. 33, Tel. 727 40, www.hotelseepferdchen.de. Kleines Haus mit sieben hellen Zimmern, sehr zentral unmittelbar am Hafen gelegen, ein Restaurant ist angeschlossen.
- **Pension am Kurpark**②-③, Preusserstr. 24, Tel. 54 11, www.pension-eckernfoerde.de. Kleine Familienpension, unweit von Strand und City gelegen, sieben DZ und vier EZ mit Waschgelegenheit. Dusche und WC auf der Etage.
- **Mango's Strandhotel**③-④, Berliner Straße 71–73, Tel. 50 22, www.seegarten-eckernfoerde.de. Das mittelgroße Haus liegt etwas außerhalb der City (ca. 15 Minuten Fußweg), dafür aber sehr strandnah. Die funktional eingerichteten 34 Zimmer bieten zumeist Blick aufs Meer. Im Haus befindet sich das gemütliche **Restaurant Mango's.** Jeweils mit WLAN.
- **Jugendherberge**①, Sehestedter Straße 27, Tel. 21 54. Diese Jugendherberge ist ganzjährig geöffnet und bietet 172 Betten. Leider keine Busanbindung aber nur fünf Minuten Fußweg zum Strand, vom Bahnhof ist es ein knapper Kilometer.
- **Campingplatz Hemmelmark,** Tel. 811 49, www.ostsee-camping-hemmelmark.de. Dieser Platz liegt etwa vier Kilometer außerhalb von Eckernförde bei Hemmelmark an der Eckernförder Bucht. 420 Stellplätze, Imbiss, Laden, Spielplatz, ca. 1000 Meter Sandstrand. Geöffnet: April bis Sept.
- **WoMo-Stellplatz:** Liegt sehr nahe beim Bahnhof (im Ort ausgeschildert) am Kakabellenplatz an der B 76 und bietet 49 Stellplätze. Es gibt ein Sanitär- und Küchengebäude mit Waschmaschinen, Ver- und Entsorgungsstation, WLAN. Tarif: 12 €/Tag. Tel. 90 50, www.stellplatzamnoor.de.

Gastronomie

- **Fischdeel,** Kattsund 22, Tel. 56 51, geöffnet täglich außer Mo 11.30–22 Uhr. Fisch in allen denkbaren Arten, gemütliches Ambiente, die Karte bietet beispielsweise Aal von den Noor-Fischern oder einen Salat-Meer und auch für Kinder gibt's eine eigene Karte, auf der sich dann u.a. die so beliebten Fischstäbchen finden.

■ **Dom Krug,** Kieler Str. 4, Tel. (0172) 27 08 842, geöffnet: Di–So 11–23 Uhr. Direkt an der Kirche gelegenes Lokal mit bodenständiger regionaler Küche und auch vegetarischen Gerichten.

■ **Kaffeehaus Heldt,** St.-Nikolai-Straße 1, Tel. 27 31, geöffnet ab 8.30 Uhr. Stilvolles, gediegenes Ambiente, in der Nähe des Heimatmuseums. Hausgemachte Torten und Schokolade sowie *Königsberger Marzipan.*

■ **Methmanns Mittagstisch,** Frau-Clara-Straße 2, Tel. 29 09. Nicht so kleines Lokal in der City, geöffnet Mo–Sa 8.30–15 Uhr, bietet Frühstück und Mittagstisch.

■ **Ratskeller,** Am Rathausmarkt 8, Tel. 24 12, Mo–Fr 11.30–14.30, 18–22 Uhr, Sa/So 11–22 Uhr, Di geschlossen. Fisch- und Fleischgerichte, auch Salate und Vegetarisches. Historisches Restaurant mit gediegenem, ruhigen Ambiente und gutbürgerlicher Küche.

■ **Siegfried Werft,** Vogelsang 12, Tel. 75 770, April–Okt. 12–21.30, Nov.–März 12–14, 17.30–21.30 Uhr. Auf der dortigen Terrasse sitzt man wahrlich göttlich in der Sonne und schaut verträumt auf den Binnenhafen. Geboten wird eine fundierte Küche mit regionalen und internationalen Gerichten, die Karte wechselt saisonal viermal im Jahr. Hier gibt es auch das örtlich gebraute *Kakabellen Bier.*

■ **Luzifer,** Frau-Clara-Straße 19, Tel. 47 06 61, täglich 9–22 Uhr. Untergebracht in einem ehemaligen Speicher direkt am Hafen bietet dieses trendige Lokal neben einer fundierten Küche einen formidablen Hafen-Blick von den beiden Terrassen, besondert nett aus Strandkörben auf der unteren.

■ **Römer & Wein,** Frau-Clara-Str. 17, Tel. 47 50 44, geöffnet: Mai–Sept. Mo/Di 17–22, Mi–Sa 11–23 Uhr, Okt.–April Mo–Do 17–22, Fr/Sa 11–23 Uhr. Schon draußen steht das Motto angeschrieben: „Süddeutsche Lebensfreude und norddeutsches Temperament verbunden mit Wein". Und um den geht es hier hauptsächlich in einer sehr breiten Auswahl. Außerdem gibt es Pfälzer Küche, Flammkuchen oder auch nur einen kleinen Knabberspaß.

■ **Treib-gut,** Kiekut 1, Tel. 88 95 613, geöffnet Mo, Mi, Do ab 17 Uhr, Fr–So ab 11.30 Uhr. Das Reetdachhaus liegt direkt am Meer knapp außerhalb an der Küstenstraße nach Schwedeneck/Kiel. Maritim eingerichtetes Lokal mit immer wiederkehrendem Ankersymbol. Dieser Anker taucht sogar auf den selbstgebackenen Keksen zum Kaffee auf. Serviert wird eine leichte Küche mit regionalen Produkten, neben Fisch und Fleisch gibt es auch Vegetarisches.

■ **Fischhuus,** Schiffbrücke 1, Tel. 76 73 00, geöffnet: 11–22 Uhr. Liegt direkt am Hafen neben der Holzklappbrücke und hat eine größere Terrasse. Ser-

719sh hj

◁ Historischer Segler im Hafen von Eckernförde

Alt Kappeln Gastronomie GmbH
"Bierakademie"
Poststraße 13 24376 Kappeln
Tel: 04642 / 2275
www.bierakademie.eu
St.-Nr.: 1529309356

RECHNUNG

- -

BED:Kellner 4

TISCH# 25

Andechser 0.5	4,80
Flens Hell 0.4	3,40
Spare ribs	14,90
Port. Tzatziki	1,80
BakedPotatoe/Sourcreme	4,90

- -

TOTAL OHNE MWST.	25,04
ST.GESAMT	4,76

- -

TOTAL	**29,80**
	29,80

13-08-2018 20:50

Vielen Dank für Ihren Besuch
"Kiek mol wedder in"

viert werden Fischgerichte in allen Variationen und auch Fischbrötchen.

Wassersport

■ **Schwimmbad:** *Meerwasserwellenbad,* Preußenstr. 1, geöffnet ab 6 Uhr bis 20.40 Uhr (Mo–Fr) bzw. 9–17.40 Uhr (Sa/So).

■ **Tauchen:** *Tauchen und Meer,* Jungfernstieg 69, Tel. 32 62, www.tauchenundmeer.net.

Weitere Aktivitäten

■ **Fahrradverleih:** *Fahrrad Leiß,* Gaehtjestr. 11, Tel. 52 04, geöffnet: Mo–Fr 8–18, Sa 8–13 Uhr.

■ **Minigolf:** Anlage in der Preußenstraße, fünf Minuten zu Fuß vom Wellenbad entfernt stadtauswärts am Strand.

■ **Bootsausflug:** Kurzfahrten mit dem Fischkutter „Ecke 4" von April bis September sechsmal am Tag durch die Eckernförder Bucht, Tel. 30 23, Infos: (0171) 416 66 35 oder direkt am Liegeplatz neben der Holzklappbrücke.

Einkaufen

■ **Rehbehn und Kruse,** Jungfernstieg 19, Tel. 28 14, Mo–Fr 8.30–18, Sa 9–14 Uhr, bietet Räucherfisch, Kieler Sprotten und feinste Marinaden sowie einen eigenen Kartoffelschnaps.

■ **Bonbonkocherei,** Frau-Clara-Straße 22, Tel. 88 99 86, www.bonbonkocherei.de. Liegt etwas versteckt und ist wohl für alle Kinder ein Hit! Hier erleben Besucher, wie Bonbons gekocht werden und hinterher deckt sich natürlich jeder im Shop ein. Mo–Fr 11–18 Uhr, Sa ab 10 Uhr, am Montag keine Vorführungen.

■ **Die Feinschmeckerei,** Frau-Clara-Straße 26, Tel. 88 34 4 99, Di–Fr 10–18, Sa 9.30–16 Uhr. Kleines Geschäft für regionale und internationale Delikatessen und Gewürze, außerdem gibt es kleine Gerichte und Kuchen. Es gibt eine Terrasse nach hinten auf den *Clarahof* hinaus, wo noch eine Destille und zwei kleine Geschäfte mit Mode und Accessoires zu finden sind.

■ **Römer & Wein,** s.u. „Gastronomie".

■ **Fischmarkt:** Jeden ersten Sonntag im Monat 9–18 Uhr an der Straße Schiffbrücke, Ausnahme: Im August findet er am zweiten Wochenende statt.

■ **Wochenmarkt:** Mi und Sa 8–13 Uhr auf dem Marktplatz bei der St.-Nicolai-Kirche.

Ein **Bio-Markt** findet in der Speicherpassage statt, Langebrückstraße 2, Mo–Fr 9–18.30 Uhr, Sa 9–14 .30 Uhr.

Ausflüge

Altenhof

Etwa drei Kilometer von Eckernförde entfernt liegt dieses sehenswerte **Gutshaus.** Über die B 76 in Richtung Kiel fahren und etwa in Höhe der Stadtgrenze auf eine ausgeschilderte Straße in einen Wald hinein nach Altenhof abbiegen, direkt neben dem Golfplatz ist es zu finden. Erbaut wurde es von der Familie *Reventlow,* die es 1691 nach Altenhof verschlagen hatte, in mehreren Abschnitten. Das große Herrenhaus entstand in den 20er Jahren des 18. Jh.; über dem viersäuligen Eingang prangt die Inschrift „1728 von Cay Friedrich und Hedwig Ida Reventlow fertiggestellt".

Betritt man die **Hofanlage,** fallen zunächst die hohen Linden auf, die den Weg zum Haus säumen. Ein weitläufiger Vorplatz deutet alte, beinahe verschwenderische Größe an, links und rechts liegen Stallungen.

Es werden auch vier Strandhäuschen direkt am Strand bei Kiekut vermietet.

■ **Infos:** *Gut Altenhof*, 24340 Altenhof, Tel. (04351) 66 66 475, www.gutaltenhof.de.

Hochseil-Klettergarten

Im Örtchen **Altenhof** (Am Bahnhof 14) liegt auch ein Hochseil-Klettergarten. Unter fachkundiger Anleitung können Jung und Alt hier einmal ihren Mut und ihre Geschicklichkeit beweisen.

■ **Hochseilgarten:** Tel. (04351) 66 73 33, www.hochseilgarten-eckernfoerde.de. Öffnungszeiten: Juni bis August ab 10 Uhr, April bis Mai, Sept. bis Okt. Di–Fr ab 13 Uhr, Sa/So ab 10 Uhr, Erw. 17 €, Schüler 15 €, Kinder unter 12 Jahren 13 €.

Tierpark Gettorf

Der kleine Tierpark, der 1968 aus einer privaten Initiative gegründet wurde, liegt etwa 15 Autominuten von Eckernförde entfernt. Aus kleinsten Anfängen ist mittlerweile ein beachtlicher Park geworden mit 850 Tieren in 150 Arten. Heute haben hier neben verschiedenen Vogelarten mehrere **Affenpopulationen** wie Mandrill, Weißbüschel-Äffchen, Liszt-Äffchen (der dem berühmten Komponisten tatsächlich ähnlich sieht) und Schimpansen ihr Zuhause gefunden. In der **Vogelparadieshalle** sind tropische und exotische Vögel zu bestaunen, mit Recht weisen die Betreiber auf die farbenfrohe Naturpalette der Gefiederten hin. Aras, Tukane, Kakadus und Nashornvogel sollen hier stellvertretend genannt sein. Weiter zu sehen sind draußen **Huftiere** wie Zebras, Antilopen, Alpakas, Hirsche. Diese sind in Gruppen zusammengefasst, die in verschiedenen Gehegen zu finden sind.

Gegenüber vom Spielplatz liegt der **Streichelzoo,** ein Gehege, in dem kleine Menschen und junge Tiere zusammenkommen können. Unter Aufsicht dürfen Esel und andere Jungtiere gestreichelt und sogar gefüttert werden, aber nur mit Futter, das an der Kasse gekauft wurde.

■ **Tierpark Gettorf,** Süderstr. 33, Tel. (04346) 41 600, www.tierparkgettorf.de, ausgeschildert. Mit öffentlichen Verkehrsmitteln: per Bahn von Kiel oder Eckernförde bis Haltestelle Gettorf fahren (halbstündliche Verbindung), vom Bahnhof zu Fuß weiter. Per Bus: Mit der Linie 4810 von Kiel oder Eckernförde, gehalten wird ebenfalls am Bahnhof. Geöffnet: April–Okt. 9–18 Uhr, Nov.–März 10–16 bzw. 17 Uhr. Eintritt: 10 €, Kinder (2–13 Jahre) 7 €, Senioren 7 €.

129sh hj

▷ Das riesige Bismarck-Denkmal am Aschberg

▷ Reetdachidylle

Gut Marienthal

Knapp außerhalb von Eckernförde liegt auf Gut Marienthal aus dem 18. Jahrhundert die **Schmiede** *Antaris Metallkunst,* wo handgefertigte Unikate entstehen, u.a. Sprotten aus Metall und andere Kunstwerke. Außerdem werden hier Schmiedekurse angeboten.

■ **Antaris Metallkunst,** Gut Marienthal, 24340 Goosefeld, Tel. (0173) 51 18 666, www.antarismetallkunst.de.

Bismarck-Denkmal

Nicht übermäßig weit von Eckernförde entfernt in Richtung Owschlag liegt der kleine Ort **Ascheffel.** Genau dort erhebt sich der 98 Meter hohe **Aschberg.** Das wäre schon eine beachtliche Höhe für Schleswig-Holstein, aber es kommt noch besser: Dort steht ein sieben Meter hohes Bismarck-Denkmal. Ursprünglich in Apenrade platziert, spülte die verzwickte deutsch-dänische Geschichte ihn um 1920 hierher. Und so schaut er, auf ein vier Meter langes Schwert gestützt, streng in die Ferne.

Unterkunft

■ **Globetrotter Lodge**⑤, Aschberg 3, 24358 Ascheffel, Tel. (04353) 99 80 00 10, www.globetrotter-lodge.de. Moderner Komfort in naturbetonter Einrichtung mit viel Holzdekor und Blick auf den Naturpark Hüttener Berge. Es gibt 30 DZ und zwei Familienzimmer, jedes Zimmer mit Terrasse, Dusche und separatem WC, WLAN ist vorhanden. Angeschlossen ist das **Steak- und Wild-Restaurant Campfire** mit regionalen Spezialitäten.

399sh hj

Halbinsel Schwansen

Sowohl von der Ostsee als auch von der Schlei begrenzt, schiebt sich die Halbinsel Schwansen in einer leichten Aufwärtsbewegung in Richtung Kappeln, so prosaisch formulierte es mal ein Freund. Und irgendwie hat er auch recht, auf Kappeln laufen die wichtigsten Straßen zu, die B 203 sowie die Nebenstraßen, und die Küste strebt zur Ostsee, sie möchte, so scheint es, in raschem Bogen die Eckernförder Bucht verlassen.

Schwansen ist schön. So platt darf es einmal formuliert sein, es wäre viel zu schade, hier nur auf der Bundesstraße durchzubrausen. Die **Landschaft** ist ganz leicht hügelig, ein Feld löst das andere ab, unterbrochen nur von Dörfern, die oft auf „-by“ enden (Barkelsby, Rieseby, Thumby, Sieseby usw.), die sprachlichen Ursprünge sollen aus dem Dänischen stammen. Etliche Gutshöfe sind hier weiterhin zu finden, zeugen von alter Landwirtspracht, nette Schleidörfer und einige wenige Ostseestrände.

Zwar ist die Ostseeküste von Schwansen mit **Campingplätzen** gesprenkelt wie ein Streuselkuchen, aber nur an bestimmten Orten wird man einen schönen flachen **Sandstrand** finden, ansonsten dominiert die **Steilküste** oder ein von Steinen durchsetzter Strand.

Wer die **Schlei überqueren** will, hat vier Gelegenheiten: die Fähre bei Missunde, die Brücke bei Lindaunis bzw. Gut Stubbe (auf Schwansener Seite), die Fähre nach Arnis und schließlich die

130sh hj

Brücke in Kappeln. Da praktisch alle Wege irgendwann einmal an einem dieser vier Punkte enden, könnte eine geruhsame Fahrt einfach drauflos vielleicht genau das Richtige sein, um die Schönheiten dieser Halbinsel aufzunehmen.

Karlsminde

Nur wenige hundert Meter nach dem Abbiegen in Richtung Karlsminde liegt linker Hand ein prächtiges Exemplar eines **Hünengrabes,** etwa aus der Zeit von 2500 v. Chr. Der offizielle Name lautet Megalithen-Langgrab, warum, das fällt sofort auf. Das Grab misst 60 Meter in der Länge, ist 5,50 Meter breit und immerhin 2,50 Meter hoch. Außen deutlich erkennbar, lehnen riesige Findlinge, die unglaubliche ein bis zwei Tonnen schwer sind. Wie wurden die bloß bewegt und so exakt angeordnet, fragt sich der Betrachter unwillkürlich. Drei Bestattungskammern, die einst Schmuck und Gerätschaften enthielten, heute aber leer sind, gibt es hier. Es ist auch deutlich erkennbar, dass die tonnenschweren Findlinge auch oben, also wie eine Art Dach, über den Grabkammern ruhen. Auf dem Hünengrab wachsen heute riesige Bäume.

Wer die Straße bis zur Küste weiterfährt, erreicht schließlich den **Campingplatz Gut Karlsminde,** ein großer Platz

‹ Das Hünengrab bei Karlsminde

⌄ Gut Ludwigsburg

131sh hj

an der Ostsee. Drei kleine Baggerseen liegen zwischen Platz und Strand, der hier ziemlich lang und 30 Meter breit ist.

Unterkunft

■ **Campingplatz Gut Karlsminde,** Tel. (04358) 344, www.karlsminde.de, geöffnet Mitte März bis Mitte Okt. Eine recht weitläufige Anlage und zwei Strandseen, die Stellplätze sind mindestens 100 m² groß. Von einigen Plätzen hat man direkten Ostseeblick.

Hemmelmarker See

Gleich nach dem Verlassen von Eckernförde folgt der Hemmelmarker See. Unweit von diesem See ist ein Hünengrab aus der Jungsteinzeit zu finden.

Gut Ludwigsburg

Auf dem Weg nach Waabs oder Damp wird dieser alte Gutshof passiert, jedenfalls, wenn man nicht über die B 203 fährt, sondern auf der näher zur Ostsee verlaufenden Parallelstraße. Das Gut Ludwigsburg, das aus dem 18. Jh. stammt, liegt links der Straße und wird noch bewirtschaftet. Das Gut gilt als **Wasserschloss,** da es von einem Burggraben umgeben ist. Es ist ein rotes Backsteingebäude mit breitem Tor und klassischem Aufbau, im Rechteck nämlich. Nach dem Passieren des Tores liegen links und rechts die Stallungen, im Hintergrund das Haupthaus. Kleine Stärkungen gibt's im Hofladen mit seinem Stehcafé, u.a. auch die Ludwigsburger Mettwurst. Sehenswert bleibt auch die „bunte Kammer" (17. Jh.), wo man 174 bunt bemalte Embleme bestaunen kann, die ein bildliches Motto darstellen. Heute sind noch 145 Bilder erhalten. Besichtigungen in der Saison jeden Mittwoch um 17 Uhr nach Anmeldung, Tel. (04358) 98 818.

Hier können **Reiterferien** für Jung und Alt gebucht werden, außerdem sind geführte Ausritte möglich. Des Weiteren ist das **Hofcafé „Alte Räucherei"** in Betrieb, das in der denkmalgeschützten Räucherei eingerichtet wurde. Geöffnet: Mi–So 12–19 Uhr.

Der **Hofladen** ist in der Saison täglich geöffnet und bietet Fleischspezialitäten, Weine, Marmeladen, Obst, Wurst, saisonales Gemüse und weitere Leckereien.

Unterkunft

■ **Familie Carl**②-④, Gut Ludwigsburg, 24369 Waabs, Tel. (04358) 98 818, www.gut-ludwigsburg.net. Die Betreiber des Gutes bieten Ferienwohnungen an, entweder im Herrenhaus oder im Torhaus. Außerdem kann auch Reitunterricht genommen werden. WLAN.

■ **Ostsee-Campingplatz Gut Ludwigsburg,** Ludwigsburg 4, 24369 Waabs, Tel. (04358) 370, www.ostseecamping-ludwigsburg.de, geöffnet: April–Okt. Direkt am Strand der Eckernförder Bucht gelegen mit einem eigenen Binnensee. Der 700 m lange und bis zu 40 m breite Strand ist teilweise von Steinen durchsetzt. Insgesamt gibt es 250 Urlauber-Stellplätze. WLAN gegen Gebühr.

Langholz

Langholz ist ein **winziger Ort** mit zwei Campingplätzen und einem etwa einen Kilometer langen **Strand.** Dieser ist ganz ansprechend, vielleicht 30 Meter breit und nur vereinzelt von Steinen durchsetzt, die aber kaum stören. Ein leichter Dünenbewuchs grenzt den Strand zu einer Straße ab. Da der Ort am Ende einer Zufahrtsstraße liegt, fließt hier auch kein Verkehr, es herrscht entsprechende Ruhe. Angebote für Nachtschwärmer beschränken sich auf die örtliche Kneipe – das war's auch schon. Kurz vor dem Ort ist ein restauriertes **Hügelgrab** zu finden.

Unterkunft

- **Zentrale Zimmervermittlung** über Tourismus Service Schwansen, Mühlenstraße 1, 24369 Waabs, Tel. (04352) 12 44.
- **Campingplatz Langholz,** Fischerstr. 9, Tel. (04352) 91 14 84, www.camp-langholz.de, geöffnet Mitte März bis Anf. Okt. Ein langgezogener Platz an der Ostsee, der von einem Wald begrenzt wird, in offener Gestaltung ohne Parzellen. Interessierte mögen die „Philosophie" der Betreiber auf deren Homepage lesen. Zum Ort sind es rund 200 Meter.

Waabs

Waabs ist ein Gebilde aus mehreren **Dörfern und Streusiedlungen,** wobei der Ort Klein Waabs so etwas wie das Zentrum ist. Dazu gehören noch Großwaabs und das eben schon beschriebene Langholz.

Nähert man sich dem Dorfkern von Waabs, fällt sofort die mittelalterliche **Marienkirche** auf. Wie immer in dieser Gegend, liegt sie etwas erhöht, ist von hochgewachsenem Baumbestand und einem Friedhof umgeben. Teile der Kirche stammen aus dem 17. Jahrhundert (der Schnitzaltar) bzw. aus dem 16. Jahrhundert (der Altar). Darüber herrscht Einigkeit, leider nicht über das Datum der Errichtung. Zwei Quellen, zwei Daten, einmal wird sie auf das 15., das andere Mal auf das 13. Jahrhundert datiert.

MEIN TIPP: Entlang der gesamten Gemeinde zieht sich ein **kilometerlanger Strand,** der mal schmal und etwas steinig, viel häufiger aber feinsandig und vor allem selten überlaufen ist. Ruhige Wiesen reichen fast bis zur Uferkante. Hier und da erhebt sich eine Steilküste, an der entlang **Wanderwege** führen. Wer genügend Ausdauer hat, kann bis nach Eckernförde laufen.

Info

- **PLZ:** 24369
- **Vorwahl:** 04352
- **Touristikverein Waabs,** Mühlenstr. 1, Tel. 95 68 680, www.touristikverein-waabs.de.

Unterkunft

- **Pension Peter**②, Dorfstr. 1, Tel. 23 94, www.pensionpeter.de. Insgesamt sechs Zimmer in ruhiger Lage. Die Betreiberin vermittelt auch komfortable FeWos und Ferienhäuser①-②.
- **Ferien im Kuhhaus**①, Hufenhof, Dorfstr. 14, Kleinwaabs, Tel. 26 17, www.ferienimkuhhaus.de. Auf einem 8000 m^2 großen ehemaligen Hof werden zwei FeWo in Ostseenähe angeboten.
- **Heuherberge Sophienhof**①, Waabs, Tel. (04358) 10 25, www.gutsophienhof.de. Mal etwas anderes: ein Schlafplatz im Heu in einem umgebauten Pferdestall auf dem gut drei Kilometer vom Meer entfernten Gut Sophienhof. Insgesamt knapp drei Dutzend Schlafplätze in sechs Kammern. Allergiker schlafen im separaten Blockhaus.

400sh hj

■ **Campingplatz Ostsee-Camping Paul Heide,** Strandweg 31 in Kleinwaabs, Tel. 25 30, www.waabs.de, geöffnet: Anfang April–Ende Oktober. Gut ausgestatteter Campingplatz am Meer. Beheizte Sanitäranlagen, Uferpromenade, Wellness-Bereich, Disco, Kirche unterwegs, beheiztes Hallenschwimmbad, Sauna, Solarium, Tennis, Minigolf haben den Betreibern mehrere Auszeichnungen erbracht.

■ **Hotel und Restaurant Waabs-Mühle,** Mühlenstr. 26, Waabs, Tel. 22 66, www.waabs-muehle.de, tägl. außer Mi ab 18 Uhr, Fr–So auch 12–15 Uhr. Die Mühle hat zwar keine Flügel mehr, steht aber noch unverkennbar in malerischer Umgebung. Regionale Küche und selbstgebackenen Kuchen gibt es, von der Terrasse hat der Gast einen tollen Blick. Acht Zimmer werden auch vermietet.

Das Torhaus von Gut Damp

Aktivitäten

■ **SwinGolf:** Naturverbundenes Golfen für jedermann auf einer 18-Loch-Anlage mit Bahnlängen von 60 bis 220 m. *SwinGolf* auf Gut Sophienhof in Waabs, Tel. (04358) 10 25, www.gutsophienhof.de, Mi–So ab 11 Uhr.

Damp

„365 Tage wegen Urlaub geöffnet", treffender hätte man es kaum beschreiben können, was hier, auf dem platten Lande an dem **schönsten Strand von Schwansen,** am 15. Juni 1973 eröffnet wurde, damals noch unter dem prophetischen Namen „Damp 2000". Das sollte wohl die Richtung vorgeben, aber dieser Name wird nicht mehr gewählt, heute heißt es **Ferienpark Damp.** Und in der Tat, genau das ist es, ein Park, in dem Ferienangebote gemacht werden.

Damp existierte natürlich schon früher, damals wie heute gab es ein **Gut Damp** und ein winziges Dörflein gleichen Namens. Dann kamen die Investoren, suchten ein freies Gelände an einem schönen Strand und bauten ein Ferienzentrum. Es entstand eine dieser **künstlichen Ferienwelten,** wie Anfang der 1970er ein halbes Dutzend in Schleswig-Holstein errichtet wurden. Im Grunde lief es überall nach dem gleichen Muster: nicht kleckern, klotzen. Dem zukünftigen Feriengast sollten alle notwendigen Einrichtungen geboten werden, ohne dass er allzu lange Wege gehen musste, und der Urlaubsbetrieb sollte das ganze Jahr über laufen. Also mussten genügend Angebote geschaffen werden, damit der Gast auch im Herbst oder Winter kommt.

In Damp ging man noch einen Schritt weiter, hier entstanden auf engstem Raum eine **Reha-Klinik** mit rund 900 Betten und die **Ostseeklinik Damp** mit weit über 300 Betten. So wurde eine große Klinik mit angeschlossenem Rehabilitationszentrum in eine der schönsten Ferienlandschaften gesetzt, was den Heilungsprozess der Patienten sicherlich positiv beeinflussen dürfte.

Heute werden den Urlaubern hier **Ferienhäuser** im skandinavischen Stil oder als Nurdachhaus angeboten.

Tatsächlich ist dies auch der erste Eindruck, wenn man sich dem Ferienpark nähert. Die **Silhouette** ist nicht sehr einladend, zwei Hochhauskomplexe mit 15 Etagen sind erkennbar, viel Beton in der bisher so lieblich-grünen Landschaft.

Aber auf den zweiten Blick relativiert es sich dann etwas. So führt die Straße zwar bis zum Ferienpark, aber hinein darf nicht unbedingt jeder, denn der Ferienpark soll weitgehend **autofrei** bleiben. Dazu wurde außerhalb ein riesiger Parkplatz für 2000 Autos geschaffen, von dem ein so genannter „Flüsterbus" regelmäßig zum Ferienpark pendelt.

Die Ferienhäuser liegen etwas zurück in einem weitläufigen Gebiet, aber das ist relativ, richtig weite Wege muss niemand gehen. Das *Apart-Hotel,* das es auch noch gibt, ist gleich neben der Reha-Klinik, und zwar im Hauptbereich, unweit des Jachthafens zu finden. Dort befinden sich in einer Ladenzeile auch **alle touristischen Einrichtungen,** die notwendigen Geschäfte, die Post, ein paar gastronomische Betriebe, die Segelschule, die Minigolfanlage, das Meerwasser-Schwimmbad sowie ein Fun- und Sportcenter für die Kids. Und all die Menschen kommen zum 3,2 Kilometer langen Strand, der sich flach und feinsandig bis zu einer Breite von 40 Metern erstreckt.

Aber Damp bietet noch viel mehr. Beispielsweise jede Menge Angebote für kleinere und größere Kinder. Oder eine Vielzahl von **sportiven Angeboten** des Fun- und Sportcenters. Und nicht zu vergessen die **Wellness-Möglichkeiten** im *Vital Centrum* und die spektakuläre Saunalandschaft. Außerdem gibt es für Golfer eine *Driving Range* und für Wassersportler eine Wasserski-Anlage.

Für Eltern mit **Kindern** ist Damp keine schlechte Wahl, kann man doch hier ein eigenes Ferienhaus mieten, die Kinder ohne große Gefahren zum Strand toben lassen und es gibt nicht nur Animation, sondern es existiert sogar ein „Kinderparadies", wo die Lütten den ganzen Tag unter fachgerechter Betreuung spielen und toben können.

Man muss sich sicher erst einmal an den Beton und an die Hochhäuser etwas gewöhnen. Vielleicht hat sich so mancher seinen Urlaub auch etwas idyllischer vorgestellt, etwas einsamer möglicherweise. Dennoch, die **Vorteile** von Damp, ein derart vielfältiges Angebot, noch dazu an einem schönen Strand und in einem weitestgehend autofreien Bereich, werden viele zu schätzen wissen, besonders Großstadteltern – und das Ganze auch noch kurtaxenfrei.

Unterkunft

■ **Damp Touristik,** Reservierung: Seeuferweg 10, 24349 Damp, Tel. (04352) 80 666, www.ostsee-resort-damp.de.

■ Die **Apartments** liegen im Zentrum, im *Apart-Hotel Damp,* in der Nähe des Jachthafens. Sie bieten einen weiten Blick über Strand und Meer. Es gibt Apartments in vier Größen, von 25 m² für ein bis zwei Personen bis zu 53 m². In den oberen Etagen liegen die Hotelzimmer und Suiten, mit hochwertiger Ausstattung und Frühstücksbuffet.

■ Die **Ferienhäuser** liegen in einer etwa 30 Hektar großen Grünanlage etwas zurückversetzt. Eine Terrasse und ein Vorgarten gehören dazu, genau wie Gartenmöbel, Einbauküche, Essecke, Sitzgruppen. Fünf verschiedene Größen werden angeboten, von einem 38 m² großen Haus bis hin zu einem 85 m² großen, sogenannten Zeltdachhaus für acht Personen.

Preise zu nennen ist an dieser Stelle praktisch unmöglich; es gibt zu viele unterschiedliche Kategorien. Es werden nicht nur die Zeiträume unterschiedlich gewichtet, es gibt auch etliche Angebote. Eine Preisliste gibt es unter oben genannter Adresse oder auf der Homepage.

■ **Campingplatz Damp Ostseecamping,** Schuby Strand, Tel. (04644) 96 010, www.damp-ostseecamping.de, geöffnet: Mitte März bis Ende Oktober. Dieser große (800 Stellplätze) und sehr beliebte Campingplatz liegt ganz in der Nähe von Damp vor einem knapp einen Kilometer langen Strand. Er bietet zahlreiche Serviceeinrichtungen, u.a. eine Sauna, und vermietet auch Ferienhäuser.

Gastronomie

■ Es gibt **einige Lokale** in Damp, beispielsweise das *Ostsee-Restaurant,* das *Vital-Restaurant* (leichte Küche), das *Moby Dick* (Raucher-Bierstube) und das *Café del Mar* (Cocktails).

■ **Achter't Holt,** knapp nördlich von Damp an der Straße namens „Schau" gelegen (ausgeschildert), Tel. (04352) 54 31, geöffnet: täglich ab 11.30 Uhr, Do Ruhetag, 2. Januar bis Ostern nur Sa ab 17, So ab 14 Uhr. Rustikal-gemütliches Ambiente, selbstgebackene Kuchen und Torten, aber auch Fleisch- und Fischgerichte sowie Wurst- und Schinkenbrot gibt's hier.

Ausflug

So übertrieben dieses Wort für die Distanz ist, so treffend beschreibt es doch die Tatsache, dass man den Ferienpark mal verlassen kann, um die Umgebung zu erforschen. Zum Beispiel das nahe gelegene **Gut Damp.** Dieses wurde erstmals 1438 urkundlich erwähnt, das Herrenhaus stammt in Teilen noch aus dem Jahr 1597.

Schönhagen

„Hier enden alle Wege am Deich der Ostsee", so charakterisiert eine Pressemitteilung der Tourist-Information Schönhagen den eigenen Ort. Und besser hätte man es kaum beschreiben können. Schönhagen liegt zwar nicht am Ende der Welt, aber doch **am Ende einer langen Zufahrtsstraße** – hier gibt es kein „Weiter", sondern nur ein „Zurück". Und das ist auch gut so, kommen doch nur wirkliche Schönhagen-Fans hierher und keine Durchreisenden.

Schönhagen ist ein kleines Dorf, hat 265 Bewohner, in der Winterzeit, wie betont wird. Das zeigt in etwa die Richtung, Nachtleben und große Animation wird man hier nicht finden. Dennoch existieren reichlich Gästebetten, und die sind regelmäßig gut ausgebucht. Warum? Weil Schönhagen einen der schönsten **Strände** der nördlichen Ostsee hat. Man kann sagen, dass er von Olpenitz bis nach Damp, also über gute zehn Kilometer, verläuft. Die Breite beträgt etwa 30 Meter, begrenzt wird er von einem kleinen Deich. Hier verläuft eine Promenade, die mehr ein Wanderweg ist, also keine Anreize zum Konsum bietet.

Noch ein Vorteil: Hier oben, also im nördlichen Schwansen, ist die Eckernförder Bucht bereits verlassen, man genießt einen **ungetrübten Blick auf die freie Ostsee** bis zum Horizont. Das lernen immer mehr Leute schätzen. In Schönhagen werden einige Häuser neu gebaut, sodass dort das Angebot an modernen Neubauten nicht zu klein ist.

Info

- **PLZ:** 24398.
- **Vorwahl:** 04644.
- **Tourist-Information,** Strandstraße 13, 24398 Schönhagen, Tel. 70 91 000, Mo–Fr 9–17, Sa 9–12, 14.30–17, So (ab Mai) 10–12 Uhr.
- **Internet:** www.schoenhagen-ostsee.de

Unterkunft

- **Ferienhäuser im dänischen Stil:** Direkt vor dem Strand auf dem Gelände des ehemaligen Campingplatzes wurde eine dänisch inspirierte Ferienhaussiedlung gebaut. Insgesamt 58 Häuser, von vielen der gut gestalteten Häuser (teilweise mit Sauna oder Pool) schaut man aufs Meer. Infos: über *Novasol,* www.novasol.de.

Gastronomie

- **Hof Schwansen,** Schloßstraße 8, Tel. 970 42 88, http://hof-schwansen.de. Gemütlich-entspanntes Bistro, wo es selbst gebackenen Kuchen, Kaffee und kleine Gerichte gibt. Geöffnet: Okt.–Jan. und März–Juni Fr–Di 9–18, Juli–Sept. Fr–Mi 9–18 Uhr. Es werden auch FeWos vermietet.

402sh mux

Weidenfelder Strand

Knapp nördlich von Schönhagen liegt dieser **schöne Sandstrand**, der an die 50 Meter breit und gute zwei Kilometer lang ist. Lange Zeit lag er im Verborgenen und war nur Insidern bekannt. Dann kam ein wagemutiger Visionär und eröffnete eine Surfschule, die natürlich nur in der Saison lief. Dabei blieb es nicht, heute steht direkt am Strand das beliebte *Restaurant Lobster,* von dem man aus den Fenstern der oberen Etage einen tadellosen **Ostseeblick** hat. Außerdem wurde ein großer gebührenpflichtiger Parkplatz angelegt, alles unter der Leitung jenes wagemutigen Visionärs.

MEIN TIPP: **Strand-Restaurant Lobster,** Weidenfelder Strand, Tel. (04642) 84 44, geöffnet: Di–So 12–21 Uhr, Mo geschlossen. Schwerpunkt sind Fischgerichte, aber es gibt auch Fleisch, Salate und vegetarische Gerichte, zudem hat man einen astreinen Ostseeblick. Außerdem gibt es in der Saison noch einen Strand-Imbiss, geöffnet Anfang Mai bis Ende September 11.30–19 Uhr.

⌃ Strand-Restaurant Lobster mit Meerblick am Weidenfelder Strand

403sh mux

Olpenitzdorf

Ein kleines Dorf, das knapp fünf Kilometer von Kappeln entfernt liegt. Olpenitz war jahrzehntelang ein großer Marinestützpunkt, der allerdings mittlerweile aufgelöst wurde. Auf diesem nun freien Gelände soll ein gewaltiges neues Projekt entstehen mit einer **Marina** mit 200 Liegeplätzen sowie insgesamt fast 1000 Ferienhäusern. Es gab anfänglich einige Probleme, aber nun wird tatsächlich gebaut. Olpenitzdorf liegt zwar ganz in der Nähe, ist aber nach wie vor ein **malerisches Dörflein,** in dem einige Häuser mit traumhaftem Schleiblick stehen. Ein kleiner Campingplatz, sowie ein Hotel existieren auch, außerdem kann man nach einem kurzen Spaziergang einen sagenhaften Blick auf die Schlei, Schleimünde und die Ostsee werfen. Von der Durchgangsstraße dem Olperoer Weg bis zum Ende folgen. Dort hat man schon einen schönen Blick. Wer aber noch ca. 300 m nach links den rustikalen Weg bis zum Ende (bis zur Fischerhütte) folgt, hat den wohl **besten Schleiblick** überhaupt.

⌃ Blick auf Schleimünde

6 Die Schlei

Ein wunderschöner Fjord, der 40 km tief ins Land reicht. An seinen Ufern stehen reet-gedeckte Katen in idyllischen Dörfern, und eine zauberhafte Landschaft. An der Spitze thront Schleswig, eine Stadt mit ganz viel Geschichte.

◁ Die Schlei ist ein Paradies für Wassersportler

140sh hj

OSTSEEFJORD MIT REETDACH-IDYLLE

Gut 40 km schlängelt sich dieser Fjord ins Land hinein, begleitet von malerisch schönen Dörfern und lieblichen Hügeln. Modelliert so eine **zauberhafte Landschaft,** ganz besonders, wenn im Mai der Raps knallgelb leuchtet. Viel gibt es zu entdecken: **Arnis,** die kleinste Stadt Deutschlands, Moorleichen im Museum sowie Spuren der Wikinger in **Schleswig** und sowieso überall ganz viel maritimes Flair.

Überblick

Keine Frage, ein außergewöhnliches Gewässer! Dabei wird schon gleich bei der Definition gestritten. Ist die Schlei ein **Fluss,** ein **Fjord** oder eine besonders tiefe **Förde?** Ein Fluss ist die Schlei wohl nicht, denn eine Quelle hat sie nicht. Im Gegenteil, die Schlei beginnt gewissermaßen an der Ostsee, fließt dann über 40 Kilometer ins Land hinein, verjüngt sich ziemlich stark am Ende, um sich kurz vor Schleswig noch einmal kräftig aufzublasen und schließlich einfach mir-nichts-dir-nichts zu enden. Die Fakten über die **Größe:** Im Durchschnitt ist sie 1000 Meter breit, an der schmalsten Stelle bei Missunde aber nur 135 Meter und an der erwähnten Stelle vor Schleswig stolze 4000 Meter.

Man wird wohl wenig Widerspruch ernten mit der Behauptung, die **Landschaft** links und rechts der Schlei zählt mit zu den schönsten Flecken des Landes. In sanften Hügeln erstrecken sich die Felder, mal Raps, mal Gerste, mal Roggen, dazwischen ein paar Orte, nicht allzu viele, malerisch bis traumhaft schön am Ufer gelegen. Ganz leicht schwappt das Wasser ans schilfbewachsene Ufer, Segler ziehen vorbei, immer Richtung Ostsee, manchmal auch zurück, eine milde, ruhige Atmosphäre macht sich breit.

Am Endpunkt der Schlei liegt **Schleswig,** eine Stadt, die eine starke geschichtliche Prägung aufweist. Neben dem weit über die Landesgrenzen hinaus bekannten Wikingermuseum Haithabu und dem Schloss Gottorf mit den Moorleichen-Funden ist beispielsweise das historisch genauso wichtige, aber deutlich weniger bekannte Danewerk-Museum

zu nennen. Es wirft einen fokussierten Blick auf die wechselvolle deutsch-dänische Geschichte, konsequenterweise sind dann auch alle Hinweise zweisprachig zu finden. Das geht so weit, dass der Museumsname außen auch auf Dänisch zu finden ist: *Danevirkegården*. Das Maritime kommt aber immer wieder durch, und so werden auch von Schleswig Fahrten auf der Schlei bis hin zur Ostseemündung angeboten, dorthin, wo das Kuriosum „Giftbude" liegt. Unterwegs wird dann sogar noch die kleinste Stadt Deutschlands passiert, genug Gründe also, um einmal die wunderschöne Schlei in Ruhe zu erkunden.

Heringsfangzäune in Kappeln

NICHT VERPASSEN!

- Der **Brüggemann-Altar** im Schleswiger Dom | 219
- Ein großes Museum, nicht nur mit Moorleichen, in **Schloss Gottorf** | 225
- **Sieseby,** ein ganzes Dorf unter Denkmalschutz | 237
- Vorfahrt für Segler, wenn die **Klappbrücke** hochgeht in **Lindaunis** | 238
- Die kleinste Stadt Deutschlands: **Arnis** | 240

Diese Tipps erkennt man an der gelben Hinterlegung.

Schleswig

Etwa 24.000 Einwohner leben heute in Schleswig. Dies zeigt, dass die Stadt überschaubar geblieben ist. Eine **Kleinstadt** also, die bei der ersten Annäherung gar nicht so klein wirkt, zieht sie sich doch über etliche Kilometer an der Schlei entlang. Schleswig liegt am äußersten westlichen Ufer der Schlei, und diese Lage hatten auch schon die Wikinger zu schätzen gewusst. Sie errichteten hier das **legendäre Haithabu** – allerdings auf dem anderen Ufer. Dies war zu ihrer Blütezeit eine der wichtigsten Niederlassungen im Reich der Wikinger. Auch die Dänen wussten um die strategische Lage zwischen der Schlei und den Flüssen Treene und Eider, bauten sie doch einen meterhohen Grenzdamm, den **Danewerk.** Von all diesen historischen Bauten sind Reste erhalten und erklärende Museen entstanden. Im Stadtbereich sind weitere **Kleinode** zu finden, beispielsweise der eindrucksvolle Dom, das Landesmuseum Schloss Gottorf oder die alte Fischersiedlung Holm.

Geschichte

Schleswig dürfte wohl einer der **ältesten Orte** in ganz Schleswig-Holstein sein. Denn neben den Ur-Anfängen, die in der Wikingersiedlung Haithabu begründet sind, wird bereits im Jahre **804** eine Ortschaft Sliesthorp an der Schlei erwähnt. Etwa 50 Jahre später ließ der Hamburger Bischof *Ansgar* hier die erste christliche Kirche erbauen.

1066 wurde Haithabu von **slawischen Truppen zerstört,** etwa drei Kilometer entfernt, am Nordufer der Schlei, entstand die neue Siedlung Schleswig. Um 1200 erhielt Schleswig **Stadtrechte.**

1544 der nächste bedeutsame Schritt, die **Herzöge von Gottorf** errichteten hier ihre ständige **Residenz,** damit rückte Schleswig in den Mittelpunkt des politischen Lebens.

1848 begann die unruhige Phase der **Loslösungsbestrebungen von Dänemark,** zwei Jahre später errangen die Dänen in einer entscheidenden Schlacht bei Idsted, nahe Schleswig, den kriegsentscheidenden Sieg.

1864 fiel Schleswig-Holstein doch an **Preußen,** vier Jahre später wurde Schleswig sogar Hauptstadt der preußischen Provinz Schleswig-Holstein.

Dies änderte sich erst nach dem Zweiten Weltkrieg. Auf Anordnung der britischen Besatzungsmacht **verlor** Schleswig den **Rang als Landeshauptstadt.**

Sehenswertes

MEIN TIPP: Der **St.-Petri-Dom** im Kern der Altstadt ist einer der mächtigsten Sakralbauten des Landes. Seine Anfänge gehen bis etwa ins Jahr 1100 zurück, urkundlich erstmals erwähnt wurde er 1134, das heutige Bauwerk stammt aus dem 13. Jahrhundert. Der Dom ist in seinen Ausmaßen größer als die meisten vergleichbaren Kirchen, allein der Turm misst 112 Meter, er wurde allerdings erst 1888 gebaut. Man kann zu bestimmten Zeiten auf die Spitze klettern, ein traumhafter Ausblick ist die Belohnung. Im Inneren des Doms beeindruckt vor allem der **Brüggemann-Altar,** den *Hans Brüggemann* 1514 bis 1521 erschuf. Er enthält fast 400 aus Eichenholz handgeschnitzte Figuren und misst 12 Meter in der Höhe sowie 7 Meter in der Breite. Gezeigt wird die biblische Passionsgeschichte von Jesu Gefangennahme bis zur Himmelfahrt. Im Zentrum sind etwas größer Kreuzigung und Kreuztragung dargestellt, Himmelfahrt und Pfingstwunder sind auf dem Seitenflügel zu finden. Ursprünglich stand dieser Altar im Kloster Bordesholm, nach der Auflösung dieses Klosters wurde der Altar 1666 nach Schleswig verbracht.

Die Kirche wird durch das **Petri-Portal** aus der Epoche um 1180 betreten.

Ein wenig unscheinbar wirkt der Eingang schon, aber beim Bau sparte man an nichts. An Materialien wurden Granit, roter Sandstein aus Schonen, Kalkstein aus Gotland und Tuff aus dem Rheinland verwendet.

Die **Kanzel** ist aus Eichenholz geschnitzt und stammt von einem unbekannten Meister aus dem Jahr 1560. Sie wurde der Kirche gestiftet und gilt als älteste Renaissance-Kanzel in Schleswig-Holstein. Der fünfbögige Lettner war ursprünglich aus Kalkstuck hergestellt, er musste 1940 rekonstruiert werden. Die spätgotische Triumphkreuzgruppe oberhalb wurde um 1500 erschaffen, auch das Gitter zur Abtrennung vom Hauptchor entstand im 16. Jh. Der kleine um 1300 erschaffene **Königsaltar** zeigt Maria mit dem Jesuskind, sowie die drei Könige aus dem Morgenland.

Die **Sakristei** entstand um 1480, nach der Reformation wurde sie als Grabgelege für die Gottorfer Herzöge genutzt.

Der **Hohe Chor** wurde Ende des 13. Jh. umgebaut und trägt Fresken der biblischen Geschichte. Im nördlichen Chor befindet sich das Ehrenmal für *Friedrich I.*, König von Dänemark und Norwegen, gleichzeitig Herzog von Schleswig und Holstein.

Der **Kreuzgang** entstand 1310 bis 1320 und wird „Schwahl" genannt, was „kühler Gang" bedeutet.

■ **St.-Petri-Dom,** Norderdomstr. 15, geöffnet: Mai–Sept. 9–17 Uhr, Okt.–April 10–16 Uhr, ganzjährig jedoch So erst ab 13.30 Uhr, Eintritt frei, Führungen: Mitte Juni bis Ende August tägl. 14.30 Uhr, 3 €.

In den Straßen rings um den Dom sind etliche schöne alte Häuser zu finden, die

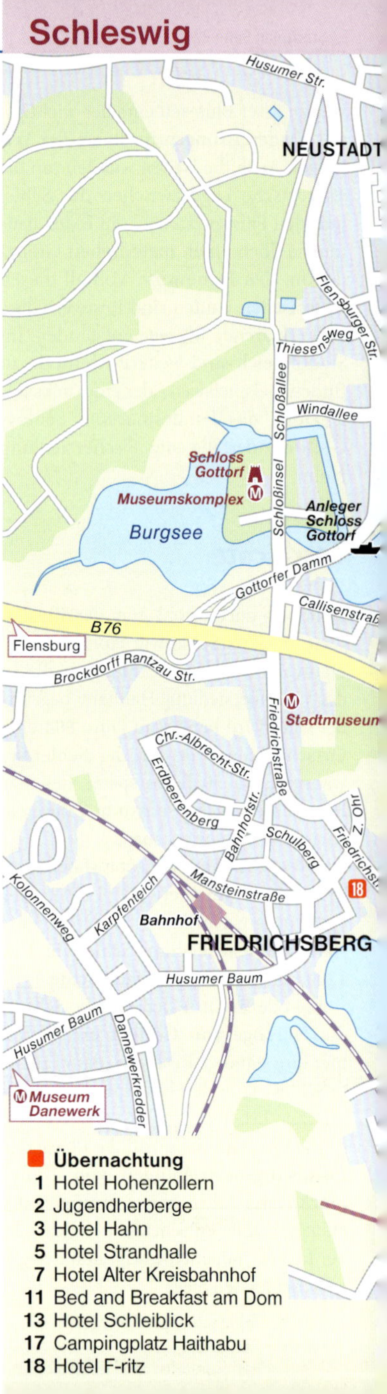

■ **Essen und Trinken**
6 Luzifer
8 Speicher am Hafen
9 Kleines Traumcafé
10 Senator Kroog
12 Olschewski's
14 Schleimöwe
15 Holm Café

■ **Sonstiges**
4 Fahrradverleih Splettströsser
16 Fahrradverleih Röhling

426sh mux

meisten liebevoll restauriert. Nach kurzem Weg über Straßen, die teilweise noch Kopfsteinpflaster haben, ist der **Rathausplatz** erreicht. Dieser nicht allzu große Platz ist angenehm gestaltet. Etliche ältere Häuser stehen an dem rechteckigen Platz, in dessen Mitte ein Springbrunnen plätschert und ein paar Ruhebänke zum Hinsetzen einladen. Das Rathaus selbst ist auch ein klassizistisches Gebäude aus den Jahren 1794/95. Hier befindet sich der Ständesaal, wo 1836 bis 1846 die Stände des Herzogtums Schleswig tagten, heute ist er Versammlungsort des städtischen Parlaments. Vom Rathausplatz zweigt der Apothekergang ab, wo einst die älteste Apotheke des Landes stand, sie stammte aus dem Jahr 1517, wird heute aber nicht mehr betrieben. Dies ist das älteste Haus von Schleswig.

Gleich nebenan ist das sogenannte **Graukloster** zu finden, ein ehemaliges Franziskanerkloster, dessen Anfänge bis ins Jahr 1234 zurückreichen. Das Kloster wurde von den Franziskanern, den Mönchen mit den grauen Kutten, gegründet, woher auch der Name des Klosters abgeleitet ist. Mit der Reformation wurde es dann aufgelöst. Erhalten geblieben ist ein gotischer Saal, der mit einer Kreuzigungsgruppe aus dem 13. Jh. ausgemalt ist. Heute ist in dem Gebäude die Stadtverwaltung untergebracht.

Blick auf den St.-Petri-Dom von Schleswig

In der alten Fischersiedlung Holm

Mein Tipp: Nur wenige Schritte weiter in Richtung Wasser liegt die alte **Fischersiedlung Holm,** eine 300- Seelen-Gemeinde, die aber in Wirklichkeit viel mehr ist. Hier manifestiert sich die Vergangenheit, ein wahres **architektonisches Kleinod.** Ausgehend vom kreisrunden, zentralen Platz, auf dem ein Friedhof zu finden ist, streben ein paar Straßen dem Wasser entgegen. Hier stehen ausschließlich **Häuser** aus vergangenen Jahrhunderten. Kleine, gedrungene, schlanke Häuser, alle liebevoll restauriert. Man liest staunend die Jahreszahlen: 1712, 1760, 1786. Die Häuser verströmen einen gemütlichen **Charme,** vor beinahe jedem Haus wachsen Rosen.

Alle Gräber des Friedhofs zeigen übrigens nach **Osten.** Die Holmer Totengilde, „Beliebung" genannt und 1650 gegründet, feiert zwei Wochen nach Pfingsten ein Fest mit feierlichem Umzug und Gedenken an die Verstorbenen. Mittelpunkt der Siedlung und auch des Friedhofs ist die kleine **Kapelle** aus dem Jahr 1876. Hier werden alle Verstorbenen vom Holm beerdigt, dafür sorgt die Totengilde.

Vielleicht konnte sich der Stadtteil in dieser Form nur erhalten, weil über Jahrhunderte Holm eine **Insel** war, erst 1933 wurde das Fischerquartier mit dem Festland verbunden. Die Holmer Fischer haben seit 1480 das verbriefte Recht auf der Schlei bis hoch nach Arnis fischen zu dürfen. Dieses Recht wird vom Vater auf den Sohn vererbt, aber es gibt heute kaum noch Schleifischer. Das Recht fällt an die Stadt Schleswig zurück, wenn der letzte Holm-Fischer aufgibt.

429sh hj

Die kleine Friedhofskapelle vom Holm

Dort steht auch das **Holm-Museum;** es zeigt etwa 40 Fotos, die ein ehemaliger „Stern"-Fotograf in langer Arbeit aufgenommen hat, sowie weitere historische Fotos aus dem Stadtarchiv.

■ **Holm-Museum,** Süderholmstr. 2, geöffnet: täglich 10–18 Uhr, Eintritt frei.

Keine fünf Gehminuten von Holm entfernt liegt das **St. Johanniskloster.** Dieses ehemalige Benediktinerkloster wurde 1194 errichtet und gilt als eine der besterhaltenen Anlagen im Land. Seit der Reformation lebten hier unverheiratete Töchter des schleswig-holsteinischen Adels. Anbei befindet sich der **Bibelgarten,** in dem Pflanzen gedeihen und vorgestellt werden, die in der Bibel vorkommen. Am Eingang kann ein Büchlein ausgeliehen werden, das Details erklärt. Erhalten ist auch noch die schlichte romanische **Klosterkirche St. Johannis.** Die Kanzel spendete König *Friedrich V.* im 18. Jh. Im ehemaligen Speise- und Versammlungssaal des Klosters („Remter", ist ausgeschildert und liegt im hinteren Bereich) ist das Chorgestühl der Nonnen aus dem 13. Jh. mit seinen fantasievollen Schnitzereien sehenswert. Hier steht die Orgel, auf der *Carl Gottlieb Bellmann* (1772–1861) das Schleswig-Holstein-Lied komponierte, die Landeshymne des Bundeslandes („Schleswig-Holstein, meerumschlungen"). Sie wird noch immer Schlag Mit-

[>] Schloss Gottorf

ternacht jeden Tag von RSH (Radio Schleswig-Holstein) gespielt. *Bellmanns* Grab liegt auf dem kleinen Klosterfriedhof. Auf seinem Grabstein steht es groß geschrieben: „Komponist des Schleswig-Holstein-Liedes“. Das Kloster ist ab Holm ausgeschildert und wird über die Süderholmstraße (Kopfsteinpflaster) erreicht.

Das **Stadtmuseum** liegt etwas außerhalb vom Altstadtbereich am südlichen Ufer der Schlei in einem ehemaligen Adelshof aus dem 17. Jahrhundert. Hier wird die Geschichte von Schleswig dokumentiert, gleichzeitig besichtigt man eines der schönsten Adelshäuser der Umgebung. In einer Sonderabteilung ist eine einzigartige **Sammlung von Teddybären** untergebracht.

Stadtmuseum, Friedrichstr. 11, geöffnet: Di–So 10–17 Uhr, Eintritt 4 €, ermäßigt 2 €.

In **Schloss Gottorf** sind zwei Landesmuseen untergebracht, in einem separaten Gebäude ist eine Gemäldesammlung moderner Künstler zu finden. Auch der **Barockgarten** ist einen Besuch wert.

Das **Schlossgebäude** selbst ist bereits imposant anzuschauen. Es ist das größte Fürstenschloss des Landes und war von 1544 bis 1713 die Residenz der Herzöge von Schleswig-Holstein-Gottorf, einer Nebenlinie des dänischen Königshauses. Umgeben von einem Schlossgraben, erhebt sich das helle, dreistöckige Gebäude mit dem hohen Dach.

Im Haupthaus ist heute das **Schleswig-Holsteinische Landesmuseum für Kunst- und Kulturgeschichte** untergebracht. Es zeigt die fast 1000-jährige Kulturgeschichte des Landes. Der Rundgang beginnt in der schönen **Gotischen Halle** mit kirchlicher und sakraler Kunst des Mittelalters und führt bis zur Klassi-

047sh mux

schen Moderne. Ein großer Bereich ist auch dem Jugendstil gewidmet.

Das **Archäologische Landesmuseum** in einem anderen Teil des Gebäudes thematisiert die Geschichte des Landes seit seinen frühesten Anfängen vor etwa 120.000 Jahren in einzelnen, gut gemachten Abteilungen. Die ältesten Fundstücke stammen von den Neandertalern und sind Werkzeuge wie etwa Faustkeile. Diese Zeitspanne wird anschaulich erläutert, genau wie die folgenden Epochen bis zum Mittelalter, das einen Ausstellungsschwerpunkt darstellt. Hier werden die damaligen Strukturen des Zusammenlebens erklärt: Welchen Stellenwert hatten die Stadt, das Dorf, eine Burg, die Kirche, ein Bauer, ein Mönch, ein Händler? Auch der Umgang mit Verstorbenen wird thematisiert, etwa in der Präsentation verschiedener Hünengräber.

Ein großer Anziehungspunkt des Museums sind die etwa 2000 Jahre alten **Moorleichen.** Schmale, dünne menschliche Körper mit dunkler, gegerbter Haut wurden aus dem Moor geborgen, wo sie über Jahrhunderte konserviert ruhten. Die Wissenschaft diskutiert noch, ob die Toten ehrenvoll bestattet oder zur Strafe im Moor versenkt wurden.

Bemerkenswert ist das **Nydam-Schiff,** ein Fund aus dem 4. Jh. n. Chr.

Zum Museumskomplex gehört auch die in einem seitlichen Nebengebäude untergebrachte **Kunstsammlung der Stiftung Rolf Horn** mit Bildern der Klassischen Moderne, darunter Werke von *Emil Nolde* sowie von den Malern der „Brücke" und des „Blauen Reiters".

Der **Barockgarten** hinter dem Schloss war Teil eines 15 Hektar großen fürstlichen Lustgartens, der im 17. Jh. angelegt wurde. Es war der erste Terrassengarten nach italienischem Vorbild in Nordeuropa. Die einzelnen **Terrassen** sind leicht geneigt und nach oben hin etwas schmaler gestaltet, sodass sie eine spezielle Tiefenwirkung entfalten. Die unterste Ebene nimmt der **Herkulesteich** ein. Auf der dem Teich nächstgelegenen Terrasse sind die Spiegelmonogramme von Herzog *Christian Albrecht* und *Friederike Amalie* in Buchsbaumkulturen gepflanzt, sie kommen vor dem hellen Kies sehr gut zur Geltung. Im Schlossgarten befindet sich auch eine Monumentalfigur des *Herkules,* der mit der *Hydra* kämpft. Eine spezielle Attraktion des Gartens ist der **Riesenglobus** aus dem 17. Jahrhundert. Einst geschaffen im Auftrag des Gottorfer Herzogs *Friedrich III.,* kam er 1717 nach Russland. Nach einigen geschichtlichen Turbulenzen verschwand das Original in St. Petersburg. Eine Replik wurde nun erschaffen, die in Schloss Gottorf besichtigt werden kann. Der Globus misst 3,12 m im Durchmesser, ist begehbar und zeigt innen wie außen das Abbild der damals bekannten Welt und des Sternenhimmels. Der Globus dreht sich, Besucher nehmen im Inneren Platz und „fahren" sozusagen in acht Minuten durchs Universum.

■ **Museumskomplex Schloss Gottorf,** Tel. 81 32 22, www.schloss-gottorf.de, April–Okt. Mo–Fr 10–17, Sa/So 10–18 Uhr, Nov.–März Di–Fr 10–16 Uhr, Sa und So 10–17 Uhr, Mo geschlossen. Eintritt: 9 €, ermäßigt 6 €, Familienkarte 19 €. Barockgarten: April bis Oktober Mo–Fr 10–17, Sa/So 10–18 Uhr, Voranmeldung empfohlen unter Tel. 81 32 22, Eintritt 7 €, ermäßigt 5 €.

Das **Wikinger-Museum Haithabu** wurde 1985 eröffnet und steht an historischer Stätte. Haithabu zählte in der Wikingerzeit zu den wichtigsten Siedlungen in Nordeuropa, denn hier liefen alle **Fernhandelswege** zusammen. Es lag am Wasser, am Endpunkt der Schlei, die Schiffe konnten, aus der Ostsee kommend, direkt bis in den Hafen fahren. Geschützt war die Siedlung durch einen mächtigen halbkreisförmigen Damm, der heute noch zu sehen ist. Die Wikinger handelten aber auch über die Nordsee und ließen ihre Schiffe vom Nordseefluss Eider weiter über die Treene bis nach Hollingstedt segeln bzw. rudern. Von dort wurden Waren mit viel Kraftaufwand 16 Kilometer über Land transportiert, bis bei Haithabu wieder Wasser erreicht wurde.

Die **Ausstellung** ist auf mehrere Räume verteilt, die thematisch angeordnet sind. Sie ist modern angeordnet, zeigt in hellen, teils sogar begehbaren Schauwänden und -kästen viele, aber nicht zu viele Exponate. Alles wird klar erklärt und durch audiovisuelle Medien unterstützt. So wird beispielsweise sehr anschaulich die Schrift auf einem Runenstein erklärt, in dem einzelnen Fragmente ausgeleuchtet und übersetzt werden. Man findet der Reihe nach Exponate zum Themenkreis Haushalt, Bebauung, Religion, Schrift, Handel, Handwerk und Stadtentwicklung. Weiterhin wird in einer Schiffshalle der Aufbau eines der damals so gefürchteten Wikingerschiffe gezeigt. Nach einem Besuch wird deutlich, dass die Wikinger keinesfalls nur ein kriegslüsternes Völkchen waren, sondern dass sie auch als Händler in weit entlegene Ecken vorstießen. Immerhin erreichten sie Island, Grönland, Neufundland (Vinland), das Mittelmeer, Rom und kamen sogar bis ins Kaspische Meer.

430sh mux

Beim Museum ist übrigens eine **Cafeteria** zu finden.

Einen knapp 20-minütigen Fußmarsch entfernt stehen auf historischem Gelände originalgetreu nachgebaute **Häuser** aus der über 1000 Jahre alten Wikingerzeit. So erhalten die Besucher einen authentischen Einblick in die Lebens- und Arbeitswelt der Wikinger. Obendrein weiden dort Tiere, wie es sie so ähnlich schon zur Wikingerzeit gab.

Ein „Wikinger" bei der Arbeit

048sh mux

■ **Wikinger-Museum Haithabu,** Am Haddebyer Noor 5, Tel. 81 32 22, geöffnet: April–Okt. täglich 9–17 Uhr, Nov.–März Di–So 10–16 Uhr, Eintritt: 7 €, ermäßigt 5 €, Familienkarte 15 €. Wikinger-Häuser April–Okt. täglich 9–17 Uhr. Haithabu liegt an der Bundesstraße 76, etwa vier bis fünf Kilometer außerhalb vom Zentrum Schleswigs. Die Busse der Linie 4810 nach Kiel halten vor dem Museum.

⌃ Die Wikinger-Häuser in Haithabu

Praktische Tipps

Info

■ **PLZ:** 24837
■ **Vorwahl:** 04621
■ **Touristeninformation,** Plessenstr. 7, Tel. 85 00 00, geöffnet: Juni–Sept. Mo–Fr 10–18, Sa/So 10–14 Uhr, April, Mai, Okt. Mo–Fr 10–17, Sa 10–14 Uhr, Nov.–März Mo–Fr 10–16 Uhr.
■ **Internet:** www.ostseefjordschlei.de

An- und Weiterreise

■ **Bahn:** Der Bahnhof liegt im Stadtteil Friedrichsberg, Stadtbusse Nr. 1505 und 1506 fahren ins Zentrum zum ZOB, zu Fuß ein Weg von gut 30 Minuten.

■ **Busse:** Der ZOB liegt unweit vom Dom, Königstr. 6. Linie 1625 fährt nach Süderbrarup, Linie 1590 nach Flensburg, Linie 1624 nach Kappeln, außerdem fährt Linie 4810 nach Kiel.

■ **Parken:** Parkplätze sind ausgeschildert, gegenüber vom ZOB befindet sich ein großes Parkhaus, sonst steht genügend Parkraum vor den einzelnen Museen zur Verfügung.

■ **Taxi:** *Möller*, Tel. 48 84 88; *Evers*, Tel. 33 333.

Unterkunft

■ **Zimmernachweis:** Touristeninformation Schleswig (s.o.).

■ **Hotel Strandhalle**④, Strandweg 2, Tel. 90 90, www.hotel-strandhalle.de. Das Haus hat 6 Einzel- und 24 Doppelzimmer und liegt sehr ruhig am Ufer der Schlei, gut zehn Minuten zu Fuß von der Innenstadt entfernt. Funktional eingerichtet, bieten einige, etwas teurere Zimmer besten Schleiblick. WLAN.

■ **Hotel Hohenzollern**③, Moltkestr. 41, Tel. 90 60, www.hotel-hohenzollern.de. Insgesamt 49 Zimmer, mit angeschlossenem Gastronomiebetrieb in einem dreistöckigen Gebäude. WLAN.

■ **Hotel Schleiblick**③, Hafengang 4, Tel. 23 468, www.hotel-schleiblick.de. Kleines Haus mit acht Zimmern in der Altstadt, unweit vom Dom in der zweiten Reihe gelegen. Unten befindet sich ein Restaurant, und den Schleiblick gibt's dazu. WLAN.

■ **Hotel Alter Kreisbahnhof**④, Königstr. 9, Tel. 30 200, www.hotel-alter-kreisbahnhof.de. Sehr zentral gelegenes Hotel, schräg gegenüber vom Dom. Insgesamt 16 gut ausgestattete Zimmer in einem historischen Gebäude mit Restaurant, außerdem gibt es 15 weitere DZ im **Gästehaus „Tor zum Holm"**. WLAN.

■ **Bed and Breakfast am Dom**④, Töpferstr. 9, Tel. 48 59 91, www.bb-schleswig.de. Das historische Haus liegt mitten in der Altstadt und hat sechs Zimmer. Haus, Garten und Zimmer sind in einem italienisch inspirierten Stil gehalten. Gefrühstückt wird mit regionalen Bio-Produkten.

■ **Hotel F-ritz**④, Friedrichstraße 102, Tel. 93 22 80, www.hotel-f-ritz.de. Ein schlankes, auffällig rotes Haus in einem ruhigen, aber etwas abseitig vom Zentrum gelegenen Viertel. 11 Zimmer, die in modernem Design unterschiedlich gestaltet wurden. Hinter dem Haus öffnet sich ein großer Garten mit Pool und gefrühstückt wird oben, falls das Wetter mitspielt sogar auf der Dachterrasse.

■ **Hotel Hahn**④, Lutherstr. 8, Tel. 99 53 52, www.hotelhahn.de. Kleines Privathotel, das in einer schicken, knapp über 100 Jahre alten Gründerzeit-Villa sehr citynah untergebracht ist. Sieben sehr komfortabel eingerichtete Zimmer mit hohen Wänden und WLAN (kostenlos). Das Frühstück wird mit Produkten aus der Region serviert.

■ **Jugendherberge**①, Nordmark, Spielkoppel 1, Tel. 23 893. Insgesamt stehen 123 Betten zur Verfügung, Anfang Dezember bis Anfang Februar geschlossen. Zu erreichen per Bus mit den Linien 1504, 1505 und 1508, jeweils bis zur Haltestelle Wasserturm fahren, dann sind es 500 Meter Fußweg. WLAN.

■ **Campingplatz Haithabu,** Haddebyer Chaussee 15, Tel. 32 450, www.campingplatz-haithabu.de, geöffnet: Anfang April bis Ende Oktober. Kleiner Platz mit etwa 140 Stellplätzen, unweit des Museums Haithabu an der Schlei gelegen. Somit toller Blick auf die Altstadt von Schleswig. Das kleine Schiff „Hein" pendelt von Mitte April bis Mitte Oktober zwischen 10 und 17 Uhr etwa alle 2 Std. zum Schloss Gottorf und hinüber zur Schleswiger Altstadt. Preis: 3,50 €, Infos: www.hein-haddeby.de.

■ **45 Wohnmobile** finden einen Platz mit Entsorgung gegen Gebühr am Stadthafen. Infos: Tel. 80 14 50, www.womoplatz-schleswig.de. Schöner Blick direkt auf die Schlei, Sanitäranlagen mit Dusche und WC vorhanden, ein Brötchenservice wird angeboten, geöffnet: Anfang März bis Anfang Nov.

Gastronomie

■ **Olschewski's,** Hafenstr. 40, Tel. 25 577, Küche geöffnet 11.30–14, 18–21.30 Uhr, Mo und Di Ruhe-

Die Wikinger

Blutrünstige Mordgesellen, die, Met saufend, Schwerter schwingend, Frauen raubend durch die Lande zogen, mit ihren Schiffen die entlegensten Flüsse befuhren und sicher geglaubte Städte plünderten. Markenzeichen: zotteliger Bart, Helm mit Hörnern und unbändige Kraft. So in etwa sieht das gängige **Klischee** über die Wikinger aus. Im Kern steckt da zwar eine Menge Wahres, aber schon beim leichten Kratzen an der Oberfläche kommt doch ein anderes Bild zum Vorschein. Beispielsweise trugen sie niemals Hörner-Helme. Wie aber waren sie wirklich?

Der „Brockhaus" bringt es unnachahmlich auf den Punkt: „Wikinger: Mitglieder einer Gefolgschaft, Bezeichnung für die Bewohner Nordeuropas im 9. bis 11. Jh., die vorübergehend oder langfristig in weiten Teilen Europas als Kaufleute, räuberische Gefolgschaften und Landnehmer präsent waren".

Da haben wir's! Als Räuber sind sie bekannt geworden, als Siedler und gar als Kaufleute weniger. Kein Wunder, lebten die Nordeuropäer zunächst mehr oder weniger friedlich als **Bauern** in Dänemark und dem südlichen Schweden und Norwegen. Hauptsächlich siedelten sie an der Küste in kleinen dörflichen Einheiten, beackerten ihre Scholle, fischten, jagten und taten sonst nicht allzuviel Bemerkenswertes. Wie kommt es dann, dass aus Bauern **Piraten** wurden? Es wird vermutet, dass zum einen die Erbfolge eine Rolle gespielt hat, zum anderen eine Art Überbevölkerung. Den jeweiligen Hof erbte nur der Älteste, die jüngeren Söhne gingen leer aus, kein Wunder, dass sie in die weite Welt hinauszogen.

793 tauchten die Wikinger erstmals in der **Geschichtsschreibung** als plündernde Marodeure auf. Ausgerechnet den heiligsten Ort Englands, das **Kloster Lindisfarne,** überfielen die Nordmänner. Sie kamen mit schlanken Booten rasend schnell heran, fuhren direkt auf den Strand, stürmten das Kloster, fackelten nicht lange und metzelten die Mönche nieder, raubten, was sie tragen konnten und verschwanden wieder. Ein Chronist charakterisierte sie später so: „Vollkommen rohe, gottlose, verwegene Gestalten." Da war es! So schnell hatten die Wikinger ihren Ruf weg, und sie taten in den nächsten Jahrhunderten dann auch alles, um ihm gerecht zu werden.

Einige Orte, die sie auf ähnliche Weise überfielen und plünderten: Paris, Sevilla, Köln, Trier, Nantes, Hamburg, Konstantinopel, Aachen, sie kamen ganz schön herum. Kein Wunder, waren doch einige Städte nach mehrmaliger Plünderung schlicht pleite, hatten keine Reichtümer mehr zu bieten. Also mussten die Wikinger schließlich **immer weitere Touren** unternehmen und liefen so langsam Gefahr, selbst überfallen zu werden. Darauf sollen sich nämlich auch einige ganz gewitzte Burschen spezialisiert haben, reichbeladen zurückkehrende Wikinger auszurauben.

Die **Taktik der Raubzüge** war immer noch dieselbe, die schon beim Überfall auf Lindisfarne angewandt wurde. Durch ihre langen, flachen Boote konnten sie tief die Flussläufe hinaufrudern und Städte überfallen, die weit entfernt von der Küste lagen. Hier manifestierte sich ihr Ruf, und hier ist auch der Ursprung ihres Namens zu finden. Nur wer auf Räuberfahrt ging, durfte sich „Wikinger" nennen.

Heute werden alle Nordmänner über einen Kamm geschoren, und das ist eigentlich ungerecht. Denn neben all diesen, unzweifelhaft grausamen Taten vollbrachten die – um bei dem Namen zu bleiben – Wikinger **kaufmännisch-logistische Meisterleistungen.** Schon frühzeitig trieben sie nämlich auch Handel mit den entferntesten Orten. Auch hier kamen ihnen die schlanken, flachen Boote zugute, mit denen konnten sie bis ins Mittelmeer, bis Kiew und sogar bis Bagdad gelangen. Es soll Tausende von Handelsschiffen gegeben haben, die zwischen London, Dublin und Russland pendelten. Gehandelt wurde mit allem, auch mit Sklaven, gezahlt wurde in Silber. **Hauptumschlagplatz** war **Haithabu.** Dort kanalisierten sich die Warenströme, tauschten, kauften oder verkauften die Händler ihre Waren und schickten erneut Langboote aus.

Haithabu lag äußerst verkehrsgünstig im **Schnittpunkt verschiedener Handelsrouten.** Wer aus dem Osten kam, fuhr über die Ostsee in die Schlei und erreichte nach 40 km Haithabu. Händler, die über die Nordsee kamen, fuhren zunächst in den Fluss Eider. Nachdem etwa die Hälfte des heutigen Schleswig-Holstein passiert war, zweigte ein kleiner Fluss ab, die Treene, heute ein beliebtes Paddelrevier. An einem bestimmten Punkt angelangt, wurden die Waren auf Pferdewagen umgeladen und 16 km über Land nach Haithabu transportiert. Noch heute hält sich hartnäckig die Erzählung, dass auch so manches Schiff diese Strecke über Land gezogen wurde. Damit die Jungs dabei nicht allzu sehr maulten, wurde ihnen vorher eine Kanne „Schleppbier" – besonders starkes Met – angeboten. Genau diese These wird aber auch von einer Expertin aus dem Museum als – so wörtlich: „Quatsch!" abgetan.

Haithabu war im 9. und 10. Jahrhundert eine mächtige und **reiche Stadt.** Das lockte natürlich Neider. 1066 überfielen Slawen die Stadt und machten sie dem Erdboden gleich. Haithabu wurde zwar wieder aufgebaut, die Händler zogen allerdings um in das benachbarte Schleswig.

Neben Kriegern und Händlern waren die Wikinger aber auch noch **Siedler.** Auf ihren Fahrten mussten sie so manches Mal in der Fremde überwintern. Daraus entwickelten sich recht schnell feste Siedlungen, so beispielsweise auf Island und Grönland, aber auch in Südengland und in der Normandie.

Von diesen Siedlungen aus wurden dann wieder neue **Entdeckungsfahrten,** sogar bis nach **Amerika,** unternommen. So gelangte beispielsweise *Leif Eriksson* im Jahr 999 von Grönland aus an die nordamerikanische Küste, wahrscheinlich erreichte er Nova Scotia in Kanada, er nannte die Küste „Vinland". Später sind noch weitere Fahrten unternommen worden, das belegen die Ausgrabungen einer Wikinger-Siedlung auf Neufundland. Die Wikinger also auch als Entdecker Amerikas, 500 Jahre vor *Kolumbus.*

Gokstadtschiff, 23 m lang

Osebergschiff, 21 m lang

tag. Regionale Fischspezialitäten, aber auch mehrere fantasievolle Menü-Vorschläge mit tadellosem Blick auf den Hafen und die Schlei. Vermietet auch Zimmer.

■ **Speicher am Hafen,** Am Hafen 5, Tel. 30 51 84, täglich ab 11 Uhr, von der Terrasse im zweiten Stock toller Blick auf die Schlei. Kleine Gerichte, Fisch und Fleisch.

■ **Schleimöwe,** Süderholmstr. 8, Tel. 24 309, täglich 11.30–14, 17–22 Uhr, spezialisiert auf regionale Fischgerichte, liegt direkt auf dem Holm.

■ **Luzifer,** Königstr. 27, Tel. 48 82 13. Liegt direkt an der Schlei und gegenüber vom ZOB. Hier wird das Asgaard-Bier der hauseigenen Brauerei ausgeschenkt, in urig-gemütlichem Ambiente mit viel Holz-Dekor. Im Angebot sind kleine und große Gerichte, es gibt einen Raucherraum. Küche täglich 9–22 Uhr, geöffnet bis 24 Uhr, Fr/Sa bis 1 Uhr.

■ **Senator Kroog,** Rathausmarkt 10, Tel. 22 290, täglich außer Mi 10–23 Uhr. Große Auswahl in rustikalem Ambiente, Mittagstisch, u.a Steaks vom Lavagrill, Fisch und Vegetarisches.

■ Direkt am Hafen befinden sich in einem nicht zu großen Gebäude zwei **Fischbistros,** beide gut geeignet, um den kleinen Hunger zwischendurch zu bekämpfen.

■ **Holm Café,** Süderholmstraße 15, Tel. 20 927, geöffnet: März–Okt. 11–18 Uhr, Nov. 14–18 Uhr, Dez.–Febr. nur am Wochenende 11–18 Uhr, Mo ist Ruhetag. Sehr leckere Torten und Kuchen, die die Chefin selber backt, werden in diesem gemütlichen Café serviert oder bei gutem Wetter auch auf der kleinen Terrasse draußen.

■ **Kleines Traumcafé,** Rathausmarkt 14, Tel. 29 07 11, täglich 9–18 Uhr. Im ältesten Haus der Stadt befindet sich dieses nette Café. Hausgemachte Torten und Kuchen werden bei passendem Wetter auch draußen auf der Terrasse auf dem Rathausplatz serviert. Es gibt auch Schlemmerfrühstück zum Festpreis und leichte Küche zur Mittagszeit.

Schiffstouren

■ **Fa. A. Bischoff,** Schleihallenbrücke bzw. Gottorfer Damm 1, Tel. 23 319, www.schleischifffahrt.de, bietet verschiedene Fahrten mit der „MS Wappen von Schleswig" auf der Schlei an, aber auch ganztägige Touren nach Schleimünde mit mehreren Zwischenstopps, jeden Di Abfahrt 9 Uhr, Ankunft Schleimünde 12.35 Uhr, Rückfahrt von dort um 15 Uhr, Ankunft in Schleswig um 18.30 Uhr. Die Fahrten finden nur von Juni bis September statt.

■ **Fam. Sebode,** Tel. (04642) 61 84, www.schleiausflugsfahrten.de. Das Schiff „Stadt Kappeln" fährt in der Saison ab April Di und Fr von Kappeln nach Schleswig und zurück ab Kappeln 10.45 Uhr, Ankunft Schleswig 13.30 Uhr, Rückfahrt ab 15 Uhr. Es gibt auch Touren bis nach Schleimünde.

■ Täglich von April bis Oktober finden auch drei- bis fünfmal einstündige **Hafenrundfahrten** statt, die erste Fahrt beginnt um 14.30 Uhr. Infos unter Tel. 27 530, www.schleifahrten.de. Abfahrt vom Stadthafen, Brücke 3.

■ Das kleine Schiff „Hein" pendelt ab Stadthafen von Mitte April bis Mitte Oktober Di–So **zum Schloss Gottorf** und hinüber zum Anleger Haddeby, von wo man zu Fuß das **Museum Haithabu** erreichen kann, zwischen 10 und 17 Uhr etwa(!) alle 2 Std. Preis: 3,50 €, Infos: www.hein-haddeby.de.

Stadtführungen

■ Stadtführungen von 90 Minuten Dauer finden von Mitte April bis Ende Oktober am Samstag um 14 Uhr statt, **Treffpunkt** ist vor der **Touristeninformation,** Preis 5 €.

Fahrradverleih

■ **Splettströsser,** Bismarckstr. 13, Tel. 24 102.

■ **Röhling,** Knud-Laward-Str. 30, Tel. 99 30 30.

431sh hj

Einkaufen

- **Wochenmarkt,** mittwochs am Rathausmarkt.
- Direkt am Hafen wird in der Saison täglich außer So zwischen 9 und 11 Uhr **fangfrischer Fisch** verkauft, sonst Do und Fr.

Post

- Poststr. 1.

Feste und Veranstaltungen

Gottorfer Landmarkt, Mitte Mai findet traditionell auf dem Schlossgelände der größte Ökolandmarkt Deutschlands statt mit über 130 Ausstellern aus den Bereichen Biolandbau, Ökowissenschaft, Kunsthandwerk, Gartengestaltung und erneuerbare Energien. Natürlich gibt es auch vielfältige gastronomische Angebote sowie Lebensmittel aus der Region.

- **Wikingertage,** Anfang August wird die Welt der Wikinger direkt an der Schlei wieder aufgebaut: Wikingerschiffe aus Skandinavien legen an, das Alltagsgeschehen wird nachgestellt und auf historischen Instrumenten wird musiziert.

Ausflüge

Museum Danewerk

Ein nettes, kleines Museum, fast dänisch-gemütlich, das einen tiefen Einblick in die nicht immer friedvoll verlaufene Geschichte zwischen Dänen und Deutschen bietet. Der Name Danewerk

^ Ausflugsschiff auf der Schlei

bedeutet **„Deich der Dänen“**, und genau das wird thematisiert. Die Dänen ließen vor über 1000 Jahren einen **Schutzwall gegen die deutschen Stämme** errichten, ausgehend von der Schlei bei Haithabu, zog er sich hin bis zu einem Fluss namens Rheider Au. Dieser Fluss mündet in die Treene und bildet ein, wenn auch schwaches, natürliches Hindernis.

Da das Danewerkmuseum die **deutsch-dänische Geschichte** beleuchtet, werden auch konsequenterweise alle Schautafeln und Erklärungen zweisprachig gegeben, eben auf Dänisch und auf Deutsch. Und außen finden wir sogar den dänischen Namen für das Museum, *Danevirkegården.*

Die Anfänge dieses Schutzwalles datieren aus dem **Jahr 650.** Aus einer Sagenüberlieferung stammt die Aussage, dass *Thyra Danebod* das Danewerk bauen ließ, „zum Schutz gegen deutsches Wüten“. Das soll so etwa im 10. Jahrhundert gewesen sein. Schon 350 Jahre früher soll es den ersten Wall gegeben haben, aber unter *Thyra* wurde er neu gebaut.

Die **Funktion** des Danewerks war, die Landwege von Schleswig zu blockieren, wo Heeres- und Handelswege entlangliefen, die fast wie durch ein Nadelöhr auf Schleswig-Haithabu zu führten. Der Osten war durch die Schlei, der Westen durch die Flüsse Treene und Eider geschützt. Der Rest war flaches Land, durch das ein Schutzwall von sieben Kilometern Länge gebaut werden musste.

Und so geschah es, im Laufe der Jahrhunderte wurden insgesamt **drei Wälle** gezogen, die frühen waren reines Erdreich, die späteren durch Holzpalisaden und zum Schluss sogar durch Ziegelsteine geschützt. In einem kleinen Abschnitt ist dies noch heute zu sehen, etwa 200 Meter hinter dem Museum. Noch etwas weiter ist eine **Verteidigungsschanze** nachgebaut, von dort oben genießt man einen formidablen Weitblick.

Im **Inneren** des Museums sind kleine Modelle des Danewerks und überdimensionale Karten zu sehen, auf denen der gewaltige Damm nachgezeichnet ist. Historische Bilder beleuchten Details, zeigen die einzelnen Bauabschnitte, erklären kriegerische Auseinandersetzungen – sogar solche aus jüngster Zeit – und vermitteln einen deutlichen Eindruck von der damaligen Bedeutung dieses Bauwerkes. Die Nachbildung einer Kanone nebst Bedienungstruppe symbolisiert die vielen Schlachten, die es zwischen Deutschen und Dänen einst gab. Die Ausstellung ist konsequent **zweisprachig** gehalten. Im Obergeschoss gibt es zudem eine Ausstellung zur Dänischen Minderheit in Südschleswig von 1864 bis heute.

■ **Museum Danewerk,** Ochsenweg 5, Tel. 378 14, www.danevirkemuseum.de, geöffnet: 1.3.–30.4., 1.5.–30.9. Mo–Fr 9–17, Sa/So 10–16, 1.10.–30.11. Di–So 10–16 Uhr. 1.12.–28.2. Winterpause. Eintritt: 3 €, Kinder unter 16 Jahren 1 €. Das *Danewerk* ist nur wenige Kilometer westlich von Schleswig zu finden. Per Auto über die A 7 bis zur Abfahrt Jagel, dann Richtung Husum bzw. *Danewerk.*

Tolk-Schau

Deutschlands nördlichster **Familien-Freizeitpark** (Eigenwerbung) ist in dem kleinen Ort Tolk zu finden, etwa zehn Kilometer nordöstlich von Schleswig an der B 201. Generell ist der Park unterteilt in einen Erlebnispark und einen Museumspark. Er bietet eine ganze Menge Attraktionen, die aber nicht so spektakulär ausfallen wie beispielsweise im Hansa-Park. Es sind eher ruhigere Vergnügungen, wie Go-Karts, Minigolf, Pendelbahnen, Trampoline, Rutschen, Ruderboote, Wackelfahrräder oder Streichelgehege. Natürlich gibt es auch Fahranlagen wie Achterbahn oder *Luna Loop*, aber mit weniger Kreischvergnügen. Weiterhin stehen gegen Extragebühr etwa 50 Grillhütten bereit, wird eine Übersicht über die heimatliche Tierwelt gegeben, lockt das „Tal der Dinosaurier", eine Sommerrodelbahn sowie eine Nachbildung des mittelalterlichen Schleswig.

■ **Tolk-Schau Familien-Freizeitpark,** Tolk-Schau 1, 24894 Tolk, Tel. (04622) 922, www.tolk-schau.de. Geöffnet: Mitte April–Anf. Okt. 10–18 Uhr, einige Ruhetage im Mai, Juni, Sept., diese Termine wechseln, siehe Homepage. Zu erreichen: von Schleswig über die B 201; von der Ostseeküste bei Damp über die Schleibrücke bei Lindaunis. Eintritt: Personen über 90 cm Größe: 19,50 €.

Brodersby

Brodersby heißt der Ort, an dem die zweite kostenpflichtige Schleifähre auf Angeliter Seite anlegt – nicht direkt in Brodersby, schon ein bisschen außerhalb, so zwei Kilometer etwa. Die Fähre ist deshalb auch nur unter dem Namen **Schleifähre Missunde** bekannt.

■ **Café Kuchenhaus,** Missunder Fährstraße 24, Tel. (04622) 956 90 90, tägl. 12–18 Uhr, So 9–18 Uhr. Okt.–März Sa 14–18, So 9–18 Uhr, Jan./Febr. geschlossen. Ein hellblau eingefasstes historisches Haus unweit der Schlei, in dem ein kleines Café im dänischen Stil in freundlichen, hellen Farben eingerichtet ist. Hier gibt es hausgemachte Torten und Blechkuchen sowie herzhafte Gerichte.

Im etwa drei Kilometer entfernten Ort Kosel liegt der **Bio-Hof Schoolbek,** wo es im Hofladen nicht nur eigene Bio-Produkte gibt, sondern auch ein komplettes Bio-Vollsortiment, dazu eine Auswahl an Naturmode. Schoolbek, 24354 Kosel, Tel. (04354) 457, www.hof-schoolbek.de, Mo und Fr 9–18, Mi und Sa 9–13 Uhr.

Missunde

Gegenüber von Brodersby liegt Missunde, wo die kleine **Fähre** anlegt. Es ist die letzte Möglichkeit an der südlichen Schlei, diese zu überqueren. Der nächste Weg würde quer durch Schleswig führen.

■ **Schleifähre Missunde,** ganzjährig Mo–Fr 6–22 Uhr, Sa/So 8–22 Uhr, Nov. bis Febr. bis 20 Uhr.

■ **Fährhaus Missunde,** Missunder Fährstraße 33, 24864 Brodersby, www.faehrhaus-missunde.de, Tel. (04622) 626, tägl. 11–22 Uhr. Regionale und saisonale Produkte wie Fisch, Salate und Fleisch werden zu schmackhaften Gerichten verarbeitet.

Ulsnis

Dieser kleine reizvolle Ort liegt am Ende einer Zufahrtsstraße direkt an der Schlei und zählt knapp 600 Einwohner. Schön ruhig und beschaulich geht es in diesem Ort mit seinen uralten Wurzeln. Die **Wilhadikirche** wurde bereits 1338 dem heiligen Wilhadus geweiht, einem englischen Priester, der im 8. Jh. versuchte, die Friesen zu missionieren und der 778 zum Bischof von Bremen ernannt wurde. Die ältesten Teile der romanischen Feldsteinkirche stammen aus der Mitte des 12. Jahrhunderts und dürften damit zur ältesten Kirche in Angeln zählen. Im Inneren gehört der Taufstein aus Granit (12. Jh.) sogar zu den ältesten des Landes. Dargestellt sind zwei Löwenköpfe als Symbol für die Überwindung des Bösen durch die Taufe. Die barocke Kanzel entstand 1673, der Altar wurde 1803 komplett erneuert. Die Orgel entstand 1786 und nach einem Umbau 1799 wurde sie über dem Altar platziert. Der Glockenturm entstand im 16. Jh. und steht vermutlich auf einem bronzezeitlichen Grabhügel.

Entlang der Schlei kann **gewandert** werden, verschiedene ausgeschilderte Wege führen darüber hinaus auch ins hügelige Hinterland.

Rieseby

Ein weiteres winziges Dörflein mit einem kleinen Schmankerl der Kategorie „Geheimtipp". In der *Schulhaus-Apotheke,* Dorfstr. 29, Tel. (04355) 13 33, verkauft *Sigrun Kramer* einen selbstgebrauten **Kräuterschnaps.** Dieser medizinische Magenbitter ist nach einer bayerischen Apothekenrezeptur aus dem Mittelalter hergestellt, ein reines Naturprodukt aus verschiedenen magenwirksamen und verdauungsfördernden Kräutern. In der 1911 erbauten **Windmühle Anna** ist heute auf mehrere Stockwerke verteilt ein **Heimatmuseum** untergebracht. Dort sind neben prähistorischen Funden auch eine komplette Schusterwerkstatt erhalten, sowie allerlei handwerkliche Gerätschaften. Angeschlossen ist auch ein Atelier, das folgende Öffnungszeiten hat: Do–So 14–18 Uhr, von Mitte März bis Ende Dezember.

- **Heimatmuseum in der Mühle Anna,** Möhlenbarg 5, geöffnet: Sa/So 14–17 Uhr, von Ende März bis Mitte Dezember.

Gastronomie

- **Riesby-Krog,** Dorfstr. 37, Tel. (04355) 18 17 87, geöffnet: Di–So ab 12 Uhr. Frische, gehobene Küche mit regionalen Produkten in sehr angenehmer Atmosphäre in einem gut 150 Jahre alten Haus. Als typischer Dorfkrug gibt es auch einen rustikalen Bistrobereich.

Der Schlie-Krog in Sieseby

326sh mux

Sieseby

Sieseby ist ein winziges Dorf, malerisch direkt an der Schlei gelegen, eingebettet in die sanften Hügel von Schwansen. **Idyllisch schön** schwappt die Schlei an das schilfbewachsene Ufer, grüßt ein kreuzender Segler, verliert sich der Blick hinter den fernen Baumknicks. Eine kleine Kirche mit einer reizvollen Lindenallee bildet auch hier den Dorfmittelpunkt. Neben der tollen Lage sind vor allem einige alte **reetdachgedeckte Katen** zu bewundern. Diese stehen wie das gesamte Dorf unter **Denkmalschutz,** Änderungen sind deshalb nicht so einfach durchzuführen. Das war mal anders. Im 19. Jh. gehörte das Dorf dem Hamburger Kaufmann *Gustav Anton Schäfer,* der viele der damals baufälligen Häuser sanierte. Deshalb findet sich noch heute an vielen Gebäuden die Initialen GAS. *Schäfer* verkaufte „sein" Dorf schließlich an den Herzog von Schleswig-Holstein-Sonderborg-Glücksburg, und dessen Nachkommen gehört noch immer das ganze Dorf.

Das kleine schmucke Dorf wird von der 750-jährigen romanischen **Feldsteinkirche** beherrscht, sie steht hinter dem Schliekroog fast am Ufer der Schlei strahlend weiß gekalkt, wie das ganze Dorf und sie ist auch das älteste Gebäude.

Gastronomie

- **Restaurant Schlie-Krog,** Dorfstr. 19, Tel. (04352) 25 31, Di–So 12–14, 15–17, 18–22 Uhr, Mo/Di Ruhetag. Ein weit über die Grenzen geschätztes Restaurant, hier werden frische, regionale Produkte auf hohem Niveau zu schmackhaften Gerichten verarbeitet.

Ein echter Feinschmecker-Tipp. In einem 150 Jahre alten Krog zaubert der Patron u.a. Fisch- und Fleischgerichte, es gibt auch eine spezielle Lunch-Karte.

Einkaufen

- **Kunsthuset Sieseby,** Dorfstr. 24, Tel. 95 63 07, Mi–So 11–18, Winter Sa/So 11–17 Uhr. Fünf regionale Kunsthandwerker bieten ihre Werke an.

Gut Stubbe

Keine fünf Straßenkilometer entfernt liegt Gut Stubbe. Hier befindet sich eine **Schleibrücke,** aber nicht irgendeine. **Straße und Schienen** teilen sich die Brücke, so dass der Autoverkehr nur wechselseitig fließen kann, eine Ampelanlage regelt den Verkehr. Die Züge der Linie Kiel – Eckernförde – Flensburg überqueren hier ebenfalls die Schlei. Zu festgelegten Zeiten haben allerdings die Segler Vorfahrt, dann wird die Brücke hochgeklappt, immer um „Viertel vor".

Mein Tipp: **Obsthof Gut Stubbe bei Rieseby,** Tel. (04355) 1458, www.gut-stubbe.de. Hofladen und Café ab 1.5. tägl. 9–18 Uhr. Obst- und Gemüseverkauf sowie Säfte, Käse, Fleisch, Wurst und vieles mehr direkt vom Hofladen. Im Sommer kann sogar jeder selber auf den Plantagen pflücken. Und im Café gibt es hausgemachten Obstkuchen, außerdem auch Frühstück sowie eine Mittagsmahlzeit.

327sh mux

Die Schleibrücke bei Lindaunis teilen sich Bahn und Auto

Segeln auf dem Schleisee

Lindaunis

Lindaunis ist ein kleiner Ort (gegenüber von Stubbe), etwa an der Mitte der Schlei gelegen, Grund genug, hier eine Möglichkeit zur Überquerung der Schlei zu schaffen. In diesem Fall ist es eine Brücke, eine **Klappbrücke.** Sowohl der Autoverkehr als auch der Eisenbahnverkehr fließen hier 'rüber. Die Bahnstrecke verläuft eingleisig, ein deutlicher Hinweis auf die Häufigkeit der Zugfolge. Die Bahn nimmt auch eine Hälfte der Brücke ein, über die andere fließt der Autoverkehr wechselseitig.

Da kommt es schnell zu **Staus,** besonders wenn die Segler mal wieder zu ihrem Recht kommen. Das passiert jede Stunde, immer um Viertel vor ..., also um 8.45, 9.45 Uhr etc. Dann macht eine

Klappbrücke das, weshalb man ihr diesen Namen gab, sie wird hochgeklappt. Direkt vor der Brücke befinden sich ein kleiner Kiosk und ein Parkplatz.

Gastronomie

■ **Noor-Kate,** Am Noor 6 in Lindaunis, Tel. (04641) 98 79 075, geöffnet: Mo, Mi–Fr ab 18 Uhr, Sa/So ab 12 Uhr. Schönes Reetdachhaus mit gemütlichem Garten, es gibt regionale Gerichte.

Einkaufen

■ **Kleine Kunststube,** Am Noor 7, Tel. (04641) 98 62 771, geöffnet: Mo–Fr 9.30–12.30, 14.30–18 Uhr (Mittwochnachmittag geschlossen), Sa 10.30–18 Uhr. Hier gibt es handgefertigtes Kunstgewerbe von Künstlern aus der Region.

Thingstätte in Gulde

Zwischen den kleinen Gemeinden Gulde und Oersberg (unweit von Süderbrarup und Kappeln) wurde an historischer Stätte ein Thingplatz nachgebaut, der **Guly-Thing.** Diese alte Versammlungsstätte besteht aus einem **Steinkreis** aus Findlingen und hier wurden tatsächlich bis 1869 noch Streitigkeiten des Dorfes geschlichtet und zu Gericht gesessen. Neben dem sehr eindrucksvollen eigentlichen Thingplatz (gekennzeichnet durch die großen Steine) befindet sich dort die Nachbildung einer **Grabanlage mit Runenstein,** der auf das Jahr 800 geschätzt wird. Vermutlich befand sich an dem

720sh hj

Platz die Siedlungsstelle des eingewanderten Volkes der Jüten (um 300 n. Chr.). Die Anlage ist ganzjährig frei zugänglich.

Arnis

Dies ist die **kleinste Stadt Deutschlands!** Etwas mehr als 300 Einwohner zählte Arnis zuletzt, damit steht es ganz am Ende der Städtetabelle. Kurzfristig gab es mal ein Gerangel mit der thüringischen Stadt Ummerstadt, die immerhin knapp 500 Einwohner „groß“ ist. Das konnte aber schnell geklärt werden, Arnis ist und bleibt Schlusslicht.

Stadtrechte genießt Arnis seit 1934, aber natürlich existierte die Gemeinde schon viel länger, damals offiziell noch als „Flecken“ geführt. Im Jahr 1667 zogen nämlich 64 Familien aus Kappeln hier auf die Insel, um einer drohenden Leibeigenschaft zu entgehen. Arnis unterstand dem Herzog *Christian Albrecht* und der gewährte den Neusiedlern Zuflucht und Schutz.

Spektakuläres hat Arnis nicht zu bieten. Im Grunde genommen besteht es nur aus **einer Straße,** hier liegen aber teilweise **sehr schmucke Häuser** an einer Allee. Fast scheint es, als ob die Einwohner einen stillen Wettbewerb um die schönste Fassade austragen, eine Hausfront sieht netter aus als die andere, und jede Haustür scheint die des Nachbarn optisch übertreffen zu wollen.

Wer die Zufahrtsstraße am **Segelhafen von Grödersby** vorbei zum Ort gefahren ist, muss erst einmal vor dem Eintritt in die Stadt rechts ran. Dort liegt der Parkplatz, und hier müssen alle Gäste ihr Auto stehenlassen. Aber was soll's auch, Arnis' einzige Straße kann ja nun wirklich nicht verfehlt werden. Nur wer zur Fähre möchte, darf übrigens hineinfahren.

Wer die Hauptstraße bis zum Ende gelaufen ist, kann einen kleinen, schmalen Weg an der Schleiseite zurückgehen. Dieser führt an den langgestreckten Gärten der Hauptsträßler vorbei, passiert diverse Stege, wo Segelboote dümpeln (Arnis hat drei Segelclubs!), und eine Werft.

Sonst noch was? Das hübsche kleine **Rathaus,** beispielsweise, wurde den Arnissern von einem gönnerhaften Bürger geschenkt, der es der Stadt vererbte. Und dann ist da noch die **Schifferkirche** aus dem Jahr 1673, in der schöne Votivschiffe von der Decke hängen. Die Nordwand stammt noch aus dieser Zeit, ebenso das Gestühl und die Taufe, die von Skulpturen der vier Evangelisten getragen wird. Die Kanzel ist sogar noch älter, sie wurde 1573 erbaut. Angeblich stammt sie aus einer der Kirchen von der 1634 untergegangenen Nordsee-Insel Strand.

Die kleine Fähre von Arnis im Einsatz

433sh hj

Schlei-Fähre

Zu guter Letzt ist die **Fähre** über die Schlei zu nennen, die einzige neben der von Missunde. **Sundsacker** wird die Stelle auf der anderen Seite genannt. Hier pendelt die **kleine Autofähre** ständig hin und her. Wer hier die Schlei überquert, spart sich die Fahrt durch Kappeln.

- **Fahrplan der Fähre:** Juni bis August 7–22 Uhr, Sept. bis Nov., März bis Mai 7–19 Uhr. Preise: Person 1 €, Fahrrad und Person 1,50 €, Pkw mit Fahrer 2,50 € bzw. mit mehreren Personen 3 €.

Praktische Tipps

Info

- **PLZ:** 24399
- **Vorwahl:** 04642
- Infos über **Touristeninformation Kappeln.**

Unterkunft

- Wer bleiben will, hat die Auswahl zwischen neun **FeWo-Anbietern,** eine Liste findet sich unter www.stadt-arnis.de.

721sh hj

Gastronomie

■ **Strandhalle,** Strandweg 125, Tel. 41 70, täglich außer Di ab 11.30 Uhr. Hat man auch nicht alle Tage, dass ein Wander- und Radweg sozusagen mitten durch ein Lokal führt. Genauer gesagt zwischen Gaststube und Terrasse, die direkt an der Schlei liegt. Was immer wieder spontane Gäste ins Lokal spült. Geboten werden hausgebackene Kuchen und Torten und eine regionale Küche.

■ **Godewind,** Lange Straße 85, Tel. 92 27 73, Mai bis Mitte Oktober Di–So ab 17 Uhr, April Do–So ab 17 Uhr. Regionale Gerichte, teils mit einer italienischen Note, da die Wirtin aus Sizilien stammt. Es gibt auch vegetarische Gerichte und klassische Pasta.

■ **Zur Schleiperle,** Strandweg, Tel. 20 85, April bis Oktober Di–So ab 11 Uhr, Ende Oktober bis Karfreitag geschlossen. Seit vielen Jahrzehnten leuchtet das blaue Lokal direkt über dem Wasser der Schlei auf Stelzen stehend die Segler an. Serviert werden leckere Fischgerichte, aber auch Fleisch- und vegetarische Gerichte.

Karby

Dieser Ort wurde bereits 1278 erstmals erwähnt. Der Name geht auf einen dänischen Ursprung zurück, da „Karke" Kirche und „by" Dorf bedeutet. Und damit ist auch gleich die örtliche Sehenswürdigkeit genannt: die schöne, alte **Kirche,** ein von außen etwas schlichter Backsteinbau, der aber mit gotischen und romanischen Elementen bereichert ist. Der schlanke Turm überragt das ganze Dorf, das sowieso nicht groß ist (620 Einwohner), sodass der Kirchplatz leicht zu finden ist.

⌃ Blick auf Arnis

Kappeln

Kappeln gilt als **Bindeglied zwischen Schwansen und Angeln,** und das ist in diesem Fall sogar wörtlich zu nehmen, liegen doch auf beiden Seiten der Schlei Teile der Stadt. Das „alte" Kappeln ist allerdings nur auf der **Angeliter Seite** zu finden, dort sind der Hafen, die Altstadt und die Sehenswürdigkeiten schon immer gewesen.

Schon die **erste Erwähnung um 1357** zeigte den Grundstock der Kappelner Siedlung, wurde doch eine kleine Kapelle dem Schutzheiligen Nikolaus geweiht, dem Patron der Fischer.

Und die **Fischwirtschaft** bestimmte lange Jahrhunderte den Lebenstakt, bis der **Tourismus** eine weitere Geldquelle eröffnete. Heute existiert hier zwar noch eine kleine Fischindustrie, aber Badetourismus und die Segelhäfen in und um Kappeln brachten neue Kunden.

Viele Jahre wurde hier die **Fernsehserie „Der Landarzt"** gedreht. Die Schlei, die Stadt Kappeln und vor allem die „Landarztpraxis" in Lindauhöh (unweit von Lindaunis) waren die **Drehorte.** Auch nachdem die Serie 2012 eingestellt wurde, sind diese Spuren immer noch zu finden.

Sehenswertes

Mittlerweile ist eine richtig **nette Hafenmeile** entstanden, mit einigen Lokalen und Geschäften zum Bummeln und Auf-die-Schlei-gucken.

Schön anzuschauen sind die alten Häuser. Hier ist auch neben dem Yachthafen ein kleiner Museumshafen zu finden, am Westufer der Schlei. Historische Schiffe aus der Fischerei, aber auch Frachter machen fest.

Hier endet auch die Fahrt der Eisenbahn, die von Süderbrarup in den Sommermonaten angeschnauft kommt. Heute firmiert sie als **Museumsbahn,** aber die Angelner Dampfeisenbahn versah bereits 1904 auf dieser Strecke ihren Dienst.

■ **Infos:** Tel. (04631) 20 95 oder www.angelner-dampfeisenbahn.de. Abfahrtzeiten: An den meisten Sonntagen zwischen Anfang Mai und Mitte Oktober, ab Kappeln um 11 und 14 Uhr, außerdem mittwochs (nicht an jedem!) zwischen Ende Juni und Ende September um 14 Uhr, Fahrtzeit 45 Minuten. Preis: Hin und zurück 18 €, einfach 12 €, Kinder (6–12 Jahre) 9/6 €, Familien 36/24 €.

Die 208 Meter lange **Schleibrücke** zeigt einmal pro Stunde jeweils um „Viertel vor", warum sie notwendig ist. Dann wird der Autoverkehr gestoppt, die Brücke hochgeklappt, und die Segelboote bekommen grünes Licht. Erst jetzt dürfen die Skipper passieren. Viel Zeit haben sie nicht, die Brücke klappt nach wenigen Minuten wieder zurück, und wer dann zu spät kommt, muss warten – Ausnahmen werden nur für Handelsschiffe gemacht, sonst wird die Brücke immer um „Viertel vor" von Sonnenauf- bis Sonnenuntergang geöffnet.

Direkt vor der Brücke (in Richtung Ostsee) sind auch die **Heringszäune** zu finden. Es ist eine Fischfanganlage, die es so schon im 15. Jh. gab. Im Jahr 1648, so wird berichtet, existierten 38 solche Zäune, dieser ist der letzte seiner Art. Die Heringe schwimmen alljährlich zu ihren Laichplätzen und passieren auch diese Stelle an der Brücke. Dabei geraten sie in

Kappeln

0 100 m ©Reise Know-How 2016

Übernachtung
3 Hotel Stadt Kappeln
5 Thomsens Motel
7 Hotel Aurora
14 Urlaub auf dem Bauernhof Jutta Johannsen, Ferienhof Siemen, Arnisser Blick, Jugendherberge, WoMo-Stellplätze

Sonstiges
4 Schokoladen-Küche
6 Kino Capitol
11 Bike & Fun Sports

Essen und Trinken
1 Dorf-Café Rabel
2 Café Alte Schmiede
7 Aurora
8 Fischräucherei Föh
9 Stark
10 Alte Räucherei
12 Palette
13 Fährschenke

diesen reusenartigen Zaun und finden meist nicht wieder heraus.

Die **Nikolai-Kirche** stammt aus den Jahren 1789–1793. Ein touristischer Prospekt vermerkt folgendes: „Der ungewöhnliche Backstein-Saal aus dem späten Barock ist mit doppelten Emporen und prächtigen Altar-, Kanzel- und Orgelaufbauten ausgestattet. Aus der Vorgängerkirche stammt der geschnitzte Altaraufsatz aus dem Jahr 1641."

Rings um die Kirche sind **Fußgängerzonen** angelegt worden. Ein idealer Platz zum Bummeln, denn hier finden sich jede Menge kleine Geschäfte, ein paar Bistros, Kneipen, Eisdielen und eben auch die Landarztkneipe.

Die **Holländerwindmühle Amanda** von 1888 überragt beinahe das ganze Stadtbild, es handelt sich immerhin um die größte in Schleswig-Holstein. Die Daten: Höhe 32 Meter oder acht Stockwerke, Flügeldurchmesser 23 Meter. Heute sind hier die **Toursteninformation** und das stilvolle Trauzimmer des Standesamtes untergebracht.

☐ Die Klappbrücke von Kappeln im Dienst

Praktische Tipps

Info

- **PLZ:** 24376.
- **Vorwahl:** 04642.
- **Tourist-Information,** Schleswiger Straße 1 (Amanda-Mühle), Tel. 40 27. Geöffnet: Juni–September Mo–Fr 10–17 Uhr, Sa/So 10–14 Uhr, April, Mai, Oktober Mo–Fr 10–17 Uhr, Sa 10–14 Uhr, Nov. bis März Mo–Fr 10–16 Uhr.
- **Internet:** www.kappeln.de

An- und Weiterreise

- **Busse:** Abfahrt vom ZOB, Hospitalstraße, etwa 5 Min. Fußweg vom Hafen entfernt, entlang der

434sh hj

B 201 nach Schleswig. Es gibt Linien nach Süderbrarup, Schleswig, Eckernförde.

■ **Taxi:** *Taxi-Ruf Kappeln,* Tel. 40 04; *Holstein,* auch Großraumtaxi, Tel. 814 18; *Rathmann,* Tel. 38 88.

Unterkunft

■ **Hotel Stadt Kappeln**⑤, Schmiedestr. 36, Tel. 40 21, www.hotel-stadt-kappeln.de. In zentraler Lage am Ende der Fußgängerzone steht dieses relativ kleine 4-Sterne-Haus (20 DZ, zwei Suiten). Hochwertige Ausstattung, Wellness-Bereich und kostenloser Internetzugang.

■ **Arnisser Blick**③, Eckernförder Straße 16, Tel. 98 440, www.arnisser-blick.de, liegt auf Schwansener Seite, unweit der Schlei, spezielle Kindertarife, kleines Haus mit angeschlossener Gaststätte.

■ **Hotel Aurora**③, Rathausmarkt 6, Tel. 40 88, www.aurora-kappeln.de. Beste Lage in der Fußgängerzone, kleines historisches Haus mit gutem Restaurant, 4 EZ, 16 DZ, WLAN.

■ **Thomsens Motel**③, Theodor-Storm-Str. 2, Tel. 10 52, www.kappeln-hotel.de, liegt an der Bundesstraße Richtung Schleswig, aber nur zehn Minuten zu Fuß vom Zentrum. Terrasse, größerer Parkplatz, gutes Frühstücksbuffet, 26 Zimmer. 24.12.–1.3. geschlossen.

■ **Ferienhof Siemen**①-③, Barbarastr. 4, Tel. 81 868, www.ferienhofsiemen.de. Urlaub auf dem Bauernhof am Stadtrand von Kappeln, insgesamt elf FeWos von 42 m^2 bis 100 m^2 für zwei bis sechs Personen.

■ **Urlaub auf dem Bauernhof Jutta Johannsen**①-③, Nonsfeld 4, Tel. 82 563, www.nonsfeld.net. Vier FeWo mit vier bis sechs Betten und ein Haus werden auf einem Hof in ruhiger Schleilage angeboten, zur Schlei sind es rund 400 m. WLAN.

■ **JH**①, Loitmarkhof, Eckernförder Str. 2, Tel. 85 50, Sackgassenlage auf Schwansener Seite.

■ **Campingplätze** sind in unmittelbarer Nähe zu finden, bei Maasholm (siehe Maasholm).

■ **WoMo-Stellplätze:** Eckernförder Straße 9b, Tel. 810 07. Etwa 10 kostenlose Stellplätze gibt es bei der Aral-Tankstelle, Ver- und Entsorgungsstation sind vorhanden, Strom gegen Gebühr.

Ein weiterer Platz für 20 Wohnmobile befindet sich am Hafen. Ancker Yachting, Am Hafen 23a, Tel. 15 63.

Gastronomie

■ **Palette,** Kehrwieder 1, in der Fußgängerzone, Tel. 32 33, Biergarten und Kulturcafé des Nordens mit Live-Veranstaltungen wie Kabarette, Blues, Jazz, Lesungen, also Kunst im Kleinen. Täglich ab 11 Uhr.

■ **Aurora,** die „Landarztkneipe“, Rathausmarkt 6, Tel. 40 88, direkt neben der Kirche, täglich 11.30–14.30, 18–22 Uhr. Hier spielten Szenen der Fernsehserie „Der Landarzt“. Serviert wird eine regionale Küche.

■ **Fährschenke,** Am Hafen 10, Tel. 35 66. Maritimes Restaurant, wo man am Freitag und Samstag auch noch tief in der Nacht warmes Essen bekommen kann. Ein Freund kommentierte so: „Riesige Mengen und kost' fast nix.“ Geöffnet: Mo–Fr ab 9 Uhr, Sa/So ab 8 Uhr.

■ **Fischräucherei Föh,** Dehnthof 26/28, Tel. 22 74. Unübersehbare Räucherei mit drei Türmen, serviert nicht nur Räucherfisch, auch Fischplatten und leckerste Salate auf „Fiete's Bier- und Fischterrasse“, geöffnet tägl. ab 11 Uhr.

■ Am **Hafen** liegen einige Lokale, praktisch alle stellen im Sommer Tische vor die Tür.

■ **Stark,** Am Hafen 19a, Tel. 16 16, geöffnet täglich 12–15, 17–22 Uhr. Nettes Ambiente, eine offene Küche nach asiatischem Vorbild. Keine feste Speisekarte, Fisch und Fleisch nach Tagesangebot. Vereinzelte Thementage wie „Spanischer Abend“ (Fr).

■ **Alte Räucherei,** Am Hafen 16, Tel. 50 95, geöffnet: April–Okt., in der NS eingeschränkte Zeiten, Di Ruhetag, 10–24 Uhr. Mitten in der neu gestalteten Hafenmeile liegt dieses nicht zu große Fischlokal,

722sh hj

das tatsächlich ausschließlich Fischgerichte serviert. Da der Wirt aus Irland stammt, wird auch irisches Bier gezapft. Vor dem Lokal befindet sich eine Terrasse.

- **Café Alte Schmiede,** Schmiedestraße 41, Tel. 15 68, tägl. 9–18 Uhr. Geboten werden leckere selbst gefertigte Torten und ein Mittagstisch.
- **Dorf-Café Rabel,** Schulstr. 18, 24376 Rabel, Tel. (04642) 63 39, April–Sept. Fr–So 9–12, 14–18, Mo/Di 14–18 Uhr. Ein Lesertipp: Kleines Café etwas nördlich von Kappeln mit Sonnengarten, das ein täglich wechselndes Tortenangebot hat und frisch gebrühten Kaffee.

Hafen und Kirche von Kappeln

Schiffstouren

- **„MS Stadt Kappeln",** Tel. (04642) 61 84, www.schlei-ausflugsfahrten.de, Schleifahrten, auch Touren nach Schleswig, wechselnde Abfahrtszeiten.
- Der **Raddampfer „Schlei Princess"** schnauft von April bis September täglich von Kappeln bis Schleimünde, Lindaunis oder gar nach Schleswig mit wechselndem Programm. Infos am Hafen oder unter Tel. 65 32, www.schleiraddampfer.de.

Wassersport

- **Angeln:** Wer einen Jahresfischereischein hat, erhält Angelscheine für die Schlei im Rathaus. Wer keinen Jahresfischereischein hat, bekommt im Rathaus eine Ausnahmegenehmigung.

Weitere Aktivitäten

- **Fahrradverleih:** *Bike & Fun Sports,* Tel. (0171) 71 08 980, www.fahrradverleih-in-kappeln.de, bietet einen Bring- und Holservice bis 20 km Umkreis.
- **Schokoladen-Küche,** Fabrikstr. 17, Tel. 98 80 12, März bis Okt. Mo–Fr 11–18 Uhr, Sa/So 11–14, Nov. bis Febr. Mo–Fr 11–18, Sa 11–16 Uhr. Hier erhält man Einblicke in die Herstellung von Schokolade und Pralinen und natürlich können die Leckereien auch gleich probiert werden.
- **Stadtbücherei:** Schmiedestr. 13 (neben *Kaufhaus Stolz*), Tel. 16 97, geöffnet: Mo, Do und Fr 10–12.30, 14.30–18, Di 14.30–18, Sa 10–13, Mi geschlossen.
- **Kino,** *Capitol,* Poststraße 10, Tel. 16 64, http://capitol-kappeln.de.

Kirche

- **Nikolaikirche,** Gottesdienst So 10 Uhr und jeden zweiten Sonntag im Monat 18 Uhr.

Einkaufen

Wochenmarkt: Donnerstagvormittag auf dem Deekelsenplatz, hinter dem Rathausplatz.
Fischmarkt: jeden letzten Sonntag im Monat am Hafen.

Post

- Schmiedestr. 39.

Fachsimpeln im Hafen von Maasholm

Ausflug

Aussichtspunkt auf die Schlei

Von Kappeln auf der nördlichen Straße entlang der Schlei Richtung Schleswig fahren und kurz hinter Ekenisfeld nach links Richtung Boknis abbiegen. Dort befindet sich eine kleine Anhöhe mit sehr schönem Blick über die Schlei bis zur Brücke von Lindaunis.

Maasholm

Maasholm liegt nahe der **Schleimündung** an der Spitze einer kleinen Landzunge, die an ihrer Nordseite in die Schlei hineinragt. Das alte Fischerdorf hat sich zu einem kleinen Touristenort gemausert. Sein **Segelhafen** ist einer der größeren an der Küste.

Der Ort war seit ewigen Zeiten eine Siedlung von **Fischern,** weitab von der nächsten Großstadt, nur von den Naturelementen umgeben. Zur Ostsee war es nur ein winziger „Schlag", wie es hier unter Seglern heißt, wenn man eine kurze Strecke segeln muss, und die Schlei war schon immer gut für reichen Fischfang, zumindest hier in der Nähe der Ostseemündung.

Die **Touristen** wohnen in den Ferienwohnungen des Ortes oder in den benachbarten Gemeinden bzw. auf den nur wenige Kilometer entfernten Ostseecampingplätzen, denn das ist vielleicht das größte Plus von Maasholm. Es zieht einerseits **Segler** in großer Zahl an, die einen ruhigen Liegeplatz unweit der Ost-

328sh hj

see haben möchten, andererseits auch Urlauber, die auf die Ostsee bis zum Horizont gucken wollen. Beides ist in Maasholm möglich, von der Schlei bis zum **Ostseestrand** sind es nur wenige Kilometer. Die Nachbargemeinde heißt **Hasselberg** und wird touristisch bereits in einem Atemzug mit Maasholm genannt.

Der Ort Maasholm selbst hat eine angenehme **Atmosphäre.** Vor allem in der Hauptstraße und in der Westerstraße stehen viele alte Fischerkaten, die überwiegend hübsch restauriert wurden. Auch die kleine **Petrikirche,** die den Seefahrern gewidmet ist, steht – wie könnte es anders sein – am Ufer der Schlei. Sie ist relativ jung, denn die weiß gehaltene Kirche wurde erst 1952 erbaut. Im Inneren der kleinen Kirche findet sich ein Votivschiff des Dreimasters „Mayflower", mit dem Auswanderer vor 400 Jahren nach Amerika reisten und ein Holzrelief „Petri Fischzug", das sich am Altartisch befindet.

Ein Bummel durch den Ort führt an nett gestalteten Häusern vorbei und endet zwangsläufig am **Hafen.** Hier dümpeln noch einige Hochseefischkutter; die Halle, wo der Fang weiterverarbeitet wird, ist ebenfalls am Hafen zu finden, genau wie ein paar Kioske und Kneipen. Und hier liegt auch der Seenotkreuzer „Nis Randers" Tag und Nacht einsatzbereit im Hafen, das Schiff wurde so konstruiert, dass es unsinkbar ist.

Ein **Naturerlebniszentrum** (NEZ) liegt etwas außerhalb von Maasholm auf dem Gelände einer ehemaligen Raketenstation, deren Anlagen noch gut erkennbar sind. Hier erfährt man viel Wissenswertes über die Ostsee und die Schlei. Bereits auf dem zwei Kilometer langen Weg dorthin entlang einer Straße vor einem Deich erklären Info-Tafeln beispielsweise die Wikingerzeit, große Sturmfluten oder Flora und Fauna der Region. Auf dem Gelände selbst gibt es sechs große Ausstellungsräume, die nach Themen unterteilt sind. Auf dem Freigelände wurde zudem ein abwechslungsreicher **Naturerlebnisraum** kreiert, u.a. mit einem „Sinnesgarten" und einer Obstwiese. Man kann hier auch über den Deich zum Strand gehen und weit auf die Ostsee schauen.

- **Naturerlebniszentrum,** Exhöft-Seeberg 1, Tel. (04642) 92 16 80, www.naturerlebniszentrum.de. Das NEZ wird vom Parkplatz Exhöft erreicht, der kurz vor Maasholm liegt. Hier stehen kostenlose Leihräder bereit. Lehrpfad und NEZ sind ganzjährig zugänglich, das Infozentrum von Ostern bis Ende Oktober zwischen 10 und 17 Uhr. Man kann hier sogar übernachten, wobei zwei Gebäude sich an Gruppen richten, *Jugendherberge Umwelthaus* und das *Kleingruppenhaus Maas,* sowie die Campinghütte *Holm* für zwei Personen.

Ganz in der Nähe steht eine kleine **Vogelwärterhütte,** von der aus täglich außer montags um 10 Uhr vogelkundliche Führungen gestartet werden, Tel. (04642) 61 17.

Praktische Tipps

Info

- **PLZ:** 24404, Hasselberg 24376
- **Vorwahl:** 04642, Hasselberg 04643
- **Tourist-Information:** Hasselberg, an der B 199, Kreuzung Kieholm, 24376 Hasselberg-Kieholm, Tel. (04643) 62 28, geöffnet: Juli/August Mo–Fr 8–18, Sa/So 10–12 Uhr, Mai–Juni, Sept. 8.30–12.30, 15–

17, Sa 10–12 Uhr, April, Okt. Mo–Fr 8.30–12.30, 15–17 Uhr, Nov.–März geschlossen.

■ **Internet:** www.ferienlandostsee.de

Unterkunft

■ **Hotel Am Schleieck**③, Schmiedestr. 140, Tel. 60 16, www.schleieck-maasholm.de. Moderne und in klaren Linien dekorierte Zimmer mit Schlei-Blick, WiFi.

■ **FeWo Splett**②, Westerstr. 108, www.a-splett.de, Tel. 96 52 90. Zwei FeWos mit Schlei-Blick. Kleiner Clou am Rande: Herr *Splett* bietet außerdem eine Mitsegelmöglichkeit auf der Jacht an.

■ **FeWo Winter**②, Uleweg 31, am Yachthafen gelegen, Tel. 62 05, www.ferienwohnung-winter.de. Schicke FeWos mit tollem Schlei-Blick.

■ **Campingplatz Oehe Draecht,** Hasselberg, Tel. 61 24, www.camping-oehe.de, in unmittelbarer Nähe von Maasholm direkt an der Ostsee gelegen.

■ **WoMo-Stellplatz:** Ein eigener gebührenpflichtiger Stellplatz befindet sich am Hafen mit Platz für 40 Fahrzeuge, großzügige Sanitäranlagen vorhanden, Tel. 96 50 68.

Gastronomie

■ **Am Schleieck,** Schmiedestraße 140, Tel. 60 16, Di–Fr 16.30–21, Sa/So 12–21 Uhr, Mo Ruhetag. Fischspezialitäten mit Blick auf die Schlei. Obendrein gibt es hausgemachte Torten und das alles genießt man auf einer netten Terrasse.

■ **Raub,** Hauptstr. 60, Tel. 96 53 939, mit Biergarten, geöffnet: Mi–Mo 11.30–14 und ab 17.30 Uhr. Regionale Fischküche mit Produkten, die einheimische Fischer liefern.

■ **Café Sand am Meer,** Hauptstr. 13, Tel. 96 99 63. Kleines, nettes Café mit Garten. Fr–So Frühstück 9–12 Uhr, ansonsten gibt es Blechkuchen und Torten auch außer Haus. Mo, Di, Do 12–18, Fr–So 9–18 Uhr, Mi Ruhetag.

■ **Fischräucherei Petersen,** direkt am Hafen. Frischer geht's nimmer, Fischbrötchen inne Faust!

■ **Störtebeker,** Hauptstr. 36, Tel. 69 150, Do–Di 11.30–14 und ab 17 Uhr. Sehr nette, maritime Einrichtung mit schönem Garten. Serviert werden Fischgerichte in großzügigen Portionen und in Anlehnung an den Namensgeber des Lokals. Der war im 15. Jh. Anführer einer Piraten-Gang, die sich „Likedeeler" (Gleichteiler) nannte. Die Likedeeler-Fischplatte für zwei Personen wartet mit fünf verschiedenen Fischsorten auf. Aber auch sonst tragen die Gerichte fantasievolle Namen wie „Ahoi" (Zanderfilet) oder „Kuddeldaddeldu" (Bratheringe sauer eingelegt).

Wassersport

■ **Angeln:** Angelscheine gibt es im Gemeindebüro Maasholm, Tel. 60 21.

■ **Segeln:** *Segelschule Hornich,* Hauptstr. 19, Maasholm, Tel. 67 71, www.ostseesegelschule.de.

■ **Surfen:** *Surfschule Maasholm,* am Ortseingang, Tel. (0171) 34 74 450 (nur während der Saison), www.surfschule-maasholm.de.

Weitere Aktivitäten

■ **Fahrradverleih:** *Dibbern,* Noorweg 107, Maasholm-Bad, Tel. 68 93.

Schleimünde

Schleimünde ist ein Unikum. Wie der Name schon andeutet, mündet hier die Schlei in die **Ostsee.** Die Mündung ist allerdings relativ schmal, das liegt daran, dass zwei Landzungen wie die Scheren eines Krebses die Schleimündung versperren. Auf dem linken Arm (Blickrichtung Ostsee) befinden sich ein **Leuchtturm** (logisch, muss sein, damit die Segler die Einfahrt finden) und ein **kleiner Hafen.**

Die Attraktion des Hafens ist jedoch die **Kneipe „Die Giftbude".** Das Lokal kann nur auf dem Wasserweg erreicht werden, direkt hinter dem Haus liegt ein Vogelschutzgebiet, das nicht betreten

werden darf. Neben Seglern kommen auch Ausflugsschiffe aus Kappeln und sogar aus Schleswig hierher. Das ganze Ambiente ist sehr urig. Geboten wird eine überschaubare Karte, der Wirt muss ja schließlich auch alle Produkte auf dem Wasserweg heranschaffen. Der Kaffee könnte etwas salzig schmecken, schließlich wird hier nur Brunnenwasser genutzt.

■ Die **Giftbude** hat eine kleine Terrasse, bietet Bier vom Fass und eine kleine Karte, außerdem Kaffee und Kuchen. Geöffnet nur in der Saison, so etwa von Anfang Mai bis Ende Oktober, Do–Di 11–22 Uhr, Tel. (0176) 55 98 51 35. Anreise: Per Schiff ab Kappeln oder Schleswig (Details siehe dort) mit ca. 30 Minuten Landgang.

Segler vor Schleimünde

329sh mux

411sh hj

7 Flensburger Förde und Angeln

Flensburg, ganz oben im Norden, ist eine charmante Stadt mit einem Schuss dänischer Gelassenheit. Angeln ist eine liebliche, hügelige Landschaft. Schmucke Dörfer liegen dort, in vielen finden sich nette Bauernhof-Cafés.

< Junge Silbermöwe

TOR NACH DÄNEMARK

166sh hj

Eine **liebliche, leicht hügelige Landschaft,** gesprenkelt mit vielen kleinen Dörfern. Deren Namen enden auf -by oder auf -rup, manchmal auch auf -büll, was auf das dänische und plattdüütsche Erbe hinweist. Ruhig geht es hier zu, ländlich. Touristen sind willkommen, beherrschen aber nicht das Bild. Die Ostseeküste läuft ganz oben in eine Förde aus, an deren Ende Flensburg liegt. Eine freundlich-gelassene Stadt mit deutlichem dänischem Einfluss.

Überblick

Im Städtedreieck Flensburg-Schleswig-Kappeln liegt die **Landschaft Angeln,** und hier sind derart viele kleine und kleinste Dörfer zu finden, dass man sie kaum zählen, geschweige denn beschreiben kann. Entsprechend eng ist das Wegenetz verknüpft, das sich wie ein Gitterwerk feiner Adern über das Land legt. Die Orte enden auf -by oder -rup, auf -holm oder -büll, das dänische Erbe vermischt sich mit dem Plattdeutschen.

Große Orte oder wenigstens kleine Dörfer mit breitem touristischem Angebot findet man hier nicht. **Tourismus** findet zwar statt, praktisch in jedem Dorf, dominiert aber nicht. Das heißt, dass alles sehr ruhig, sehr ländlich zugeht, Shopping-Promenaden gibt es nicht, ja, nicht mal einen zentralen Marktplatz mit entsprechenden Kneipen. Doch wer die **ländliche Umgebung** zu schätzen weiß, wird sich hier sicher sehr wohl fühlen. Die **Ferienwohnungen** liegen sehr verstreut und schon gar nicht immer in Seenähe. Dafür sind einige **Campingplätze** zu finden. Und vereinzelt ein Segelhafen.

Die **Landschaft** ist ausgesprochen schön, sanft geschwungene Hügel erstrecken sich bis zum Horizont, nur durch winzige Siedlungen oder einzeln stehende Bauernhöfe unterbrochen. Der eilige Autofahrer zieht die Bundesstraße vor, dem genussvollen Radfahrer bleiben genügend Möglichkeiten auf den unzähligen schmalen Wegen.

Herausragende Sehenswürdigkeiten sind kaum zu finden, überregional bekannt sein dürfte das **Wasserschloss Glücksburg** und schon deutlich weniger das **Museum Unewatt.**

Und dann ist da noch **Flensburg,** das „Highlight im Norden", wie sich die Stadt selbst so treffend charakterisiert. Dänische und deutsche Einflüsse vermischen sich hier, freundlich grüßt man auch noch am Nachmittag mit „Moin moin", und ein Schuss dänischer Gelassenheit schwappt in der Atmosphäre der Stadt mit.

⌃ Historisches Schiff im Museumshafen von Flensburg

NICHT VERPASSEN!

- Naturschutzgebiete mit Wildpferden am **Geltinger Birk** | 261
- Speisen und aufs Wasser gucken in **Langballigau** | 266
- Ein ganzes Dorf als Museum in **Unewatt** | 269
- Das wunderschöne Wasserschloss von **Glücksburg** | 269
- **Flensburg,** die „dänischste" Stadt Deutschlands | 272

Diese Tipps erkennt man an der gelben Hinterlegung.

Flensburger Förde und Angeln

Hasselberg

Eine kleine Siedlung mit verstreuten Häusern und einem sogenannten **Naturstrand.** Dieser zieht sich ein paar Kilometer hin, und je weiter man ihm nach Norden folgt, desto besser wird er. Naturstrand ist eine hübsche Umschreibung für „von der Natur geprägt". Und das heißt in diesem Fall, dass er steinig, schmal und mit einer kleinen Steilküste gesegnet ist.

Direkt hinter dem Strand erstreckt sich ein kilometerlanger Deich, und dahinter liegen zwei **Campingplätze.** Die Plätze Hasselberg und Oehe Drecht habe ich vor ca. 40 Jahren als kleiner Junge erstmals kennen gelernt. Natürlich wurden die Anlagen im Laufe der Zeit auf den neuesten Stand gebracht, aber nach wie vor punktet besonders die Lage, denn beide Plätze liegen direkt am Strand, nur getrennt durch einen Deich.

Einige Häuser, die aber doch schon etliche hundert Meter von der See entfernt liegen, vermieten Zimmer oder Ferienwohnungen, und auch der Gutshof, noch am dichtesten zur Ostsee gelegen, hat **Unterkünfte** im Angebot. Hasselberg selbst hat sonst wenig zu bieten, der

nächstgrößere Ort ist Maasholm, dann kommt schon Kappeln.

Info

- **PLZ:** 24376.
- **Vorwahl:** 04643.
- **Tourist-Information** an der B 199, Kreuzung Kieholm (s. Maasholm), www.hasselberg-ostsee.de.

Unterkunft

- **Pension Elisabeth**②, Drecht 3, Tel. (04642) 61 20, www.ostsee-drecht.de. 7 FeWos und 18 Zimmer werden in diesem Eckhaus, das vielleicht 300 Meter vom Strand entfernt liegt, angeboten.
- **Pension Tüxen**①-②, Eckeberg 1, Tel. (04642) 64 62, www.pension-tuexen.de. Kleines Haus mit 16 Zimmer für 1–3 Personen, sowie 13 FeWos für 2–5 Personen. Praktisch und farbenfroh eingerichtet mit einem großen Garten und Aufenthaltsraum.
- **Campingplatz Hasselberg,** Drecht 7, Tel. 63 83, www.campingplatz-hasselberg.de. Der Platz liegt unmittelbar hinter einem Ostsee-Deich und hat etwa 600 Parzellen.

Gastronomie

- **Fischklause,** Kieholm 1, Hasselberg, Tel. 63 11. Der meterhohe Schornstein mit der Aufschrift „Aale" ist schon von Weitem zu erkennen; neben dem Restaurant wird eine Räucherei betrieben. Geöffnet: Mo–Mi 11.30–14 und 17–21 Uhr, Fr und So 11.30–22 Uhr, Do Ruhetag.

Ausflug

Barfuß-Park

Im benachbarten Ort Schwackendorf befindet sich ein Barfuß-Park. Auf einem insgesamt 1,5 km langen Tast-Pfad mit diversen Stationen und unterschiedlichen Untergründen können Besucher ihren Füßen einmal eine völlig neue Erfahrung gönnen. Außerdem gibt es ein Tiergehege mit heimischen Tieren.

- **Barfuß-Park,** Schwackendorf 37, Hasselberg, Tel. (04642) 96 51 78, www.barfusspark-schwackendorf.de, geöffnet: Mitte April bis Mitte Oktober Mo–Fr 10–18, Sa/So 10–19 Uhr. Eintritt: Erw. 7 €, Kinder bis 16 Jahre 5 €.

Kronsgaard

Kronsgaard ist die nächste Ortschaft. Im Grunde genommen ist Kronsgaard, ähnlich wie Hasselberg, eine Gemeinde, deren Mitglieder schön **verstreut** wohnen. Natürlich, früher hatte jeder seine „Scholle“ Land, und der Nachbar war weit weg. Das gilt immer noch, im Prinzip. Der eine oder andere hat seine Scholle nämlich verkauft, vorzugsweise die, die in Strandnähe liegt. Und da entstanden dann Ferienwohnungen.

Das ist aber auch verständlich, denn der **Strand** von Kronsgaard ist ausgesprochen schön. Er zieht sich noch über etliche Kilometer hin, wird von einem Deich und einem kleinen Wanderweg begrenzt, und man gelangt ziemlich schnell in einsame Abschnitte. Die Hauptstraße, die B 199, verläuft etliche Kilometer im Hinterland, und nur wenige Stichstraßen führen hier zum Strand. Eine mündet in Kronsgaard, die andere in Pottloch. Dies sei allen Hundehaltern gesagt, denn hier befindet sich ein extra ausgewiesener **Hundestrand!**

Praktische Tipps

Info

- **PLZ:** 24395.
- **Vorwahl:** 04643.
- **Touristen-Information,** 24376 Hasselberg-Kieholm, an der B 199, Tel. (04642) 62 28; geöffnet: Juli/August Mo–Fr 8.30–18, Sa/So 10–12 Uhr, Mai–Juni, Sept. 8.30–12.30, 15–17, Sa 10–12 Uhr, April, Okt. Mo–Fr 8.30–12.30, 15–17 Uhr, Nov.–März geschlossen.
- **Internet:** www.gelting.de, www.ferienlandostsee.de.

Unterkunft

- **Haus Nikkaluokta**③, Pferdekoppel 21, Tel. (04642) 41 20. Ökologisch-biologisches Blockhaus für 4 Personen.
- **Appartementanlage Godewind**②, Dänische Str. 11, Tel. 13 12, www.appartementanlage-godewind.de, verschiedene Vermieter. Mehrere FeWo in unmittelbarer Strandnähe und sehr ruhiger Lage. Neben einem Schwimmbad und Sauna gibt es auch ein „Bistrorante“.
- **Landhaus Ostseeblick**③-④, Pottloch 3, Kronsgaard, Tel. 22 37, www.ferienspass-ostsee.de. Nur 5 Gehminuten von der Ostsee entfernt steht dieses Gebäude mit mehreren FeWos, EZ und DZ sowie behindertengerechten Zimmern. Weiterhin werden geboten: Schwimmbad, Sauna, Wellness-Bereich, Kaminzimmer mit Bar.

Gelting

Der Ort Gelting zählt knappe 2000 Einwohner. Liebhaber alter Kirchen finden hier eine **spätgotische Backsteinkirche** mit einem beeindruckenden Schnitzaltar. Weiterhin liegt hier auch das **Wasserschloss Gelting** aus den Jahren um 1660, leider ist das Haus nicht zu besichtigen, sondern nur von der Straße aus zu bewundern.

Unter **Seglern** ist die Geltinger Bucht ein stehender Begriff, denn sie markiert die Einfahrt zur Flensburger Förde bzw. signalisiert das Erreichen der freien See, der Ostsee, je nach Fahrtrichtung. Mehrere ausgeschilderte Rundwanderwege

723sh hj

führen durch die Geltinger Birk und sie tragen alle unterschiedliche Tiernamen. Die **Birk** ragt wie eine kleine Halbinsel ins Meer, direkt am Ausgang der Flensburger Förde in die Ostsee.

An der Spitze des östlichen Landzipfels der Geltinger Bucht liegt das 773 Hektar große **Naturschutzgebiet Geltinger Birk.** Eingerichtet wurde es schon 1934 und schützt seitdem verschiedene Naturräume: Schilfbewuchs, Salzwiesen, Dünen und einen Naturstrand.

Wer hierher kommt, passiert auch den kleinen Ort **Goldhöft.** Dort steht noch heute das Wahrzeichen des gesamten Gebietes, die **Schöpfmühle Charlotte** aus dem Jahr 1824. Sie schöpfte früher das Wasser aus dem Noor, so werden die Binnenseen genannt. Von dort können Besucher auf einem Rundwanderweg über 13,3 Kilometer die gesamte Birk erkunden, teils auch per Rad befahren. Es ist aber eine rustikale Strecke, nicht geeignet für schmale oder dünne Reifen.

Ein zweites **Info-Zentrum** liegt bei Falshöft. Vor dem Eingang zur Birk, knapp 200 m vor der Windmühle, steht ein Kiosk, der Getränke und Snacks anbietet und ein WC hat, außerdem befindet sich hier ein großer Parkplatz.

Mein Tipp: **Birk-Kiosk,** Beveroe 1a, 24395 Nieby, Tel. (0151) 53 73 36 62, Di–So 10–18 Uhr, bei Regen wird früher geschlossen, Nov.–März nur Sa/So bei gutem Wetter. Da kann man mal sehen, was jemand mit Mut und Elan erreichen kann. Hier entstand aus einem einfachen Kiosk ein im großen Umkreis geschätzter gastronomischer Anziehungs-

☐ Am Strand von Kronsgaard

punkt, weit jenseits von Bockwurst und Pommes. Es gibt Suppen, Kuchen oder Kartoffelsalat, alles selbst gemacht, außerdem werden Lebensmittel aus der Region verkauft.

Nach einer knappen halben Stunde Fußweg (von der Windmühle Charlotte) erreicht man die Schutzhütte des NABU. Von dort gibt es regelmäßig **Führungen.**

Im Jahr 2002 wurden elf **Konik-Wildpferde** ausgewildert, mittlerweile zählt der Bestand ungefähr 60 Tiere, die sich vollkommen frei bewegen. Ebenfalls leben dort Highland-Rinder.

Im 5 km entfernten Falshöft erhebt sich direkt am Strand ein **Leuchtturm.** So richtig malerisch steht er da und rotweiß gestreift, wie es sich für einen

Die Geltinger Mühle Charlotte

Leuchtturm gehört, ist er auch. Im Jahr 2010 feierte der 24 Meter hohe Turm einhundertsten Geburtstag, knappe 92 Jahre wies er tatsächlich Seeleuten mit seinem Licht den Weg. Am 1. März 2002 wurde sein Feuer gelöscht, aber danach begann eine neue Karriere, nämlich als **Standesamt.** Wer Interesse hat, unter Tel. (04643) 18 32 15 oder unter www.leuchtturm-falshoeft.de kann man einen Trautermin vereinbaren, wer nur den Leuchtturm besichtigen möchte, kann dies unter Tel. (04643) 777 absprechen.

Praktische Tipps

Info

- **PLZ:** 24395
- **Vorwahl:** 04643
- **Tourist-Information,** Nordstr. 1A, 24395 Gelting, Tel. 777, geöffnet: Juli/August Mo–Fr 9–18, Sa/So 10–12 Uhr, Mai, Juni, Sept. 8.30–12.30, 14–16, Sa 10–12 Uhr, Okt.–April Mo–Fr 8.30–12.30, 14–16 Uhr, Nov.–März Mo–Fr 8.30–12.30 Uhr.
- **Internet:** www.gelting.de

Unterkunft

- **Hotel Poseidon**③, Schmiedestr. 1, Tel. 25 00, www.poseidongelting.de. Unten befindet sich ein griechisches Restaurant, oben wird ein knappes halbes Dutzend Zimmer vermietet.
- **FeWo Bärbel Jahnke**②, Kattrott 13, Tel. 22 94, www.dreigiebelhof-kattrott.de. Eine große FeWo auf einem ruhig gelegenen Bauernhof mit 5300 m² großem Garten.
- **FeWo Thomsen**②-③, Stenderup 7, Tel. 22 94, Nov.–März Mo–Fr 8.30–12.30 Uhr, www.ferienspass-ostsee.de. Sechs FeWo auf einem Bauernhof mit vielen Tieren, Möglichkeit zum Reiten, Sauna, Solarium und eigenem Schwimmbad. WiFi.
- **Ferienhäuser Schloss Gelting**④, Tel. 20 88 96, www.ferienhaeuser.schloss-gelting.de. Auf der Halbinsel Geltinger Birk bzw. in Schlossnähe liegen historische Einzelhäuser unterschiedlicher Größe.

Gastronomie

- **Restaurant Maharaja,** Norderholm 9, Tel. 27 91, täglich ab 17 Uhr. Mal was anderes: Ein indisches Lokal an der Förde.
- **Gasthof Gelting,** Norderholm 28, Tel. 22 03, geöffnet: 10–14, 17–22 Uhr, Mi Ruhetag. Ein großes Gebäude mitten im Ort. Vielseitige Speisekarte, auch Vollwertkost. Generell werden aber maritime und norddeutsche Gerichte serviert. Besonders geschätzt: Fischteller und Bratkartoffelgerichte.
- **Restaurant Sonne & Meer,** Gelting Mole, Tel. 18 57 71, geöffnet: April–Mitte Oktober täglich außer Di 12–22 Uhr, Mitte Okt.–Ende März nur Fr–So. Prima Lage am Hafen von Gelting Mole, sehr schöner Blick aus dem schmuck eingerichteten Lokal und noch besser von der Sonnenterrasse auf die Ostsee und die im Wasser dümpelnden Segelboote. Im Angebot eine interessante Mischung aus maritimen und mediterranen Speisen, nachmittags gibt's selbstgebackene Kuchen und Torten.
- **Janbecks Fairhaus,** Lehbek 10, Tel. 18 65 01, täglich außer Mi 11–18 Uhr, außerhalb der Saison Fr–Mo 11–18 Uhr. Angenehme, skandinavisch beeinflusste Einrichtung. Regionale Produkte werden verarbeitet, u.a. zu sehr leckeren Torten (beispielsweise: die Trümmertorte!), die auch draußen im schönen Bauerngarten schmecken. Wer bleiben möchte: Es werden auch sieben Apartments vermietet.

MEIN TIPP: **Café Lichthof,** Falshöft 29, im benachbarten Ort Nieby, an der Straße zum Leuchtturm gelegen, Tel. 13 54, in der Hauptsaison, das heißt vom 1. April bis Ende Oktober, täglich außer Mo 12–18 Uhr, Februar/März nur am Wochenende, 1.11.–

404sh hj

26.12. geschlossen. Leckere Kuchen und Torten werden selbst gebacken, süß und pikant. Bei gutem Wetter wird auch der schöne Garten geöffnet. Kombiniert ist das Café mit einer Praxis für Schmerzselbsthilfe.

■ **Café Kranz,** Koppelheck 19, 24395 Niesgrau, Tel. (04643) 18 53 56, Mi–So 13–18 Uhr. Behagliches Café mit schöner Inneneinrichtung, es gibt selbstgebackene Torten und Kuchen, auch kleinere Gerichte. Alle 14 Tage findet mittwochs ab 19 Uhr Tango-Tanzen statt *(Milonga-Abend).*

Flensburger Fördeland

Unter diesem Oberbegriff sind etliche, zumeist sehr malerische Orte und Dörfer zusammengefasst, die zwischen Gelting und Langballig liegen.

Steinbergkirche an der B 199 gelegen ist sozusagen der Hauptort, wo sich auch eine Touristeninformation und Zimmervermittlung befindet.

Nur wenige Kilometer westlich erhebt sich bei Quern der **Scheersberg** (69 m), auf dem ein gewaltiger **Bismarckturm** steht. Der 1903 eingeweihte Turm misst immerhin 32,20 Meter, und oben schaut

Café Lichthof

Der Bismarckturm bei Quern

333sh hj

bearbeiteten Feldsteinen, was ihr einen rustikalen und auch ein wenig wehrhaften Charakter gibt. Aus der reichen Inneneinrichtung sticht das Taufbecken aus gotländischem Marmor hervor, es wurde um 1200 erbaut. Das Triumphkreuz stammt aus dem 14. Jh., die barocke Kanzel aus dem Jahr 1663.

In **Winderatt,** etwa zwei Kilometer außerhalb, Richtung Glücksburg, findet man das **Obstmuseum Pomarium Anglicum,** das sich vor allem der Sammlung und Erhaltung alter Apfelsorten verschrieben hat. Die **Baumschule,** von den Betreibern als „Lebendes Obstmuseum" bezeichnet, ist dreigeteilt: Hinter dem privaten Bauerngarten wachsen auf der ehemaligen Hauskoppel 725 verschiedene Apfelsorten. Hinter dem Holzhaus wachsen Birnen und in einem weiteren Abschnitt liegen **Themengärten,** beispielsweise ein Barockgarten und ein Klostergarten.

man dann von nicht ganz 100 Meter Höhe weit ins Land hinein. Heute befindet sich hier auch eine internationale Jugendbildungsstätte. Der im neugotischen Stil erbaute Turm wurde 1903 eingeweiht, eine schwarze Granitplatte über dem Eingang trägt das Bismarck-Zitat: „Wir Deutsche fürchten Gott und sonst nichts auf der Welt."

Den Schlüssel zum Turm erhält man im Fitness-Studio „fit in", Scheersberg 4, gegenüber. Geöffnet Mo–Fr 8–22, Sa 9–17, So 10–18 Uhr gegen 1 € Gebühr.

Etwa acht Kilometer südlich liegt **Sörup,** in dessen Zentrum die **Marienkirche** mit ihrem 57 Meter hohen Turm steht. Sie ist das älteste Gebäude im Ort, da sie bereits im 12. Jh. erbaut wurde. Die Kirche besteht beinahe in Gänze aus

- **Obstmuseum Pomarium Anglicum,** Waldweg 2, 24966 Sörup, Tel. (04635) 27 45, www.alteobstsorten.de, Ende Juli bis Mitte Oktober Fr–So 11–17 Uhr, Führungen sind möglich, Eintritt 5 €, Kinder frei, Hunde nicht erwünscht.

Praktische Tipps

Info

- **PLZ:** 24972 (Steinbergkirche)
- **Vorwahl:** 04632 (Steinbergkirche)
- **Touristikverein Steinbergkirche,** Holmlück 2, 24972 Steinbergkirche, Tel. (04643) 777, geöffnet: ganzjährig Mo–Fr 8–12 Uhr.
- **Internet:** www.ferienlandostsee.de oder www.steinbergkirche.de

Unterkunft

- **Strandhotel Steinberghaff**③, Steinberghaff 22, Tel. 17 55, www.strandhotel-steinberghaff.de. Zehn Zimmer in einem direkt am Strand gelegenen Haus. Einige Zimmer mit tollem Blick aufs Wasser. Ein gutes Restaurant bietet regionale Küche und ein besonderes Highlight ist wohl die nette Sand-Terrasse oberhalb der Steilküste.
- **Landhaus Börmoos**④, Grüfft 9, Steinbergkirche-Habernis, Tel. 76 21, www.landhaus-boermoos.de. Keine 200 m von der Ostsee entfernt liegt dieses mit sehr viel Liebe zum Detail eingerichtete Reetdachhaus mit sieben unterschiedlichen, aber stilsicher dekorierten Apartments. Die Betten befinden sich bei etlichen Apartments übrigens in Alkoven, also in einer Art Wandschrank. Auf Wunsch wird ein Frühstück im Haupthaus serviert.

Einkaufen

- **Jahnke's Ziegenkäse,** See-Enderstr. 6, 24966 Sörup, Tel. (04635) 15 75, www.jahnkes-ziegenkaese.de. Hier gibt es verschiedene Sorten Ziegenkäse aus eigener Herstellung und Herde. Hofladen Di und Fr 13–17 Uhr, Sa 10–12 und 13–18 Uhr, im Winter nur nach telefonischer Vereinbarung.

Langballigau

Hinter diesem Namen verbirgt sich eigentlich nur ein **Hafen,** tief in der Flensburger Förde gelegen.

Viele **Segler** zieht es hierher, sie machen Zwischenstopp auf dem Weg in die „dänische Südsee", so wird eines der beliebtesten Reviere der Ostsee genannt, und in Langballigau machen viele ein letztes Mal fest.

Direkt neben dem Hafen liegt der **Campingplatz** Langballigau, und kaum zwei Kilometer weiter der Campingplatz Westerholz, beide sind durch eine Straße vom Strand getrennt. Dieser ist ein sogenannter Naturstrand, also durchaus steinig, schmal und von einer kleinen Wiese begrenzt. Zusammengefasst ist hier wirklich wenig los, aber neben wenigen Lokalen und Campingplätzen spürt man auch ganz viel Ruhe und maritimes Flair.

Praktische Tipps

Info

- **PLZ:** 24977 (Langballig)
- **Vorwahl:** 04636
- **Touristikverein Amt Langballig,** Süderende 1, Tel. 88 80.
- **Internet:** www.flensburger-foerde.de

Unterkunft

- **Zimmernachweis:** über Touristikverein.

MEIN TIPP: **Hotel Alte Landschule**④, Grundhoferstr. 1 in Langballig, Tel. 97 96 601, www.hotel-alte-landschule.de. Kleines Hotel im 3 km von der Förde entfernt liegenden Ortsteil Langballig. Vier Zimmer, die unter einem bestimmten Motto eingerichtet sind, wie beispielsweise das „Rosenzimmer", außerdem eine Ferienwohnung. Das Frühstück wird mit hausgemachten regionalen Produkten serviert.

- **Campingplatz Langballigau,** in Richtung Langballigau dem Hinweis „Strand" folgen; ein kleines Wiesengelände, zwischen der Förde und einem Angelsee gelegen. Tel. 308, www.campingplatz-langballigau.de, geöffnet von April bis Oktober. Es gibt auch drei separate Stellplätze für ca. 50 Wohnmobile, kostenpflichtiges WLAN.

334sh hj

■ **Campingplatz Fördeblick Westerholz,** Tel. 83 85, www.campingplatz-westerholz.de, geöffnet 1.4.–30.9. Direkt am Strand gelegenes Wiesengelände, etwa zwei Kilometer von Langballigau entfernt in Westerholz.

In der **Umgebung** sind etliche Unterkünfte zu finden, teilweise in winzigen Dörfern, teilweise auf abgelegenen Bauernhöfen. Die Lage der meisten Häuser ist absolut ruhig, fast idyllisch. Die Liste der Apartments umfasst einige Seiten, sie sind in den umliegenden Dörfern zu finden.

Gastronomie

Mein Tipp: **Anna und Meehr,** Am Hafen 8, Tel. (04636) 97 99 824, geöffnet: Di, Do–Sa 12–22, Mi, So 12–18 Uhr, Nov.–März nur Sa/So 12–20 Uhr. Kleines Bistro am Hafen mit schönem Fördeblick. Leckere Torten und Kuchen, gebacken mit Dinkelmehl, auch einen veganen Kuchen gibt es immer, außerdem eine kleine Bistroküche, sowie saisonale Gerichte.

Lorenzenhof, An der Beek 4, Langballig, Tel. (04636) 225, www.lorenzenhof-langballig.de. Ein *Demeter*-Hof, der biologisch-dynamisch wirtschaftet. Im Hofladen werden Naturkost-Produkte wie Früchte, Gemüse, Käse, Säfte, Brot, Kuchen und Fleisch verkauft. Geöffnet: Di–Fr 15–18 Uhr, Sa 9–12 Uhr.

Langballigau: Treff der Segler

Ausflug

Dollerup

Eine Siedlung „Dalderup“ ist seit Mitte des 14. Jahrhunderts bekannt, aber die Geschichte hinterließ keine nennenswerten Spuren. 1888 kam die Moderne ins Dorf in Form einer Eisenbahnlinie, die von Kappeln nach Flensburg führte, aber nicht mehr existiert. Heute verläuft auf dieser ehemaligen Bahntrasse die Bundesstraße B 199.

In Dollerup befindet sich die **Dolleruper Destille,** die nördlichste Obstbrennerei Deutschlands. Hier werden Obstbrände und Obstgeist aus heimischen Obst und Früchten gebrannt und im Laden verkauft. Obendrein wird zu bestimmten Terminen ein Schaubrennen veranstaltet, im Herbst auch frischer Apfelsaft gepresst. Obendrein gibt es ein Café und eine Weinstube. An bestimmten Abenden finden Jazz Sessions statt.

- **Dolleruper Destille,** Neukirchener Weg 8 A, 24989 Dollerup, Tel. (04636) 97 60 30, www.allesapfel.de, geöffnet: April bis Sept. Mo–Fr 10–13, 15–18 Uhr, Sa/So 14–18 Uhr, Café Sa/So 14–18 Uhr.
- **Frieda-Kaffee,** Nübelfeld 64, 24972 Quern, Tel. (04632) 16 66, Di–Fr 10–18, Sa 13–18 Uhr. Im Herzen von Angeln liegt unweit der B 199 diese kleine Kaffeerösterei mit Probierstube, wo es verschiedene Sorten gibt, die vor Ort selbst geröstet werden.

335sh mux

Unewatt

Unewatt ist ein Dorf, das zur Gemeinde Langballig gehört. 1987 wurde mit der Errichtung eines **Landschaftsmuseums** begonnen, das 1993 eröffnet wurde. Fünf Museumsgebäude sind inzwischen ausgebaut und können besichtigt werden. Interessant hierbei ist, dass die restaurierten Museumshäuser in das Dorf integriert wurden, es sich demnach nicht um ein Freiluftmuseum wie in Molfsee handelt. Die Bereiche Dorf und Museum wurden zusammengebracht, und nicht ohne Stolz wird dann auch vom **ersten Öko-Museum Deutschlands** gesprochen. Zu sehen gibt es mehrere historische landwirtschaftliche Gebäude, die auf einem Rundgang nacheinander angesteuert werden.

Zunächst das **Marxenhaus,** ein Fachwerkhaus aus der Gegend von Süderbrarup. Es wurde dort abgebaut und in Unewatt wieder im Originalzustand aufgebaut, das ursprüngliche Gebäude stammt aus dem Jahr 1626.

Die kleine **Räucherei** entstand 1894 als Lohnräucherei, wo Fischer gegen Gebühr ihre Fische räuchern lassen konnten. Die **Buttermühle** funktioniert noch heute und zeigt, wie mühsam früher Meierei- und landwirtschaftliche Arbeit war. Die **Christensen-Scheune** ist eine Ausstellungshalle und war ehemals Stall sowie Scheune, heute stehen hier Landmaschinen.

Etwas abseits und auf einer Anhöhe steht die holländische **Windmühle Fortuna,** 1878 wurde sie errichtet.

◁ Im Museumsdorf Unewatt

■ Unewatter Str. 2, Langballig, Tel. (04636) 10 21, www.museum-unewatt.de. Geöffnet: Mai–Sept. Di–So 10–17 Uhr, Mo geschlossen. April und Okt. Fr–So 10–17 Uhr, Mo–Do geschlossen, Nov.–März geschlossen. Eintritt: 5 €, Kinder bis 18 Jahre frei.

Glücksburg

In diesem Ort liegt das schöne **Wasserschloss Glücksburg.** Vor über 400 Jahren wurde es erbaut (1582–1587), und aus dem über dem Portal eingemeißelten Wahlspruch leitete sich der **Name** ab: G.G.G.M.F. (Gott gebe Glück mit Frieden).

Wahrscheinlich ist das Wasserschloss Glücksburg neben dem Schloss in Ahrensburg (bei Hamburg) **eines der schönsten Schlösser von Schleswig-Holstein.** Es ist auf einer Insel im Schlossteich gelegen und dürfte zu den am meisten fotografierten Motiven im ganzen Land gehören.

In der Tat beeindruckt das Schloss bereits von außen. Bei einem Rundgang um den Teich spiegelt sich das ganz in Weiß gehaltene Bauwerk im Wasser wider. Über einen Damm wird das Hauptportal erreicht, wo auch der eben genannte Leitspruch zu finden ist. Im Schloss befindet sich ein **Museum** mit umfangreicher Sammlung von Porzellan, Gemälden, Möbeln und Waffen.

■ **Stiftung Schloß Glücksburg,** Große Straße, 24960 Glücksburg, Tel. (04631) 44 23 30, www.schloss-gluecksburg.de. Geöffnet: 1.5.–31.10. täglich 10–18 Uhr, ab 1.11. Sa/So 11–16 Uhr, Eintritt: 7 €, Kinder (6–16 Jahre) 3 €, Familienkarte 16 €.

Unmittelbar an das Schloss grenzt ein 5000 m² **Rosarium.** Dieses wurde 1991 eröffnet, und hier wachsen heute etwa 500 verschiedene Rosenarten. Auffällig ist, dass die Rosen nach ihrer Blütenfarbe geordnet sind, zunächst kommen die weißen, dann die rosafarbenen und zum Schluss die knallroten Rosen.

- Am Schlosspark 2–13, geöffnet: 1. Mai bis Ende September täglich 10–18 Uhr. Die Hochblüte ist ungefähr ab 20. Juni, was aber immer witterungsabhängig ist. Nachfrage unter Tel. (04631) 60 100, www.seaside-garden.de. Eintritt: 3 €.

Glücksburg weist einen zwar relativ kleinen, aber durchaus netten **Strand** auf. Dort stehen zwei, drei Lokale, ragt eine **Seebrücke** weit ins Wasser und dort legen regelmäßig kleine Fähren nach Flensburg an. Direkt am Strand liegt auch das malerische Strandhotel.

Etwas weiter nördlich an der Landspitze, die in die Förde ragt, liegt die **Halbinsel Holnis,** das Naherholungsgebiet der Flensburger. Hier erstreckt sich nämlich ein schöner, recht langer Strand, der zugleich als der nördlichste von Deutschland gilt. Der ist zwar nicht übermäßig breit, aber sehr feinsandig. Begrenzt wird der Strand von einer Promenade, wo auch einige wenige Lokale liegen, wie beispielsweise das **Café Drei.** „Drei" heißt hier ein Ortsteil, der zu Glücksburg gehört, da man ganz oben in drei Himmelsrichtungen auf Dänemark blickt. Fast am Strand und nur durch eine Promenade getrennt liegt dort auch der Campingplatz **Ostseecamp Glücksburg-Holnis.**

Ganz an der Nordwest-Spitze steht ein 400 Hektar großes Gebiet unter Naturschutz. Wanderwege führen durch diese Zone, der NABU hat neben dem besonders eindrucksvollen **Kliff** eine Info-Hütte errichtet.

Praktische Tipps

Info

- **PLZ:** 24960
- **Vorwahl:** 04631
- **Touristen-Information Glücksburg,** Schinderdamm 5 (im Rathaus), Tel. 45 11 00, geöffnet: April–Okt. Mo–Fr 9–18, Sa/So 10–14, Nov.–März Mo–Fr 10–17 Uhr, www.flensburger-foerdeland.de.

Unterkunft

- **Vitalhotel Alter Meierhof**⑤, Uferstr. 1, Tel. 619 90, www.alter-meierhof.de. Ein stilvolles Hotel mit 54 Zimmern mit teilweise traumhaftem Blick auf die Förde und sehr gutem Restaurant. Obendrein wird eine Beachfarm, Massage und ein orientalisches Tropenbad geboten. Spezielle Pauschalen.
- **Strandhotel Glücksburg**⑤, Kirstenstr. 6, Tel. 614 10, www.strandhotel-gluecksburg.de. Historisches Haus (1872) in exponierter Lage, von vielen der 36 Zimmer genießt der Gast freien Blick auf die Förde. Flure und Zimmer sind großzügig geschnitten, geschmackvoll und skandinavisch inspiriert eingerichtet und die Küche bietet eine exzellente Karte. So richtig mal was zum Gönnen und Ausspannen! WLAN.
- **Fährhaus Holnis**③, Holnisser Fährstr. 21 in Holnis, Tel. 613 30, www.faehrhaus-holnis.de. Kleines, historisches Haus, ganz oben in Holnis an der Förde gelegen. Von den Zimmern im Erdgeschoss gelangt der Gast unmittelbar in den reizenden Garten. Das angeschlossene Restaurant bietet regionale bodenständige Küche.

MEIN TIPP: **Pension Smucke Steed**④, Paulinenallee 5, Tel. 44 45 161, www.smucke-steed.de. Kleine, feine Pension mit 16 Zimmern, sehr persönlich geführt, harmonisch und geschmackvoll eingerichtet. Das Langschläfer-Frühstück (bis 12 Uhr) bietet Bio-Produkte der Region.

■ **Campingplatz Glücksburg-Holnis,** An der Promenade 1, Tel. 62 20 71, www.ostseecamp-holnis.de. Zu finden an der Landspitze bei Holnis am schönen langen Sandstrand, geöffnet: April bis Oktober.

Gastronomie

■ In Glücksburg finden Gourmets mehrere Lokale, die auf allerhöchstem Niveau kochen, so beispielsweise *Dirk Luther* im Restaurant **Meierei** (2 Guide Michelin Sterne) oder das Restaurant **Felix** vom Strandhotel (13 Punkte Gault Millau).

■ **Restaurant Scheune,** Schinderdamm 7, Tel. 44 39 77, in der Saison täglich ab 11 Uhr, in der Nebensaison Okt.–Juni tägl. ab 17 Uhr. Im Ortskern am Marktplatz (Treppe hoch, liegt etwas versteckt), steht diese ehemalige Scheune, die zu einem gemütlichen Restaurant umgestaltet wurde und internationale Küche serviert.

■ **Rosen-Café,** Am Schlosspark 2a, Tel. 60 10 21, geöffnet: täglich 10–18 Uhr, im Winter ab 12 Uhr, Mo Ruhetag. Hinter dem Rosarium liegt das nette *Rosen-Café.* Mehrere liebevoll dekorierte Räume und eine sehr schöne Terrasse warten auf Gäste, hier gibt es hausgemachte Kuchen und Torten.

Wassersport

■ **Surfen:** *Surfschule Holnis, Strandservice Festersen,* Ziegeleiweg, Holnis-Strand, 24960 Glücksburg, Tel. 72 25, www.surfschule-holnis.de. Die *Surfschule Holnis* bietet Kurse für Einsteiger und Fortgeschrittene sowohl im Kiten, als auch im Windsurfen.

☑ Bekannte Sehenswürdigkeit: das Wasserschloss Glücksburg

410sh mux

Weitere Aktivitäten

- **Artefact Powerpark,** „Deutschlands erster Energie-Erlebnispark" beschreibt ein hauseigener Prospekt diese Einrichtung an der Bremsbergallee 35. An mehr als 30 Stationen sollen kleine und große Forscher sich mit dem Thema „Energie" beschäftigen und hautnah auf spielerische Art erkunden. Infos: Tel. 61 160, www.artefact.de. Geöffnet: 1.4.–30.9. Mo–Fr 9–18 Uhr, Sa und So 10–18 Uhr. 1.–31.10. tägl. 10–18 Uhr. Eintritt 4 €, Kinder bis 16 Jahre 3 €, Familie 10 €.
- **Badelandschaft:** Fördeland Therme Glücksburg, Sandwigstr. 1a, Tel. 44 40 70, www.foerdeland-therme.de. Geöffnet: 10–22 Uhr, Fr/Sa bis 24 Uhr, Erlebnisbad, u.a. mit Meerwasserbecken.
- **Golf:** Förde-Golf-Club, Bockholm 23, Tel. 25 47, www.foerdegolfclub.de. Ein 18-Loch-Platz in toller Lage.
- **Reiten:** Reiterhof Clausen, Ruhetaler Weg 30, Tel. 81 74, www.rsgr.de.
- **Bücherei:** Bahnhofstr. 6, Tel. 2464, www.stadtbuecherei-gluecksburg.de. Geöffnet: Mo/Di 14.30–18, Do/Fr 10–12.30, 14.30–18. Hier gibt es auch Internet-Plätze.

Einkaufen

- **Wochenmarkt:** Freitag ab 13 Uhr auf dem Schinderdamm.

Post

- Agentur im *Edeka*-Markt, Rathausstr. 8, Tel. (01802) 33 33, Mo–Fr 8–18, Sa 8–13 Uhr.

Flensburg

„Highlight im Norden", betitelt sich der Ort selbst zu Recht. Flensburg liegt an der Flensburger Förde, und hier **dominiert Maritimes.** Da wäre zunächst einmal der Hafen, tief schneidet er sich in das Zentrum der Stadt, teilt sie gewissermaßen. Dort liegt auch der historische Kern mit alten Kaufmannshäusern, einem Museumshafen und dem ewigen Geruch der salzigen See.

Und dann das besondere Verhältnis zum Nachbarn **Dänemark.** 400 Jahre regierten die dänischen Könige in Flensborg, das prägt, bis heute! Nicht nur, dass man hier eine zweisprachige Zeitung kaufen kann *(Flensborg Avis),* nein, in nicht wenigen Geschäften parlieren die Verkäufer wie selbstverständlich dänisch – oder deutsch –, je nachdem. Und überall gibt es original dänische *Hot Dogs,* unverwechselbar mit dem roten (!) Würstchen, den süßen Gurkenscheiben und den gerösteten Zwiebeln. Flensburg, so sagt man, habe eine „hyggelige" Atmosphäre, was ein dänischer Begriff ist für: Gemütlichkeit, Entspanntheit, Nettigkeit, Lieblichkeit. Und genau diese Atmosphäre spürt man auch als Besucher recht schnell.

Geschichte

Die Flensburger Geschichte zeigt sich sehr wechselvoll, und sie ist stark dänisch geprägt, was man auch bis heute in der Stadt wahrnimmt.

Irgendwann um das **12. Jahrhundert** soll am Südpunkt der heutigen Flensbur-

Flensburg

0 200 m ©Reise Know-How 2016

ger Förde eine **Siedlung** entstanden sein. Ein Handelsweg führte damals von Nord nach Süd und passierte diesen Punkt, die Handelsschiffe legten, von Osten kommend, ebenfalls hier an. Gar nicht so dumm gedacht also, und flugs fing auch jemand an, von den durchreisenden Kaufleuten eine Gebühr zu verlangen.

1284 hatte sich diese Siedlung so weit gemausert, dass sie **Stadtrechte** erhielt. Dann wurden Kirchen gebaut, zuerst die St.-Marien-Kirche dann die St.-Nikolai-Kirche. 1345 wurde die Stadtmauer errichtet, das Nordertor markiert heute noch die damalige Außengrenze.

Schon seit jenen Tagen schwelte ein Streit um das Herzogtum Schleswig. Der wurde 1460 durch die Vereinbarung der Schleswig-Holsteinischen Räte in Ripen (das heutige Ribe in Dänemark) für Jahrhunderte beendet: König *Christian I.* von **Dänemark** wurde Herzog von Schleswig und damit Herrscher über Flensburg. Das brachte der Stadt in den folgenden Jahrzehnten Wohlstand, sie trieb Handel mit Skandinavien und wurde zeitweise größte dänische Handelsmetropole. Angeblich war Flensburg sogar größer als Hamburg oder Kopenhagen in jenen Tagen.

Dann kamen die bitteren **Kriege** (1618 bis 1648 Dreißigjähriger und 1712 bis 1721 Nordischer Krieg), nacheinander besetzten *Wallenstein* und mehrfach die Schweden die Stadt. 1721 war von Flensburgs ursprünglicher Bedeutung nicht mehr viel übriggeblieben, Hamburg war deutlich mächtiger geworden.

406sh mux

Aber die Flensburger waren zäh. Unter dänischer Flagge startete man neu, trieb **Handel** mit fernen dänischen Provinzen und brachte u.a. Zucker und Rum zurück. Die Stadt profitierte von diesem Handel und zählte fast 300 Schiffe.

Dann wurde Flensburg in die Wirren um die **Kriege mit Napoleon** verstrickt. Die dänische Krone nahm für die falsche Seite *(Napoleon)* Partei. Als der Korse besiegt war, verlor Dänemark das Gebiet, das heute Norwegen ist, und Flensburg wurde von der Kontinentalsperre erwischt, konnte man doch keinen Handel mehr betreiben. Verständlich, dass da der Wunsch etlicher Bürger hochkam, nicht mehr zu Dänemark zu gehören. Die Folge: **Aufstand gegen die Dänen** (1848–1851) und Krieg (1864), Schleswig-Holstein wurde **preußische Provinz** und Teil des deutschen Reiches. 1920 dann die endgültige, bis heute gültige Entscheidung. In einer **Volksabstimmung** sprach sich die Mehrheit der Flensburger dafür aus, dem deutschen Reich anzugehören, die Grenze wurde neu gezogen.

Dann kam der **Zweite Weltkrieg,** und Flensburg rückte noch einmal ganz kurz ins Zentrum des Geschehens. Kurz vor Kriegsende flüchtete die letzte Regierung von Nazi-Deutschland hierher,

◁ Blick vom Hafen auf Flensburg-City

▽ Im Museumshafen

336sh mux

Flensburg wurde provisorische Reichshauptstadt, für wenige Tage. Der Spuk hatte aber bald ein Ende, am 7. Mai 1945 kapitulierte Großadmiral *Dönitz* endgültig, der Krieg war vorbei.

In den Jahren **bis heute** konnte Flensburg einen eigenständigen städtischen Charakter entwickeln, der stark von den nachbarschaftlichen Bindungen zu Dänemark geprägt ist. Der Austausch über die Grenze funktioniert tadellos, so als ob es sie gar nicht gebe – und dieser tolerante Geist ist angenehm spürbar.

Sehenswertes

Da ist zuallererst der **Hafen** zu nennen. Vor allem an der Westseite der Förde spielte sich das Hafengeschehen ab, aber auch am Ostufer kann man sehr schön schlendern und die vielen Sportboote bestaunen. Obendrein bietet sich ein schöner Blick übers Wasser auf die Silhouette der Stadt vor der Flensburger Förde. Und ein gemütliches Lokal mit einer Terrasse auf Stelzen über dem Wasser gibt es auch. Sehenswert ist insbesondere der **Museumshafen** am Westufer. Etwa 20 alte **Holzsegelschiffe** liegen hier vor Anker, eins schöner als das andere. Da knarren die Planken im Abendlicht, flattert das schlecht eingeholte Segeltuch und knirscht der Fender zwischen Hafenmauer und Schiffsrumpf, auch für Nicht-Matrosen ein toller Anblick! Und hier steht auch der markante **Holzkran,** der Nachbau eines Modells von 1725. Auf einer **Museumswerft** kann man den Bootsbauern bei der Arbeit zuschauen. Ein Bootskörper entsteht in einer offenen Bootshalle. Weiterhin wurden Holzbuden und eine Musterwerkstatt nachgebildet, sodass der Besucher tatsächlich durch eine historische Werft schlendern kann.

■ **Museumswerft,** Schiffbrücke 43–45, geöffnet: Mo–Fr 8–17, Sa/So 10–17 Uhr, Eintritt: 1 €. Das **Werftcafé** ist täglich von 10 bis 16 Uhr geöffnet. Und auf dem Steg, also außerhalb der eigentlichen Werft liegt **Bens Fischhütte,** wo es „das letzte Fischbrötchen vor der Grenze" gibt! Geöffnet: 11–19 Uhr.

Wer schon mal hier ist, sollte sich auch das **Schifffahrtsmuseum** anschauen, eine Schiffstonne weist vom Hafen den Weg. Das Museum liegt an der Schiffbrücke, das ist die Straße, die am Ufer des Hafens vorbeiführt. Untergebracht ist es in einem ehemaligen Zollpackhaus, das im 20. Jahrhundert Lagerplatz für unverzollte Waren war. 1984 wurde dann das Museum hier eingerichtet. Was wird ausgestellt? Flensburgs maritime Geschichte anhand von Schiffsmodellen, Portraits von Kapitänen und Reedern, alle möglichen Instrumente der Navigation, Seekarten und die Historie des Rumhandels. Letzterem wird seit 1993 dann auch eine spezielle Abteilung ge-

> Malerisch: der Oluf-Samson-Gang

widmet, das **Rum-Museum** zeigt die Historie der Flensburger Rum-Brennereien, wie es so treffend heißt, „vom Eichenfass ins Grogglas". Bemerkenswert ist, dass die Räumlichkeiten im Originalzustand nachgebaut wurden, alles ist eng und verwinkelt, wer nicht aufpasst, stößt sich schnell den Kopf. Auch Details der Flensburger Geschichte kommen zur Geltung. So ist der historische Kolonialwarenladen CC Petersen ausgestellt, ebenso die Arbeitswelt auf einer Werft. Man erinnert an vergangene „Butterfahrten" und erklärt, was Petuhtanten waren. Auch dem Wandel der Technik ist eine Ausstellung gewidmet.

■ **Flensburger Schifffahrtsmuseum,** Schiffbrücke 39, Tel. 85 29 70, www.flensburg.de, geöffnet: Di–So 10–17 Uhr, Eintritt: 6 €, Kinder unter 18 J. frei. Verbundkarte mit dem Museumsberg: 8 €.

Nur wenige Schritte entfernt liegt das **Nordertor.** Der ehemalige Eingang zur Stadt ist heute Wahrzeichen von Flensburg. 1595 wurde das Tor errichtet, wer genau hinschaut, erkennt noch über dem Torbogen das Wappen von Dänen-König *Christian IV.*

Hat man das Tor durchschritten, spaziert man über die Norderstraße zur Großen Straße und schließlich zum Holm. Hier liegt das **Zentrum** Flensburgs, hier sind historische Bauten, etliche Kneipen und jede Menge kleiner Geschäfte zu finden. Große Straße und Holm sind **Fußgängerzone,** und diese Zone endet vor der St.-Nikolai-Kirche am Südmarkt.

Kurz nach dem Passieren des Nordertores liegt auf der rechten Straßenseite die **Phänomenta,** ein Tipp für Kinder. Es fällt nicht leicht zu beschreiben, was

407sh mux

die Phänomenta ist. Vielleicht so: eine Mischung aus Museum, Ausstellungshalle, Experimentierstube und Versuchsfeld. Am Eingang versucht folgender Hinweis es noch besser zu erklären: „Menschen jeden Alters erleben, handeln und begreifen mit allen Sinnen riechen, tasten, sehen, schmecken, hören, bewegen, kriechen, rollen, experimentieren ..." (es geht noch weiter), ein Haus für Neugierige mit 200 Experimentierstationen. Alle Exponate sind betastbar und können auch ausprobiert werden. Die Frage „Wie funktioniert das?" soll immer hautnah erfahrbar sein. Nur dadurch bleibt Wissen haften, so die Philosophie des Hauses.

■ **Phänomenta,** Norderstr. 157–163, Tel. 14 44 490, www.phaenomenta-flensburg.de, geöffnet: Mo–Fr 10–18, Sa/So 12–18 Uhr, Okt.–Mai Mo geschlossen, Eintritt: 11 €, ermäßigt 8 €, Kinder 3–6 Jahre 3 €.

Wenige Schritte weiter liegt auf der linken Seite, Norderstraße 86, der **Kaufmannshof,** ein typischer Handelshof des 18. Jahrhunderts. Ein Speicher zur Hafenseite für die Waren, vorne Büroraum und mittendrin Viehstall und Brunnen.

Dann ist das **Flensborghus** zu finden, ein schönes, renoviertes Gebäude, das 1723 als Waisenhaus erbaut wurde. Die Balkeninschrift im Tordurchgang auf Dänisch deutet die heutige Verwendung an, ein Büro der dänischen Minderheit.

Es lohnt sich jetzt als nächstes, einmal die Norderstraße nach rechts zu verlassen und die Treppen zum **Aussichtspunkt Duborg** hochzusteigen. Von oben hat man einen tollen Blick über die Stadt bis zum Ausgang der Förde.

Nun zurück zur Norderstraße, weitere historische Höfe sind zu finden, zunächst zum **Oluf-Samson-Gang,** später zum Lagerhaushof und Künstlerhof. Der Oluf-Samson-Gang ist eine der ältesten Gassen der Stadt, hier stehen noch viele kleine, gedrungene Fachwerkhäuser aus dem 18. Jh., die früher von Seeleuten und Handwerkern bewohnt wurden. Oben war oft der Speicher untergebracht, Waren wurden mit Seilwinden hochgehievt, die Gauben kann man heute noch sehen. Im 20. Jh. wandelte sich die Gasse zu einer Bordellstraße, da hier viele Prostituierte wohnten. Benannt ist der Gang nach einem Kaufmann, der hier Anfang des 17. Jahrhunderts wirkte. Es ist die erste Straße, die in Flensburg nach einem ihrer Bürger benannt wurde.

Die **St.-Marien-Kirche,** am Beginn der Fußgängerzone, datiert von 1284, ein trotz seiner Bedeutung schlichter Backsteinbau mit geschnitztem Hochaltar und schönen Glasmalereien. Außerdem befindet sich hier das **Beyer'sche Epitaph** aus dem Jahr 1591, das eines der frühesten Hafengemälde Flensburgs zeigt. Die Kaufleute und vor allem die Seefahrer waren seit Ende des 14. Jh. in der **St.-Marien-Kaufmannsgilde** zusammengeschlossen. Diese Gilde bot den Mitgliedern nicht nur religiösen Beistand, sondern auch sozialen Schutz, sie zählte lange zu den vornehmsten Gilden der Stadt.

Draußen steht der **Neptunsbrunnen** aus dem Jahr 1758.

[>] In der Roten Straße liegen viele kleine Geschäfte

Auf dem weiteren Weg werden noch mal etliche Höfe und altehrwürdige Häuser passiert. Der Volksmund sprach früher von der **Groschenseite** (zum Wasser hin), dort wohnten die Kaufleute, und der Pfennigseite, weil das die Seite der Handwerker war.

Etwa in der Mitte der Fußgängerzone erreicht man die kleine **Heilig-Geist-Kirche.** Sie wurde 1386 erbaut, dient seit der Reformation den dänischsprachigen Bürgern als Gotteshaus und beherbergt im Innern einen schlichten Altar und zwei Votivschiffe. Geöffnet: Di–Sa 14–16 Uhr.

Wenn die Rathausstraße erreicht ist, kann man rechts zum **Museumsberg** schwenken und vom dortigen Aussichtspunkt noch einmal das Panorama der Stadt genießen. Das Museum ist in zwei Gebäuden untergebracht und thematisiert die Kultur- und Kunstgeschichte des Landes. Im **Heinrich-Sauermann-Haus** (erbaut 1903) wird eine Ausstellung zur landestypischen Tier- und Pflanzenwelt gezeigt. Weiterhin gibt es Nachbauten alter Bauernstuben aus dem 17./18. Jh., kirchliche Kunst aus Schleswig-Holstein sowie eine einzigartige **Möbelsammlung,** die mit 900 Exponaten, zum Teil aus dem Mittelalter, eine der größten in Deutschland ist. Im benachbarten **Hans-Christiansen-Haus** (erbaut 1896) wird Kunst aus Schleswig-Holstein des 19.–21. Jh. gezeigt, u.a. Werke der Expressionisten *Nolde, Heckl* und *Barlach,* sowie ebenfalls historische Möbel.

■ **Museumsberg Flensburg,** Museumsberg 1, Tel. 85 29 56, www.museumsberg.flensburg.de, geöffnet: Di–So 10–17 Uhr, Eintritt: 6 € bzw. 8 € als Verbundkarte, die auch im Schifffahrtsmuseum gilt.

167sh hj

Zurück zur Hauptstraße, die ihren Namen zum dritten Mal gewechselt hat, sie heißt jetzt schlicht **Holm.** Bis zur Nikolai-Kirche befinden sich hier noch fünf weitere historische Höfe aus vergangenen Jahrhunderten, überwiegend auf der linken Straßenseite. Darunter sind vor allem der „Norwegerhof" (Holm 17), der nach dem dort ansässigen Restaurant auch „Borgerforeningen" genannt wird und der Holmhof (Hausnummer 45), wo es mehrere Lokale gibt, sehr schön gestaltet.

Schließlich erreicht man die **Nikolai-Kirche,** die um 1390 erbaut wurde; benannt ist sie nach dem Schutzheiligen der Seefahrer. Diese Kirche ist die **größte der Stadt,** ihr Turm erreicht gar 90 Meter. Hervorzuheben ist die Orgel aus dem frühen 17. Jh. An Markttagen, d.h. an Samstagen, wird sie noch regelmäßig gespielt. Die Kanzel stammt aus dem 16. Jh., die Bronzetaufe aus dem Jahr 1497. Die 17 Glocken ertönen jeden Tag um 9, 12, 15, 18 und 21 Uhr. Im Sommer kann man den Turm am Samstag gegen 13 Uhr besteigen. Geöffnet täglich 9–18 Uhr.

Wer den Marktplatz an der Kirche erreicht hat, sollte jetzt einmal 50 Meter die Straße nach rechts gehen und dann nach links in die **Rote Straße** einbiegen. Hier trifft man auf diverse kleine und kleinste Läden, schön verteilt auf fünf gemütlichen Hinterhöfen. Neben Kunsthandwerk, Musikalien und Glasbläsern sind gemütliche Weinstuben zu finden, ein netter Abschluss des Flensburg-Spazierganges. Zumeist handelte es sich früher um sogenannte **Utspann-Höfe,** in denen Bauern und Händler aus der Umgebung kommend ihre Pferde ausspannen und ihre Waren zwischenlagern konnten, denn hier gab es Stallungen, Lager und natürlich eine Gaststube. Die Händler und Bauern gingen dann zum nahen Südermarkt hinüber, um auf dem Markt ihre Produkte zu verkaufen. Heute hat sich das Bild in der kurzen Rote Straße gewandelt. Kleine, nette Geschäfte sind eingezogen, einige Lokale haben geöffnet und das Ganze strahlt eine ganze Menge Charme aus.

Die **Flensburger Brauerei,** aus der die Flasche mit dem „Plopp" kommt, die, dank der Comic-Figur Werner wohlbekannte „Flasch Flens", kann im Rahmen einer Führung besichtigt werden.

- **Flensburger Brauerei,** Munketoft 12, Infos unter Tel. 86 31 22, www.flens.de, Führung Mo–Fr 10, 14 und 18 Uhr, Dauer ca. 3 Std., ab 10 € inkl. Bierverkostung und kleinem norddeutschen Imbiss. Um telefonische Voranmeldung wird gebeten.

Praktische Tipps

Info

- **PLZ:** 24937 bis 24944
- **Vorwahl:** 0461
- **Touristen-Information,** Rote Straße 15–17, 24937 Flensburg, Tel. 909 09 20, geöffnet: Mo–Fr 9–18, Sa 10–14 Uhr.
- **Internet:** www.flensburg-tourismus.de

An- und Weiterreise

- **Busse:** vom ZOB, Süderhofenden, Tel. 14 10 88, Linien 1604 und 1605 nach Kappeln, Linie 21 nach Glücksburg, Linie 4810 nach Kiel, Stadtbus Linie 1 nach Kruså, Stadtbus Linie 1 oder 2 zum Lachsbad (siehe Ausflüge/Kleinster Grenzübergang Nordeuropas), Linie 1044 nach Husum bzw. Sønderborg.

■ **Bahn:** Bahnhofstraße, Tel. 86 13 01 (Auskunft). Der Bahnhof liegt ziemlich außerhalb. Bus Nr. 5 fährt alle 20 Min. zum ZOB in der City.

Unterkunft

■ **Zimmernachweis:** über die Touristen-Information.

■ **Arcadia Hotel⑤**, Norderhofenden 6–9, Tel. 841 10, www.arcadia-hotel.de. Größtes Haus am Ort, typisch perfekte Ausstattung einer internationalen Kette, mit Blick auf die Förde von einigen Zimmern.

■ **Hotel Handwerkerhaus③**, Augustastraße 2, Tel. 14 48 00, www.hotel-handwerkerhaus.de. Ruhige Lage, durch einen Fußgängertunnel vom Zentrum getrennt. Solide Zimmer ohne Schnörkel, gutes Frühstück.

■ **Hotel Ibis Budget Flensburg City②**, Süderhofenden 14, Tel. 48 08 920, www.ibis.com. Beste zentrale Lage, nur wenige Schritte zur City und zum Hafen. Französische Hotelkette mit funktionalem Komfort und minimalstem Service. So ist beispielsweise die Rezeption erst ab 17 Uhr besetzt; wer früher kommt, checkt per Automat ein, im Preis-Leistungsverhältnis schwer zu toppen. WLAN.

■ **Flensbed①-②**, Bahnhofstr. 28, Tel. 80 72 85 10, www.flensbed.de. Liegt knapp außerhalb der City und bietet EZ, DZ aber auch Mehrbettzimmer zu Preisen ab 55 € (DZ) oder gar 18,50 € (Mehrbett). Einige Zimmer haben ein Bad und sogar eine Küchenzeile, andere teilen sich ein Bad. WLAN.

☐ Restaurant Borgerforeningen

408sh mux

■ **Jugendherberge**①, Fichtestraße 16, Tel. 37 74. Insgesamt 198 Betten (überwiegend in Sechs-Bett-Räumen) im Flensburger Stadtteil Murwik im Grünen neben dem Stadion. Zu erreichen: vom Bahnhof mit der Buslinie 5 bis zur Haltestelle „Stadion" fahren.

■ **Campingplatz Jarplund,** Europastraße 80, 24976 Handewitt, 15.3.–15.11. geöffnet, Tel. 97 90 24, an der B 76, drei Kilometer südlich von Flensburg, www.campingplatz-jarplund.de. Der Campingplatz verfügt über eine Cafeteria und einen Pool. Ganz in der Nähe liegen ein Supermarkt, der täglich geöffnet hat, und auch eine Bäckerei.

Gastronomie

■ **Borgerforeningen,** Holm17/Süderhofenden 12, Tel. 23 385, ein Haus aus dem Jahr 1835 mit dänischer und deutscher Küche. Stilvolles Interieur. Geöffnet: täglich 11.30–14.30, 18–21 Uhr.

Mein Tipp: **Hansens Brauerei,** Schiffbrücke 16, Tel. 22 210, täglich ab 11.30 Uhr bis etwa Mitternacht. Eine kleine Privatbrauerei, die herrlich süffiges Bier ausschenkt und deftige Speisen anbietet. Ein gemütlicher Laden, mit rustikalem Charme und Terrasse mit Fördenblick, serviert wird norddeutsche Küche.

■ **Piet Henningsen,** Schiffbrücke 20, Tel. 24 576, täglich 11.30–23.30 Uhr. Seit 1886 existiert das urige Haus am Hafen, natürlich mit einer Fischkarte und jede Menge Seemannssouvenirs. Der Namensgeber, ein alter Seebär, schleppte von seinen diversen Reisen allerlei Maritimes und Kurioses an, heute schmückt es das Lokal.

■ **Café Central,** Große Straße 83, Tel. 15 09 100. Eines von mehreren legeren Lokalen bei der St. Marienkirche. Im Sommer stellen sie den ganzen Platz mit Tischen voll. Tägl. ab 8 Uhr, So ab 9 Uhr. Hier gibt es auch vegetarische und vegane Gerichte.

■ **Café Extrablatt,** Große Straße 61, Tel. 18 29 874, ab 8 Uhr geöffnet bis 1 Uhr, am So ab 9 Uhr. Szenetreff, gemütlich-leger, große Auswahl, nettes Ambiente. 8–12 Uhr Frühstücksbüffet.

■ **Alte Senfmühle,** Holmhof 45, Tel. 80 72 636. Nennt sich „Schank- und Speisewirtschaft", bietet ab 11 Uhr (So ab 17 Uhr) Salate, Fleisch-, Fisch- und Nudelgerichte. Liegt in einer kleinen, gemütlichen Hofgasse.

■ **Im alten Speicher,** Speicherlinie 44, Tel. 12 018, geöffnet täglich 11.30–14, 17–22 Uhr. Restaurant in einem historischen Speichergebäude aus dem Jahr 1766. Heimelige Atmosphäre, geboten werden Steaks, norddeutsche und internationale Gerichte, aber auch Vegetarisches.

■ **Café K,** Südermarkt 15, Tel. 31 81 674, täglich 9 Uhr. Nettes Café direkt vor der Nikolai-Kirche am Südermarkt gelegen im Gewölbekeller vom Alten Pastorat. Frühstück und eine feine Bistrokarte wird geboten, die Gerichte tragen Namen wie „der Däne", oder „der Spanier", auch einige interessante Kaffee-Variationen. Bei gutem Wetter gibt's eine kleine Terrasse draußen.

■ **Marien-Café,** Ballastbrücke 22, Tel. 500 97 11, tägl. 8–18 Uhr. Traditionscafé mit heimeligem Ambiente, in dem es köstliche Torten und leckeres Frühstück gibt. Das Ganze unter einem Himmel voller Kaffee- und Teekannen, die von der Decke hängen.

Mein Tipp: **Migge's Danish Bakery,** Norderstraße 9, Tel. 43 09 17 85, geöffnet: Mo–Fr 7–18, Sa 7.30–16, So 8–14 Uhr. Hier gibt es die unwiderstehlichen dänischen Backwaren, wie das himmlische *Wienerbrød* (Plundergebäck mit Füllung und meist Zimt).

■ **Die Weinstube,** Rote Straße 24, im Krusenhof, Tel. 12 876, Mo–Sa 11.30–22.30 Uhr. Urige Lage im engen, aber gemütlichen Krusenhof. Geboten werden deutsche Weine, Bier und Flammkuchen.

■ **Porterhouse im Gnomenkeller,** Holm 3, Tel. 221 16, geöffnet: Mo–Sa ab 11.30 Uhr durchgehend. Steak-Restaurant, das sich in einem historischen Gewölbekeller aus dem Jahr 1583 befindet. Dieser gotische Keller wurde als Weinkeller erbaut und später als Lagerraum genutzt. Die ursprüngliche, leicht gewölbte Decke und der Grundaufbau sind noch deutlich sichtbar und geben dem Lokal eine charmant-urige Atmosphäre.

409sh mux

Kapitänsweg

Kapitäne hatten früher viel zu erledigen, nachdem ihr Schiff im Hafen festgemacht hatte. Der Kapitänsweg begleitet einen fiktiven Kapitän zu insgesamt 14 Stationen. Die **Erlebnis-Tour** von fast 5 km führt zu wichtigen, historischen Gebäuden und zu weniger bekannten Plätzen. Beim Schifffahrtsmuseum geht's los. Dort gibt's auch ein Begleitheft.

Bei Braasch gibt es Flensburger Rum

Schiffstouren

■ Zwischen Anfang April und Ende Oktober pendelt eine kleine Fähre zwischen 9.30 und 17.30 Uhr alle zwei Stunden rüber nach **Glücksburg.** Info: Tel. 255 20 oder www.viking-schifffahrt.de.

■ Die „Flora II" legt ab von der Fördebrücke zu einer 45-minütigen **Hafen- und Förderundfahrt** mit Stopp an der Marineschule, außerdem gibt es spezielle Themenfahrten, wie eine Abendrundfahrt um die Ochseninseln. *Flensburger Fährbetrieb,* Am Kanalschuppen 6, Tel. (01739) 19 20 01, www.flensburger-faehrbetrieb.de.

■ MS „Jürgensby" und MS „Möwe" legen ebenfalls von der Schiffbrücke Hafenspitze zur Großen **Förderundfahrt um die Ochseninseln** ab (Dauer: 1 Std. 45 Min.), Abfahrt: 12.30, 14.30, 16.30 Uhr zwischen April und Oktober. *Reederei Ketelsen,* Tel. 62 945, www.fahrgastschiffe-flensburg.de.

■ Der historische Salondampfer „Alexandra" unternimmt regelmäßig am Sonntag **Fördefahrten** sowie zu besonderen Anlässen (Kieler Woche, Matjestage Glückstadt) längere Sonderfahrten. Infos: www.dampfer-alexandra.de, Tel. 18 29 18 05.

Einkaufen

In der Fußgängerzone gibt es sowohl große als auch kleine Geschäfte. Hier einige **spezielle Tipps:**

■ **Johannsen Rum,** Marienstr. 8, Tel. 25 200, geöffnet: 10–18, Sa 10–15 Uhr. Kleiner Familienbetrieb, der seit 1878 Rum nach traditioneller Art herstellt. Hinten liegt der Rum-Hof, der auch besichtigt werden kann (zwischen Mai und Ende September Fr ab 16 Uhr), vorne wird in der kleinen „Hökerei" (Laden) der Rum sowie Liköre und Aquavit verkauft.

■ **Braasch's Rum,** Große Str. 24 und Rote Straße 26–28, Tel. 14 16 00, geöffnet: Mo–Fr 10–18.30, Sa 10–16 Uhr. Winzige Läden mit hausgemachtem Rum. Im hinteren Bereich der Filiale in der Roten Straße befindet sich ein kleines **Rum-Museum,** das die Flensburger Rum-Historie beleuchtet und die Rum-Herstellung anhand einer Destillationsmaschine erläutert (Eintritt frei).

- Die **Rote Straße** liegt schräg hinter der Nikolai-Kirche. Hier zweigen **fünf kleine Höfe** ab, in denen eine Vielzahl von Lokalen und Geschäften zu finden sind.
- **Markt:** Am Südermarkt, Mi und Sa 7–13 Uhr.
- **Fischmarkt:** am Hafen von März bis Oktober jeweils am zweiten Sonntag im Monat 9–18 Uhr.

Post

- **Hauptpost,** Bahnhofstraße 40.

Ausflüge nach Dänemark

Schusterkate

Die Schusterkate gilt als der **kleinste Grenzübergang in Nordeuropa.** Ein kurzer Ausflug ins Nachbarland Dänemark ist über dieses Kuriosum möglich. Es handelt sich um eine kleine Brücke, die einzige zwischen Deutschland und Dänemark übrigens. Wie hinkommen? Mit einem Stadtbus der Linie 1 oder 2 bis zur Haltestelle am Lachsbach fahren. Von dort führt ein Weg entlang der Flensburger Förde bis **Wassersleben** zum Grenzübergang Schusterkate. Ist die Grenze passiert, geht es etwa eine Stunde weiter durch den Flensburger

725sh mux

Staatsforst nach Kollund. Wer weiterläuft, erreicht schließlich nach ca. zwei Stunden auch *Annies Kiosk*.

Annies Kiosk

Eine Institution! Weit und breit soll es keine besseren **Hot Dogs** geben als in dieser kleinen, gelben Bude von *Annie* in Sønderhavn, direkt an der Flensburger Förde gelegen. Nimmt man den großen Parkplatz als Maßstab, könnte das stimmen. Tatsächlich kommen jeden Tag zahllose Besucher hierher, entweder auf ihrem Weg nach Sønderborg, oder per Rad über den eben beschriebenen kleinsten Grenzübergang.

Per Auto/Motorrad fährt man so: Aus Deutschland auf der A 7 bei Flensburg die Grenze passieren und wenige Kilometer später über die Abfahrt Nr. 75 die Autobahn verlassen. Weiter auf der Schnellstraße Nr. 8 Richtung Sønderborg, kurz hinter Kruså rechts ab nach Kollund und dann immer entlang der Flensburger Förde bis links der Straße der Kiosk auftaucht. Geöffnet hat er täglich ab 10 Uhr.

Wanderung auf dem Gendarmenpfad

Eine schöne Wanderung verläuft immer **entlang der Förde** auf **dänischer Seite.** Dazu von Flensburg per Bus Richtung Sønderborg fahren bis kurz vor Rinkenæs. Dort aussteigen, runter zur Küste und immer entlang der schönen Küste bis Flensburg laufen, an *Annies Kiosk* vorbei. Man erreicht schließlich den Grenzübergang Schusterkate. Unmittelbar dort befindet sich eine Bushaltestelle, von wo es wieder direkt zurück in die Innenstadt von Flensburg geht. Der Weg ist gut zu laufen und durchgehend beschildert mit dem Symbol eines blauen Wachtmannes. Die Wegstrecke beträgt etwa 15 km.

Fahrt nach Sønderborg

Für diesen Ausflug fährt man bei Flensburg über die Grenze und zunächst bis Padborg. Von dort führt die dänische Fernstraße Nr. 8 zum nicht einmal 50 Kilometer entfernten Sønderborg. Eine viel schönere Strecke verläuft jedoch parallel zur Förde und gewährt fantastische Ausblicke. Dazu bei Kruså Richtung Kollund abbiegen. Die Straße ist zwar im Sommer gut befahren, aber selbst als Radfahrer kann man hier gemütlich auf einem Weg entlang der Förde pendeln. Kurz vor Sønderborg passiert man das **Gedenkmuseum Dybbøl** (Düppler Schanzen), wo 1864 eine fürchterliche Schlacht zwischen Deutschen und Dänen tobte.

Sønderborg selbst ist eine gemütliche **Hafenstadt** mit ein paar richtig netten Kneipen am Hafen. Und ein *Pølser* mit kleckernder Remouladensauce muss einfach sein. Genau wie hinterher dieses leckere, sättigende Softeis ...

☐ Annies Kiosk

www.strandkorb-traven

424sh hj

8

Praktische Reisetipps

Am Strand von Travemünde

Info-Stellen

Infostellen in den Orten

Es gibt kaum einen Ferienort an der Ostseeküste, der nicht ein eigenes Informationszentrum unterhält. Diese werden unterschiedlich genannt, mal „Fremdenverkehrszentrale“ oder „Touristikamt“, vielleicht auch „Kurverwaltung“. Sie machen aber alle das Gleiche, nämlich kräftig Werbung für „ihren“ Ort. Wer sich an eine dieser Stellen wendet, erhält das übliche **Prospektmaterial,** endlose Hotel- und Ferienwohnungslisten, weiterhin Handzettel von Lokalen, Sehenswürdigkeiten oder Ausflugsdampfern. Wer Infos zu einem bestimmten Ort möchte, findet die Adresse bei der jeweiligen Ortsbeschreibung.

Ostsee-Holstein-Tourismus

Wer noch keine konkreten Vorstellungen hat und sich einen Überblick verschaffen möchte, dem hilft neben diesem Buch der Verein Ostsee-Holstein-Tourismus. Dort erhält man **Übersichten** und **allgemeine Infos** zur Ostseeküste Schleswig-Holsteins, sowie auch Prospekte einer ganzen Reihe von einzelnen Ferienorten.

■ **Ostsee-Holstein-Tourismus e.V.,** Info-Telefon: (04503) 88 85 25, Mo–Do 9–17, Fr 9–15 Uhr, www. ostsee-schleswig-holstein.de.

Auch eine Art von Information ...

414sh hj

Weitere Internet-Adressen

- **www.luebecker-bucht-ostsee.de**
Vorstellung der Orte mit Tipps und Veranstaltungen und spezielle Tipps für Kinder.
- **www.ostseeferienland.de**
Vielfältige Infos und Tipps über die Region zwischen Grömitz und Dahme.
- **www.ostseefjordschlei.de**
Infos und Tipps zur Ferienregion Schlei.

Transport

Anreise mit dem Auto

Die Reise an die Ostsee führt für viele über die Autobahn Richtung Hamburg und damit durch den **Elbtunnel,** was an manchen Tagen zu einer Nervenprobe werden kann (aber nicht muss!). Zunächst einmal muss nicht jeder Ostseeurlauber überhaupt dieses Hindernis passieren; alle, die zur Lübecker Bucht, nach Fehmarn oder in die Hohwachter Bucht wollen, fahren auf der **Autobahn A 1.** Diese führt über mehrere verschlungene Autobahnkreuze südöstlich an Hamburg vorbei, der Elbtunnel wird gemieden.

Diejenigen, die es mehr in den Raum Kiel, Eckernförde, Schleswig zieht, fahren über die **A 7** nach Norden und werden so durch den Elbtunnel geleitet. Meist fließt der Verkehr ja auch problemlos, und ruck-zuck hat man die 3,6 Kilometer lange Röhre passiert. Aber manchmal gibt es eben doch **kilometerlange Staus** vor dem Elbtunnel in Hamburg. Das passiert verstärkt an Wochenenden, wenn Ferien beginnen oder enden, vielleicht obendrein in Skandinavien Sommerferien sind, der Schwerlastverkehr noch schnell vor dem drohenden Sonntagsfahrverbot die dänische Grenze erreichen will. Wenn all diese Faktoren zusammentreffen, ist die Staugefahr vor Hamburgs Nadelöhr recht hoch.

Eine Möglichkeit gibt es, den Elbtunnel zu meiden: rechtzeitig im Autoradio die aktuellen Stau-Durchsagen verfolgen. Sollte die Durchsage mal wieder lauten: „A 7 Höhe Elbtunnel acht Kilometer Stau Richtung Norden“, ist der Zeitpunkt zum Abfahren gekommen.

Die Alternativstrecke führt östlich an Hamburg vorbei, dabei muss man nur rechtzeitig auf die A 1 wechseln in Richtung Lübeck und Fehmarn. Fahren Sie auf der A 1 bis zur Autobahnabfahrt Nr. 27 „Bargteheide“. Hier verlässt man die A1 wieder, und es geht jetzt auf der A 21, die später zur B 404 wird, in Richtung Bad Segeberg weiter. Kurz hinter Bad Segeberg zweigt die B 205 ab und verläuft in Richtung Neumünster. Dort erreicht man wieder die Autobahn A 7 und hat sich somit den Elbtunnel erspart.

Nach dem Passieren des Elbtunnels verläuft die A 7 zunächst weiterhin dreispurig, nach etwa vier bis fünf Kilometern verbreitert sie sich auf vier Spuren, und jetzt heißt es aufpassen. An dieser Stelle liegt die Autobahnauffahrt „Stellingen“. Hier rollt der Pendelverkehr nach Schleswig-Holstein von Hamburgs dichtest befahrener Straße auf die Autobahn. Nach nicht ganz drei Kilometern ist das **Autobahndreieck Nordwest** erreicht, hier gabeln sich die Verkehrsströme. Reisende in Richtung Nordsee folgen der Beschilderung „Pinneberg – Itzehoe – Heide“. Fahrer, die zur Ostsee wollen, folgen den Schildern „Kiel – Flensburg". Dazu muss eine der beiden **linken Fahrspuren** gewählt werden, also eine kurze Zeit auf der Überholspur bleiben und sich nicht nach rechts abdrängen lassen. Wer nach dem Passieren des Elbtunnels die mittlere Fahrbahn wählt, wird zielgenau Richtung Ostseeküste geleitet.

Anreise per Bahn und Bus

Es ist durchaus möglich, die Ostseeküste mit der Eisenbahn zu erreichen, vor allem die Lübecker Bucht, und besonders mit dem „Wochenend-Ticket" der *Deutschen Bahn (DB)* ist dies eine überlegenswerte Alternative.

Obwohl etliche Züge auch gleich bis Kiel oder Flensburg durchfahren, ist der zentrale **Umsteigebahnhof Hamburg.** Von Hamburg Hauptbahnhof haben Reisende stündlich Anschluss sowohl nach Lübeck als auch nach Kiel.

Von Lübeck geht es nach **Travemünde,** aber auch über eine reizvolle Nebenstrecke durch mehrere Ostseebäder bis nach Fehmarn.

Die weiter **nördlich gelegenen Orte** an der Ostsee sind nicht direkt per Bahn zu erreichen, man muss die letzten Kilometer von Kiel, Eckernförde, Süderbrarup, Schleswig oder Flensburg per Bus oder **Taxi** zurücklegen – oder sich abholen lassen.

Viele Küstenorte werden per **Linienbus** angesteuert. Diese starten an größeren Orten oft vom Bahnhofsvorplatz (Lübeck, Kiel, Eckernförde) oder vom zentralen Omnibus-Bahnhof (Flensburg, Schleswig, jeweils mit Zubringerbus ab Bahnhof).

An der Lübecker Bucht könnte sich das Bahnfahren in der Region zukünftig grundlegend verändern. Durch den **geplanten Tunnel** zwischen Fehmarn und Dänemark wird auch der Neubau einer Bahnstrecke wahrscheinlich, denn die alte, teilweise eingleisige Strecke führt mitten durch die Ferienorte der Lübecker Bucht. Nun soll diese neue Trasse weit im Hinterland gebaut werden, allerdings wird das noch dauern, denn derzeit plant man bis zum Jahr 2030.

Unterwegs

Auto

Sie sind nun endlich angekommen, haben Quartier bezogen, sich orientiert. Der Strand ist gesichtet, ein Fischrestaurant getestet, die frische Luft genossen. Nun soll auch die Umgebung erkundet werden. Tatsächlich lassen sich einige Ziele auch schwerlich ohne Auto erreichen oder jedenfalls nicht ohne Mühe. Aber vielleicht wäre es ja ein Anfang, darüber nachzudenken, den Wagen einmal stehen zu lassen.

Denn Autofahren **entlang der Küste** in der Hochsommerzeit ist kein Vergnügen! Die kleinen Orte sind überflutet von Urlaubern, Kurzbesuchern aus Hamburg und Rest-Schleswig-Holstein und von Anlieferungswagen, die all diese Menschen versorgen. Autofahren im **Hinterland** ist dagegen (meist) entspannend, da Schleswig-Holstein von einer Vielzahl schmaler Straßen durchzogen ist, die, fernab vom Durchgangsverkehr, wenig frequentiert sind. Hier kann man tatsächlich ganz entspannt langrollen, eine detaillierte Landkarte ist einzige Vo-

300sh hj

raussetzung. Es wird jedem schnell auffallen, dass hier ruhiger gefahren wird. Lohnt es sich nicht gerade deshalb, einmal eine Erkundungstour per Fahrrad zu wagen?

Der Besuch der **nächstgrößeren Stadt** kann per Auto erfolgen, muss aber nicht. Die meisten Badeorte sind durch eine **Buslinie** mit den größeren Städten verbunden, und zwar nach dem grundsätzlichen Fahrplan „morgens in die Stadt – mittags bzw. am späten Nachmittag zurück".

Von Hamburg kommend, führen zwei **Autobahnen** in das östliche Schleswig-Holstein. Die **A 1** verläuft über Lübeck bis Oldenburg i.H. und passiert etliche Orte der Ostseeküste. Die **A 7** zieht sich hoch über Neumünster, Rendsburg, Schleswig nach Flensburg, ziemlich weit entfernt von der Küste. Am Bordesholmer Dreieck zweigt die **A 215** Richtung Kiel ab. Alle drei Autobahnen sind stark befahren, neben dem alltäglichen Verkehr und dem Urlaubsverkehr fließt hier der Schwerlastverkehr nach Skandinavien.

Auch per Segelboot könnte man anreisen

415sh hj

Kaum ruhiger geht es auf den wichtigsten **Bundesstraßen** zu, die die größeren Orte verbinden. Sehr stauträchtige Strecken sind die **B 75, B 76** und die **B 207** im Bereich der Lübecker Bucht. Speziell am Wochenende flüchtet halb Hamburg hierher, und entsprechend voll sind die Straßen.

Die „Wappen von Schleswig" unterwegs auf der Schlei

Radler unweit von Travemünde

Bahn

Die Möglichkeiten, die Ostseeküste per Bahn zu erkunden, sind nur an der **Lübecker Bucht** gegeben. Nur hier verläuft eine Bahnlinie durch mehrere Ostseeorte, sodass man beispielsweise problemlos eben mal nach Lübeck fahren könnte.

Im **Hinterland** der Ostseeküste gibt es zwei landschaftlich reizvolle Strecken, die aber von den Küstenorten nicht so ohne Weiteres zu erreichen sind: zum einen die Verbindung von **Flensburg** über Süderbrarup und Eckernförde nach **Kiel** und zum anderen von Kiel bis nach **Lübeck.** Diese sehr schöne Strecke verläuft quer durch die **Holsteinische Schweiz.** Teilweise führt der Schienenstrang unmittelbar an einem der vielen Seen entlang, herrliche Ausblicke sind garantiert!

416sh hj

Ein **Tipp für Familien** ist das **Schöne-Wochenende-Ticket** der *DB*. Bis zu fünf Personen können damit an einem Tag am Wochenende reisen, allerdings nur in Nahverkehrszügen; Intercity und Interregios sind also tabu. Dennoch eine hervorragende Möglichkeit, beispielsweise einen Abstecher nach Hamburg zu machen. Stündlich fährt ein Zug von **Lübeck** bzw. **Kiel** zum **Hamburger Hauptbahnhof,** und der liegt mitten im Zentrum. Einmal dort angelangt, ist sowohl die Alster als auch der Hafen (Hafenrundfahrt) spielend zu Fuß erreichbar, weitere Ziele problemlos mit der U-Bahn. Warum also nicht, zumal das Wochenend-Ticket auch für die Rückfahrt gilt.

Ähnliche Bedingungen wie das Wochenend-Ticket hat das **Schleswig-Holstein-Ticket.** Es gilt in allen Nahverkehrszügen der *DB* sowie in den Privatbahnen innerhalb der Bundesländer Schleswig-Holstein, Hamburg und Mecklenburg-Vorpommern von Montag bis Freitag ab 9 Uhr für maximal fünf Personen, am Wochenende schon früher (Informationen unter www.nah.sh).

Tipp Nummer drei betrifft eine regionale Besonderheit. In den Sommermonaten ist eine **Museumsbahn** auf der Strecke **Kappeln – Süderbrarup** mehrmals täglich in Betrieb. Mit Getute und Getöse dampft die nördlichste Museumsbahn Deutschlands durch die wunderschöne Landschaft Angelns. Zweifelsohne ein Heidenspaß, nicht nur für Kinder (Infos siehe Kappeln). Eine andere Museumsbahn fährt vom Ort **Schönberg** zum nahen **Strand.**

Bus

Schleswig-Holstein ist von einem **dichten Linienbussystem** durchzogen. Normalerweise orientiert sich der Fahrplan an den Bedürfnissen der Dorfbewohner, d.h. morgens wird in die Stadt und mittags zurückgefahren. Natürlich ist das Angebot in touristisch stark frequentierten Orten deutlich gewachsen, es existieren sogar fahrplanmäßige Verbindungen bis nach Hamburg.

Schiff

Von etlichen Orten finden **Ostseetörns** statt, zumeist mit Verköstigung, so etwa von Damp aus, ebenso wie von Eckernförde und von Schönberg. Auch von den meisten Orten der Lübecker Bucht starten noch Ausflugsschiffe entlang der bezaubernden Küste. Detaillierte Infos sind unter den jeweiligen Ortsbeschreibungen zu finden. Auf der Schlei werden von Schleswig oder Kappeln noch Touren angeboten, und auf Fehmarn kann man kurze Angel- und Segeltouren unternehmen.

Von Kiel und Travemünde gibt es reguläre **Fährverbindungen** nach Finnland, Norwegen, Schweden, Dänemark und ins Baltikum. Selbst für Ostseeurlauber könnte dies ein interessanter Ausflugstipp sein, bieten doch fast alle Gesellschaften **Kurztrips** zu verbilligten Preisen mit Landgang in Oslo, Göteborg oder Malmö an. Kurzurlaub auf hoher See mit leckerem, skandinavischem Frühstücksbüffet und abendlicher Unterhaltung an Bord. Details siehe Kiel bzw. Travemünde.

Fahrrad

Kein Zweifel, das östliche Schleswig-Holstein eignet sich **hervorragend zum Radfahren.** Sobald man die Ferienorte verlassen hat und ein paar Kilometer ins **Hinterland** geradelt ist, beginnt die Entspannung. Dies ist keine Phrase aus einem Touristenprospekt, sondern meine eigene Erfahrung. Unzählige Kilometer haben wir heruntergestrampelt, selbst so weite Strecken wie von meinem Heimatort im südlichen Schleswig-Holstein bis hoch nach Kiel oder Arnis an der Schlei haben wir zurückgelegt. Ich kann also mit voller Überzeugung sagen: Es macht Spaß! Eigentlich. Eine Prämisse muss aber schon beachtet werden: Die **Bundesstraßen** sollte man meiden. Zwar verlaufen sie so schön zielgerichtet zur nächsten großen Stadt und verfügen auch meist über einen Radweg, aber viel gemütlicher ist eine Tour über die **kleinen Straßen,** wovon es viele gibt. Außerdem gilt: Je kleiner und unbedeutender, desto weniger Verkehr. Jeder wird sich wundern, welche winzigen Dörfer man entdecken kann. Ein Dorfgasthof ist meist nicht weit, und ein Schnack mit dem Bauern auf dem Feld ist auch immer drin.

Wer will, kann auch die gesamte hier vorgestellte Ostseeküste auf einem eigens für Radfahrer markierten **Fernradwanderweg** erkunden. Er heißt „Ostseeküsten-Radweg", misst 452 km und verläuft von Lübeck bis Flensburg. Überwiegend asphaltiert, mit wenigen kurzen Steigungen gesegnet und familienfreundlich, so die Eigenwerbung. Ein hellblaues Schild markiert den Weg.

Eine allerletzte Anmerkung noch, wieder aus eigenem Erleben. Schleswig-

Holstein ist ein **flaches Land,** im Prinzip. Die höchste Erhebung misst gerade 168 Meter (der Bungsberg), die zweithöchste ist 'ne Kuh, lästern unsere bayerischen Freunde. Das stimmt zwar alles, aber jeder Radler wird überrascht feststellen, dass bei allen Radtouren etliche nette **Steigungen** zu finden sind, Ostholstein ist in dieser Hinsicht ziemlich „wellig“. Was sich vom Auto aus als lieblicher Hügel mit sanft ansteigenden Feldern darstellt, ist für den Radfahrer eine langgezogene Steigung.

Zwei Internet-Tipps

Unter www.ostsee-schleswig-holstein.de/radfahren findet man **Tipps zu Radfernwegen in Schleswig-Holstein,** die zumindest teilweise auch durch das Gebiet der Ostseeküste führen, und auch **GPS-Tracks für Radler** enthalten.

Die Adresse www.bettundbike.de bietet eine Sammlung von **radfahrerfreundlichen Übernachtungsmöglichkeiten** mit ortsgenauer Suchfunktion.

Unterkunft

Wenn alljährlich knapp drei Millionen Menschen an die Ostseeküste reisen, muss es eine Vielzahl von Betten geben. Dem ist auch so, und die Verschiedenheit könnte nicht größer sein. Kaum ein Ort, wo nicht Ferienwohnungen (FeWos) oder Apartments angeboten wer-

Ferienwohnungen auf Fehmarn mit Blick aufs Meer

417sh hj

den. Und genau hier liegt die Schwierigkeit, es ist schlichtweg unmöglich, einen halbwegs brauchbaren Überblick zu geben, die **Auswahl** ist einfach **zu groß.** Das sind teilweise Kataloge von mehr als 100 Seiten, in denen sehr viele Häuser mit Foto und erklärendem Text beschrieben sind. Auf diese Weise bekommt man schon mal einen guten Eindruck von „seiner" Unterkunft. Außerdem liefern diese Kataloge immer auch stimmungsvolle Bilder und viele praktische Tipps.

■ Über das **Internet** lassen sich Ostsee-Quartiere von vielen örtlichen Zimmervermittlungen buchen: **www.ostsee-schleswig-holstein.de.**

Preiskategorien

Die Übernachtungsempfehlungen in diesem Buch sind in fünf Preiskategorien eingeteilt, die sich wie folgt gestalten:

Hotels, Pensionen, Privatvermieter
(Die Preise gelten jeweils für ein Doppelzimmer)

① bis 30 €
② 30–50 €
③ 50–70 €
④ 70–100 €
⑤ über 100 €

Ferienwohnungen

① bis 50 €
② 50–75 €
③ 75–100 €
④ 100–125 €
⑤ über 125 €

Ferienwohnungen

Das **größte Kontingent** stellt die Kategorie der Ferienwohnungen dar, sie ist vor allem bei Familien beliebt. Kein Wunder, kann man sich doch selbst verpflegen, einkaufen, wo man will, und muss nicht zu festen Zeiten in den hoteleigenen Speisesaal.

Das **Angebot** an Ferienwohnungen ist förmlich herausgeschossen, als der Tourismus in Schleswig-Holstein im größeren Stil einsetzte. Jeder, der noch ein Zimmer unter dem Dach frei hatte, baute dieses zur Ferienwohnung oder zum Apartment um. Und genau hier muss ein kritisches Wort fallen. Leider sind schon noch Ferienwohnungen, was den **Komfort** betrifft, auf diesem Stand geblieben. Das hat in den 1950er Jahren wahrscheinlich nicht allzuviele Urlauber gestört, heute aber dürften viele doch etwas mehr Komfort und Eigenständigkeit suchen. Und es gibt auch diesen Ansprüchen genügende, ganz hervorragende Ferienwohnungen, z.B. im Reihenhausstil oder im kleinen Haus mit nur wenigen Wohnungen. Diese sind mit allem erdenklichen Komfort eingerichtet, der Vermieter wohnt meist sonstwo, jedenfalls nicht eine Etage tiefer. Die Unterschiede in der Qualität drücken sich aber nicht immer im Preis aus, hier gilt es also sorgfältig auszuwählen.

[>] Das erstklassige Strandhotel in Glücksburg in exponierter Lage

418sh mux

Ferienhäuser

Im Nachbarland Dänemark gibt es Tausende von Ferienhäusern, also einzeln stehende Häuser, die der Urlauber ganz alleine mietet. In Schleswig-Holstein sind sie nicht so verbreitet, wenngleich man sie auch finden kann, beispielsweise in **Schönhagen, Travemünde** und bei **Neustadt.**

Urlaub auf dem Bauernhof

Wer möchte seinen Kindern nicht mal etwas völlig anderes bieten? Die lieben Kleinen etwas näher an die Natur heranführen und ihnen das Leben der heimatlichen Tierwelt nahebringen. Dann empfiehlt sich ein Urlaub auf dem Bauernhof. Schleswig-Holstein ist ein Agrarland, unzählige Bauernhöfe sind zwischen den beiden Meeren zu finden. Es ist kein Geheimnis, dass viele Landwirte hart zu kämpfen haben. Kein Wunder, dass so mancher sich nach einer Nebenerwerbsquelle umschaut. Mittlerweile existiert eine Arbeitsgemeinschaft **Urlaub auf dem Bauernhof,** die ein **Anbieterverzeichnis** herausgebracht hat. Hier werden die Höfe nach strengen Qualitätsnormen vorgestellt. So wird beispielsweise darauf hingewiesen, ob es sich um einen landwirtschaftlichen Vollerwerbsbetrieb handelt oder ob die Landwirtschaft aufgegeben wurde. Im zweiten Fall finden Sie zwar ländliches Ambiente, können aber nicht mehr die alltägliche Arbeit eines Landwirts erleben. Auch wichtig: **Ponyhöfe** werden ebenfalls vorgestellt. Auf der Homepage finden Interessierte unter dem Menüpunkt „Landerlebnis" ergänzende Hinweise zu **Heuherbergen, Bauernhofcafés** und **Kindererlebnissen.** Das Anbieterverzeichnis ist über folgende Adresse zu beziehen:

- **Urlaub auf dem Bauerhof,** www.landsichten.de.

Hotels und Pensionen

In praktisch allen Ostseeorten gibt es Hotels oder Pensionen und hier zumeist eine ganz beachtliche Bandbreite, in kleineren Orten allerdings tendenziell eher weniger. Es existieren topmoderne Häuser in futuristischem Design im oberen Preis-Segment, diese sind jedoch eher die Ausnahme. Die **gute Mittelklasse dominiert** und so mancher Hotelbesitzer hat sein Haus in den letzten Jahren renoviert. Auch relativ preiswerte Pensionen lassen sich finden, wenngleich ein Trend zu Häusern mit mehr Komfort zu erkennen ist.

Campingplätze

Campingplätze sind entlang der ganzen Küste zu finden. Die meisten liegen **direkt am Meer,** sodass man auch Strandzugang hat.

Auf sehr vielen Plätzen dominieren **Dauercamper,** das sind Leute, die einen Jahresplatz gemietet haben und jedes Wochenende hier verbringen. Warum auch nicht, besser an der Ostseeluft als in der Großstadt. Auf manchem Campingplatz sind so bis zu 80 % der Plätze vergeben, für die Urlauber oder Wochenendler bleibt da nicht viel.

Die **Ausstattung** der Plätze ist durchweg in Ordnung, aber der eine oder andere könnte ruhig mal über den Zaun schauen und sich Anregungen holen, mancher Platz ist nämlich seit vielen Jahren unverändert.

- **Verband der Campingunternehmer Schleswig-Holstein,** Kieferweg 14, 23829 Wittenborn, Tel. (04554) 70 56 533, www.vcsh.de.

Jugendherbergen

Jugendherbergen sind nicht einmal ein Dutzend zu finden, die überwiegende Mehrheit in den größeren **Städten.** Eine interessante Überraschung: Die Schlafsäle, wo ganze Fußballmannschaften Platz fanden, sind absolut out, **Zwei- bzw. Vierbettzimmer** mittlerweile die Regel, und Familien erhalten (meist) auf Wunsch auch einen eigenen Raum. Hat man einen **Jugendherbergsausweis,** schläft man hier zum günstigeren Tarif, sonst muss man eine Tagesmitgliedschaft erwerben (auch als Familie erhältlich).

- **Deutsches Jugendherbergswerk,** Landesverband Nordmark, Rennbahnstr. 100, 22111 Hamburg, Tel. (040) 65 59 95 66, www.djh-nordmark.de.

Camping am Meer bei Kronsgaard

Übernachtung im Strandkorb

Ein neues Angebot erobert die Ostseeküste: der **Schlaf-Strandkorb.** „Schlafen im Strandkorb“ nennt es sich und diese speziellen Strandkörbe sind in einigen Ferienorten bereits zu finden. Zumeist für eine Nacht (vereinzelt auch länger) kann man sich einen Schlaf-Strandkorb mieten und damit auch ganz offiziell direkt am Strand bei Meeresrauschen einschlummern. Derzeit ist dies an folgenden sieben Orten möglich: **Eckernförde, Weissenhäuser Strand, Fehmarn, Scharbeutz, Pelzerhaken, Travemünde** und **Timmendorfer Strand.** Preise: je nach Ort und gebuchtem Paket etwa 40–70 €. Infos unter www.ostsee-schleswig-holstein.de/strandschlafen-ostsee.html.

Essen und Trinken

Schon von den Wikingern hieß es, dass sie einen unstillbaren Hunger auf Met und Schweinefleisch hatten. Falls das stimmt, ist uns Holsteinern zumindest die Grundrichtung der Speisen vererbt worden, nämlich dass die Küche **kräftig** sein muss. Bei allem Misstrauen gegenüber Vorurteilen, einen Hauch Wahrheit findet man schon in diesem Satz. Ein zweiter Merksatz, auch hier nicht ohne das berühmte Körnchen Wahrheit, deutet eine verstärkende Richtung an: „Wat de Buer nich kennt, dat fritt he nich“ (Was der Bauer nicht kennt, das frisst er nicht). Bodenständigkeit ist eben ein Merkmal der Bewohner, das drückt sich auch in der Küche aus.

728 sh hj

Aber es gibt auch **Sterne-Köche** im Land, an der Ostsee beispielsweise *Dirk Luther* mit zwei *Michelin*-Sternen („Alte Meierei", Glücksburg). Weitere 1-Stern-Köche arbeiten in Lübeck („Buddenbrooks" und „Wullenwever"), Timmendorf („Orangerie") und in Scharbeutz („DiVa").

Und auch auf anderer Ebene tut sich was. Unter dem **Gütesiegel „Feinheimisch"** werden regionale und saisonale Lebensmittel aus Schleswig-Holstein im Einzelhandel und in bestimmten Lokalen angeboten. Infos: www.feinheimisch.de.

Fisch

Seezunge, Scholle, Aal, Makrele, Hering bekommt man wohl überall an der Küste. Fisch wird gebraten, gedünstet, gekocht oder auch geräuchert serviert, soweit nichts Neues. Aber da taucht auch schon eine Besonderheit auf. Was ist **Grüner Aal?** Nichts weiter als in Wasser und Wein gekochter Aal, wer hätte das gedacht?

Oder wie wäre es mit **Kieler Sprotten?** Diese kleinen geräucherten Heringe kommen zumeist noch nicht mal aus der Landeshauptstadt, werden aber mit Haut und Haaren, soll heißen mit Gräten, verputzt (aber ohne Kopf und Schwanz).

Einkaufstipps für Lebensmittel aus der Region

In den jeweiligen Ortsbeschreibungen finden sich genauere Angaben zu den folgenden Läden und Höfen:

- **Eckernförde:** *Rehbehn und Kruse* (u.a. Räucherfisch, Kieler Sprotten)
- **Flensburg:** *Johannsen Rum, Braasch's Rum*
- **Harmsdorf:** *Braasch's Schinkenräucherei*
- **Lübeck:** *Niederegger Marzipan*
- **Malente:** *Petersens Schinkenräucherei*

Mein Tipp: Plön: *Gut Stockseehof* (Himbeeren oder Kirschen selbst pflücken, Infos und Termine: www.stockseehof.de)

Fleisch, Gemüse, Obst

Auch nicht jedermanns Sache ist **Swattsuer,** Schwarzsauer, eine Speise, bei der kleingeschnittene Fleischstückchen in Blut gekocht werden.

Rübenmus wird gerne im Herbst gegessen, wenn die Rüben geerntet worden sind. Man zerkleinert zunächst Steckrüben, lässt sie lange garen, kocht dann Möhren (oder auch Kartoffeln) und zermust schließlich das ganze Gemüse in einem Topf. Serviert wird das Rübenmus mit kleingewürfeltem Speck und Kochwurst.

Grünkohl mit Schweinebacke, Kochwurst und gezuckerten Kartoffeln, ein weiteres Gericht, das wohl auch den Wikingern gemundet hätte. Serviert wird es aber nur in der kalten Jahreszeit.

In der Sommerzeit wird gerne **Rote Grütze** angeboten, ein leckerer Nachtisch aus eingekochten Himbeeren, Johannisbeeren oder Kirschen mit Milch oder Vanillesauce.

▷ Toller Ostseeblick von der Terrasse des „Sol y Mar" in Scharbeutz

801 sh mux

421sh hj

Und dann wäre da noch **Labskaus,** ein eigenwilliges Essen, das nicht jeder mag. Das liegt aber mehr an seinem Äußeren, denn das Gericht leuchtet einem rot entgegen. Die Bestandteile sind: Pökelfleisch vom Rind oder Schwein, Gurken, Matjesfilets, Rote Bete (daher die Farbe) und Kartoffeln. Alles wird gut vermischt und mit einem Spiegelei garniert. Es schmeckt besser, als es aussieht.

Wer im Frühsommer kommt, der sollte einmal **Spargel** mit Katenschinken probieren, dazu ein paar Salzkartoffeln, fertig! (Katenschinken heißt so, weil der Schinken in einer Kate geräuchert wurde, einem kleinen Haus, zumeist unter Reet mit großem Kamin.)

Und wer auf der Speisekarte ein **Bauernfrühstück** entdeckt, ist endgültig überzeugt, dass die Schleswig-Holsteiner Bauern von den Wikingern abstammen. Dieses deftige Frühstück besteht nämlich aus Bratkartoffeln, Würfelschinken, Gurken und Rührei.

Ostseegerichte

Ein Tipp zum Schluss: Seit ein paar Jahren läuft eine interessante Aktion an der Küste: Unter dem Motto „Die Ostsee tischt auf" veranstalten verschiedene Verbände einen **kulinarischen Wettbewerb.** Die Grundbedingung ist, dass die Gerichte das ganze Jahr über hergestellt

Labskaus: Doch, doch, es schmeckt!

werden und für einen attraktiven Preis angeboten werden können. Die Kalkulation muss bei der Endausscheidung des Wettbewerbs mit eingereicht werden. Die Gerichte werden in vielen Restaurants dann angeboten, es lohnt sich also, ruhig mal gezielt nach dem „Ostseegericht" zu fragen.

Getränke

Schnaps, Bier und Wein

Wer so deftig isst, benötigt einen **Klaren** zum Nachspülen, einen „Verteiler", wie es schön an der Küste heißt, oder auch einen „Lütten". Gemeint sind Korn oder besser noch Aquavit, wobei die dänischen oder norwegischen Schnäpse von Kennern bevorzugt werden. Am besten eiskalt (das Glas muss noch eisbeschlagen sein), und dann heißt es: „Nich' lang schnacken – Kopf in Nacken", und weg damit!

Und dazu gibt es **Bier** und sonst nichts! Die Bügelflasche mit dem Plopp-Geräusch aus Flensburg hat ja mittlerweile fast Kult-Status, aber auch andere, meist recht kräftige Biere fließen aus dem Hahn.

Wein ist nicht so verbreitet, in **Lübeck** gibt es allerdings einen ganz ausgezeichneten **Rotwein,** „Rotspon" genannt (siehe Lübeck).

Flensburg hat eine uralte **Rum-Tradition** mit eigenen Destillerien, die noch heute Rum herstellen und vor Ort verkaufen. Auch ein kleines **Rum-Museum** gibt es dort (siehe Flensburg).

Brauereien

Einige kleinere Brauereien brauen ihr **eigenes Bier** und bieten es über hauseigene Lokale an (s. jeweilige Ortsbeschreibungen):

- **Eutin:** *Brauhaus Eutin*
- **Flensburg:** *Hansens Brauerei*
- **Kiel:** *Kieler Brauerei*
- **Lübeck:** *Brau Berger*
- **Neustadt:** *Klüver's Brauhaus*
- **Schleswig:** *Luzifer mit dem Asgaard-Bier*

Grog mit Variationen

Wer im Winter die Küste besucht, kommt um einen **heißen Grog** nicht herum. Norddeutsch-trockene Beschreibung: „Rum mut, Water dörv, Zucker kunn" (Rum muss, Wasser darf, Zucker kann). Und damit sind die Bestandteile schon genannt. Wärmt herrlich durch nach einem ausgedehnten Spaziergang am winterlichen Strand. Serviert wird der Grog in dünnen, hohen Gläsern, ein Stößel steckt im Glas. Damit den Zucker zerkleinern und umrühren.

Harmloses mit Schuss

Tja, und dann gibt es noch so nette Getränke wie Pharisäer, Tee-Punsch oder „Tote Tante". Allen gemein ist, dass sie vermeintlich „nur" Tee oder Kaffee oder Schokolade beinhalten, aber in Wirklichkeit die Gläser immer einen Schuss Rum oder Korn verstecken.

Der Name **„Pharisäer"** soll entstanden sein, als früher einmal ein Pastor, der immer erbittert von der Kanzel gegen den Alkohol gewettert hatte, nach dem Kirchgang noch zum Mittagessen eingeladen worden war. Die männlichen Gäste tranken Kaffee mit Sahnehäubchen und wurden langsam, aber sicher immer lustiger. Was dem guten Pastor lange entging, war, dass sich die plietschen (plietsch bedeutet durchtrieben, hinterlistig, schlau) Bauern immer einen Schuss Rum unter die Sahnehaube ins Glas gossen. Als er es endlich bemerkte, rief er verzweifelt aus: „Ihr seid mir ja schöne Pharisäer!"

Eine **„Tote Tante"** besteht aus einer halben Tasse süßer Schokolade, in die ein großes Schnapsglas Rum gegossen wird, darauf kommt schließlich eine Haube geschlagene Sahne, die noch mit Schokostreuseln garniert wird.

Festtagskalender

Februar

- **Fehmarn:** Inselkarneval, der Norden taut auf.
- **Kiel:** Kieler Umschlag, ein Markt in historischen Kostümen, am letzten Wochenende im Februar.

März

- **Laboe:** Dorschfestival.

Segler während der Kieler Woche

April

- **Dahme:** Drachenfest.
- **Eckernförde:** Drachenfest (Ostermontag).
- **Niendorf:** Drachenfest.

Mai

- **Eckernförde:** Aalregatta von Kiel nach Eckernförde, immer am Pfingstwochenende. Entspannte Segelregatta, bei der alle Teilnehmer im Ziel einen Aal bekommen.
- **Flensburg:** Rumregatta, immer am Himmelfahrtswochenende.
- **Kappeln:** Heringstage, werden vier Tage lang ab Himmelfahrt gefeiert.
- **Kellenhusen:** Plattfischtage.

007sh hj

Das Schleswig-Holstein Musik Festival

Anno 1985 war es, als acht Menschen mit Visionen einen Verein gründeten, dessen Ziel es war, ein Musik-Festival mit „Ambiente-Spielorten" im Land zwischen den Deichen zu etablieren. Soll heißen, dass weniger Konzertsäle gefragt waren, sondern eher Kirchen, Herrenhäuser, Reitställe und einfache bäuerliche Scheunen. Eine Schnapsidee? Vielleicht, aber der Macher *Justus Frantz* ließ sich nicht beirren. Er schaffte es, sogar *Leonard Bernstein* zu locken, und der wiederum lockte Musiker und Zuschauer. So nahm alles seinen Lauf.

1986 ging das erste SHMF (Schleswig-Holstein Musik Festival) über die Bühne. Tatsächlich kamen 100.000 Besucher, im dritten Jahr sogar 300.000, später pendelten die Zahlen zwischen 100.000 und 200.000. An die 100 Konzerte finden nun in den Monaten Juli und August in vielen, auch kleineren Orten statt. Gefragt ist dabei nicht Größe, sondern Atmosphäre, also findet ein Konzert eher auf der urigen Diele eines Bauernhofes als in der Kieler Ostseehalle statt. Und diese Mischung zieht. Auch nachdem *Justus Frantz* die Intendanz abgegeben hat, bleibt der Grundtenor erhalten: Ambiente geht vor Halle.

In den Sommermonaten sind sie unübersehbar, die Plakate und Fahnen mit dem geschwungenen SHMF-Logo.

- **SHMF Kartenzentrale,** Tickets gibt es ab etwa April unter der Ticket-Hotline (0431) 23 70 70, Infos: www.shmf.de.

422sh mux

■ **Lübeck:** Historischer Handwerkermarkt, auf dem Rathausplatz.

■ **Petersdorf, Fehmarn:** Rapsblütenfest mit der Wahl der Rapsblütenkönigin.

■ **Timmendorf:** Timmendorfer Kulturpromenade.

■ **Travemünde:** *Windart,* bis Ende Oktober stehen an markanten Orten innovative Windspiele.

Juni

■ **Fehmarn:** Altstadtfest, letztes Juni-Wochenende.

■ **Grömitz:** Matjestage (Monatsende).

■ **Haffkrug:** Haffkruger Fischerdorf.

■ **Kiel:** Kieler Woche, größte Segelregatta der Welt, vom dritten Wochenende an tobt eine ganze Woche lang eine Party in der Innenstadt, nebenbei kämpfen 5000 Segler in 1000 Booten um Siege.

■ **Schönberg:** *Thing-Tag*, historisches Gerichtsspektakel.

■ **Niendorf:** *Jazz Baltica,* renommiertes Jazz-Festival. Infos: www.jazzbaltica.de.

Juli

■ **Dahme:** Seebrückenfest; Dahme-Trophy, ein Radsportveranstaltung mit Profis und Amateuren.

■ **Eckernförde:** Sprottentage.

■ **Flensburg:** Größtes Dampfertreffen Europas.

■ **Grömitz:** Grömitzer Woche, große Sportwoche.

■ **Großenbrode:** Promenadenfest I.

- **Haffkrug:** Aalwoche.
- **Heiligenhafen:** Hafenfest; Mitternachtslauf.
- **Kellenhusen:** Seebrückenfest.
- **Lütjenburg:** Stadtfest.
- **Maasholm:** Hafentage.
- **Neustadt:** Europäisches Folklore Festival, Trachtenwoche (das nächste Mal 2019); Altstadtfest.
- **Niendorf:** Hafentage mit Showprogramm und Feuerwerk, Ende des Monats.
- **Schönberg:** Seebrückenfest.
- **Süderbrarup:** Ende Juli findet der Brarup-Markt statt, laut Eigenwerbung der größte ländliche Jahrmarkt in ganz Schleswig-Holstein, dessen Anfänge bis in die „heidnische Zeit" zurückreichen.
- **Travemünde:** Travemünder Woche, eines der größten Segelsportereignisse mit ca. 2000 Seglern.

August

- **Dahme:** Weinfest.
- **Eckernförde:** Piratentage, für ein Wochenende erobern Piraten die Stadt und setzen sogar den Bürgermeister fest.
- **Glücksburg:** Ostseeman Triathlon über die Ironman-Distanz mit Schwimmen in der Förde.
- **Grömitz:** „Ostsee in Flammen", ein tolles Feuerwerk; Klosterfest im Kloster Cismar.
- **Großenbrode:** Promenadenfest II.
- **Heiligenhafen:** Weinfest; Drachenbootrennen.
- **Maasholm:** Hafenfest.
- **Niendorf:** Störtebeker Kinderfest.
- **Scharbeutz:** Zehnteles Schlotzenfest (Schwäbisches Weindorf)
- **Schleswig:** Wikingertage, Anfang des Monats wird die Welt der Wikinger direkt an der Schlei wieder aufgebaut, legen Wikingerschiffe aus Skandinavien an, wird Alltagsgeschehen nachgestellt und auf historischen Instrumenten musiziert.
- **Schönberg:** Western- und Trapperlager am Museumsbahnhof.
- **Schönberg:** Fischerfest.
- **Travemünde:** St.-Lorenz-Markt, Altstadtfest.

September

- **Dahme:** Fischerbudenfest
- **Damp:** Drachenfest, alljährlich kommen sehr viele Menschen an den Strand von Damp, um die größten und ausgefallensten Drachen zu bestaunen.
- **Eckernförde:** Green Screen, einzigartiges kleines Festival internationaler Naturfilme. Ausgesuchte Filme werden sogar vorher in bestimmten Städten im Lande gezeigt. Infos: www.greenscreen-festival.de.
- **Fehmarn:** Drachenfest, Mitte des Monats, ein Riesenspektakel mit den fantasievollsten Drachen überhaupt; *Harley-Davidson*-Treffen.
- **Flensburg:** Fördewoche, tägliche Segelregatta mit anschließender Party; Herbstmarkt.
- **Heiligenhafen:** Hafengeburtstag.
- **Lübeck:** Altstadtfest, findet alle zwei Jahre statt (2018, 2020 etc.)

[<] Piratentage in Eckernförde:
Wer war nochmal Jack Sparrow?

Tipps für Kinder

Immer nur im Sand buddeln? Den Möwen bei ihrem stolzen Spaziergang am Strand zuschauen? Ein Eis schlecken, morgens zum Strand und am Abend zurück? Das wird selbst den geduldigsten Kindern irgendwann einmal zu langweilig. Dem kann man vorbeugen und ein paar **Ausflüge** unternehmen, die gezielt **Abwechslung** und **Unterhaltung** nicht nur für die Kinder versprechen. Im Anschluss folgt eine Aufzählung von Ausflugstipps, genauere Erläuterungen sind bei den jeweiligen Orten zu finden.

Ausflugstipps

- **Segelkurse** in Travemünde, einige Veranstalter bieten Schnupperkurse für Kinder an.
- **Wasserskilaufen** in Süsel, nichts für ganz Kleine.
- **Kindertobestunde im Wellenbad** von Heiligenhafen, frei nach dem Motto: „Alle Macht den Kindern" können sie endlich mal nach Herzenslust herumtoben, ohne dass ein gestrenger Bademeister sie gleich zurückpfeift.
- **Eselspark** Nessendorf bei Hohwacht.
- **Museumsbahn** in Schönberg, eine historische Bahn dampft in den Sommermonaten durch die Landschaft zum Strand.
- **Kinderhafen** in Dahme, eine Spielscheune direkt am Strand.
- **Kindheitsmuseum** in Schönberg, ein Museum, das 100 Jahre Kindheit und Spielzeug reflektiert.
- **Erkundung der Stadt Lübeck** nur für Kinder, in historischen Trachten wird das alte Lübeck mit seinen Geheimnissen erforscht, eine Entdeckungsreise ins Mittelalter.
- **Barfuß-Park** im kleinen Ort Schwackendorf (unweit von Kappeln). Auf einem insgesamt 1,5 km langen Tast-Pfad mit diversen Stationen und unterschiedlichen Untergründen können Besucher ihren Füßen eine völlig neue Erfahrung gönnen.
- **Tierpark** Gettorf bei Eckernförde, ein mittelgroßer Zoo, auch in Grömitz befindet sich ein kleiner Zoo namens „Arche Noah".
- **Tierpark Warder** bei Kiel, hier werden heimische und nordeuropäische Tiere gehalten.
- **Wikingermuseum** Haithabu in Schleswig, die Welt der Wikinger wird hier anschaulich dargebracht.
- **TolkSchau** in Tolk bei Schleswig, ein Freizeitpark mit einer Vielzahl von „kleinen" Attraktionen, also keinen spektakulären Fahranlagen.
- **Museumsbahn** Süderbrarup – Kappeln, tuckert in den Sommermonaten durch die wunderschöne Angelner Landschaft bis zum Hafen von Kappeln.
- **Hansa-Park** Sierksdorf, ein Freizeit- und Erlebnispark mit einer Vielzahl von spektakulären Attraktionen, nicht nur für Kinder ein Heidenspaß.
- **Abenteuerspielplatz** bei Wendtorf, auf 2,5 Hektar können sich die Kleinen austoben.
- **Karl-May-Spiele** in Bad Segeberg, im Sommer kämpfen *Old Shatterhand* und *Winnetou* gegen die Bösewichter des Wilden Westens, jedes Jahr ein anderes Programm.

Mein Tipp: In praktisch jedem Zoo und auch in vielen Museen gibt es **Kinder-Rallye-Bögen.** Dort haben die Betreiber Fragebögen entwickelt, mit denen die Kinder geschickt durch die Anlage gelotst werden. Sie müssen unterwegs Fragen beantworten und dazu gezielt bestimmte Punkte anlaufen, der gefürchtete Langeweile-Quengel-Effekt kommt so gar nicht erst auf.

> Auf Fehmarn

729sh ct

Tipps für Regentage

Spaßbäder

Wenn es draußen „pladdert", dann muss man sich irgendwo „drinnen" aufhalten, warum nicht in einem Spaßbad? Hier einige Anregungen, wo man baden und planschen kann, genauere Informationen finden Sie bei den jeweiligen Orten.

- **Grömitzer Welle** in Grömitz.
- **Ostseetherme** in Scharbeutz.
- **Subtropisches Badeparadies** am Weissenhäuser Strand.
- **Meerwasserschwimmbad** in Niendorf.
- **Badelandschaft Fördeland Therme** in Glücksburg.

Theater und Ausstellungen

Regentage kann man sich auch mit dem Besuch in einem der nachfolgend aufgeführten interessanten Orten vertreiben:

- **Figurentheater** in Lübeck, der Welt des Kasperltheaters, der Marionetten und anderer Spielfiguren wird hier ein eigenes Museum gewidmet, außerdem finden regelmäßig Vorführungen in einem kleinen Puppentheater statt.
- **Haus der Natur** in Cismar bei Grömitz, die größte Muschelsammlung weit und breit, außerdem werden viele heimische Tierarten erklärt.
- **Meereszentrum** in Burg auf Fehmarn, exotische Fische schwimmen in unzähligen Aquarien, Star des Zentrums ist aber eindeutig das Haibecken.
- **Sea Life Center** in Timmendorf, es werden exotische Fische gezeigt, die man hautnah betrachten kann, so beispielsweise durch Glaskuppeln, die ins Becken hereinragen. Spektakulär ist auch der Tunnel, durch den der Besucher auf dem Boden eines Beckens durchgehen kann, während oben die Fische über einem schwimmen.

Kosten

Unterkunft

Ist die Ostsee ein teures Pflaster? Im Prinzip nein, aber einige Punkte sollten bei der Planung bedacht werden, dann halten sich etliche Ausgaben in Grenzen. Wahrscheinlich wird eine Familie ihren zweiwöchigen Urlaub eher nicht in einem Hotel oder einer Pension verbringen, sondern auf einem Campingplatz oder in einer FeWo. Zum Thema **Camping** muss nichts gesagt werden, billiger kann man nur noch wild am Strand nächtigen. Eine **Ferienwohnung** kostet schon so um die 50 bis 100 € pro Tag, nach unten dürfte es wenig Spielraum geben, nach oben schon eher. Wer außerhalb der Ferienzeiten reisen kann, dürfte hier so manchen Euro sparen können.

⟩ Lübeck – am Hafen

Versorgung

Das klingt nach viel, aber wenn man es über den langen Zeitraum betrachtet, relativiert sich die Höhe der Kosten. Denn FeWo-Urlauber versorgen sich selbst, und das klappt auch wunderbar. Praktisch jeder halbwegs größere Ort hat einen **Supermarkt** z.B. *Aldi, Lidl* oder *Penny,* dort kaufen die meisten Urlauber ein, und dann werden die Mahlzeiten selbst zubereitet.

Selbst wer sich ein Glas Bier an der Strandpromenade gönnt oder abends mal die örtliche Fischplatte probieren will, wird nicht erschrocken zurückzucken, „Sylter" Preise sind selten zu finden, alles bleibt im Rahmen. Die meisten **Restaurants** glänzen nicht mit teuren Gerichten, sie wollen eher die breite Masse anlocken. Allerdings gibt es auch einige ganz hervorragende Landgasthöfe, die nicht selten traumhaft schön gelegen sind und für die es sich lohnt, ein paar Kilometer zu fahren.

Strandkorb

Der Strandbesuch fordert zweimal sein monetäres Recht, einen Strandkorb kann man mieten, die Kurtaxe muss bezahlt werden. Ist ein Strandkorb nötig? Nicht unbedingt, aber wenn es einmal bedeckten Himmel gibt und der Wind etwas stärker bläst, kühlt der Sonnenanbeter doch schnell aus. Dann den Strandkorb in den Wind drehen und

732sh ct

sich hineinfläzen ist einfach göttlich. **Preis:** 5–8 € pro Tag, Wochenpreise bei ungefähr 35 €.

Kurtaxe

Und dann wäre da noch die Kurtaxe. Meere von Tinte sind bereits vergossen worden, sowohl von schimpfenden Kritikern als auch von sich rechtfertigenden Kurdirektoren. Wer die jeweiligen Prospekte durchblättert, gewinnt den Eindruck, dass die kleineren Orte den größten **Rechtfertigungsdruck** haben. Vielleicht, weil das Kurangebot doch manchmal arg dünn ausfällt.

Was, wenn nun der Gast sagt, er wolle all die **Kurangebote** gar nicht nutzen, er wolle nur baden. Ist nicht, belehrt §3, Absatz 2, der Kurabgabesatzung: „Die Kurabgabe ist ohne Rücksicht darauf zu zahlen, ob und in welchem Umfang die öffentlichen Kur- und Erholungseinrichtungen benutzt werden". Der „Stern" bezeichnete die Kurtaxe mal als „moderne Strandräuberei", es hagelte Proteste!

Die Kurtaxe wird nicht überall erhoben, dort, wo man drauf verzichtet (Damp, Hasselberg), hat man ein neues Werbemittel gefunden: **„Kurtaxenfrei!"**

Wie viel beträgt denn nun die **Höhe** der Kurtaxe? Zwischen 1 und 3 Euro pro Tag und Person. Kinder zahlen immer weniger oder auch gar nichts.

Hartnäckig hält sich jenes Gerücht, das besagt, dass die Kurdirektoren einmal im Jahr die Vertreter des **Preußischen Landtages** hochleben lassen. Diese hatten 1893 verfügt, dass Gemeinden von Bade- und Kurorten Vergütungen erheben dürfen, um Kureinrichtungen zu unterhalten. Seitdem wird gezahlt.

Es gibt entlang der Schleswig-Holsteinischen Ostseeküste in 17 kurtaxepflichtigen Orten eine optisch einheitliche **Ostseecard.** Diese Karte ermöglicht den freien Strandbesuch in allen teilnehmenden Orten sowie weitere Leistungen wie Rabatte beim Einkauf oder in der Gastronomie. Wer möchte, kann außerdem weitere Pakete zusätzlich erwerben und auf die Karte buchen lassen. Er erhält dafür Ermäßigungen bei einer Vielzahl von Anbietern (Aquarien, Freizeitparks, Kultureinrichtungen). Die Höhe der Kurtaxe bleibt in den einzelnen Orten aber weiterhin unterschiedlich.

■ **Infos:** www.ostseecard.de

Einkaufen und Souvenirs

In praktisch allen Ferienorten gibt es kleine oder größere **Supermärkte,** in denen man Dinge des täglichen Bedarfs bekommt. Da im Lande die sogenannte Bäderregelung greift, können sehr viele Geschäfte auch **am Sonntag öffnen,** zumindest in der Saison. Vor allem in den

▷ „Rosenhaus" in Eutin

733sh mux

größeren Ferienorten gibt es kleine **Boutiquen** oder Fachgeschäfte, die Bekleidung oder für Touristen interessante Waren anbieten. Je kleiner der Urlaubsort, desto geringer ist aber das Angebot.

Im nahen Hinterland befinden sich zahlreiche **Hofläden** auf Bauernhöfen, die ihre eigenen landwirtschaftlichen Produkte anbieten oder Lebensmittel aus der Region vertreiben. Ein Einkauf dort ist meist ein besonderes Erlebnis, zumal viele Höfe selbst produzierte Waren und Lebensmittel verkaufen, die man sonst nirgends bekommt. So ist **Schinken** direkt aus der Räucherei nicht nur ein kulinarischer Genuss, sondern wegen seiner Haltbarkeit auch ein schönes Mitbringsel. **Marmeladen, Liköre** oder **Säfte** sind beliebte Produkte, die man vielerorts direkt beim Obstbauern erstehen kann.

Das Angebot an für Schleswig-Holstein typischen Souvenirs ist ansonsten überschaubar. Die klassischen maritimen Schmuckstücke wie **Buddelschiffe, Muscheln** oder **Seesterne** sind natürlich in allen Küstenorten erhältlich. Sehr beliebt ist auch Bernstein. Spezielle Geschäfte, die **Schmuck aus Bernstein** in allen Variationen anbieten, gibt es z.B. in Burg auf Fehmarn. Flensburg hat eine lange Tradition der Rum-Herstellung, noch heute gibt es dort kleine Fabriken, die **Rum** produzieren und in eigenen Läden verkaufen.

Ein wohl bekanntes Produkt ist **Marzipan,** das in Lübeck hergestellt wird. *Niederegger* ist nicht der einzige Lübecker Marzipan-Hersteller, aber es ist wohl die bekannteste Marke. In der Lübecker City befindet sich eine große Niederlassung, aber man bekommt das Marzipan in vielen Geschäften überall im Lande.

Museen

Im Folgenden eine Übersicht zu interessanten Museen der Region. (Genauere Angaben siehe Ortsbeschreibungen.)

Geschichtsmuseen

- **Danewerksmuseum** bei Schleswig, erinnert an den jahrhundertealten Grenzdamm zwischen Dänemark und Holstein.
- **Eiszeitmuseum** in Lütjenburg, zeigt die ganz frühe Geschichte des Landes.
- **Freilichtmuseum Molfsee** bei Kiel, historische Häuser, Mühlen, Hofanlagen aus ganz Schleswig-Holstein.
- **Turmhügelburg** in Lütjenburg, Rekonstruktion einer mittelalterlichen Burganlage.
- **Unewatt,** ein lebendiges Museum in einem bewohnten gleichnamigen Dorf, in dem mehrere historische Häuser besichtigt werden können.
- **Wallmuseum** in Oldenburg, erinnert an die slawische Zeit in Ostholstein.
- **Wikingermuseum Haithabu** in Schleswig, zeigt die Zeit und Kultur der wilden Nordmänner.
- **Museumskomplex Schloss Gottorf** in Schleswig, Moorleichen und Kunsthistorisches gibt es hier zu sehen.

Museen zu Schriftstellern und Künstlern

- **Günter Grass:** Lübeck
- **Heinrich** und **Thomas Mann:** Lübeck

[>] Im Naturschutzgebiet Wallnau auf Fehmarn

Technische Museen und Sehenswürdigkeiten

- **Schifffahrtsmuseum Kiel,** die Geschichte des Kieler Hafens wird anschaulich erklärt, die Ausstellung enthält viele Modelle, überdimensionale Bilder und original Handwerkszeug der Schiffsbauer.
- **Klappbrücken** in Kappeln und Lindaunis.
- **Sperrwerke** der Eider und Stör, jeweils mit Klappbrücke.
- **Museumshäfen** in Kiel, Lübeck und Flensburg.
- **U-Boot** in Laboe.
- **Kanalschleuse** des Nord-Ostsee-Kanals Kiel-Holtenau.

Sport und Aktivitäten

Baden

Im Land zwischen den Meeren kann man natürlich sehr schön baden. Strände und Zugänge zum Wasser gibt es überall. An der **Ostsee gibt es keine Gezeiten,** was bedeutet, dass man praktisch zu jeder Zeit baden kann, etwas, was so

734sh ct

USA
55877

an der Nordsee nicht geht. Speziell im **südlichen Bereich** dieser Küste haben die Ferienorte **sehr schöne Sandstrände,** während die nördlichen Ostseestrände nicht selten kieselig oder gar steinig sind. Baden kann man natürlich dennoch, es fehlt eben nur vereinzelt ein feiner, heller Sandstrand.

In der **Holsteinischen Schweiz** und im Binnenland liegen zahlreiche **Seen.** Die meisten haben eine Badestelle, über die man gefahrlos ins Wasser gelangt. Einfach irgendwo drauflos schwimmen sollte man nicht. Manche Seen sind sehr tief und damit kalt. Wenn einen dann die Kräfte verlassen, kann es ein (zu) weiter Weg zum Land sein und Retter müssen den Verunglückten auch erst einmal erreichen. Es ertrinken leider immer wieder Menschen an unseren Küsten und Seen, deshalb sollten Urlauber sich wirklich nur im bewachten Badebereich aufhalten.

< Die Ostsee ist ein Seglerparadies

Surfen und Kite-Surfen

An der Ostsee gibt es mehrere gute Surfstellen, vor allem auf **Fehmarn.** Dort sind mehrere Surfspots zu finden, sowohl für Könner als auch sehr flache Reviere für Einsteiger. Auf dem Festland gibt es beliebte Spots bei **Pelzerhaken** (nahe Neustadt) und in **Friedrichsort** bzw. Schönberg (beide bei Kiel). Auch an der **Eckernförder Bucht** wird gesurft. Für Einsteiger eignen sich aber auch viele andere Orte. **Surfschulen** gibt es vor allem an der Lübecker Bucht.

Segeln

Die **Ostsee** ist ein herrliches Segelrevier, wohl mehrere Tausend Freizeitkapitäne haben in einem der zahlreichen Häfen ihr Schiff liegen. Nicht wenige unternehmen am Wochenende einen Törn hinüber nach Dänemark oder kreuzen vor der Küste, übernachten in einem fremden Hafen, bevor es wieder zurückgeht.

Segelschulen finden sich in etlichen Orten, so unter anderem in **Grömitz, Maasholm, Heiligenhafen, Timmendorfer Strand, Kiel** und **Hohwacht.** Eine **Übersicht** über die Segelschulen an der Ostsee findet man im Internet unter www.ostsee-schleswigholstein.de/de/segelschulen-ostsee-sh.

Radfahren

Schleswig-Holstein eignet sich sehr gut zum Radfahren. Das Land ist überwiegend flach (Ausnahme: die Holsteinische Schweiz). Es gibt sehr viele wenig befahrene Nebenstraßen, und durch das Land führen mehrere Radfernwege. Einziger Haken ist allerdings der fast ständig wehende **Wind,** der natürlich meist von vorn kommt.

Der **Ostseeküsten-Radweg** (449 km) war einer der ersten Radfernwege im Land. Er verläuft immer entlang der Ostseeküste zwischen Lübeck und Flensburg und passiert zahlreiche Ferienorte. Man hat so überall Zugang zu Unterkünften, Lokalen und Stränden.

Wandern

Eine klassische Wanderregion ist die Ostseeküste Schleswig-Holsteins eher nicht. Dennoch kann man hier tolle Wanderungen unternehmen, beispielsweise zwischen Kiel und Eckernförde und weiter bis Damp. Dort wandert man teilweise sehr schön über Kliffkanten und naturbelassene Strände, die man sonst kaum erreicht.

Teile des **Jakobsweges** verlaufen durch Schleswig-Holstein. Wer ihn also mal ausprobieren will und nicht gleich den klassischen Jakobsweg durch Nordspanien gehen möchte, hat zwei Möglichkeiten: Ein Streckenteil der **Via Scandinavica** verläuft von Fehmarn kommend entlang der Ostseeküste nach Lübeck und führt weiter bis nach Göttingen und Eisenach. Eine zweite Route heißt **Via Jutlandica,** sie kommt aus Dänemark und verläuft von Flensburg auf zwei möglichen Strecken durchs Land: bis Lübeck oder nach Glückstadt, wo es auf der anderen Elbseite weitergeht.

Schiffstouren

An der Ostsee werden hauptsächlich **kurze Ausflugsfahrten** angeboten. Die Schiffe fahren an der Küste entlang zum Nachbarort oder ein Stückchen weiter und drehen schließlich wieder um. Von **Kiel** aus kann man Ausflugsfahrten bis in den Nord-Ostsee-Kanal buchen, von **Schleswig** aus werden Fahrten auf der Schlei angeboten, teilweise bis zur Mündung. Auch von **Flensburg** kann man einen Kurz-Törn auf der Förde machen, eine Schiffsverbindung nach Dänemark gibt es nicht mehr. Auf den größeren **Seen der Holsteinischen Schweiz** verkehren mehrere Ausflugsschiffe. Die bekannteste Tour dürfte die **5-Seen-Fahrt** sein, die in Plön bzw. Malente startet. Auch die **Große-Plöner-See-Rundfahrt** ist sicher ein Klassiker.

736sh hj

◁ Auf der Wanderstrecke Kiel – Damp

305sh hj

9 Menschen und Natur

Gelbe Raps-Pracht in Ostholstein

Geschichte

Frühgeschichte

Die **ersten Menschen** kamen wohl vor grob 14.000 Jahren gegen Ende der Weichseleiszeit ins spätere Schleswig-Holstein, als sich in der unwirtlichen Landschaft allmählich eine subarktische Pflanzen- und Tierwelt ausbreitete (u.a. Mammuts und Wollnashörner). Frühe nomadisch lebende **Jäger und Sammler** sicherten sich ihr Überleben vorwiegend durch die Jagd auf Rentiere.

Als nach etlichen Jahrhunderten das Klima dann milder wurde, ließen sich Menschen dauerhaft in der Gegend nieder. Während des Neolithikums entwickelten sie erste Formen **bäuerlicher Wirtschaft.** Eine Vielzahl neuer Werkzeuge und Waffen wurde benutzt, wie archäologische Funde aus dieser Epoche beweisen. Auch einige **Hügelgräber** aus der Steinzeit sind erhalten (vor allem um Albersdorf, dort ist ein Freilichtmuseum).

Von der sich anschließenden **Bronzezeit** (ca. 2200–800 v. Chr.), in der sich Handel und Handwerk weiterentwickelten, zeugen Fundstücke wie Werkzeuge (bronzene Sicheln), Schmuck und Waffen. Die Epoche ab ca. 800 v. Chr. wird schließlich als **Eisenzeit** bezeichnet, Funde beweisen, dass auch in Ostholstein geschmiedet wurde. Der Einsatz des Pferdes als Reittier förderte Transport und Mobilität.

Über die Jahrhunderte um die Zeitenwende liegen kaum relevante historische Daten vor. Erst mit dem 7. und 8. Jh. wird das Geschichtsbuch von Schleswig-Holstein wieder interessant.

Volksstämme

Etwa um 600 wanderten **Slawen** in das östliche Gebiet des heutigen Schleswig-Holstein ein. Etwa zwischen dem 7. und 10. Jh. zog es **Friesen** an die Westküste. Von Norden her kamen im 9. Jh. **Dänen** und **Jüten,** sie siedelten sich in der Umgebung von Schleswig an.

Im Osten des Landes wanderten im 7. und 8. Jh. weitere slawische Stämme in das Gebiet ein. Vor allem **Abodriten** kamen, aber auch **Polaben** und **Wagrier.** Letztere siedelten sich in Starigrad an, dem heutigen Oldenburg. Aber nicht nur dort, eigentlich besiedelten sie ganz Ostholstein, weshalb die Gegend auch noch heute teilweise Wagrien genannt wird. Die Polaben verblieben überwiegend südlich der Trave, die Abodriten im Mecklenburger Bereich.

Die Slawen lebten meist in kleinen Gemeinschaften und Dörfern, gruppiert um eine **Burg.** Etwa 50 solcher Festungen konnte die Wissenschaft lokalisieren, die bekannteste unter ihnen Starigrad. Diese Burgen waren keine Gebäude im heutigen Wortsinn: Sie bestanden zumeist nur aus riesigen **Erdwällen** mit einem massiven Tor; der Durchmesser betrug etwa hundert Meter. Durch Holzpalisaden wurden die Wälle, die aus stra-

> Szene aus der Zeit der slawischen Besiedlung im Wallmuseum Oldenburg

737sh hj

tegischen Erwägungen oft am Rande von Seen und Sümpfen errichtet wurden, zusätzlich abgesichert. Den Grundaufbau einer solchen Burg kann man im Wallmuseum in Oldenburg besichtigen.

Die slawischen Stämme widersetzten sich mehrere Jahrhunderte der Christianisierung in teils blutigen Kämpfen, bis sie sich im 12. Jh. dann doch dem christlichen Glauben unterwerfen mussten und ihre Eigenständigkeit verloren. Heute sind aus dieser Zeit nur wenige Ortsnamen übriggeblieben, ein kulturelles slawisches Erbe existiert nicht mehr.

An der Westküste siedelten **Dithmarscher und Friesen.** Sie entwickelten sich anders und konnten ihre Lebensweise in die heutige Zeit retten. Die Friesen wurden vielfach erfolgreiche **Seeleute,** die Dithmarscher überwiegend erfolgreiche **Bauern.** Die Friesen wurden schon früh (im 11. Jh.) von den Dänen „geschluckt", was ihnen aber nichts ausmachte. Sie sprachen weiter ihre eigene Sprache, pflegten ihre Deiche und schickten ihre Söhne als Kapitäne auf die Weltmeere.

Handelsplatz Haithabu

Die Dänen gründeten um das Jahr 770 eine für die damalige Zeit sehr bedeutende Handelsstadt, Haithabu. In dem Dörflein am Ende der Schlei herrschte König *Göttrik.* Zufällig erkannte er, dass die Lage dieses Ortes hervorragende Möglichkeiten bot, immerhin ließ sich über kleine Zuflüsse recht schnell die Eider erreichen, und die fließt in die Nordsee. Somit war es möglich, Handels-

waren von der Ostsee über die Schlei nach Haithabu zu segeln, ein kurzes Stück über Land zu transportieren und dann wieder auf Schiffen via Eider in die Nordsee zu bringen. Haithabu nahm ganz schnell eine dominierende Stellung im **Transithandel** ein, obendrein verlief eine alte Nord-Süd-Straße unweit von Haithabu. Die Chronik vermeldet stolz, dass Haithabu im 9. und 10. Jh. die erste Stadt Nordeuropas war und bedeutendster Handelsplatz, resultierend aus den beiden Handelsrouten, die sich in Haithabu trafen.

Missionierungsversuche

Der südliche Teil des Landes (d.h. die südlich des Flusses Eider gelegenen Gebiete) gehörte zum **Frankenreich,** und von dort wurden erste Missionierungsversuche unternommen. Eine der zu Anfang des 9. Jh. gegründeten Missionskirchen war ein Flecken namens Hamburg. Von dort brach um 850 der mutige **Mönch Ansgar** auf und erreichte schließlich Haithabu. Er schaffte es nach einigen Widerständen tatsächlich, eine **christliche Kirche** dort zu errichten. Haithabus Macht wuchs beständig, aus dem Handelsplatz wurde ein Sammelplatz für die **Wikinger.** Diese zogen zwar nicht ausschließlich auf Raubfahrten, aber allzu oft wurden die Mannschaften in Haithabu zusammengestellt. (845 z.B. erreichten die Wikinger Hamburg und schlugen den Ort kurz und klein.)

Das ging so weiter, bis den anderen Herrschern der Kragen platzte. 934 schickte Frankenkönig *Heinrich II.* ein starkes Heer und der Herrscher von Haithabu, *Knuba,* wurde besiegt. Als Strafe musste er Tribut zahlen, und, wahrscheinlich die damals schlimmere Strafe, er musste sich taufen lassen. Etwas später nahm auch Dänenkönig *Harald Blauzahn* das Christentum an. Die fränkischen Missionare konnten ungestört weiter nach Norden zu den Dänen vordringen, Haithabu wurde 947 endgültig ein **christliches Bistum.**

Keine hundert Jahre später verlor der neue Herrscher *Otto II.* seine Macht im Gebiet nördlich der Eider wieder an die **Dänen** und musste sich bis hinter die Ei-

Nahe dem Museum von Haithabu wurde eine Wikingersiedlung nachgebaut

436sh mux

738sh hj

der zurückziehen. Gleichzeitig plünderten die dänischen Wikinger unter *Sven Gabelbart* große Landstriche in Europa, u.a. auch England. Das Gebiet um Haithabu war nun also erneut dänisch und wurde **Südjütland** genannt, bis sich das Blatt etwa ein halbes Jahrhundert später abermals wendete. 1050 wurde Haithabu von *Harald dem Harten* aus Norwegen überfallen und ein paar Jahre später zerstörten es slawische Krieger endgültig.

Schauenburger in Holstein

Ein Zeitsprung ins Jahr 1111, den Grafen von Schauenburg wurde das Land nördlich der Elbe als Lehen zugesprochen, also sollte es auch unterworfen und besiedelt werden. Keine leichte Aufgabe, wer lässt sich schon gern unterjochen, wenn er von alters her die freien Tagungen aller Gemeindemitglieder gewohnt war? Obendrein sollten die immer noch in Ostholstein (Wagrien) lebenden **Slawen christianisiert** werden, auch das gelang nur mühsam. Wenn es aber mal wieder soweit war und ein kleiner Fürst sich zur Taufe überreden ließ, wurde sofort eine neue Siedlung und Festung errichtet. So entstand 1143 **Lübeck.** Etwa um 1150 galt Wagrien, also das Gebiet zwischen Kiel und der Lübekker Bucht, als befriedet, alles schien einen ruhigen Gang zu gehen.

☐ Ansgar – Missionar des Nordens

Dänische Eroberungen

Aber dann schlugen die Dänen noch einmal kräftig zu. 1180 wurde der deutsche Kaiser **Heinrich der Löwe** gestürzt, ein Streit um Macht und Ländereien entbrannte, den die Dänen für sich ausnutzten. Sie schauten nicht lange zu, *König Knud IV.* marschierte los und eroberte Pommern, Mecklenburg und Rügen. Und da er gerade so schön in Fahrt war, ging es gleich weiter. Bis **Hamburg** fiel das gesamte Gebiet an die Dänen, die errangen schließlich sogar in Estland die Herrschaft.

Dänische Schwäche

Damit hatten sie ein riesiges Gebiet besetzt, das konnte nicht lange gutgehen, die Dänen waren zu schwach, dieses zu große Gebiet zu kontrollieren. Am 22. Juli 1227 kam es zu einer entscheidenden **Schlacht bei Bornhöved** (10 Kilometer östlich von Neumünster). Eine Gruppe lokaler Fürsten schloss sich zusammen und besiegte das Besatzungsheer, die Dänen mussten ihre Eroberungen preisgeben und zogen sich hinter die Eider zurück, die wieder die Grenze zu Dänemark bildete.

Stadtgründungen in Holstein

Die Schauenburger Grafen regierten wieder zwischen Elbe und Eider, besiedelten und verwalteten planmäßig. So **entstanden** im 13. Jahrhundert **etliche Orte** im östlichen Holstein, wie beispielsweise Segeberg, Rendsburg, Plön, Neustadt und 1242 die Holstenstadt „tom Kyle“ (Kiel).

Aufruhr gegen die Dänen in Schleswig

Das nördlich der Eider gelegene Gebiet wurde Schleswig genannt. Hier regierten die dänischen Könige, aber im Laufe der Zeit zerbröckelte deren Macht. Die **Herzöge von Schleswig** fühlten sich stark, Spannungen entstanden zum dänischen Königshaus. Es ging um Geld (Zölle und Abgaben), die **Schauenburger** flüsterten von Süden ein und schickten später Siedler in das wenig bewohnte Gebiet zwischen Schlei und Eider. Die Lage war verworren, es ging mehrfach um Erbteilung, woraus sich bis zu fünf unterschiedliche **Teil-Grafschaften** bildeten im 13. Jh. Die dänischen Herrscher wollten ihrerseits das ganze Land beherrschen, was aber nur teilweise gelang und immer wieder zu kriegerischen Auseinandersetzungen führte. Bis 1326 schmolzen dann die fünf Teil-Grafschaften auf zwei zusammen. Hier zeichnete sich vor allem **Graf Gerhard III. von Holstein-Rendsburg** aus, der kurzfristig sogar Schleswig als Lehen erhielt. Damit wurden große Teile der Grafschaften Holstein und des Herzogtums Schleswig von einem Herrscher regiert, erstmals in der Landesgeschichte. Diese Phase dauerte aber nur kurze Zeit, denn bereits 1340 starb *Gerhard III.* in einer Schlacht. Seine Söhne mussten Kompromisse mit den Dänen eingehen, die Lage wurde erneut kompliziert. Über ziemlich genau hundert Jahre wurde nun erheblich gestritten, teilweise gekämpft, oft geschworen, das Land als Lehen weggegeben und später zurückgefordert. Die **Hansestädte** mischten auch mit, da sie Ruhe schaffen wollten, um günstige Bedingungen für ihre Handelstätigkeiten zu haben.

Schleswig und Holstein vereint

1439 wurde der dänische König *Erich* vom Thron abgesetzt und flüchtete. Sein Nachfolger, *Christoph III.*, trat am 13. April 1440 das Schleswiger Lehen an den **Schauenburger Herzog Adolf VIII.** ab. Ab diesem Zeitpunkt war Schleswig mit Holstein tatsächlich vereint und wurde von einem Herrscher regiert. Herzog *Adolf VIII.* starb 1459, und leider hatte er keinen Erben. Das frisch vereinte Land stand erneut zur Disposition, wurde aber erstmalig nach friedlichen Verhandlungen 1460 einem Herrscher zugeschlagen, erneut einem Dänen, **König Christian I.** Dieser musste sich aber in einem umfangreichen Vertrag verpflichten, beide Länder „auf ewig ungeteilt“ zu belassen. Diese Forderung konnte gegen den Dänenkönig im **Vertrag von Ripen** durchgesetzt werden. Dieser Vertrag vom 5. März 1460 trägt das königliche Siegel und 17 weitere kleinere Siegel der einzelnen Räte (es ist heute im Landesmuseum Schloss Gottorf in Schleswig ausgestellt). Und hier steht der entscheidende Satz, dass Schleswig und Holstein **auf ewig vereint** sein müssten („Dat se blievenewichtosamendeungedeelt“), oder wie es verkürzt als Schlagwort und auch Schlachtruf bis heute heißt: **„upewichungedeelt“**. Das klappte zwar in den

Folgejahren nicht immer, war aber für die meisten Herrscher die politische Maxime des Handelns. Heute stellt es natürlich niemand mehr in Frage. Durch diesen Vertrag wurde Schleswig-Holstein aber auch in die Auseinandersetzungen der Dänen hineingezogen, was sich in späteren Jahren noch verhängnisvoll auswirken sollte. Außerdem sorgten die komplizierten Details dieser Vereinbarung in den einzelnen Grafschaften rasch für Unzufriedenheit.

Teilung des Landes

Christian I. starb 1481, die Streitereien begannen erneut. Diesmal stritten sich mehrere Parteien so lange, bis das Land geteilt wurde. Aber nicht, wie schon mehrfach geschehen, entlang der Eider, nein, diesmal wurde das **Land streifenförmig zerlegt.** Das war 1490, und diese eigenwillige Grenzziehung hielt genau 34 Jahre. 1524 zog ein Herzog namens **Friedrich** in Kopenhagen ein, sorgte für Ruhe und Ordnung und wurde zum König gekrönt. Damit war die erste Teilung schon wieder aufgehoben.

Natürlich blieb es nicht dabei, der Streit ging weiter, und 1544 musste der jetzt regierende *Christian III.* **erneut** einer **Teilung** zustimmen, diesmal sogar in drei Teile.

Schwedische Besetzung

Schließlich tauchte ein neuer Machthaber auf, die Schweden kamen, 1643 **besetzten** sie weite Teile des **südlichen Holsteins.** Jetzt wurde es gänzlich bunt, Kriege, Verbindungen, Geheimverträge, Friedensverhandlungen lösten einander ab, jeder kämpfte gegen jeden und verbündete sich mal hier, mal da. So sah es zumindest aus, folgte aber einer inneren Logik, die da hieß: Kampf um Machterhalt. Jeder Herrscher wollte seine Macht sichern und möglichst erweitern, der Ostseeraum war heiß umkämpftes Pflaster. 1720 kam es wieder einmal zu einem umfangreichen **Friedensvertrag,** die Schweden zogen sich zurück, Dänemark blieb ein mächtiger Staat mit großem Territorium. Wirtschaftlich waren diese ständigen Kriege für das Land verheerend. Die Landwirtschaft konnte sich kaum entwickeln, die Städte lebten in ständiger Angst vor Bedrohungen. In Ostholstein etablierten sich große **Rittergüter** und die Leibeigenschaft, die 1614 sogar offiziell erlaubt wurde. Nur an der Westküste, an der Nordseeküste, konnte sich diese Form der Herrschaft nie durchsetzen. In **Dithmarschen** entwickelte sich die Geschichte ganz anders.

Dithmarschen

Von dieser geschichtlichen Entwicklung gibt es eine Ausnahme, denn in Dithmarschen an der Nordseeküste (das Gebiet um Heide) entwickelten sich die Dinge anders, zumindest für einige Jahrzehnte. Dithmarschen geriet 1062 ins **Machtgebiet des Herzogs von Stade.** Jener hockte aber auf der anderen Seite der Elbe im heutigen Niedersächsischen und kümmerte sich herzlich wenig um das „ferne" Dithmarschen. Ein Stellvertreter regelte die Geschäfte und hatte freie Hand.

Das ging etliche Jahre einigermaßen gut, dann aber herrschte ein gewisser Graf *Rudolf*, und die Sache nahm ein böses Ende. Man schrieb das Jahr 1144, besagter Graf forderte einfach zu viel von seinen Bauern, da schlugen ihn die Dithmarscher kurzerhand tot. Daraufhin ließ man die Dithmarscher einige Zeit weitgehend in Ruhe. Die Christianisierung bescherte dem Land derweil **erste Kirchen.** Nach Meldorf, wo Anfang des 9. Jh. das Kreuz errichtet wurde, waren im 13. Jh. weitere Orte in Dithmarschen dran. Bis zum Ende jenes Jahrhunderts standen immerhin 15 (nach anderen Quellen sogar 19) Kirchen, die auch eine gewisse politische Macht ausübten, aber nicht überall. Reiche Großbauern hatten vor allem im südlichen Dithmarschen das Sagen. Sie deichten ihre fruchtbaren Marschböden ein und besiedelten wertvolles Weideland, was der Grundstock ihres Reichtums war.

Ein weiteres Merkmal waren die sogenannten **Geschlechter.** Dabei handelte es sich um Siedlungsgemeinschaften, die zwischen 1000 und 1200 entstanden. Die einzelnen Geschlechter hielten fest zueinander. Der Gedanke der Blutrache wurde genauso gepflegt wie Zusammenhalt bei der Bedrohung durch äußere Feinde. Und diese konnten schon im Nachbardorf sitzen. Gegen diese Geschlechter versuchten sich die Kirchspielgemeinden zu etablieren. Die saßen interessanterweise im nördlichen Dithmarschen, die Geschlechter mehr im südlichen Teil.

Unterdessen warfen sowohl die Dänen als auch die im restlichen Land regierenden Schauenburger Grafen ein gieriges Auge auf die reichen Dithmarscher. Die aber blieben standhaft, bis im Jahr 1500 der Dänenkönig eine Armee von immerhin 12.000 Mann losschickte, um das Land zu erobern. Darunter war auch der gefürchtetste Landserhaufen der damaligen Zeit, die Schweizer Garde, bestehend aus 4000 Mann. Sofort vergaßen die Nördlichen und Südlichen jegliche Animositäten und schlossen sich zusammen gegen den äußeren Feind. Allzu zahlreich waren die Dithmarscher aber nicht, knapp 6000 Mann nur. Die Dänen und ihre Alliierten kamen also, besetzten Meldorf und zogen weiter Richtung Heide. Am 17. Februar 1500 kam es zur **Schlacht bei Hemmingstedt.** Dort hatten die Dithmarscher eine Verteidigungsschanze aufgebaut und stürzten sich auf den schwerfälligen dänischen Trupp – unterstützt von einer Kriegslist: Sie öffneten einfach die Siele und setzten das Land unter Wasser. Und das im Februar! Bitterkalt muss es gewesen sein. Das Ergebnis: Die Dänen wurden vernichtend geschlagen, die Dithmarscher hatten ihre Freiheit verteidigt.

Die Schlacht bei Hemmingstedt gilt noch heute als eine Art Nationalepos im Land der Kohlbauern. Aber nur zwei Generationen später war es dann doch endgültig vorbei. Eine besser ausgerüstete dänisch-holsteinische Truppe überrannte 1559 alle Widerstände und eroberte am 13. Juni Heide. Die stolzen Dithmarscher mussten sich nun doch unterwerfen. Nach dieser Niederlage wurde das Gebiet zunächst unter den drei siegreichen Anführern aufgeteilt, später dann zweigeteilt. Der Norden gehörte zum Gebiet des Herzogs von Gottorf, während der Süden dem dänischen König unterstand. 1773 ging dann auch der nördliche Teil im Zuge einer großangelegten Tauschaktion an **Dänemark.**

Dänische Verluste

Zurück zum geschichtlichen Ablauf im ganzen Land. Die **Napoleonischen Kriege** und die Kontinentalsperre, in die Dänemark verwoben war, brachten dem Königreich Dänemark eine empfindliche Niederlage. 1814 wurde bei einem Friedensvertrag beschlossen, dass die Dänen das heutige Gebiet Norwegen an Schweden abtreten mussten. Später folgten weitere Gebietsabtretungen der Dänen, u.a. wurde Vorpommern mit Rügen gegen Lauenburg getauscht und die Insel Helgoland an England abgetreten. Schleswig blieb aber weiterhin dänisch.

Nachdem der Frieden wieder eingekehrt war, kam die Politik zu Wort. Recht schnell bildeten sich im jetzt so benannten **Herzogtum Schleswig** zwei Positionen. Die eine wollte Schleswig in einen **dänischen Nationalstaat** integrieren, die andere hatte das Ziel, Schleswig und Holstein einem (damals noch nicht existierenden) **deutschen Nationalstaat** anzuschließen. Zu einer Entscheidung kam es aber nicht.

Volksabstimmung in Schleswig

Der **Erste Weltkrieg** brachte Leid und Elend über Europa, aber auch entscheidende Veränderungen im deutsch-dänischen Verhältnis. Im Versailler Vertrag wurde festgelegt, dass es zu einer **Volksabstimmung** kommen sollte. Die Bewohner in Nordschleswig sollten darüber abstimmen, ob sie zum Königreich Dänemark oder zum Deutschen Reich gehören wollten. Im Frühjahr 1920 wurde in zwei **Zonen** abgestimmt. Die Zone 1 reichte etwa 50 Kilometer ins heutige Dänemark hinein (bis Harderslev), Zone 2 teilweise 30 Kilometer ins heutige deutsche Gebiet. Die Abstimmung fiel weitestgehend einheitlich aus, Zone 1 wählte dänische, Zone 2 deutsche Zugehörigkeit. Ausnahmen waren die Städte Tondern, Sonderburg und Apenrade, aber die Mehrheit zählte nun mal.

Die südliche Grenze der Zone 1 war damit zur **neuen Staatsgrenze** geworden. Gleichzeitig entstanden auf beiden Seiten **Minderheiten,** aber sowohl Dänen als auch Deutsche gewährten ihnen weitestgehende Freiheiten und Unterstützung. 1920 wurde sogar ein Deutscher ins Folketing gewählt, die dänische Abgeordnetenversammlung.

Kieler Matrosenaufstand und Nationalsozialismus

Gegen Ende des Ersten Weltkrieges gingen vom schleswig-holsteinischen Kiel Ereignisse mit **großer Tragweite** für das **deutsche Kaiserreich** aus.

30. Oktober 1918. Der Erste Weltkrieg ist verloren, Deutschland will und muss kapitulieren. Die Leitung der Marine versucht dagegen, die Flotte noch ein letztes Mal zu einer Entscheidungsschlacht gegen England zu schicken. Die Offiziere sehen dies als eine Frage der Ehre an, der Offiziersehre natürlich, denn die Mannschaftsdienstgrade wurden gar nicht erst gefragt. Die aber weigern sich. Heizer löschen die Kessel der Schiffe, sodass diese nicht auslaufen können. Die **Meuterei** findet in Bremerhaven statt. Die Anführer werden da-

739 sh hj

raufhin festgesetzt, fünf Schiffe nach Kiel verlegt. Man hofft, dass sich die Lage so beruhigt, doch weit gefehlt. Jetzt meutern auch die Kieler Matrosen. In der Innenstadt versammeln sich vor dem Gewerkschaftshaus erste Demonstranten und fordern die **Freilassung der Gefangenen** und auch gleich die **Abschaffung des Militarismus.**

Am **2. November** kommen etwa 600 Männer vor dem Gewerkschaftshaus zusammen, und am nächsten Tag versammeln sich etwa 5000 Menschen in der Kieler Innenstadt, darunter viele Matrosen, und marschieren zur Arrestanstalt, wo es zu Schießereien kommt. Ergebnis: sieben Tote und 29 Verletzte. Das empört die Menschen nur noch mehr, die Proteste weiten sich aus, immer mehr Matrosen meutern. Tatsächlich werden die meisten Gefangenen freigelassen.

Aber der Zorn wächst. Aus Berlin reist der **Sozialdemokrat Gustav Noske** an und versucht, die aufgebrachte Menge zu beruhigen. Die wichtigsten Gebäude der Stadt sind derweil von Aufständischen besetzt.

Am **5. November** bilden sich Arbeiter- und Soldatenräte. Auf allen Kriegsschiffen bis auf einem weht nun die rote und nicht mehr die preußische Kriegsflagge. Zwei Tage später beruhigt sich durch Vermittlung von *Gustav Noske* die Lage in Kiel wieder. Die revolutionäre Idee aber pflanzt sich fort, erreicht andere Städte und Regionen, u.a. auch, weil viele der Matrosen Kiel verlassen und per Zug in ihre Heimatregionen fahren. Mehrere Fürsten müssen abdanken.

Am **9. November** passiert dann in Berlin Großes, denn **Kaiser Wilhelm II.** dankt ab und *Philipp Scheidemann* ruft die **erste deutsche Republik** aus. Das deutsche Kaiserreich ist am Ende, und ausgelöst wurde dies durch eine mutige Weigerung von Matrosen im hohen Norden, sich in den Tod schicken zu lassen.

Trotz aller Umwälzungen blieb Schleswig-Holstein preußische Provinz. Die neue umstürzlerische **Links-Bewegung** konnte zwar die ersten Wahlen als stärkste Partei gewinnen (*SPD:* 45,7 %), aber die alten Eliten aus der Kaiserzeit behielten vielfach ihre Macht. Es kam zu ständigen Konfrontationen und Straßenkämpfen, bei denen viele Menschen starben. Insbesondere die Landbevölkerung wollte keine Veränderungen. Auch die **Verschiebung der dänischen Grenze** brachte große Unzufriedenheit, wobei die Schuld den fernen Politikern der Weimarer Republik zugeschoben wurde.

Wirtschaftlich ging es dem Land **nicht gut,** die Marine und die Werften fielen als Arbeitgeber weitestgehend aus, die Landwirtschaft, die zumeist aus Kleinbetrieben bestand, bekam in der Inflationszeit in den 1920er Jahren große Schwierigkeiten. Und als es Deutschland nach dem Ersten Weltkrieg wieder erlaubt wurde, internationale Handelsverträge zu schließen und auch landwirtschaftliche Produkte zu importieren, ge-

◁ Dieses Denkmal erinnert an den Matrosenaufstand in Kiel

rieten viele heimische Bauern noch stärker unter wirtschaftlichen Druck. Etliche Bauern mussten aufgeben, es kam zu Zwangsversteigerungen. Es brodelte heftig unter den Bauern und daraus entwickelte sich die **„Landvolkbewegung"**, die sich teils mit Gewalt wehrte gegen „den Staat", der ihnen ihren Grund und Boden wegnahm, so in etwa war die damalige Lesart. Was übrigens hervorragend in dem Roman „Bauern, Bomben, Bonzen" von *Hans Fallada* beschrieben ist.

In diesem Klima konnte die **NSDAP** ab 1928 schnell Fuß fassen. So gab es im ganzen Land eine generelle **Zweiteilung:** Die Arbeiterschaft in den Städten wählte eher linke Parteien, die Bauern und die Landbevölkerung unterstützten die *NSDAP* ab 1930 massiv, bei den Reichstagswahlen wurde sie mit 27 % zweitstärkste Partei im Land hinter der *SPD*. 1932 errangen die Nazis sogar 51 %, den höchsten Wert in ganz Deutschland und 1933, bei den letzten Wahlen, lag die Zustimmung sogar bei 53 %. Danach wurden überall in Schleswig-Holstein die wichtigsten Posten mit Nazi-Anhängern besetzt.

1937 gestalteten die Nazis mit dem **„Groß-Hamburg-Gesetz"** das Hamburger Stadtgebiet völlig neu, drei bis dahin selbstständige Städte (Altona, Wandsbek und Harburg) wurden in Hamburg eingemeindet. Mit Altona verlor Schleswig-Holstein eine große Stadt, erhielt aber mit Lübeck eine andere Stadt verwaltungstechnisch zugesprochen, wobei Lübeck seine 700 Jahren alte Selbstständigkeit verlor.

Nach der **Machtergreifung der Nazis** lebte die Werftindustrie vor allem in Kiel wieder auf, da dort Kriegsschiffe gebaut wurden. An der Nordseeküste wurde die uralte Tradition der Landgewinnung durch Eindeichung und den Bau von Kögen stark gefördert, da dies im Sinne der Nazi-Ideologie war. Es gab sogar einen Adolf-Hitler-Koog (heutiger Diekanderkoog bei Friedrichskoog, knapp nördlich der Elbmündung), den *Hitler* auch einmal besuchte. Dort siedelten nur ausgesuchte und überzeugte Nationalsozialisten.

In den Kriegsjahren wurden Zwangsarbeiter in der Landwirtschaft und auf den Werften eingesetzt, es gab auch Konzentrationslager in Schleswig-Holstein (Kaltenkirchen, Ladelund, Husum). Von direkten Kriegshandlungen wurde das Land weitestgehend verschont, allerdings wurde die Stadt Kiel als Marinestandort massiv und schwer bombardiert. Auch Lübecks Altstadt wurde schwer bombardiert sowie einige weitere Städte. In der Schlussphase des Krieges flüchtete der *Hitler*-Nachfolger Großadmiral *Dönitz* nach Flensburg, wo er am 4. Mai 1945 die Kapitulation erklärte, worauf britische Truppen das Land vollständig besetzten.

Folgen des Zweiten Weltkriegs

Nach Kriegsende kamen Hunderttausende von **Flüchtlingen** ins Land aus den ehemaligen Ostgebieten des gerade untergegangenen Tausendjährigen Reiches. Eine Statistik spricht von 1,1 Mio. Flüchtlingen, dies entsprach in etwa der damaligen Bevölkerungszahl Schleswig-Holsteins. Durch diesen massiven Zustrom und wegen der allgemeinen

323sh hj

schlechten Lage kam es überall zu Spannungen. Flüchtlinge wurden zwangsweise in Häusern und Wohnungen einquartiert, was die Spannungen nur noch erhöhte. Auch die Landwirte erhielten **Einquartierungen,** standen aber meist durch die eigene Lebensmittelproduktion etwas besser da. Wichtigstes Ziel der britischen Besatzung war dann auch, Wohnraum zu schaffen und die Versorgung zu gewährleisten, weswegen sie aus pragmatischen Gründen oftmals auf die alten Verantwortlichen zurückgriffen.

Das Marine-Ehrenmal in Laboe erinnert an die gefallenen Seeleute beider Weltkriege

Geburt des Landes Schleswig-Holstein

Das Land war von den **Briten** besetzt, und die setzten bereits am 7. Februar 1946 wieder einen **provisorischen Landtag** ein. Vier Monate später wurde eine vorläufige Verfassung des Landes Schleswig-Holstein formuliert und von den Briten akzeptiert. Am 23. August 1946 verfügte die britische Militärkommandantur, dass die Provinzen des Landes Preußen (also auch Schleswig-Holstein) den **Status eines Landes** bekommen, dies ist die Geburtsstunde des späteren Bundeslandes Schleswig-Holstein. 1947 wurde erstmals der **Landtag gewählt.**

Der Süd-schleswigsche Wählerverband

Der *Südschleswigsche Wählerverband* (SSW) ist eine **Regionalpartei,** die die Interessen der **dänischen Minderheit** vertritt. Gegründet wurde sie 1946. 1954 scheiterte der SSW jedoch an der **Fünf-Prozent-Klausel;** daraufhin bat die dänische Regierung die Bundesregierung, hier aktiv zu werden. Am 23. Mai 1955 beschloss daraufhin der Landtag, die dänische Minderheit von der Anwendung der Sperrklausel bei Landtagswahlen auszunehmen.

Die Partei tritt im Landesteil Schleswig an und versteht sich auch als Vertreter der **friesischen Bevölkerung** in Nordfriesland. Der SSW orientiert sich politisch an skandinavischen Ländern und versucht eine möglichst **bürgernahe Politik** zu gestalten.

Der SSW hat aktuell **drei Sitze im Landtag** bei 4,6 % der Stimmen. Jahrelang vertrat der charismatische **Karl Otto Meyer** den SSW im Landtag alleine und hatte deshalb auf dem Briefpapier auch den Satz stehen: „SSW, der Abgeordnete".

Dänische Minderheit in Schleswig

1946 wurde von der dänischen Minderheit der Südschleswigsche Verein gegründet, der ab 1948 als **Südschleswigscher Wählerverband** bis heute eine politische Rolle im Landtag spielt (siehe Exkurs).

Deutsche Minderheit in Dänemark

Mit der deutschen Minderheit in Dänemark wurde für die **Kollaboration mit den Nazis** abgerechnet, 2900 Mitmacher mussten ins **Gefängnis,** ihr Vermögen wurde beschlagnahmt. 1955 erließ die dänische Seite ein **Amnestiegesetz,** und schon 1953 wurde wieder ein Deutscher in das Folketing gewählt. Das war umso bemerkenswerter, da Deutsche noch 1952 ein Visum für die Einreise nach Dänemark benötigten.

Parteien und Wahlen

Bei folgenden Wahlen erreichten Parteien wie der **BHE** (Bund der Heimatvertriebenen und Entrechteten) beachtliche Erfolge. Von Anfang an aber regierte die **CDU** 38 Jahre lang, bis sie 1988 in die Opposition gehen musste. 1967 konnte die rechte **NPD** vier Abgeordnete in den Landtag bringen, die **Grünen** schafften es erst 1996. Seit den Anfängen konstant dabei ist dagegen der **SSW,** der von der 5 %-Hürde befreit ist (s. Exkurs).

Das Land richtete sich ein, wirtschaftlich ging es einigermaßen, Tourismus und die Möglichkeit für viele Schleswig-Holsteiner, in Hamburg zu arbeiten, brachten bescheidenen Wohlstand. Die Politik wurde lange von der CDU geprägt, aber 1988 erschütterte die sogenannte **Barschel-Affäre** das Land. „Der

740sh mux

Spiegel“ veröffentlichte die Vorwürfe des ehemaligen Pressereferenten von Ministerpräsident *Uwe Barschel,* dass dieser im Wahlkampf unlautere Methoden unternommen hätte, um an der Macht zu bleiben. Insbesondere SPD-Kandidat **Björn Engholm** wäre das Ziel gewesen. Barschel trat vom Amt des Ministerpräsidenten zurück und gab die „Ehrenwort-Konferenz“. Neun Tage später wurde er in einem Schweizer Hotel tot aufgefunden, die offizielle These von einem Selbstmord wird von seiner Familie bis heute angezweifelt. Darauf kam es zum Machtwechsel, *Björn Engholm* wurde erster SPD-Ministerpräsident des Landes. Aber auch ihn holte die Affäre noch ein, denn *Engholm* musste schließlich eingestehen, dass er schon früher über die Machenschaften gegen ihn Bescheid gewusst, aber darüber nicht die Wahrheit gesagt hatte. Die Folge: Rücktritt von Parteivorsitz und der möglichen Kanzlerkandidatur.

Nachfolgerin wurde die lange sehr beliebte **Heide Simonis,** die mehrfach für die SPD die Wahl gewann, aber 2005 etwas unwürdig abtreten musste: Nach den Landtagswahlen 2005 kam es zu einer **Patt-Situation.** Die rot-grüne Koalition unter *Simonis* wollte eigentlich weiterregieren, toleriert vom SSW. Aber bei der Wahl zur Ministerpräsidentin fiel die langjährige Regierungschefin viermal durch, es fehlte ihr jeweils eine Stimme aus dem eigenen Lager. Noch heute ist der sogenannte „Heide-Mörder“ nicht bekannt.

Hier in Kiel tagt der Landtag von Schleswig-Holstein

Plattdüütsch – kleine Sprachhilfe

Wen es erstmalig nach Norddeutschland verschlägt, wird vielleicht manches Mal etwas verständnislos den Gesprächen der „Eingeborenen" lauschen und möglicherweise nur „Bahnhof verstehen". Das wäre auch kein Wunder, denn beispielsweise folgender, nicht untypischer Monolog, der die Küstenbewohner ein wenig charakterisiert, muss auch nicht auf Anhieb verstanden sein:

„Dat schall ober Minschen geben, de dat Stormwedder besonners geern möögt. De fort in Harvst an de See un freut sik, wennt so richdich störmt un jüm de stiebe Wind um de Ohrn haut. „Sleech Wedder gifft dat nich", seggt se, „ober falsche Kledasch". Un wenn denn noch'n poor nördliche Grogs mit wenich Woter achter de Binn kippt ward, kannt nich mehr schöner warrn."

Na, etwas verstanden? Ist doch gar nicht so schwer, oder? Falls doch nicht, die „Übersetzung" steht unten.

Platt ist weit verbreitet, mit einigen Begriffen wird auch ein Quiddje („Zugereister" – ein Hamburger Schnack) immer mal wieder konfrontiert werden. Damit es Ihnen nicht nur Spanisch vorkommt, hier eine kleine Übersicht:

Achtern	hinten
Adjüüs	Tschüss
Appeln	Äpfel
Beer	Bier
Börgermeister	Bürgermeister
Bug	vorderer Teil vom Schiff
Deern	(Dirne, ist aber nicht in dem heutigen Sinn zu verstehen) Mädchen
Dokter	Arzt
Dörpstrot	Dorfstraße
Duckdalben	Pfahl, an dem Boote festmachen
Eerdbeern	Erdbeeren
Fleesch	Fleisch
Fofftein moken	(Fünfzehn machen) Pause einlegen
Füürwehr	Feuerwehr
Gewidder	Gewitter
Goden Dag ok	Guten Tag auch
Gröönhöker	Gemüsehändler
Heck	hinterer Teil vom Schiff
Hitten	Hitze
Höker	Kaufmann
Kantüffeln	Kartoffeln
Kark	Kirche
Karkhoff	(Kirchhof) Friedhof
Kiek mol wedder in	Schau mal wieder rein
Klöben	Gebäck mit Rosinen
klönen	plaudern, reden
Klönschnack	ruhige Unterhaltung
Köm	(Kümmel) Schnaps
Kröger	Gastwirt
Krog	(Krug) Gastwirtschaft
de Luft ward bruddich	die Luft wird schwül
Melk	Milch
Moin moin	Guten Morgen, guten Tag
Muster	Senf
neerich	geizig
Paster	Pastor
Putz	Polizist
Putzbüdel	Frisör
Reet	zum Dachdecken genutztes getrocknetes Schilf
Reetdachkate	ein mit Reet eingedecktes Haus
Regenwedder	Regenwetter
Rundstückn	(Rundstück) Brötchen

schnacken	reden, unterhalten
Schüün	Scheune
Slachter	Schlachter
Sommerdach	Sommertag
Sprütenhuus	Spritzenhaus
de Sünn schient	die Sonne scheint
sutje	schön langsam
Stuten	Weiß- oder Rosinenbrot
dat is noch lang keen Schiet	(das ist noch lange kein Scheiß) das ist gut, so muss es sein
Schietbüdel	(Scheißbeutel) sagt man als Kosewort zu Kindern

Na, mal einen zarten Versuch der Kommunikation wagen? Probieren Sie es doch mal mit folgendem Gruß:

Moin moin, wo geid?	Guten Morgen (oder auch Hallo bzw. Guten Tag), wie geht's?

Die Antwort wird plattdeutsch-trocken ausfallen:

Mut jo!	Muss ja!

Damit ist alles gesagt, jetzt wäre das Wetter als Thema dran, und damit kommen wir zur Übersetzung unseres kleinen Monologes vom Beginn:

„Es soll aber Menschen geben, die das Sturmwetter besonders gerne mögen. Sie fahren im Herbst an die See und freuen sich, wenn es so richtig stürmt und Ihnen der steife Wind um die Ohren haut. „Schlechtes Wetter gibt es nicht", sagen sie, „aber falsche Kleidung". Wenn dann noch ein paar nördliche Grogs mit wenig Wasser hinter die Binde gekippt werden, kann es nicht mehr schöner sein."

Als Folge der Abwahl bildete sich eine **Große Koalition** unter Führung von *Peter Harry Carstensen* (CDU), der sich durch seine herzliche, zupackende Art viele Sympathien eroberte. 2012 wurde zuletzt gewählt, derzeit regiert *Torsten Albig* (SPD) in einer Koalition mit den *Grünen* und dem *SSW* in einer hier so genannten **„Dänen-Ampel"**.

Mentalität, Bräuche und Plattdüütsch

Mentalität

Aus den verschiedenen Stämmen, die sich über lange Jahrhunderte in Schleswig-Holstein niedergelassen haben, destillierte sich ein Menschenschlag heraus, der von der Natur geprägt ist und vielfach noch heute im ländlichen Raum ansässig ist. Die Schleswig-Holsteiner schauen mit **Stolz** in die Welt, aber auch mit **Gelassenheit.** Sie posaunen nicht gleich alles hinaus, neigen nicht unbedingt zu Überschwang. Ähnlich wie die Landschaft bietet auch die Seelenlandschaft des „gemeinen Holsteiners" **keine Extreme:** bodenständig, maßvoll, vielleicht manchmal etwas schroff, aber meist lieblich. Nur manches stille Wasser ist unergründlich tief ...

In der Kommunikation ist man freundlich-distanziert, manchmal etwas kurz angebunden, aber immer verlässlich. Ein „jo!" ist verbindlicher als jeder Vertrag – darauf kann man bauen! Man

741sh hj

„sabbelt“ nicht lange um den heißen Brei herum, kommt rasch zum Wesentlichen. „Das ist ein Schnacker!“, gilt als abfälliges Urteil für jemanden, der viel redet und wenig tut. Kann ja eigentlich keiner aus der Gegend sein.

Wenig blumig ist auch der **Humor:** trocken, manchmal derb, aber niemals verletzend gemeint. Im Gegenteil, wenn man seinem Gegenüber mal eine Spur direkter kommt, kann der Angesprochene davon ausgehen, dass er akzeptiert ist.

Und wer sich nicht recht einordnen will, den lässt man auch in Frieden einen guten Mann sein. Nur am Dorffest müssen alle teilnehmen, hilft nichts. Und auch in die Feuerwehr eintreten, wenigstens als passives Mitglied. Nicht, dass sonst nicht gelöscht würde, aber besser is' das schon.

Einige Bräuche

Maskenlaufen

Das Maskenlaufen findet am **Silvesterabend** statt. Gruppen von maskierten und fantasievoll verkleideten Kindern (oder Erwachsenen) ziehen von Haus zu Haus. Sie **rummeln,** machen **Lärm** mit einer alten Schweinsblase (heute eher mit Trommeln oder Zigarrenkisten) und singen ein Lied. Damit erbitten sie eine Gabe, die bei Kindern aus Nüssen und Äpfeln besteht, bei Erwachsenen aus *Köm,* Schnaps. Aber wehe, jemand gibt zu wenig! Dann folgt unweigerlich ein Spottreim auf den Geizhals, und den will niemand über sich hören. Diese Tradition ist auch im übrigen Schleswig-Holstein bekannt als **Rummelpottlaufen.**

Boßeln

Boßeln ist ein **Mannschaftsspiel,** das in der freien Natur gespielt wird, vor allem an der Westküste, aber auch im restlichen Land. Bei dem Spiel werfen zwei Mannschaften von etwa vier oder fünf Spielern eine **kleine, mittelschwere Kugel** über eine bestimmte Strecke. Richtig „geworfen" wird die Kugel nicht, sondern geschleudert, in etwa so, als ob man einen Anlauf wie beim Speerwerfen nimmt und dann wie ein Diskuswerfer eine (hoffentlich) halbwegs elegante Drehung hinlegt und schließlich die Kugel fortschleudert. Das Ganze geschieht über Felder und Wiesen oder entlang einer Straße. Grundsätzlich wird an der Westküste und auch in Ostfriesland im Winter gespielt. Da kann man dann schön über die gefrorenen Felder ziehen und jeden gelungenen Wurf mit einem anständigen **Schluck aus der Buddel** würdigen. Am Ende jedenfalls wartet immer eine gemütliche Kneipe auf alle Boßler, in der man sich bei Grünkohl und Schnaps wieder aufwärmt und die Würfe im Nachhinein immer länger werden.

Ringreiten

Ringreiten ist ein über 200 Jahre alter Brauch, der vor allem an der Westküste gepflegt wird. Der Reiter muss versuchen, einen kleinen Ring von 2 cm Durchmesser, der zwischen zwei Stangen aufgehängt ist, mit einer Lanze zu treffen. In vollem Galopp! Etwa 200 Vereine mit 5000 Mitgliedern gibt es, die sogar eine Landesmeisterschaft austragen.

742sh mux

< Geboßelt wird im Winter

> Ringreiten – gar nicht so einfach

437sh hj

Plattdeutsch

Das **Niederdeutsche** (auch Plattdeutsch oder Plattdü(ü)tsch genannt) war etwa vom 13. bis 16. Jh. eine der wichtigsten Sprachen in Nordeuropa, es war **Handelssprache** der weit verzweigten Hanse. Die Hanse ging unter, die Sprache blieb erhalten, über Jahrhunderte sprach man in Norddeutschland Niederdeutsch.

Hochdeutsch kam nur ganz langsam auf, zunächst in den Städten. Beschleunigt wurde diese Tendenz, seit Kinder in den Schulen auf Hochdeutsch unterrichtet wurden. Hochdeutsch wurde Schriftsprache, während die Handwerker, Seemänner und Kneipenhocker weiterhin Platt sprachen. Hochdeutsch galt als die feinere Sprache. In den Städten sprach man immer seltener Platt.

Wie viele Menschen heute noch Platt sprechen, ist nicht genau bekannt. An der Küste ist es verbreitet, aber mehr in den Dörfern als in den Städten. In Lübeck oder Kiel spricht die Jugend selten Platt, die Älteren aber sehr wohl. In den Dörfern sieht es noch anders aus, dort wächst die Jugend sozusagen zweisprachig auf.

Plattdeutsch ist keine schwere Sprache, mit ihr kann man viele Sachverhalte **knapp und bündig** ausdrücken. Und sie klingt gemütlich, selbst derbe Beleidigungen werden auf Platt abgemildert. Hierzu passt eine reale **Anekdote:** 1994 beriet die Bürgerschaft in Hamburg (das Parlament der Hansestadt) über einen Antrag auf Aufnahme des Plattdeutschen in die *Europäische Charta für Minderheitssprachen,* natürlich op Platt. Selten wurde bei einer Politikerdebatte so gelacht wie an diesem Abend, z.B. über Beiträge wie: „De Hamborger Senootunsien Beamten sittdor mit 'n breden Mors und kiekt nur to“ (Der Hamburger Senat und seine Beamten sitzen auf ihrem breiten Arsch und gucken nur zu). Das war selbst auf Platt nicht mehr fein genug, und unter feixendem Gelächter ermahnte der Sitzungspräsident den Sprecher zur Ordnung: „Mors, dat geiht nich!“ (Arsch, das geht nicht). Darauf der Sprecher: „Denn segik Achter steven“ (Dann sag ich Hinterteil). Natürlich wurde der Antrag angenommen, einstimmig.

Wer zum ersten Mal an die Küste kommt und zwei Fischer Platt schnacken hört, wird wohl kaum etwas verstehen. Hier ein paar Tipps zum Mitschnacken: **„Moin, moin“** ist ein Allerweltsgruß, je weiter man nach Norden kommt, desto verbreiteter ist er als Guten-Tag-Ersatz. Zuerst stutzt man sicherlich, wenn kurz vor der Tagesschau jemand mit „Moin“ grüßt, aber eine verbreitete These besagt, dass moi „gut, schön“ bedeutet, man sich also einen „Schönen Guten“ wünscht. Und die **Gelassenheit** drückt sich gern mit „immer sutsche“ aus – „schön ruhig, keine Panik“, in etwa so bewegt sich der Schleswig-Holsteiner. Schleswig-Holsteiner sind ruhige Genossen, wenn sie sich was zu sagen haben, dann meist ohne Schnörkel, eben direkt ins Gesicht. Auf Platt klingt das aber halb so schlimm. Ein „Schietbüdel“ wird nie übersetzbar sein, denn dann würde aus dem plattdeutschen Kosewort eine hochdeutsche Beleidigung, nämlich „Scheißbeutel“ – brrr, wie das klingt!

◁ Plattdüütsch: „In Eckernförde, da haben sie es raus, aus Silber Gold zu machen“

Beispiel aus dem Alltag

Wer in eine kleine **Dorfkneipe** kommt, hat manchmal nicht viel Auswahl an Sitzmöglichkeiten. Vielleicht sind alle Tische besetzt, vielleicht ist gerade noch ein Eckchen am Tresen frei. Egal, wo man sich niederlässt, eine schleswig-holsteinisch-kurze **Begrüßung** muss sein. Dazu dreimal kurz auf den Tisch klopfen und einfach sagen „Ik mok mol so“ (Ich mach mal so), das kürzt das Begrüßen ab, man muss nicht jedem einzelnen die Hand geben, nicht lange „sabbeln“ – und wird sofort als Kenner ausgewiesen.

Zwei Sätze sind wichtig für das Überleben am Tresen: „Gif mi noch'n Lütt un Lütt“ (Gib mir noch ein Kleines und einen Kurzen), gemeint ist ein kleines Bier und ein Schnaps. Der andere Satz lautet: „Gif mi noch een ut de Buddel“ (Gib mir noch einen aus der Schnaps-Flasche). Und wer aus guter Laune heraus eine Runde Schnaps ausgibt, der muss diesen „freigeben“, also zum Trinken auffordern. Dazu genügt eigentlich „Prost“, aber plattdeutscher wäre „Nich' lang schnacken – Kopf in Nacken“.

Architektur

In den früheren **Bauernhäusern** fand das Leben und Arbeiten unter einem Dach statt. Es waren Mehrzweckgebäude, Mensch und Tier wohnten im selben Gebäude, außerdem wurden ein Teil der Ernte und das Heu oben gestapelt. Der Wohnbereich war meist relativ klein, mehr Raum nahmen Stallungen und Stapelplatz ein.

Generelle Unterschiede lagen in der Gestaltung der Häuser: In den nördlichen Landesteilen wurden sie eher langgezogen gebaut, während die **Haubarge** in Eiderstedt an der Nordsee eher hoch aufragen. An der Küste und noch mehr auf den Nordseeinseln findet man teilweise noch heute den Typus des **uthlandfriesischen Hauses,** ein Reetdachhaus, das auf mächtigen Pfeilern ruht. In den Städten wurde lange Zeit Backstein als Baumaterial verwendet, sodass eine eigene Backsteinbaukultur entstand.

Mein Tipp: Einen guten Überblick über die verschiedenen Gebäudetypen bietet das **Freilichtmuseum Molfsee** bei Kiel, wo mehrere ehemalige Höfe und historische Gebäude originalgetreu wieder aufgebaut wurden. Im **Landschaftsmuseum Angeln/Unewatt** kann man fünf regionaltypische Gebäude besichtigen (siehe Kapitel „Flensburger Förde").

Schlösser in der Region

Alle Schlösser können besichtigt werden, hier eine Übersicht:

- **Schloss in Eutin** liegt mitten in der Stadt Eutin an einem See und hat einen schönen Park (S. 81).
- **Schloss Glücksburg** liegt sehr malerisch an einem kleinen See (S. 269).
- **Schloss Gottorf in Schleswig** ist heute ein großer Museumskomplex (S. 225).
- **Schloss Plön** erhebt sich malerisch über dem Großen Plöner See (S. 72).

Bauernhäuser im nördlichen Ostseeraum

Ganz im Norden und an der nördlichen Ostsee sowie auch in Dänemark findet man geschlossene oder fast geschlossene Höfe, genannt **Vierseithof** oder **Dreiseithof.** Das sind flache Hofgebäude, die um einen Innenhof errichtet wurden und so ein geschlossenes Viereck oder eine U-Form bildeten. Die einzelnen Räume und die großen Stallungen waren von dem Innenhof zugänglich. Dort fand sich auch ein Brunnen, der als Süßwasserspeicher diente. Im **Freilichtmuseum Molfsee** bei Kiel steht übrigens ein Dreiseithof.

Gutshöfe und Herrenhäuser in Ostholstein

Gutshöfe und Herrenhäuser konzentrieren sich im Osten und Südosten des Landes, was mit der ehemals dort herrschenden Leibeigenschaft zusammenhängt. Ganz im Gegensatz zu den freien Dithmarschern und den – teilweise – freien Friesen war die Lage der Menschen von Ostholstein lange Zeit ganz anders. An der Westküste hatten die Bauern nur Hand- und Spanndienste zu leisten, in Dithmarschen herrschten sogar lange Zeit wohlhabende Großbauern, während die Friesen sich schon frühzeitig verstärkt der Seefahrt zuwandten. In Ostholstein dagegen stehen noch heute viele **große landwirtschaftliche Höfe,** Gutshöfe oder gar **adelige Herrenhäuser.** Ab dem Jahr 1111, wäh-

743sh hj

rend der Regentschaft der Schauenburger, war die Region Schauplatz etlicher Kriege. Die Grafen wurden in den Schlachten von zahlreichen Rittern unterstützt, denen **als Belohnung Ländereien** versprochen wurden, u.a. in Ostholstein, das damals noch von slawischen Stämmen bewohnt wurde. Als diese Gegend schließlich erobert war, wurden die Ländereien verteilt.

Natürlich ging der Ritter nicht selbst aufs Feld. Ein Ritter („Reiter") war seinem Grafen nur zu „Rossdienst" verpflichtet, das heißt, im Kriegsfall musste er eine berittene Truppe stellen. Er selbst war von Steuerzahlungen befreit und erhielt „Freihufe", einen **steuerfreien Hof.** Dafür musste er den Zehnten von den Bauern eintreiben, also ein Zehntel vom Ertrag aus Ackerbau und Viehzucht. Dieser Zehnte wurde hälftig an den Grafen und an den Bischof abgetreten. Die Bauern ihrerseits wurden nicht zum Kriegsdienst herangezogen, mussten aber „Hand- und Spanndienste" leisten. Letzteres bezeichnet die Arbeit mit Pferde- oder Ochsengespann.

Gut Kletkamp

1524 konnten die Gutsherren ihre Privilegien noch ausbauen. Da sie wieder einmal dem Grafen in einer Schlacht beigestanden hatten, verlangten (und bekamen) sie die **Patrimonialgerichtsbarkeit.** Mit diesem Privileg hatten sie die Macht, die bisherigen Pachtbauern zu **Leibeigenen** zu ernennen. Dieses System band die Bauern noch stärker an den Gutsherren. Eine Flucht war durch

744sh hj

Torhaus Gut Damp

das sogenannte „Schollenband" verboten, das besagte, dass kein Bauer seine Heimat ohne Erlaubnis verlassen durfte.

Dieses System war über Jahrhunderte weit verbreitet, prägte aber Ostholstein ganz besonders. Eine Statistik aus dem Jahr 1730 verrät, dass es genau 157 Güter mit Leibeigenschaft gab, mit starker Konzentration im östlichen Landesteil. Weder die Dithmarscher noch die Friesen der Nordseeküste oder die Fehmarner waren dieser Fron unterworfen. 1805 wurde per Gesetz die Leibeigenschaft aufgehoben, aber die Gutshöfe blieben bestehen. Längst nicht mehr alle werden heute landwirtschaftlich genutzt; vielfach wandelte man die alten Herrenhäuser auf den Gütern um und richtete **neue Institutionen** ein, wie etwa Schulen, Pensionärsresidenzen oder Seminarräume.

Bauweise

Die Bauweise der adligen Gutshöfe hatte noch einen klar **funktionalen Charakter.** Die Ländereien, die der Herzog den Rittern als Dank für geleistete Waffendienste geschenkt hatte, lagen im ehemaligen Feindesland, im Gebiet der Slawen. Da mussten die Häuser vor allem Schutz bieten und so wurde vorwiegend trutzig und **wehrhaft gebaut,** nicht selten in schwer zugänglichem Gelände, das von einem Wall oder Graben umgeben war.

Die Gebäude waren meist zweigeschossig. Die Herrschaften wollten auch durch neue Prachtbauten nach außen repräsentieren. So ließen sie lange **Linden- oder Eichenalleen** pflanzen, auf denen man sich der Gutsanlage näherte. An deren Ende empfing den Besucher ein aufwendig gestaltetes **Torhaus,** viele von ihnen sind heute noch zu bewundern. Diese Torhäuser waren mindestens zweigeschossig, sie trugen zumeist eine Uhr und einen Glockenturm.

Nach dem Passieren des Torhauses folgte der große, meist rechteckige **Innenhof.** Links und rechts erstreckten sich die langen Stallungen, zumeist Gebäude mit relativ niedrigen Mauern, aber hoch aufragenden Dächern. Genau gegenüber vom Torhaus stand das **Herrenhaus,** nicht selten ein wahrer Prachtbau. Speziell hier wird der Unterschied zu früheren Gutshäusern deutlich. Der Gutsherr des 18. Jh. wollte durch gediegene Wohnkultur beeindrucken, keine Spur mehr vom ehemaligen Trutzbau.

Man kann darüber streiten, ob derartige Prachtbauten nur unter dem System der Leibeigenschaft entstehen konnten; einiges spricht sicher dafür. Als es im 19. Jh. abgeschafft wurde, gingen auch wenig später die Sonderrechte des Adels verloren. Die Folge: Ein Gutsherr musste wirtschaften wie jeder andere Bauer auch. Da zeigte sich dann, dass ein großes Herrenhaus auch eine Belastung sein kann. Nicht wenige dieser Bauten fanden neue Besitzer und Bestimmungen. Manche wurden **stilvoll restauriert** und dienen heute u.a. als „Location" während des sommerlichen **Schleswig-Holstein Musikfestivals** (was vermutlich auch den Beifall manch adeligen Ritters gefunden haben dürfte).

Die meisten noch existierenden Gutsanlagen befinden sich in Privatbesitz und können deshalb nicht besichtigt werden. Bestenfalls kann man von außen einen Blick auf die großen Häuser oder Torhäuser werfen.

Backsteinbauten

Gebäude aus Backstein gibt es sehr viele in Norddeutschland, **ganze Städte** entstanden mehr oder weniger aus dem zumeist roten Ziegel, wie beispielsweise Lübeck. Man baute einfach alles aus diesem Material: Kirchen, Rathäuser, Klöster, Herrenhäuser, Stadttore, Handelshäuser, Kontore. Die Gebäude sind generell etwas schlicht gehalten, aber so manches Haus wurde mit Schmuckelementen verschönert, was man sehr gut in Lübeck beobachten kann.

Warum Backstein? Natursteine gibt es kaum im Land und die klobigen Steine der Ostseeküste wollte man nicht aufwendig bearbeiten, wobei genau dies aber doch teilweise passierte. Einfacher war es, die **Ziegel aus Ton und Lehm zu brennen.** Je nach Zusatz in der Mischung variierte die Farbe, sie fällt oft rötlich aus, manchmal fast schwarz, aber es gibt auch hellere, fast gelbe Töne.

Mein Tipp: In der **Lübecker Altstadt** stehen zahlreiche Gebäude aus Backstein, herausragend sind der Dom, die St. Marienkirche, das Holstentor, das Burgtor, das Haus der Schiffergesellschaft. In **Flensburg** steht in der Innenstadt das Nordertor, in **Neustadt** das Kremper Tor aus Backstein.

Die Ostsee

Entstehung und Charakteristika

Baltische Eissee

Die Ostsee ist ein Säugling – erdgeschichtlich betrachtet – kaum 12.000 Jahre jung und am Ende der letzten **Eiszeit** entstanden. Als durch die allmähliche Erwärmung Nordeuropas die Eismassen langsam schmolzen, sammelte sich dieses Schmelzwasser in der **Baltischen Senke.** Das Ganze erhielt den Namen „Baltische Eissee". Sie bildete in etwa die **Umrisse der heutigen Ostsee,** wenn auch mit teilweise deutlichen Unterschieden. Beispielsweise waren damals Dänemark und Südschweden eine zusammenhängende Landmasse.

Yoldiameer

Ein paar tausend Jahre später, mittlerweile schmolzen die Eismassen immer weiter ab, hatte die Baltische Eissee eine **Verbindung zum Meer** bekommen. Die Folge: **Salzwasser** floss in die noch junge Ostsee. Für dieses Stadium entstand der Name „Yoldiameer", abgeleitet von einer eingewanderten Atlantikmuschel. Das Wasser war jetzt brackig, also Süß- und Salzwasser waren vermischt. Befreit von der Last des Eises, das an bestimmten Stellen 3000 Meter dick gewesen war, **hob sich das Land an.** Dies bewirkte, dass das Yoldiameer, die spätere Ostsee, wieder zu einem **Binnensee** wurde, die Verbindung zum Meer wurde gekappt.

Verbindung zur Nordsee

Mittlerweile waren wieder 5000 Jahre vergangen. Das Eis schmolz weiter ab, und das Schmelzwasser füllte den Binnensee derart, dass weite Teile des Landes wieder **überflutet** wurden, und zwar für immer. Dadurch entstand die noch heute existierende Verbindung zwischen Norddänemark und Südschweden zur Nordsee.

Süßwasserüberschuss

Die Ostsee hat nur eine sehr enge Verbindung zur Nordsee, und das wirkt sich langfristig ungesund aus, denn langsam wird der **Sauerstoff** knapp. In der Ostsee bildet sich (langsam) ein Süßwasserüberschuss, was auch nicht verwunderlich ist, münden doch annähernd **200 Flüsse** in die Ostsee. Weiterhin sorgen die ständigen Regenfälle des Nordens für einen Süßwasseranstieg.

Austauschhindernisse

Ein Austausch mit dem salzhaltigeren Nordseewasser kann jetzt nur durch eine relativ enge und vor allem flache Stelle erfolgen, denn die Ostsee ist nur an **drei Stellen** mit der **Nordsee** verbunden – durch den Kleinen Belt, den Großen Belt und den Sund. Damit nicht genug, der gesamte **Ostseeboden** besteht aus mehreren riesigen Becken mit hohen Rändern. Diese Ränder werden „Schwellen" genannt, und genau an der schmalen Verbindung zur Nordsee liegt die **Darßer Schwelle** – ein echtes Hindernis für schweres Salzwasser, denn salzhaltiges

306sh hj

Wasser ist schwerer als Süßwasser, fließt also nicht an der Oberfläche. Umgekehrt kann das salzarme Wasser „oben" relativ problemlos abfließen, das schwerere Salzwasser findet dagegen „unten" so manches Hindernis (u.a. die Darßer Schwelle), da die Ostsee an den entscheidenden Stellen ziemlich flach ist.

Sauerstoffgehalt

Und dies ist letztendlich fatal für die Ostsee, denn **zu wenig frisches Salzwasser** bedeutet zu wenig Sauerstoffzufuhr für das Tiefenwasser. Etwa alle 25 Jahre wird in der Ostsee das gesamte Wasser ausgetauscht, in der Nordsee passiert dies bereits nach drei Jahren. Vor allem die heftigen Herbststürme sorgten in der Vergangenheit für eine gehörige Sauerstoffzufuhr. Vielfach kam es dazu aber nicht, da die wirklich starken Stürme ausfielen. Das prägt langfristig die Situation der Ostsee, der Salz- und Sauerstoffgehalt sinkt. In bestimmten Gebieten ist der Sauerstoff bereits verschwunden, der Meeresboden gilt dort bereits als **Wüste.**

⌃ Ostseestrand unweit von Gelting

Verschmutzung

Leider wurde diese Situation jahrelang noch durch die von Menschen verursachte Verschmutzung verstärkt. Speziell über die Flüsse des ehemaligen Ostblocks gelangten große Mengen von **Phosphaten** und ungeklärte **Abwässer** in die Ostsee. Das hat sich aber deutlich gebessert.

Gegenmaßnahmen

Erkannt wurde diese Gefahr bereits 1974, als mit der **Helsinki-Konvention** zum ersten Mal ein Maßnahmepaket zum Schutz der Ostsee von den damals noch sieben Anrainerstaaten verabschiedet wurde. Die **Umsetzung** der Beschlüsse kostet allerdings viel Geld, und dadurch fällt deren Durchführung auch sehr uneinheitlich aus. Finnland beispielsweise wird als vorbildlich eingestuft, aber auch die ehemaligen Ostblockstaaten haben deutliche Fortschritte gemacht.

Seitdem trafen sich Regierungsvertreter der Ostsee-Anrainer-Staaten regelmäßig, um über Maßnahmen zu beraten. Dort wurden immerhin 138 einzelne Projekte beschlossen, um der bedrohten Ostsee zu helfen. So soll die **Landwirtschaft** stärker eingebunden werden und keine Stickstoffe und Phosphorverbindungen über lokale Flüsse in die Ostsee einleiten. Weiterhin sollen in den größten Häfen Anlagen zur Reinigung von Abwässern aus Schiffen gebaut werden, besonders die großen Kreuzfahrtschiffe sollen hier stärker eingebunden werden.

Weitere Gefahren

Als tickende Zeitbombe gelten die zum Ende des Zweiten Weltkrieges versenkten **Waffen und Munitionsreste.** So gehen Experten davon aus, dass 5000 Tonnen chemische Waffen in die Ostsee gekippt wurden. Aber auch die langsam dahinrostenden Munitionsbestände sorgen immer wieder für Unfälle, wobei der Kampfmittelräumdienst aber auch alljährlich bis zu 5000 Granaten entschärft.

Küstenlandschaften

Förde

Ein Blick auf die Karte offenbart es: Die Küstenlinie der schleswig-holsteinischen Ostseeküste zeigt tiefe **Einschnitte** und **Buchten.** Diese Buchten, auch Förden genannt, stehen mit ihren Eigennamen für eine ganze Region: Flensburger Förde, Eckernförder Bucht, Kieler Förde und Lübecker Bucht. Die **Strände** sind durchweg recht schmal, kaum einmal breiter als 20 Meter, sie führen recht sacht ins Wasser, abrupte Absenkungen sind nur selten zu finden.

Steilküste

Kennzeichnend für die Landschaft sind zwei Küstensysteme, die sogenannte Steilküste und die Flachküste. Die Steilküste ragt steil auf, dieses Phänomen wird auch **Kliff** genannt. Wo sich eine Steilküste erhebt, ist nur ein schmaler, **steiniger Strand** vorhanden. Im Laufe der Zeit passiert es immer wieder, dass durch Sickerwasser und durch Anbrandungen das Kliff unterspült wird. Langsam, aber sicher wird so das Erdreich abgetragen, eine kleine Aushöhlung entsteht. Und dann bricht eines Tages die überstehende Kliffkante ab. Jetzt beginnt das Spiel wieder von vorn, langsam wird die Steilküste erneut unterhöhlt.

Flachküste

Die Flachküste zeigt ein anderes Merkmal, sie endet in einem kleinen **Strandwall,** den man auch mit etwas Fantasie als Deich bezeichnen kann. Hinter diesem Strandwall erstreckt sich eine flache Ebene, eine feuchte Senke oder eine flach-wellige Moränenlandschaft.

Nehrung

Eine weitere Besonderheit sind in einer Bucht **parallel zum Strand** verlaufende **Landzungen,** sogenannte Nehrungen. Diese entstanden durch **Ablagerungen,** die von der Strömung an die Küste getrieben wurden. Da die Küstenströmung konstant bleibt, lagern sich im Laufe der Zeit immer an derselben Stelle Partikel ab – eine Landzunge entsteht.

Haff und Strandsee

Passiert dies im größeren Stil, wird die Bucht langsam, aber sicher vom Meer abgeschnitten, sie verlandet. Die so ent-

standene **verkleinerte Bucht** wird Haff genannt. Sollte es so weit kommen, dass keine oder nur eine schmale Verbindung zum Meer bleibt, spricht man von einem **Strandsee.** Ein sehr schönes Beispiel für eine kilometerlange Nehrung ist der Ort Heiligenhafen, unweit von Fehmarn gelegen.

Lebensraum Ostsee

Die Ostsee gilt als **artenarm,** zumindest verglichen mit anderen Ökosystemen, wie beispielsweise der nahen Nordsee. Der Urlauber wird aber die Gelegenheit bekommen, auf seinen Spaziergängen bestimmte Tier- und Pflanzenarten immer wieder anzutreffen, und sei es im Bauch eines Fischkutters. Hier ein kleiner Überblick über die gängigsten Vertreter.

439sh hj

Krabben

Die **Strandkrabbe** wird auf Plattdeutsch launig „Dwarslöper" (Querläufer) genannt, wegen ihrer Eigenart, sich seitlich fortzubewegen. Sie ist häufig am Strand in Wassernähe unterwegs und sucht nach Nahrung. Bei Gefahr buddelt sie sich schnell ein oder spreizt ihre Scheren.

Muscheln

Die **Herzmuschel** kommt nur im westlichen Bereich der Ostsee vor und ist relativ klein, sie gräbt sich gern ein. Die blaugraue leere Schale ist oft am Strand zu finden.

Die blauschwarze Färbung macht eine **Miesmuschel** unverwechselbar, in der salzärmeren Ostsee fällt sie kleiner aus als sonst. Noch immer gilt die alte Warnung, dass man in den Monaten ohne den Buchstaben R keine Miesmuscheln essen darf, in dieser Zeit kann sich giftiges Plankton in den Muscheln sammeln.

‹ Steilküste bei Waabs

Quallen

Eine **Ohrenqualle** kann bis zu 40 Zentimeter groß werden und tritt, unangenehm für Badende, oft in riesigen Schwärmen auf. Vier bläuliche Punkte schimmern ohrenförmig durch, dies ist das markanteste Merkmal. Da ihre Nesselkappen nicht die menschliche Haut durchdringen, verursacht ein Kontakt glücklicherweise kein Brennen. Man kann diese Qualle oft angespült am Strand finden.

Die **Kompassqualle** wird bis zu 30 Zentimeter groß und weist 16 markante rötlichbraune Streifen auf, die sich zum Rand gabeln; mit etwas Fantasie erkennt man den namensgebenden Kompass.

Seesterne

Seesterne sind fünfarmige, geschickte Wesen, die hauptsächlich **Miesmuscheln aussaugen.** Die Farbe wechselt zwischen rotbraun, violett und gelb.

802sh mux

Fische

Aus der Familie des Herings kommt der **Ostseehering.** Er wird etwa 20 Zentimeter lang und wurde in früheren Jahren überfischt. Heute haben sich die Bestände wieder stabilisiert. Heringe laichen entweder im Frühjahr oder im Herbst, sodass es zweimal im Jahr in vielen Orten zu sogenannten Matjeswochen kommt. Dann wird junger Hering (Matjes) angeboten, schmeckt lecker, ist aber nicht jedermanns Sache.

Sprotten sind mittlerweile schon in den allgemeinen Sprachgebrauch eingegangen als „Kieler Sprotten". Sie sind kleiner als der Hering und werden gern als Räucherfisch angeboten.

Der **Dorsch** ist unverkennbar an seinem Bartfaden zu identifizieren, der an seinem Unterkiefer wächst.

Eine **Scholle** kann bis zu 50 Zentimeter groß werden, ist recht voluminös, dafür aber sehr dünn, oder, wie wir sagen, platt. Da sie in der ersten Jahreshälfte laicht, bieten viele Restaurants die sogenannte Mai-Scholle an, also eine sehr junge Scholle mit zartem Fleisch.

Der **Steinbutt** zählt ebenfalls zu den Plattfischen und gilt unter Fischkennern als Delikatesse. Markantes Merkmal sind kleine, raue Höcker.

Seehunde und Wale

Seehunde und Wale **(Schweinswal)** gibt es zwar auch in der Ostsee, sie werden aber vom Urlauber in freier Natur kaum gesehen.

Wer einmal nach **Kiel** kommt, kann dort an der Uferpromenade, die „Kiellinie" genannt wird, ein **Seehundbecken** besuchen und den quicklebendigen Tieren beim Rumtollen zuschauen.

◁ Heute ist die Ostsee ein beliebtes Feriengebiet

Vögel

Vögel werden an der Küste nach **echten** und **sekundären Seevögeln** unterschieden. Nur die „echten“ holen sich ihre Nahrung ausschließlich aus dem Meer, die sekundären sind dagegen vermehrt an Flüssen oder Binnenseen zu finden.

Möwen wird wohl jeder einmal erspähen, sie treiben sich gern im Küstenbereich herum, stolzieren nicht selten im Sand pickend am Strand umher. Silbermöwen, Lachmöwen und Sturmmöwen sind die häufigsten Vertreter. Es sind gar nicht mal so kleine Vögel mit meist weißem Gefieder.

Kormorane sind dunkel, teilweise regelrecht schwarz gefiedert und weisen einen langen Hals mit einem an der Spitze hakenförmig gebogenen Schnabel auf. Kormorane erreichen gut und gerne die Größe einer Gans. Sie gelten als Meer-Rabe, sind also nicht sonderlich beliebt unter Fischern.

Seeschwalben sind nicht nur bei Gewitterluft mit ihren Flugkünsten zu bewundern. Sie weisen lange, spitze Flügel auf und haben einen markanten gegabelten Schwanz. Sie sind wahre Flugkünstler, sausen mal elegant, mal ruckartig hakenschlagend am Strand entlang. Und wieso der Hinweis auf Gewitter? Durch die dann entstehende „drückende“ Luft halten sich Mücken in tieferen Regionen auf, und die Schwalbe fliegt auf der Nahrungssuche entsprechend tief, manchmal nur einen Meter über dem Boden. Daher auch die Bauernweisheit „Fliegen die Schwalben tief, gibt's Gewitter“.

An den Binnenseen leben die sogenannten sekundären Vogelarten, das sind vor allem Schwäne, Enten und Gänse. Die **Kolbenente** ist mit ihrem auffällig rot leuchtenden Schnabel und Kopf ein besonders schönes Exemplar. Die **Tafelente** hat einen kastanienbraunen Kopf und hellgraues Rückengefieder. Beiden Arten ist gemein, dass die Weibchen schlichter gefärbt sind – eine Schutzfunktion, damit sie beim Brüten im Schilf nicht aufgestöbert werden.

Selbst der sehr seltene **Seeadler** siedelt hier noch, wird von Urlaubern aber praktisch nie gesichtet. Das ist auch kein Wunder, galt der Seeadler doch fast schon als ausgestorben. Um die Art zu erhalten, opfern etliche engagierte Leute einen großen Teil ihrer Freizeit und bewachen die Nistplätze von Seeadlerpärchen Tag und Nacht.

Algen

Grob kann man **drei Arten** von Algen unterscheiden: Die Grünalgen, Braunalgen und Rotalgen. Jede Art weist teilweise Tausende von Untergruppen auf, völlig unmöglich, diese hier auch nur annähernd beschreiben zu wollen.

Algen sind wichtige Bestandteile der **Nahrungskette,** gibt es doch eine Vielzahl, die mit dem bloßen Auge nicht erkennbar sind. Aber auch die größeren sind natürlicher Bestandteil des Ökosystems Ostsee. So ist beispielsweise die **Braunalge** häufig zu finden, sie gedeiht gerne im flachen Wasser in Küstennähe. Am auffälligsten ist hier vielleicht der **Blasentang** mit seinen unübersehbaren Schwimmblasen.

Klima

In Schleswig-Holstein gilt der Schnack: „Hinterm Kanal ändert sich das Wetter." Gemeint ist der Nord-Ostsee-Kanal, aber eine derartige Aussage dürfte bestenfalls Wunschdenken sein. Eine Konstante des Nordseeklimas ist die **Unbeständigkeit.** Zwar gibt es generelle Tendenzen, aber ein wolkenverhangener Himmel kann ruckzuck aufklaren, und schon scheint die Sonne wieder.

Durch den **Golfstrom** und den **Wind** kommt es zu einem relativ **milden Grundklima.** Wind weht eigentlich immer, vorzugsweise aus West oder Südwest, also von der Nordsee her. Das beschert Badeurlaubern eine angenehme Brise, vor allem zur nachmittäglichen Hitze im Sommer. Abends schwächt sich der Wind wieder ab und nicht selten weht er in der Nacht vom Land aufs Meer hinaus. Der Westwind bringt atlantische Tiefausläufer an die Nordseeküste. Von dort ziehen die **Regenwolken** über Land nach Osten, regnen sich über den Altmoränen, aber vor allem im Gebiet des Bungsberges in der Holsteinischen Schweiz ab. Das Gebiet der Altmoränen liegt im Westen des Landes. Dann folgt ein Geestrücken, der äußerst flach ist, die Wolken brausen darüber hinweg und erreichen Ostholstein mit dem dortigen Hügelland der Holsteinischen Schweiz. Hier herrscht wieder erhöhte Regentätigkeit. Dann fliegen die Wolken über die Küste zur Ostsee.

Der Wind nimmt zu, die Wolken lösen sich auf, weswegen die Insel Fehmarn regenmäßig eher verschont wird, und deshalb auch die „Sonneninsel" genannt wird. Generell ist das **Wetter an der Ostsee einen Tick freundlicher,** eher etwas sonniger als an der Nordsee, wobei man die Großwetterlage aber nicht unterschätzen darf, denn das Land ist sehr schmal.

Da die **Luft** durch den Wind ständig etwas **kühler** ist, wird der Körper gezwungen zu reagieren. Die Blutgefäße ziehen sich zusammen, der Herzschlag verlangsamt sich, der Blutdruck steigt. Sogar ein kurzfristiges Unwohlsein kann eintreten, längerfristig aber setzt ein Abhärtungsprozess ein, der positive Auswirkungen auf **Kreislauf** und **Durchblutung** hat.

Wer sich am Strand aufhält, darf die **Kraft der Sonne** nicht unterschätzen. Durch den ständig wehenden Wind empfindet man es nicht als so warm, warum sich also besonders schützen? Das krebsrote Ergebnis kann man abends vor dem Spiegel bewundern. Übermäßige UV-Bestrahlung führt nicht nur zu einem Sonnenbrand, sondern erhöht auch die Gefahr von Hautkrebs. Am besten hält man sich also im Schatten auf, beispielsweise im Strandkorb oder unter einem Sonnenschirm, und benutzt starke Sonnenschutzmittel.

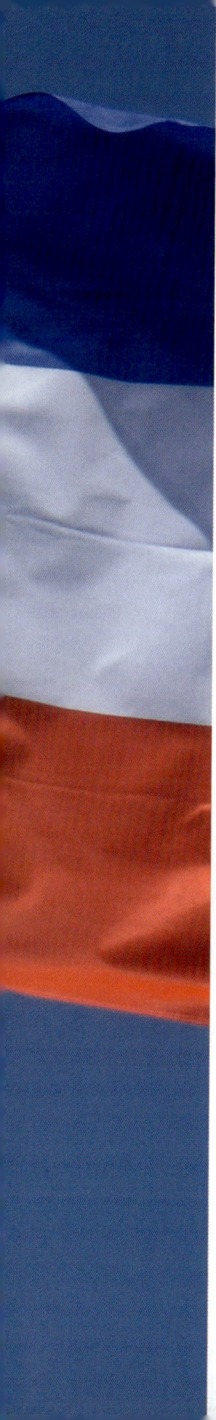

054sh hj

10 Anhang

Die Landesflagge Schleswig-Holsteins

Literaturtipps

■ **Engelsgrube.** *Almstädt, Eva.* Ein Lübeck-Krimi mit sehr viel Lokalkolorit. Zwei Menschen werden in der Lübecker Altstadt brutal ermordet, die Waffen sind ein antikes Stilett und ein alter Armeerevolver. *Pia Korittki,* Kommissarin bei der Lübecker Mordkommission und selbst mit ein paar privaten Problemen hadernd, ermittelt in der Hansestadt. *Eva Almstädt* hat mit *Pia Korittki* eine sympathische Ermittlerin entwickelt, die mittlerweile in mehreren Romanen auf Täterjagd gegangen ist. Schwungvoll und spannend geschrieben, der Leser wird viele Straßen und Plätze wiedererkennen.

■ **Fördehaie.** *Asmussens, Yvonne.* Der Krimi spielt in Flensburg, wo etliche ältere Herrschaften sterben. Alle Besitzer von Häusern in sehr guter Lage. Zufall? Oder haben Motorrad-Rocker ihre Finger im Spiel? Eine junge Ärztin ist besorgt und verliebt sich ausgerechnet in einen dieser Rocker, was schon mal eine höchst ungewöhnliche Figuren-Konstellation ist, ergänzt um eine sehr authentische Milieudarstellung. Emons.

■ **Die Abenteuer des Röde Orm.** *Bengtsson, Frans G.* Die Lebensgeschichte des Wikingers *Röde Orm,* der mit wechselvollem Glück die Küsten von Córdoba bis Kiew unsicher macht, gibt tiefe Einblicke in die Historie und zeigt das raue Leben der Nordmänner. dtv.

■ **Osterfeuer.** *Danz, Ella.* In ihrer ostholsteinischen Wahlheimat trifft sich eine erfolgreiche Kochbuchautorin mit alten Freundinnen aus der Großstadt, um gemeinsam das Osterfest zu feiern und über alte Zeiten zu plaudern. Die Idylle platzt, als die nicht eingeladene *Margot* am Morgen nach dem Fest tot aufgefunden wird. Nun muss Kommissar *Angermüller* ermitteln. Unterhaltsamer Krimi mit viel Lokalkolorit. Gmeiner-Verlag, Meßkirch.

Die Autorin lässt Kommissar *Angermüller* in seinem zweiten Fall, **Steilufer,** diesmal an der Lübecker Bucht agieren. Es geht um eine nicht identifizierbare Leiche, um Fremdenhass und, wie immer, auch um gutes Essen. *Ella Danz* hat mittlerweile neun Krimis um den Feinschmecker-Kommissar *Angermüller* geschrieben.

■ **Schleswig-Holstein anschaulich.** *Draeger, Heinz-Joachim.* Geschichte einmal ganz anders dargebracht! *Heinz-Joachim Draeger* erzählt nicht, er zeichnet die Landesgeschichte. Und zwar in humorvollen Bildern, die von kurzen, aber sehr prägnanten Texten begleitet werden. So wird dem Leser Schleswig-Holsteins Geschichte unkonventionell, fast ein wenig augenzwinkernd, näher gebracht. *Draeger* hat auch weitere Geschichtstitel in ähnlichem Stil erstellt, u.a. zu Lübeck. Convent-Verlag.

■ **Geschichte der Ostsee.** *Froese, Wolfgang.* Beschrieben wird nicht nur die Geschichte einzelner Ostsee-Anrainerstaaten, sondern auch die Beziehungen und Verflechtungen untereinander werden behandelt. Ein sehr kenntnisreiches Buch, das den Bogen spannt von den eiszeitlichen Anfängen bis zur Gegenwart. Casimir Katz Verlag.

■ **Die Männer vom Meer.** *Hansen, Konrad.* Eine Nordland-Saga um den Wikinger *Björn Hasenscharte.* Piper Verlag.

■ **Simons Bericht.** *Hansen, Konrad.* Eine nordische Odyssee. Der Lebensbericht des *Simon Gronewech* aus Lübeck, von ihm selbst erzählt im Jahr seines Todes 1402. Piper Verlag.

■ **Kieler Schatten.** *Jacobs, Kay.* Ein zeitgeschichtlicher Krimi, der in Kiel des Jahres 1909 spielt. Dort wird die kaiserliche Marine kräftig aufgerüstet und U-Boote gebaut. Als ein Kranführer erschossen wird, ermittelt ein aus Berlin zugereister Polizist und taucht tief ein in die Welt der Militärspionage. Gmeiner-Verlag.

■ **Die Schleswig-Holsteiner, Unterhaltsam beschrieben von A bis Z.** *Maletzke, Erich.* Wissenswertes, Kurioses und Unterhaltsames hat der Autor zusammengetragen, viele historische Details werden anschaulich geschildert. Unentbehrlich für alle, die einen augenzwinkernden, aber vertiefenden Blick auf Schleswig-Holstein werfen wollen. Wachholtz Verlag.

■ **Herrin des Nordens.** *Marcus, Martha Sophie.* Wikingersiedlung Haithabu im Jahr 1047. Die junge *Ingunn* verliebt sich in den zum Krieger ausgebildeten *Torge,* der aber von seinem älteren Bruder geschützt wird und deshalb in seine Heimat England zurück muss. *Ingunns* Leben in Haithabu geht derweil weiter und wird mit all seinen alltäglichen Problemen und Härten geschildert. Eine sehr gute Darstellung der damaligen Zeit und der Werte der Menschen, außerdem eine geschickte Verwebung von Romanfiguren mit realen Personen und Fakten. Goldmann Verlag.

■ **Unsere Ostseeküste.** *Meier, Dirk.* Einen sehr fundierten Blick wirft der Autor auf die Ostseeküste von Schleswig-Holstein. *Dirk Meier* zeigt die landschaftliche Entwicklung und erklärt die unterschiedlichen örtlichen Gegebenheiten, beschreibt auch die historischen Veränderungen einzelner Städte. Untermalt wird der sehr kenntnisreiche Text durch viele Karten, historische Abbildungen und viele Fotos. Boyens Verlag.

■ **Ostsee, das Meer in unserer Mitte.** *Neidhart, Christoph.* Die Ostsee verbindet (mehr als sie trennt) Völker, Länder und – früher – politische Systeme. Das war schon immer so und der Autor wirft einen hochinteressanten Blick aufs Detail. Erklärt politische und historische Veränderungen der einzelnen Staaten, Orte und Inseln, bringt uns Sitten und Speisen näher und lässt den Leser an seinem fulminanten Wissen teilhaben. Mare Buchverlag.

■ **Tod auf der Rumregatta.** *Neumann, Heinrich Dieter.* Flensburg freut sich auf die alljährliche Rumregatta, da wird ein junger Afrikaner tot aufgefunden. Was zunächst nach einer rassistischen Tat aussieht, steigert sich zu einem Verbrechen ganz anderer Dimension. Der Autor vermischt geschickt charmanten und maritimen Lokalkolorit mit einer ganz anderen Ebene, bei der es am Ende um ein internationales Wirtschaftsdelikt geht. Grafit Verlag.

■ **Todesbucht.** *Schlennstedt, Jobst* . In Travemünde wird ein Toter gefunden, Kommissar *Birger Andresen* ermittelt, hat sich aber zugleich mit seinen privaten (Beziehungs-)Problemen herumzuschlagen. Es entwickelt sich ein spannender Fall um die Rache eines tief verletzten Menschen, der in sehr authentisch geschilderten Orten an der Lübecker Bucht angesiedelt ist. Emons.

■ **Literarische Reisen zwischen Nord- und Ostsee.** *Trende, Frank.* Der Autor begibt sich auf die Spuren berühmter Dichter in Schleswig-Holstein, wie es im Untertitel heißt. Und man staunt nicht schlecht, wenn man erfährt, dass so bekannte Autoren wie *Jules Verne, Rainer Maria Rilke* oder *Heinrich Heine* in Schleswig-Holstein waren, ihre Umgebung beobachteten und ihre Eindrücke notierten, aus denen der Autor zitiert. So werden Erlebnisse und Entdeckungen von insgesamt neun namhaften Literaten des 19. Jahrhunderts erzählt, untermalt von vielen Fotos, historischen Karten und Skizzen. Boyens Verlag.

■ **Wanderbarer Mönchsweg.** *Malou, Anna.* Der Mönchsweg ist ein Rad-Fernweg, der quer durch Schleswig-Holstein von der Westseite bei Glückstadt bis Fehmarn verläuft und dabei viele Kirchen und Klöster passiert. Ein Teil dieses Weges verläuft entlang der Ostseeküste. *Anna Malou* ist den Mönchsweg gewandert, beschreibt ihre Eindrücke in einer sehr persönlichen Weise und animiert dadurch zum Nach-Wandern. Im Anhang werden auch ganz praktische Tipps gegeben, u.a. zu Übernachtungsmöglichkeiten. Boyens Verlag.

■ **Plattdüütsch – das echte Norddeutsch.** *Fründt, Hermann* und *Hans-Jürgen.* Vom Autor des vorliegenden Buches, gemeinsam mit seinem Vater geschrieben. Reihe Kauderwelsch, Reise Know-How Verlag, Bielefeld.

■ **CityTrip Kiel.** Stadtführer für die Landeshauptstadt Schleswig-Holsteins. Reise Know-How Verlag, Bielefeld.

■ **CityTrip Lübeck.** Stadtführer für die Hansemetropole. Reise Know-How Verlag, Bielefeld.

■ **world mapping project Ostsee.** Die Landkarte aus dem Reise Know-How Verlag auf unzerreißbarem Polyart-Papier im Maßstab 1:1,3 Mio.

Das komplette Programm zum Reisen und Entdecken von

REISE KNOW-HOW

- **Reiseführer** – alle praktischen Reisetipps von kompetenten Landeskennern
- **CityTrip** – kompakte Informationen für Städtekurztrips
- **CityTrip PLUS** – umfangreiche Informationen für ausgedehnte Städtetouren
- **InselTrip** – kompakte Informationen für den Kurztrip auf beliebte Urlaubsinseln
- **Wohnmobil-Tourguides** – alle praktischen Reisetipps für Wohnmobil-Reisende
- **Wanderführer** – exakte Tourenbeschreibungen mit Karten und Anforderungsprofilen
- **KulturSchock** – Orientierungshilfe im Reisealltag
- **Kauderwelsch Sprachführer** – vermitteln schnell und einfach die Landessprache
- **Kauderwelsch plus** – Sprachführer mit umfangreichem Wörterbuch
- **world mapping project™** – aktuelle Landkarten, wasserfest und unzerreißbar
- **Edition Reise Know-How** – Geschichten, Reportagen und Abenteuerberichte

Termine der Sommerferien

Bundesland	2017	2018
Baden-Württemberg	27.7.–9.9.	26.7. – 8.9.
Bayern	29.7.–11.9.	30.7. –10.9.
Berlin	20.7.–1.9.	5.7. –17.8.
Brandenburg	20.7.–1.9.	5.7.–18.8.
Bremen	22.6.–2.8.	28.6.– 8.8.
Hamburg	20.7.–30.8.	5.7.–15.8.
Hessen	3.7.–11.8.	25.6.– 3.8.
Mecklenburg-Vorpommern	24.7.–2.9.	9.7.–18.8.
Niedersachsen	22.6.–2.8.	28.6.–8.8.
Nordrhein-Westfalen	17.7.–29.8.	16.7.–28.8.
Rheinland-Pfalz	3.7.–11.8.	25.6.–3.8.
Saarland	3.7.–14.8.	25.6. –3.8.
Sachsen	26.6.–4.8.	2.7. –10.8.
Sachsen-Anhalt	26.6.–9.8.	28.6.– 8.8.
Schleswig-Holstein	24.7.–2.9.	9.7.–18.8.
Thüringen	26.6.–9.8.	2.7. –11.8.

Weitere Titel für die Region von Reise Know-How

Plattdüütsch – das echte Norddeutsch
Hans-Jürgen Fründt, Hermann Fründt
978-3-89416-904-6
144 Seiten
Band 120
7,90 Euro [D]

AusspracheTrainer Plattdüütsch
Verfügbar als mp3-Download und als Audio-CD
Hans-Jürgen Fründt, Hermann Fründt
978-3-8317-6136-4
Ca. 60 min Laufzeit
Die wichtigsten Redewendungen und Wörter auf Plattdüütsch
5,99 / 7,90 Euro [D]

Der Dialektführer versetzt Besucher und Zugereiste in die Lage, die Sprache der alteingesessenen Bewohner mit all ihren fremdartig und zuweilen lustig klingenden Lauten und Ausdrücken wirklich zu verstehen. Damit kann sich der Gast gekonnt in die Lebensart, das Lebensgefühl, die Lebensphilosophie der Menschen vor Ort einfühlen. Neben grundlegenden lautlichen und grammatikalischen Unterschieden geht es vor allem darum, was Alteingesessene auf der Straße und zu Hause sprechen. Der Dialektführer bringt einen immer wieder zum Schmunzeln und vermittelt gekonnt Mentalität und Lebensgefühl des jeweiligen Sprachraums.

www.reise-know-how.de

Register

HILFE!

Dieser Reiseführer ist gespickt mit unzähligen Adressen, Preisen, Tipps und Infos. Nur vor Ort kann überprüft werden, was noch stimmt, was sich verändert hat, ob Preise gestiegen oder gefallen sind, ob ein Hotel, ein Restaurant immer noch empfehlenswert ist oder nicht mehr, ob ein Ziel noch erreichbar ist oder nicht, ob es eine lohnende Alternative gibt usw.

Unsere Autoren sind zwar stetig unterwegs und versuchen, alle zwei Jahre eine komplette Aktualisierung zu erstellen, aber auf die Mithilfe von Reisenden können sie nicht verzichten.

Darum: Schreiben Sie uns, was sich geändert hat, was besser sein könnte, was gestrichen bzw. ergänzt werden soll. Nur so bleibt dieses Buch immer aktuell und zuverlässig. Wenn sich die Infos direkt auf das Buch beziehen, würde die Seitenangabe uns die Arbeit sehr erleichtern. Gut verwertbare Informationen belohnt der Verlag mit einem Sprachführer Ihrer Wahl aus der über 220 Bände umfassenden Reihe „Kauderwelsch". Bitte schreiben Sie an:

Reise Know-How Verlag
Peter Rump GmbH | Postfach 140666 | 33626 Bielefeld
oder per E-Mail an: info@reise-know-how.de

Danke!

055sh mux

Der Autor

Hans-Jürgen Fründt ist waschechter Holsteiner, den es schon seit frühester Jugend jeden Sommer an die Ostseeküste zog – kaum ein Strand, den er nicht irgendwann einmal probegelegen hätte. Aber dann war die Neugierde auf die Fremde doch stärker, es zog ihn nach Hamburg und später zum Spanischstudium nach Madrid. Seit 1983 schreibt er Reiseführer. Mittlerweile sind 50 Bände entstanden, darunter in diesem Verlag weitere Bücher zu Schleswig-Holstein wie „Sylt", „Fehmarn" oder „Nordseeküste Schleswig-Holstein" sowie diverse Bücher zu Spanien und ein Band zur Dominikanischen Republik (auf der *ITB* 2008 als bester Individual-Reiseführer ausgezeichnet). Auch der vorliegende Band zur Ostseeküste Schleswig Holstein wurde 2016 mit dem *ITB Buch Award* ausgezeichnet. Für diesen reiste er noch einmal mit Auto, Fahrrad und Bahn die gesamte Küste von Süd nach Nord ab, entdeckte Altbekanntes neu, aber auch viele unbekannte Seiten und ist immer noch erstaunt, wie schön die schleswig-holsteinische Küste sein kann.

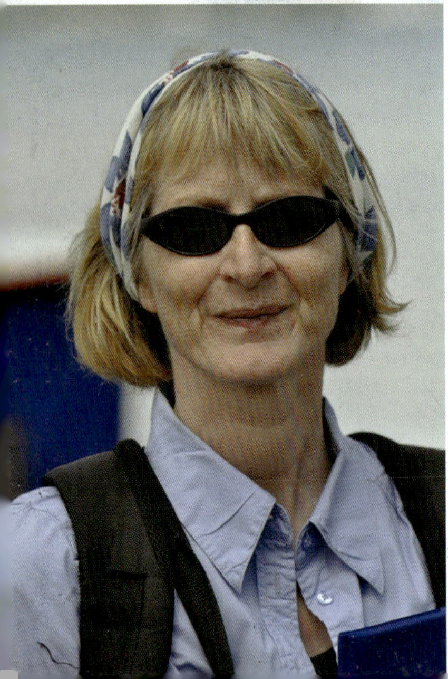

446sh hj

Die Fotografin

Fotografin **Susanne Muxfeldt** begleitet den Autor seit vielen Jahren fotografisch. So hat sich seit Langem eine produktive Arbeitsteilung ergeben. Während Autor *Fründt* tagsüber mit Block und Diktiergerät die Fakten sammelt, sucht *Susanne Muxfeldt* frühmorgens oder spätabends das beste Licht für ein gelungenes Foto.